禮記注疏長編

王鍔 井超 主編

檀弓注疏長編

王寧玲 編纂

貳

廣陵書社

檀弓注疏長編卷八

三・三九　伯高死於衛，赴於孔子。赴，告也。凡有舊恩者，則使人告之。孔子曰：「吾惡乎哭諸？以其交會尚新。○惡，音烏。惡乎，猶於何也。兄弟，吾哭諸廟；父之友，吾哭諸廟門之外；別親疏也。○別，彼列反，下同。師，吾哭諸寢；朋友，吾哭諸寢門之外；所知，吾哭諸野。別輕重也。於野，則已疏；於寢，則已重。已，猶大也。夫由賜也見我[一]，吾哭諸賜氏。」本於恩，哭於子貢寢門之外。○夫，舊音扶。皇如字，謂丈夫，即伯高。見，如字，皇賢遍反。遂命子貢爲之主，明恩所由。曰：「爲爾哭也來者[二]，拜

[一] 夫由賜也見我　惠棟校宋本同，石經同，宋監本、岳本、嘉靖本同，衛氏集説同，釋文出「夫由」。閩、監、毛本誤「猶」。石經考文提要「宋大字本、宋本九經、南宋巾箱本、余仁仲本、劉叔剛本、禮記纂言、至善堂九經本皆作『由』」。○鍔按：「夫由」上，阮校有「伯高死於衛節」六字。

[二] 爲爾哭也來者　閩、監、毛本同，石經同，岳本、嘉靖本同，正義同。釋文出「爲爾來者」云：「一本作『爲爾哭也來者』。」

之：，知伯高而來者，勿拜也。」異於正主。○爲，于僞反，下注「爲其疾」「爲褻」「爲我」「我爲」皆同。來者，一本作「爲爾哭也來者」。

【疏】「伯高」至「拜也」。○正義曰：此一節論親疏所哭之處，各依文解之。

○注「別親疏也」。○正義曰：兄弟親，父友疏，必哭諸廟及廟門外者，兄弟是先祖子孫，則哭之於廟，此殷禮。周則哭於寢。故雜記云：「有殯，聞遠兄弟之喪，哭之側室。」若無殯，當哭諸正寢。父之友與父同志，故哭諸廟門外。非先祖之親，故在門外也。

○注「別輕重也」。○正義曰：師友爲重，所知爲輕，所以哭師於寢。寢是己之所居，師又成就于己，故哭之在正寢。此謂殷禮。若周禮，則奔喪云：「師，哭諸廟門外。」故鄭答趙商之問，亦以爲然。孫炎云：「奔喪『師哭諸廟門外』，是周禮也。」依禮而哭諸野[一]，若不依此禮則不可，故下云「惡野哭者」，以違禮爲野哭也。

○「曰爲」至「拜也」。○夫子既命子貢爲主，又教子貢拜與不拜之法。若與女相知之人，爲爾哭伯高之故而來弔爾者，則爾拜之；若與伯高相知而來哭者，女則勿拜也。凡喪之正主，知生知死，來者悉拜。今與伯高相知而來，不拜。故鄭云「異於正主」。

【衛氏集說】鄭氏曰：赴，告也，凡有舊恩者，則使人告之。孔子曰「吾惡乎哭」，以

[一] 依禮而哭諸野　惠棟校宋本作「諸」。此本「諸」誤「謂」，閩、監、毛本同。

其交會尚新也。哭兄弟、父友不同處，别親疏也。哭師友、所知不同處，别輕重也。已，猶太也。哭於子貢寢門之外，本於恩也。命子貢爲主，明恩所由也。知伯高者勿拜，異於正主。

孔氏曰：此一節論親疏所哭之處。兄弟親，父友疏。兄弟是先祖子孫，故哭諸廟，父之友與父同志，故哭諸廟門外。師友爲重，所知爲輕，所以哭師於寢。夫子既命子貢爲主，又教子貢拜與不拜之法。若與汝相知之人，爲爾哭伯高之故而來弔爾者，則爾拜之。若與伯高相知而來者，則勿拜也。凡喪之正主，知生知死，來者悉拜。今與伯高相知而來，不拜。故鄭云「異於正主」。

長樂陳氏曰：禮生於人情之所安，義起於禮之所未有。君子制義以稱情，隆禮以循義，則先王於禮之所未有者，皆可適於人情而制之也。伯高之死，孔子疑其所哭，故謂兄弟者，父祖之遺體，則哭於廟。父之同志，則於廟門之外。師，成我者也，故於寢。朋友，輔我者也，故於寢門之外。所知，知我者也，故於野。伯高之於我，以情則非所知，以分則非師友，其見我也由賜而已，故哭諸賜氏。盖爲子貢而來知生者也，爲伯高而來知死者也。知生者弔而不傷，則來者禮也，故拜之。知死者傷而不弔，則來者非禮也，故勿拜之。哭於賜氏，義也。教子貢之拜、不拜，禮也。

嚴陵方氏曰：凡有赴者，必疾趨之告喪，不可緩也，故亦謂之赴。聞訃者必哭，然有親疏、輕重之别焉，故哭之各有所也。伯高之於孔子，非特所知而已，故於野則已疏而太遠，又非朋友之分焉，故於寢則已重而太隆。然由子貢而見孔子，故哭諸子貢之家，且使之爲主焉，以明恩之有所由也。所謂賜氏，蓋言子貢之家也。有國則有家，有家則有氏，猶之孟子言「不得已而之景丑氏宿」焉。

馬氏曰：寢所以安身，而所哭必成己之德乃可以哭諸寢。在寢則私之者也，故不敢哭諸廟，其死則心喪而已。至於所知，又非朋友之比，志不必同方，道不必同術，故有相趨者、有相揖者、有相問者、有相見者，凡此皆泛愛以交之者也，故哭諸野。君子行禮，其審詳於哭泣之位如此者，是其所以表微者歟？

山陰陸氏曰：禮，哭師於廟門外，而孔子曰「師，吾哭諸寢」，至是師少隆矣。蓋君不知所以教而後師之，報禮重，故子貢請喪夫子若喪父而無服，然則心喪三年。記孔子以後之禮。

【吴氏纂言】鄭氏曰：伯高死時在衛，未聞何國人。赴，告也。凡有舊恩者，死則使人告之。孔子曰「吾惡乎哭諸」，以其交會尚新也。哭兄弟、父友不同處，别親疏也。哭師友、所知不同處，别輕重也。已，猶太也。哭於子貢寢門之外，本於恩。命子貢爲主，明恩所由也。知伯高者勿拜，異於正主。

孔氏曰：兄弟親，父友疏。兄弟是先祖子孫，故哭諸廟，父之友與父同志，故哭諸廟門外。師友爲重，所知爲輕，所以哭師於寢。夫子既命子貢爲主，又教子貢拜與不拜之法。若與汝相知之人，爲爾哭伯高之故而來弔爾者，爾則拜之。若與伯高相知而來者，則勿拜也。凡喪之正主，知生知死，來者悉拜。今與伯高相知而來，不拜，故鄭云「異於正主」。

澄曰：兄弟之喪，周之禮哭諸寢，而此云哭諸廟。師之喪，周之禮哭諸廟門外，而此云哭諸寢。蓋孔子所定也，孔疏皆指爲殷禮。孔子惡野哭者，而此云所知哭諸野。彼之野蓋謂國門外之郊野，此之野蓋謂稍遠於寢門外空閑之地，無室屋處，非郊野之野也。知，識也。所知，謂所識之人。知伯高，謂識伯高者。

方氏曰：伯高之於孔子，非特所知而已，故於野則太疏而過於遠，又非朋友之分，故於寢則太重而過於隆。其初由子貢而見孔子，故哭諸子貢之家，且使爲之主焉，以明恩之有所由也。賜氏，言子貢之家也。

山陰陸氏曰：禮，哭師於廟門外，而孔子曰「師，吾哭諸寢」，至是師少隆矣。蓋君不知所以教而後師之，報禮重，故子貢請喪夫子若喪父而無服，然則心喪三年。記孔子以後之禮。

【陳氏集説】告死曰赴，與「訃」同。已，太也。馬氏曰：兄弟，出於祖而内所親者，故哭之廟。父友，聯於父而外所親者，故哭之廟門外。師以成己之德而其親視父，故哭諸寢。友以輔己之仁而其親視兄弟，故哭諸寢門之外。至於所知，又非朋友之比，有相趨者、有相揖者、有相問者、有相見者，皆泛交之者也。孔子哭伯高，以野爲太疏，而以子貢爲主。君子行禮，其審詳於哭泣之位如此者，是其所以表微者歟？方氏曰：伯高之於孔子，非特所知而已。由子貢而見，故哭於子貢之家，且使之爲主，以明恩之有所由也。爲子貢而來，則弔生之禮在子貢。知伯高而來，則傷死之禮在伯高。或拜或不拜，凡以稱其情耳，故夫子誨之如此。石梁王氏曰：「爲爾哭也來者」一句。

【納喇補正】兄弟，吾哭諸廟；父之友，吾哭諸廟門之外；師，吾哭諸寢；朋友，吾哭諸寢門之外；所知，吾哭諸野。

集説　馬氏曰：兄弟，出於祖而内所親者，故哭之廟。父友，聯於父而外所親者，故哭之廟門外。師以成己之德而其親視父，故哭諸寢。友以輔己之仁而其親視兄弟，故哭之寢門之外。至於所知，又非朋友之比，皆汎交之者也。

竊案　馬氏之説皆順文立解，而不究孔子之哭位與周禮異，似尚爲疏略。兄弟之喪，周禮哭於寢，不哭諸廟，故雜記云：「有殯，聞遠兄弟之喪，哭之側室。」若無殯，當哭諸正寢。師之喪，周禮哭諸廟門外，不哭諸寢，奔喪云「師，哭諸廟門外」是也。由兄弟與師推之，則父之朋友、所知，亦必不同，可知矣。今云兄弟哭諸廟，師哭諸寢，蓋孔子所定也，故孔疏皆指爲殷禮。又案吴幼清曰：「孔子惡野哭者，而此云所知哭諸野，彼之野蓋謂國門外之郊野，此之野蓋謂稍遠於寢門外空間之地，無室屋處，非郊野之野也。」或謂哭不以禮謂之野，孔子所惡，蓋指「呼滅」「野哉」之類，而豈哭諸野之謂乎？

【郝氏通解】赴與訃同，告喪也。兄弟，先祖之子孫，故哭於廟。父之友，父之外交也，故哭於廟門外。寢，己之正寢。師，己之所事也，故哭師於寢。朋友因師及故哭於寢門外。所知，謂泛相知者，故哭於野。伯高于夫子，視同道之友則稍輕，視泛然之知則稍重，故使其所因者爲主，而哭於子貢之家。如人聞其哭，謂爲子貢而來者，則弔生之禮在子貢。爲伯高而來者，則傷死之禮在伯高。拜與不拜，各裁其宜。

按，此章之言明禮之義，非必拘拘爾，説見前「曾子小功不爲位」章。兄弟哭諸廟，師哭諸寢，可也。若夫廟門外哭，則近迂，況又哭諸野乎！君子登城不呼，車中不疾言，爲其驚衆也。爲位哭於野，人將以爲狂，是何禮與？生因其人見，死因其人哭，感觸動情則有之。必使爲喪主、爲位受弔而往哭於無喪者之家，謂非迂乎？雜記謂「遠兄弟之喪，哭諸寢」，是不于廟也。奔喪謂「師，哭諸廟門外」，是不于寢也。宫室之次有限而内外三黨之喪無常，安得一一别其所哭之位，至于門外，至于野，至于借他人家哭，不情甚矣。凡記言拘瑣，類此。

【江氏擇言】伯高死於衛，赴於孔子。孔子曰：「吾惡乎哭諸？兄弟，吾哭諸廟；父之友，吾哭諸廟門之外；師，吾哭諸寢；朋友，吾哭諸寢門之外；所知，吾哭諸野。」

吴氏云：兄弟之喪，周之禮哭諸寢，而此云哭諸廟。師之喪，周之禮哭諸廟門外，而此云哭諸寢。蓋孔子所定也，孔疏皆指爲殷禮。孔子惡野哭者，而此之所知哭諸野。彼之野蓋謂國門外之郊野，此之野蓋謂稍遠於寢門外空閒之地，無室屋處，非郊野之野。

按，吴氏説優於孔疏。

【欽定義疏】正義　鄭氏康成曰：赴，告也。方氏慤曰：「凡有所赴者，必疾趨之，告喪不可緩也，故亦謂之赴。」凡有舊恩者，則使人告之。惡乎哭，以其交會尚新也。哭兄弟、父友不同處，別親疏也。孔疏：兄弟親，父友疏。兄弟是先祖子孫，故哭諸廟，父之友與父同志，非先祖之親，故在門外也。哭師友、所知不同處，別輕重也。孔疏：師友爲重，所知爲輕。寢，己之所居。師成就己，故哭之在此。已，猶太也。哭於子貢寢門之外，本於恩也。命子貢爲主，明恩所由也。知伯高者勿拜，異於正主也。孔疏：凡喪之正主，知生知死，来者悉拜。今於伯高相知而来者不拜，故云「異於正主」。

陳氏祥道曰：禮生於人情之所安，義起於禮之所未有。君子制義以稱情，隆禮以循義，則先王於禮之所未有者，皆可適於人情而制之也。伯高見由賜，故哭諸賜氏。爲子貢而来，知生者也；爲伯高而来，知死者也。知生者弔而不傷，故拜之；知死者傷而不弔，故勿拜之。哭於賜氏，義也。教子貢之拜、不拜，禮也。

通論　孔氏穎達曰：哭兄弟於廟，哭師於寢，此殷禮。若周禮，則雜記云：「有殯，聞遠兄弟之喪，哭諸側室。」若無殯，當哭諸正寢。奔喪之「師，哭諸廟門外」是也。所知，哭諸野，依禮而哭也。若不依此禮則不可，故下云「惡野哭者」，以違禮爲野哭也。

馬氏晞孟曰：兄弟出於祖，内所親者，故哭之廟。父友聯於父，外所親者，故哭之廟門外。師以成己之德，其親視父，故哭諸寢。友以輔仁，親視兄弟，故哭諸寢門之外。至於所知，非朋友之比，志不必同方，道不必同術。故有相趨者、有相揖者、有相問者、有相見者，凡此皆泛愛以交之者也，故哭諸野。君子行禮，其審詳於哭泣之位如此者，是其所以表微者與！

餘論 吴氏澄曰：兄弟之喪，周之禮哭諸寢，而此云哭諸廟。師之喪，周之禮哭諸廟門外，而此云哭諸寢。蓋孔子所定也，孔疏皆指爲殷禮。孔子惡野哭者，而此云所知哭諸野。彼之野蓋謂國門外之郊野，此之野蓋謂稍遠於寢門外空閒之地，無室屋處，非郊野之野也。

【杭氏集説】孔氏穎達曰：哭兄弟於廟，哭師于寢，此殷禮。若周禮，則雜記云：「有殯，聞遠兄弟之喪，哭諸側室。」若無殯，當哭諸正寢。奔喪之「師，哭諸廟門外」是也。所知哭諸野，依禮而哭也；若不依此禮，則不可。故下云「惡野哭者」，以違禮爲野哭也。

馬氏晞孟曰：兄弟出於祖，内所親者，故哭之廟。父友聯於父，外所親者，故哭之廟門外。師曰成己之德，其親視父，故哭諸寢。友以輔仁，親視兄弟，故哭諸寢門之外。至於所知，非朋友之比，志不必同方，道不必同術，故有相趨者、有相揖者、有相問者、有相見者，凡此皆泛愛以交之者也，故哭諸野。君子行禮，其審詳於哭泣之位如此者，是其所以表微者與？

方氏慤曰：以子貢爲主，明恩之所由。弔生之禮在子貢，哀死之禮在伯高。拜與不拜，凡以稱其情而已。

吴氏澄曰：兄弟之喪，周之禮哭諸寢，而此云哭諸廟。師之喪，周之禮哭諸廟門外，而此云哭諸寢。蓋孔子所定也，孔疏皆指爲殷禮。孔子惡野哭者，而此云所知哭諸野。彼之野蓋謂國門外之郊野，此之野蓋謂稍遠於寢門外空閒之地，無室屋處，非郊野之野也。

姚氏舜牧曰：所謂禮以義起也。

姚氏際恒曰：此云「兄弟，吾哭諸廟」，雜記云：「有殯，聞遠兄弟之喪，哭之側室。」若無殯，當哭諸正寢。此云：「師，吾哭諸寢。」奔喪云：「師，哭諸廟門外。」與此不同，當以雜記、奔喪爲正。鄭、孔分雜記、奔喪爲周禮，此爲殷禮，非。此增「所知，哭諸野」，甚迂。伯高死，哭諸子貢家，而命子貢爲主，尤迂。

任氏啟運曰：子貢爲哭之主，故爲弔哭者拜之。非爲伯高氏之主，故爲哭伯高者勿拜。

姜氏兆錫曰：告死曰赴，與「訃」同。已，太也。馬氏曰：「兄弟，出于祖而内所親者，故哭諸廟。父友，聯于父而外所親，故哭諸廟門外。師以成吾德，而其親視父，故哭諸寢。友以輔吾德，而其親視兄弟，故哭諸寢門外。至于爲所知，又非友比，有相趨者、有相揖者、有相問者、有相見者，皆泛交者也。孔子哭伯高，以野爲太疏，而以子貢爲主，君子表微，其審于哭泣之位如此。」方氏曰：「伯高于孔子，非特所知而已，由子貢而見，故哭于其家。且使爲主，以明恩之有由也。爲子貢而來，則弔生之禮在子貢。知伯高而來，則傷死之禮在伯高。或拜或不拜，凡以稱情而已，故夫子教之。」

【孫氏集解】鄭氏曰：赴，告也。凡有舊恩者，則使人告之。吾惡乎哭諸，以其交會尚新也。哭兄弟於廟，父之友於廟門外，別親疏也。哭師於寢，朋友於寢門外，所知於野，別輕重也。已，猶大也。哭諸賜氏，哭於子貢寢門之外，本於恩也。命子貢爲主，明恩所由也。知伯高者勿拜，異於正主。

孔氏曰：凡喪之正主，則知生知死而來，悉拜之。今與伯高相知來者不拜，故鄭云「異於正主」。

愚謂惡乎哭者，以其恩在深淺之間，疑之也。哭兄弟、父友於廟者，恩本於祖父也。或於廟、或於廟門之外者，別親疏也。哭師友於寢者，恩成於己也。或於寢、或於寢門之外者，別輕重也。哭所知於野者，恩淺也。於寢則已重，於野則已疏者，不可遽同於師友，而又不可泛等於所知也。命子貢爲之主者，使居寢門外南面之位而拜賓也。知伯高而來則勿拜者，異於有服之親也。哭有服者而爲主，則知生知死而來者皆拜之。疏以哭兄弟於廟、哭師於寢爲殷法，非也。左傳：「凡諸侯之喪，異姓臨於外，同姓於宗廟，同宗於祖廟，同族於禰廟。」則哭兄弟於廟者，固周禮然矣。奔喪「師，哭諸廟門之外」，與此異者，蓋恩由父者哭諸廟，恩由己者哭諸寢。孔子少孤，事師不由於父，故哭師於寢。

【朱氏訓纂】伯高死於衛，赴於孔子。注：赴，告也。凡有舊恩者，則使人告之。**孔子曰：「吾惡乎哭諸？**注：以其交會尚新。釋文：惡乎，猶於何也。**兄弟，吾哭諸廟；父之友，吾哭諸廟門之外；**注：別親疏也。正義：兄弟是先祖子孫，則哭之於廟。父之友與父同志，故哭諸廟門外。**師，吾哭諸寢；**盧注：有父道，故於所寢哭之。奔喪云：「哭師於廟門外。」**朋友，吾哭諸寢門之外；所知，吾哭諸野。」**注：別輕重也。正義：師友爲重，所知爲輕。寢是己之所居，師又成就于己，故哭之在正寢。**於野，則已疏；於寢，則已重。**注：已，猶大也。**夫由賜也見我，吾哭諸賜氏。」**注：本於恩，哭於子貢寢門之外。**遂命子貢爲之主，**注：明恩所由。**曰：「爲爾哭也來者，拜之；知伯高而來者，勿拜也。」**注：異於正主。正義：凡喪之正主，知生知死來者悉拜。今與伯高相知而來，不拜。

【郭氏質疑】兄弟，吾哭諸廟；父之友，吾哭諸廟門之外；師，吾哭諸寢；朋友，吾哭諸寢門之外；所知，吾哭諸野。

孔疏：此殷禮。周則兄弟哭於寢，故雜記云：「有殯，聞遠兄弟之喪，哭之側室。」無殯，當哭諸正寢。師，哭於廟門外，故奔喪云：「師，哭諸廟門外。」鄭答趙商之問，亦以爲然。

嵩燾案，春秋襄十二年左傳：「凡諸侯之喪，異姓臨於外，同姓於宗廟。」故哭父之黨於廟，親親之義也。而經數云：「有殯，聞遠兄弟之喪，哭於側室。」「有殯，聞外喪，哭於他室。」蓋凡哭，必爲位以受弔，重喪在殯，不得於廟受弔，故惟哭之他室。孔疏於此，申其義云：「無殯，當哭諸正寢。」恐非經旨。寢，所私也，凡於己有私恩，則哭於寢。母妻之黨與所師皆私恩也，尊師以抗之親，則於廟門外，盡己之私，則於寢。自防叔奔魯，三世而叔梁仕魯，屢與於師。聖人自以羈旅之臣尊事父友，以章其志，而明禮之等，所以爲精義之學也。孔疏一以殷禮當之，非所謂達於禮者矣。

三·四〇 〇**曾子曰：「喪有疾，食肉、飲酒，必有草木之滋焉。」**增以香味，爲其疾不嗜食。〇滋，音咨。嗜，市志反。**以爲薑桂之謂也。**爲記者正曾子所云草木滋者，謂薑桂。〇薑，居良反。

【疏】「曾子」至「謂也」。〇正義曰：此一節論居喪有疾得食美味之事。

○注「爲記」至「薑桂」。○正義曰：知非曾子之言，而云「爲記」者，以上云「草木之滋焉」，下云「以爲薑桂之謂也」，是解上「草木之滋」。豈可曾子自言還自解乎？故以爲記者正曾子之言。

【衛氏集説】鄭氏曰：草木之滋，謂增以香味，爲其疾不嗜食也。薑桂之謂，蓋記者正曾子所云草木滋者，謂薑桂。

孔氏曰：此一節論居喪有疾得食美味之事。

嚴陵方氏曰：薑者，草之滋。桂者，木之滋。酒肉之外又有草木之滋者，亦慮其不勝喪而已。

【吴氏纂言】鄭氏曰：增以香味，爲其疾不嗜食也。記者正曾子所云草木滋者，謂薑桂。

孔氏曰：以爲薑桂之謂，是記者解上「草木之滋」。

方氏曰：薑者，草之滋。桂者，木之滋。酒肉之外，又有草木之滋也。

澄曰：桂、薑二物，其味皆香，故鄭云香味。

【陳氏集説】喪有疾，居喪而遇疾也。以其不嗜，故加草木之味。「以爲薑桂之謂」一句，乃記者釋「草木之滋」，亦或曾子稱禮書之言而自釋之歟？

【郝氏通解】孝子居喪，食旨不甘，如有疾，則宜變通，滅性者不孝。苟食者廢禮，故爲疾飲酒食肉，亦必有藥物之和而後可，不然爲酒肉而已。「以爲」者，釋曾子草木之意。薑，草屬。桂，木屬，皆藥物，亦可和飲食，内則云「屑薑與桂」是也。有藥物之和，乃爲有疾者。曾子居喪，水漿不入口者七日，正此意。言居喪不可妄飲酒食肉，非爲飲酒食肉者謀也。

【欽定義疏】正義 鄭氏康成曰：草木之滋，謂增以香味，爲其疾不嗜食也。

孔氏穎達曰：此論居喪有疾飲食之事。

方氏慤曰：薑者，草之滋。桂者，木之滋。酒肉之外又有草木之滋，亦慮其不勝喪而已。

存疑 鄭氏康成曰：以爲薑桂之謂者，爲記者正曾子所云「草木滋」者，謂薑桂也。

陳氏澔曰：「以爲薑桂之謂」一句，乃記者釋「草木之滋」，亦或曾子稱禮書之言而自釋之與？案：末句，鄭、陳二氏各自爲説，並存疑以備參。

案 周官膳夫疏云：「加薑桂鍜治者爲脩，不加薑桂以鹽乾之爲脯。」是肉原有不加薑桂者，此爲有疾而設。

【杭氏集説】陳氏澔曰：「以爲薑桂之謂」一句乃記者釋「草木之滋」，亦或曾子稱禮書之言而自釋之與？

朱氏軾曰：孝子食旨不甘，雖有疾，豈能下咽哉！增以草木之滋，則酒食非純甘旨，庶幾勉而食之。

姜氏兆錫曰：禮，居喪不飲酒食肉，若有疾而當養，則飲食之矣。仍恐其氣味未投，故加草木之滋和也。末句蓋曾子即禮文而釋之。

【孫氏集解】鄭氏曰：增以香味，爲其疾不嗜食也。以爲薑桂之謂，爲記者正曾子所謂草木滋者，謂薑桂也。

【朱氏訓纂】**曾子曰：「喪有疾，食肉、飲酒，必有草木之滋焉。」**注：增以香味，爲其疾不嗜食。**以爲薑桂之謂也。**注：爲記者正曾子所云草木滋者，謂薑桂。

三·四一　**○子夏喪其子而喪其明。**明，目精。○而喪，息浪反，下「喪明」「喪爾明」同。**曾子弔之曰：「吾聞之也，朋友喪明則哭之。」**痛之。**曾子哭。子夏亦哭，曰：「天乎，予之無罪也！」**怨天罰無罪。**曾子怒，曰：「商，女何無罪也？吾與女事夫子於洙、泗之間，**言其有師也。洙、泗，魯水名。○女音汝，下同。洙，音殊。泗，音四。洙、泗，二水名。**退而老於西河之上，**西河，龍門至華陰之地。○華，徐胡化反。**使西河之民疑女於夫子，爾罪一也；**言其不稱師也。**喪爾親，使民未有聞焉，爾罪二也。**言居親喪無異稱。○稱，尺證反。**喪爾子，喪爾明，爾罪三也。**言隆於妻子。**而曰女何無罪與**[一]**？」子夏投其杖而拜曰：「吾過矣！吾過矣！**謝之且服罪也。○與，音餘。**吾離羣而索居亦已久矣。」**羣，謂同門朋友也。索，猶散也。○離羣，羣，朋友也，上音詈。索，悉各反，猶散也，下注「索居」同。

【疏】「子夏」至「久矣」。○正義曰：此一節論子夏恩隆於子之事。案仲尼弟子傳云，子夏，姓卜，名商，魏人也。哀喪其子而哭，喪失其明。

曾子是子夏之友，故云「朋友喪明則哭之」。子夏喪子之時，曾子已弔。今爲喪明更弔，故曾子先哭，子夏始哭。

云「疑女於夫子」者，既不稱其師，自爲談説，辨慧聰睿，絶異於人，使西河之民疑女道德與夫子相似。皇氏言疑子夏是夫子之身。然子夏，魏人，居在西河之上，姓卜名商，西河之民無容不識，而言是魯國孔丘，不近人情，皇氏非也。

[一] 而曰女何無罪與　閩、監、毛本同，石經同，岳本、嘉靖本同，衛氏集説同。釋文於上出「女何」云：「音汝，下同。」坊本「女」作「爾」。石經考文提要云：「案：上文『女何無罪也』，此作『爾』，歧出。宋大字本、宋本九經、南宋巾箱本、余仁仲本、劉叔剛本、禮記纂言皆作『女』。」○鍔按：「而曰」上，阮校有「子夏喪其子節」六字。

【衛氏集説】鄭氏曰：明，目精也。曾子哭，痛之也。子夏亦哭，曰「天乎！怨天罰無罪也」。事夫子於洙、泗，言其有師也。洙、泗，魯二水名。西河，龍門至華陰之地也。爾罪一，言其不稱師。罪二，言居親喪無異稱。罪三，言隆於妻子也。吾過矣，謝之且服罪也。羣，謂同門朋友也。索，猶散也。

孔氏曰：此一節論子夏恩隆於子之事。曾子爲喪明往弔，故曾子先哭，子夏始哭。云「疑女於夫子」者，既不稱其師，自爲談説，辨慧聰睿，絶異於人，使西河之民疑女道德與夫子相似也。

横渠張氏曰：子夏喪明，必是親喪之時尚强壯，其子之喪，氣漸衰，故喪明。然曾子之責，安得辭也？「疑女於夫子」者，子夏不推尊夫子，使人疑夫子無以異於子夏，非如曾子推尊夫子，使人知尊聖人也。

馬氏曰：昔孔子固嘗以子夏之才爲不及矣，然則執親喪而能引之至於禮，夫子稱之，曾子反責其未有聞者，何耶？

李氏曰：子夏得聖人之一體而未得其全，故行有不合於聖人之道，則人將疑夫子之道於子夏。人之疑聖人，子夏之過也，故曰「使西河之民疑女於夫子」。非謂疑子夏若夫子，爲子夏之過也。

廣安游氏曰：古之人所以多君子者，以教法之備而内外交修之也。其居室則父兄教之，其居學則師教之，而平居則朋友教之，惟其教之備也。故其人寡過而德易以成。曾子之責子夏，稱其名，女其人，若父師焉。曾子不以爲嫌，子夏安受其責？蓋曾子正己以律人，愛人以德而不以姑息，君子之道固如此也。後世處父兄、師長之位，已不能教，其子弟、朋友之間相諛以色辭，相安以姑息，非復古人之道矣。

【吴氏纂言】鄭氏曰：明，目精也。曾子哭，痛之也。子夏亦哭曰「天乎」，怨天罰無罪也。事夫子於洙、泗，言其有師也。洙、泗，魯二水名。西河，龍門至華陰之地也。爾罪一，言其不稱師。罪二，言居親喪無異稱。罪三，言隆於妻子也。吾過矣，謝之且服罪也。羣，謂同門朋友。索，猶散也。

孔氏曰：曾子爲喪明往弔，故曾子先哭，子夏始哭。云「疑女於夫子」者，既不稱其師，自爲談説，辯慧絶異於人，使西河之民疑汝道德與夫子相似也。

張子曰：「疑汝於夫子」者，子夏不推尊夫子，使人疑夫子無以異於子夏，非如曾子推尊夫子，使人知尊聖人也。

澄曰：或云「疑」當讀如「擬」，謂比擬於夫子也。後篇「疑於君」「疑於臣」、易文言傳「陰疑於陽」竝同。索，訓散，訓盡。索居，猶云獨居，謂羣黨散盡而唯獨居，故不聞其過。

廣安游氏曰：曾子之責子夏，稱其名，女其人，若父師焉。曾子不以爲嫌，子夏安受其責？蓋曾子正己以律人，愛人以德而不以姑息，道固如此也。後世處父兄、師長之位，己不能教，其子弟、朋友之間相諛以色辭，相安以姑息，非復古人之道矣。

【陳氏集説】以哭甚，故喪明也。洙、泗，魯二水名。西河，子夏所居。索，散也。久不親友，故有罪而不自知。張子曰：子夏喪明，必是親喪之時尚强壯，其子之喪，氣漸衰，故喪明。然而曾子之責安得辭也？「疑女於夫子」者，子夏不推尊夫子，使人疑夫子無以異於子夏，非如曾子推尊夫子，使人知尊聖人也。方氏曰：子夏不尊於師而尊於己，不隆於親而隆於子，猶以爲無罪，此曾子所以怒之也。然君子以友輔仁，子夏之至於三罪者，亦由離朋友之羣而散居之久耳。以離羣，故散居也。

【納喇補正】使西河之民疑女於夫子。

集説 張子曰：子夏不推尊夫子，使人疑夫子無以異於子夏，非如曾子推尊夫子，使人知尊聖人也。

竊案 「疑女於夫子」，諸解不同。注、疏謂不稱其師，自爲談説，辨慧聰睿，絶異於人，使西河之人疑女道德與夫子相似。皇氏謂疑子夏是夫子之身。李氏謂子夏得聖人之一體而未得其全，故行有不合於聖人之道，則人將疑夫子之道於子夏。人之疑聖人，子夏之過也，非謂疑子夏若夫子，爲子夏之過也。吴氏謂「疑」當讀如「擬」，謂比擬於夫子也。後篇「疑於君」「疑於臣」、易文言「陰疑於陽」並同。蓋合張子説，凡四家，而皇氏最爲紕繆。蓋子夏，魏人，居在西河之上，西河之民，無容不識，而言是魯國孔氏，不近人情矣。張子謂使人疑夫子無以異於子夏，是疑夫子於女，非疑女於夫子也。李氏之説似乎稍鑿，吴氏改「疑」作「擬」，亦屬不必，惟注、疏得之。集説舍孔而引張，何也？

【郝氏通解】喪子、喪明，謂其子死，哭而瞽其目也。洙、泗，二水名。西河，龍門至華陰之地，冀州之西河也。疑，擬也。子夏使人尊己甚于尊師，哭親不如哭子，故曾子呼其名而數之。久離師友，蕭索獨居，無由聞過，蓋自悔而受教之辭。

按，弔友喪目，亦可無哭。既弔又數其罪，則如無弔。西河尊事，是亦夫子之道行也。人之尊賢，豈賢者之罪？孔門曾子最少，子夏以曾子父執，無呼名數之之禮，曾子平日言辭愨謹，此辭甚倨，不足信也。

【方氏析疑】喪爾親，使民未有聞焉。

民未有聞，未聞其哀毁之異衆也。韓退之裴少尹墓誌「居喪必有聞」，從鄭注。

【欽定義疏】正義 鄭氏康成曰：明，目精也。朋友喪明，則哭之痛之也。子夏曰「天乎」，怨天罰無罪也。洙、泗，魯二水名。西河，龍門至華陰之地也。爾罪一，言其有師而不稱師。罪二，言居親喪無異稱。罪三，言隆於妻子也。吾過矣，謝之且服罪也。羣，謂同門朋友也。索，猶散也。

孔氏穎達曰：此論子夏恩隆於子之事。子夏喪子，曾子已弔。今爲喪明往弔，故曾子先哭，子夏始哭。云「疑女於夫子」者，既不稱其師，自爲談説，辨慧聰睿，絶異於人，使西河之民疑女道德與夫子相似也。子夏，魏人，故居西河之上。

通論 張子曰：子夏喪明，必是親喪之時尚强壯，其子之喪，血氣漸衰，故喪明。然曾子之責，安得辭也？

游氏桂曰：古之人所以多君子者，以教法之備而内外交脩之也。其居室則父兄教之，其居學則師教之，而平居則朋友教之。惟其教之備也，故其人寡過而德易以成。曾子之責子夏，稱其名，女其人，若父師焉。曾子不以爲嫌，子夏安受其責，盖曾子正己以律人，愛人以德而不以姑息，君子之道，固如此也。

姚氏舜牧曰：子夏喪明，曾子責之，事之有無，未可知。但據曾子直辭以正過，子夏傾心以受責，猶是古意，盖今世之所無者。

案 王充論衡已辨子夏無失明事，而鍾惺亦謂辭氣絶不似子輿，大抵此篇多屬傳聞，其事原不甚確。

【杭氏集説】 姚氏舜牧曰：子夏喪明，曾子責之，事之有無未可知，但據曾子直辭以正過，子夏傾心以受責，猶是古意，蓋今世之所無者。

王氏充曰：子夏失明，虚妄之言，大抵檀弓多傳聞之語，其事初不甚確。

鍾氏惺曰：氣象不似子輿，當是子晳，不知子夏設教西河後，晳猶在否。

姚氏際恒曰：子夏曰：「商聞之矣，死生有命。」則其喪子、喪明之事必不足信。朋友喪明則哭之，此禮明係捏造。呼友以名，無禮孰甚。師其人而使人疑其爲師，此真得師傳之善者，乃以爲罪乎？下章云：「子夏既除喪，予之琴，和之而不和，彈之而不成聲，哀未忘也。」其於親亦孝矣，又何罪之有？

姜氏兆錫曰：喪明，以哭甚故也。洙、泗，魯二水名。西河，子夏所居。「疑女于夫子」者，子夏不推尊夫子，使人疑夫子無以異于子夏也。曰爾，猶言云爾也。索，散也，謂久别親友，故有罪而不自知也。張子曰：「子夏喪明，必是喪親之時尚强壯，其子之喪，血氣漸衰，故喪明。然而曾子之責，安得辭也？」方氏曰：「子夏不尊于師而尊于己，不隆于親而隆于子，猶以爲無罪，此曾子所以怒也。」愚謂子夏固不爲無罪，然引過不遑，且深以離友散居爲憾，則其去小人之過抑遠矣。

方氏苞曰：民未有聞，未聞其哀毁之異衆也。韓退之裴少尹墓誌「居喪必有聞」，從鄭注。

齊氏召南曰：方正學曰：「孔子之門人，曾子最少，曾子之父與師、商固友也。曾子于子夏之喪明而弔之，則宜呼其名而數之，則非曾子事也，傳之者過也。朋友有過，正之是也。名而數之，曾子不若是暴也。」

【孫氏集解】鄭氏曰：明，目精。洙、泗，魯水名。西河，龍門至華陰之地。罪一，言其不稱師也。罪二，言居親喪無異稱。罪三，言隆於妻子。再言「吾過矣」，謝之且服罪也。羣，謂同門朋友也。索，猶散也。

孔氏曰：「疑女於夫子」者，既不稱其師，自爲談説，辨慧聰睿，絶異於人，使西河之人疑女道德與夫子相似。

愚謂子夏自言離羣散居，無朋友切磋之益，故至於有過而不自知。

〇張子曰：子夏喪明，必是初喪親時尚强壯，其喪子，血氣漸衰，故喪明。然曾子之責，安得辭也？

愚謂此記所言，有無不可知，然曾子之盡言以規過，子夏之聞義而遽服，此則非賢者不能，而學者之所當取法也。

【朱氏訓纂】子夏喪其子而喪其明。注：明，目精。　正義：案仲尼弟子傳云：「子夏，姓卜，名商，魏人也。」**曾子弔之曰：「吾聞之也，朋友喪明則哭之。」**注：痛之。**曾子哭。子夏亦哭，曰：「天乎，予之無罪也！」**注：怨天罰無罪。**曾子怒，曰：「商，女何無罪也？吾與女事夫子於洙、泗之間，**注：洙、泗，魯水名。**退而老於西河之上，使西河之民疑女於夫子，爾罪一也；**注：西河，龍門至華陰之地。　正義：疑女道德與夫子相似。　彬謂「疑」「儗」同，比也。漢書高祖本紀：「地分已定，而位號比儗，無上下之分。」食貨志：「人徒之費，疑於南夷。」師古注：「疑，讀曰儗。儗，比也。」李蕭遠運命論「子夏退老于家，西河之人肅然歸德，比之於夫子」，尤一切證。**喪爾親，使民未有聞焉，爾罪二也。**注：言居親喪無異稱。**喪爾子，喪爾明，爾罪三也。**注：言隆於妻子。**而曰女何無罪與？」子夏投其杖而拜曰：「吾過矣！吾過矣！吾離羣而索居亦已久矣。」**注：謝之且服罪也。羣，謂同門朋友也。索，猶散也。王氏念孫曰：廣雅：「索，獨也。」檀弓「吾離羣而索居」，亦謂獨居也。索，與「索」同。

【郭氏質疑】子夏喪其子而喪其明。

孔疏：此論子夏恩隆於子之事。

嵩燾案，子夏喪明，事自王充論衡已訾其虛妄。據家語，子夏少孔子四十四歲，孔子卒當敬王之四十一年，子夏年二十九。年譜稱威烈王元年魏文侯立，受子夏經，上距孔子之卒五十四年，子夏年已八十有三矣。史記六國表，文侯即位十四年，受子夏經。若然，則子夏且及百歲。退老西河，不知何時，大約因文侯師事而其名益著。年譜載曾子卒當考王六年，年七十一，下距文侯之立十有一年，而以退老西河責子夏，亦曠遠不相及矣。近當塗夏氏著檀弓辨誣，謂其言不類曾子語氣，允矣。而未一論及此。要之，檀弓一書，多假借春秋時事以爲之辭，不必言之果信而有徵也。

三·四二　○**夫晝居於内，問其疾可也。**似有疾。○晝，知又反。**夜居於外，弔之可也。**似有喪。**是故君子非有大故，不宿於外；**大故謂喪憂。**非致齊也，非疾也，不晝夜居於内。**内，正寢之中。○齊，側皆反。

【疏】「夫晝」至「於内」。○正義曰：此一節論君子居處當合於禮，各依文解之。

○注「大故謂喪憂」。○正義曰：上文云「夜居於外，弔之可也」。○鄭云「似有喪」。此注兼云「憂」者，以其文云「大故」，語意既寬，非獨喪也。故周禮每云「國有大故」，皆據寇戎災禍，故此兼云憂也。身既有憂，而夜在於外者，既憂禍難，不暇入内，或與臣下外人夜裏在外，圖謀禍患。此謂中門外也。故禮，斬衰及期喪，皆中門外爲廬、堊室，是有喪，夜居中門外也。

○「非致」至「於内」。○平常無事之時，或出或入，雖晝居於外，亦有入内，雖夜居於内，亦有出外時。唯致齊與疾，無間晝夜[一]，恒居於内，故云「非致齊也，非疾也，不晝夜居於内」。

○注「内，正寢之中」。○正義曰：恐内是燕寢，故云「正寢之中」。必知正寢者，以

[一]　無間晝夜　閩、監、毛本同。惠棟校宋本「閒」作「問」，衛氏集説同。○鍔按：「無閒」上，阮校有「夫晝居於内節」六字。

其經云「非致齊，不居於内」，致齊在正寢，疾則或容在内寢，若危篤，亦在正寢。上文云「晝居於内，問其疾可也」，不問齊者，齊是爲祭之事，衆所共知，不須問也。此齊在内，祭統云：「君致齊於外，夫人致齊於内。」對夫人之寢爲外内耳。

【衛氏集説】鄭氏曰：晝居内，似有疾。夜居外，似有喪。大故，謂喪憂也。内，正寢之中。

孔氏曰：此一節論君子居處當合於禮。鄭云喪兼云憂者，周禮每云「國有大故」，皆據寇戎災禍，故云憂也。外，謂中門外也。斬衰及期喪，皆中門外爲廬，是有喪，居門外也。既憂禍難，夜則在外圖謀，亦不暇入内也。非致齊、非疾，謂平常無事之時。晝或入内，夜或出外，唯致齊與疾，無問晝夜，恒居於内也。

嚴陵方氏曰：晝爲陽，夜爲陰。君子順陽而動，故晝出而接物於外。順陰而静，故夜入而安身於内。此禮之常也。晝雖居於外，然有時而居内者，則以齊疾而已，蓋齊疾則致慎而於物不敢接故也。夜雖居於内，然有時而居於外者，則以大故而已，蓋大故則致憂而身不敢安故也。

廣安游氏曰：古之君子未有不從事乎其常者也，車服有常數，作止有常度，出處有常所。苟變乎其常，則必有故，不然則不安乎流俗而爲異者也。故古之人見其服飾而長少可知，見其步武而尊卑可知，察其人之居處則人之得失可知，皆由乎常而觀之也。

李氏曰：春秋傳曰：「君子朝以聽政，晝以訪問，夕以修令，夜以安身。」夜宿於外，非所以入燕息也。晝居於内，非所以自强不息也。

【吴氏纂言】鄭氏曰：晝居内似有疾，夜居外似有喪。大故，謂喪憂。内，正寢之中。孔氏曰：大故，非獨喪也，兼寇戎災禍之憂。外，謂中門外。斬衰及期喪，皆中門外爲廬、堊室，是有喪者夜居外。或憂災禍患難，與外人圖謀，則不暇入内也。平常無事，晝雖居外，或有時入内。夜雖居内，或有時出外。唯致齊與疾，無問晝夜，恒居内也。方氏曰：晝爲陽，夜爲陰。順陽而動，故晝出外而接於物。順陰而静，故夜入内而安其身。晝雖居外，有時以疾，則致慎於物而不敢接，故亦居内。夜雖居内，有時以大故，則致憂於身而不敢安，故亦居外也。

澄曰：晝居内者唯有疾，無疾而致齊者亦然。夜居外者唯有喪，無喪而有憂者亦然。喪憂二者相類，故總言之曰「大故」。疾齊二者不同，故分言之而别曰「致齊」也。常時唯夜居内，疾齊則不但夜居内，晝亦居内，故曰「晝夜居於内」。

【陳氏集説】内者，正寢之中。外，謂中門外也。晝而居内，似有疾。夜而居外，似有喪。

應氏曰：致齊居内，非在房闥之中，蓋亦端居，深處於宊奥之内耳。

【郝氏通解】此言平居出入、寢興之節，早起夜卧、出作入息，自有常度。晝常在外，夜常居内。惟居喪則廬於中門外，雖夜亦不入。惟致齊寢疾，雖晝亦不出。不然，則失其常度，而人必異之，所以可弔而問也。由此以推士君子衣服、飲食、舉動、言語，一準諸理，合于人情，安常處順，則無往不宜，何但晝夜寢興之節而已。

【方氏析疑】非致齊也，非疾也，不晝夜居於內。

經傳中內、外所指各異。此內謂正寢，喪祭致齊及有憂居之。文王世子篇「素服居外」，亦謂正寢。蓋對內宮而爲外也。國君則路寢之外，别有小寢，爲夫人、嬪、婦進御之所。士大夫所宿止，則即其妻之正內。內則「雖及七十，同藏無間」是也。所謂「禫而從御，吉祭而復寢」，國君則小寢，士大夫則內寢也。所謂「致齊於內，散齊於外」者，內謂路寢之室，外謂路寢之堂也。散齊七日，國君猶出御路寢之堂以聽政，士大夫猶赴公朝治官事，其退還於家，猶得於正寢之堂接親、賓、家臣，故曰「散齊於外」也。致齊三日，則國君惟居路寢之室，不復聽政於堂。士大夫則入居君之齊宮，而不返其私室，故曰「致齊於內」也。曾子問：「卿大夫將爲尸於公，受宿矣。而有齊衰內喪，則出舍於公館以待事。」則凡有執於祀事者，必入宿於君之齊宮，明矣。

【欽定義疏】正義 鄭氏康成曰：晝居內，似有疾。夜居外，似有喪。大故，謂喪憂也。孔疏：兼言憂者，周禮每云「國有大故」，「故」皆據寇戎災禍，故兼言憂。既憂禍難，或與臣下在外圖謀，亦不暇入內也。內，正寢之中。孔疏：知非燕寢者，經云「非致齊，不居於內」，致齊在正寢，疾容或在內寢，若危篤亦在正寢。

孔氏穎達曰：此論君子居處當合於禮。禮，斬衰及期喪，喪皆中門外爲廬，是有喪居門外也。尋常無事之時，晝或入内，夜或出外，惟致齊與疾，無問晝夜，恒居於内也。此齊在内，祭統云「君致齊於外，夫人致齊於内」者，對夫人之寢爲外内耳。晝居於内，問其疾不問其齊者，齊是爲祭之事，衆所共知，不須問也。

方氏慤曰：晝爲陽，夜爲陰。君子順陽而動，故晝出而接物於外。順陰而静，故夜入而安身於内。此禮之常。晝有時居内者，則以齊疾致慎，而於物不敢接故也。夜有時居外者，則以大故致憂，而於身不敢安故也。

通論 李氏格非曰：春秋傳曰：「君子朝以聽政，晝以訪問，夕以脩令，夜以安身。」夜宿於外，非所以入燕息也。晝居於内，非所以自强也。

案 君子動静有常，有故則反常，如大故及齊疾，雖非常，猶之常耳。非此則問且弔矣，可不謹哉？

【杭氏集説】 孔氏穎達曰：此齊在内。祭統云「君致齊于外，夫人致齊於内」者，對夫人之寢爲外内耳。晝居於内，問其疾不問其齊者，齊是爲祭之事，衆所共知，不須問也。

姜氏兆錫曰：内謂正寢之中，外謂中門之外。晝而居内，似有疾；夜而居外，似有喪。應氏曰：「致齊于内，非在房闈，蓋亦端居於窔奥之内與？」愚按家語，孔子適季氏康子，晝居内寢，孔子問其所疾，子貢以爲問，故孔子答之以此。

方氏苞曰：經傳中内、外所指各異。此内謂正寢，祭喪致齊及有憂居之。文王世子篇「素服居外」，亦謂正寢。蓋對内宫而爲外也。國君則路寢之外，别有小寢，爲夫人、嬪、婦進御之所。士大夫所宿止，則即其妻之正内。内則「雖及七十，同藏無間」是也。所謂「禫而從御，吉祭而復寢」，國君則小寢，士大夫則内寢也。所謂「致齊於内，散齊于外」者，内謂路寢之室，外謂路寢之堂也。散齊七日，國君猶出御路寢之堂以聽政，士大夫猶赴公朝治官事，其退還于家，猶得于正寢之堂接親、賓、家臣，故曰「散齊于外」也。致齊三日，則國君唯居路寢之室，不復聽政于堂。士大夫則入居君之齊宫，而不返其私室，故曰「致齊于内」也。曾子問：「卿大夫將爲尸于公，受宿矣。而有齊衰内喪，則出舍于公館以待事。」則凡有執于祀事者，必入宿于君之齊宫，明矣。

【孫氏集解】鄭氏曰：晝居於内，似有疾，夜居於外，似有喪。内，謂正寢之中。

愚謂内外，謂正寢室之内外也。大故，謂有喪。喪既小斂，主人之位恒在阼階下；既殯，廬於中門之外。致齊與疾，恒在正寢室中。大故即喪也，孟子「今也不幸，至於大故」是也。君子晝必處外，夜必處内，所以順陰陽、動静之宜，以爲興居之節，故事業得其序，身體得其養。苟反其常，則雖不必果有喪疾，而固可以問其疾、弔其喪矣。可不謹哉！

【朱氏訓纂】夫晝居於内，問其疾可也。注：似有疾。**夜居於外，弔之可也。**注：似有喪。**是故君子非有大故，不宿於外；非致齊也，非疾也，不晝夜居於内。**注：大故，謂喪憂。内，正寢之中。　正義：平常無事之時，或出或入，雖晝居於外，亦有入内，雖夜居於内，亦有出外。時唯致齊與疾，無問晝夜，恒居於内。

三·四三　○**高子皋之執親之喪也，**子皋，孔子弟子，名柴。**泣血三年，**言泣無聲，如血出。**未嘗見齒，**言笑之微。○見，賢遍反。**君子以爲難。**言人不能然[一]。

【疏】「高子」至「爲難」。○正義曰：此一節論高柴居喪過禮之事，各依文解之。

○注「子皋，孔子弟子，名柴」。○正義曰：案史記孔子弟子傳[二]，高柴，鄭人，字子皋。

○注「言泣無聲，如血出」。○正義曰：凡人涕淚必因悲聲而出，若血出則不由聲也。今子皋悲無聲，其涕亦出，如血之出，故云「泣血」。

○注「言笑之微」。○正義曰：既云「泣血三年」，得有微笑者。凡人之情有哀有

[一] 言人不能然　閩、監、毛本作「能然」，岳本同。此本「能」誤「禮」，衛氏集説作「言人不能然也」。嘉靖本作「言人不能也」，惠棟校宋本同。○鍔按：「言人」上，阮校有「高子皋節」四字。

[二] 案史記孔子弟子傳　閩、監、毛本同，惠棟校宋本「孔子」作「仲尼」。

樂，哀至則泣血，樂至則微笑。凡人大笑則露齒本，中笑則露齒，微笑則不見齒。○「君子以爲難」。○君子以高柴所爲，凡人難可爲之。何者？凡人發聲始涕出，樂至爲大笑，今高柴恒能如此，餘人不能，故爲難也。

【衛氏集説】鄭氏曰：子皋，孔子弟子，名柴。泣血，言泣無聲如血出。未嘗見齒，言笑之微。君子以爲難，言人不能然也。

孔氏曰：此一節論高柴居喪過禮之事。凡人涕淚，必因悲聲而出。若血出，則不由聲也。今子皋悲無聲，其涕亦出，如血之出，故云「泣血也」。凡大笑則露齒本，中笑則露齒，微笑則不見齒。既云「泣血三年」，得有微笑者。凡人之情有哀有樂，發聲始涕出，樂至爲大笑。今高柴哀至泣血，樂至微笑，恒能如此，餘人不能，故爲難也。

嚴陵方氏曰：君子於此，固不以爲是，然亦不可以爲非，特以爲難而已。經於喪有曰居，有曰執，有曰爲，何也？蓋以身言之則曰居，以禮言之則曰執，以事言之則曰爲。合而言之，其實一也。

【吴氏纂言】鄭氏曰：子皋，名柴。泣血，言泣無聲如血出。難，謂人不能然。

澄曰：泣，謂目有淚，凡人號哭之時，目有淚出。子皋雖當不哭，時默思其親，目亦有淚如血之出，經三年之久如此。人大笑則齒本見，微笑則齒見。未嘗見齒，言其未嘗微笑也。「三年」二字上繫「泣血」，下連「未嘗見齒」，意貫上下，言其三年之内常有哀情而無樂時也。

方氏曰：於喪有曰居，有曰爲，有曰執，何也？以身則曰居，以事則曰爲，以禮則曰執，其實一也。

【陳氏集説】子皋，名柴，孔子弟子。　疏曰：人涕淚，必因悲聲而出，血出則不由聲也。子皋悲無聲，其涕亦出，如血之出，故云「泣血」。人大笑則露齒本，中笑則露齒，微笑則不見齒。

【郝氏通解】高子皋，名柴，孔子弟子。哭不成聲曰泣血，即淚也由痛出，故曰血。不見齒，謂不微笑。微笑則見齒，大笑則見矧。君子以爲難，蓋甚之之辭。子云：「可以爲難矣，仁則吾不知也。」禮使人難，未可繼也，故曰「和爲貴」，中節之謂和，記所以微其辭也。

【欽定義疏】正義　鄭氏康成曰：子皋，孔子弟子，名柴。案：史記弟子傳：高柴，鄭人。泣血，言泣無聲，如血出。孔疏：凡人涕淚，必因悲聲而出。若血出，則不由聲。今子皋悲無聲，其涕亦出，故云「泣血」。　吴氏澄曰：子皋雖不當哭，時默思其親，目亦有淚，如血之出也。未嘗見齒，言笑之微。孔疏：凡大笑則露齒本，中笑則露齒，微笑則不見齒。既云「泣血三年」，得有微笑者。凡人之情，有哀有樂。哀至則泣血，樂至則微笑也。君子以爲難，言人不能然也。

通論　方氏慤曰：經於喪，有曰居，有曰執，有曰爲，何也？蓋以身言之則曰居，以禮言之則曰執，以事言之則曰爲，其實一也。

存疑 孔氏穎達曰：此論子皋居喪過禮之事。方氏慤曰：君子於此，固不以爲是，然亦不可以爲非，特以爲難而已。

吴氏澄曰：未嘗見齒，言其未嘗微笑也。

【杭氏集説】吴氏澄曰：未嘗見齒，言其未嘗微笑也。

姜氏兆錫曰：疏曰：「人涕泣，必因悲聲而出，血出則否。」子皋悲無聲，其泣亦如出血然也。人大笑見齒本，中笑見齒，而微笑則不見齒，以哀未忘也。

【孫氏集解】鄭氏曰：子皋，孔子弟子，名柴。泣血，言泣無聲，如血出。未嘗見齒，言笑之微。君子以爲難，言人不能然。

孔氏曰：涕淚必因悲聲而出，若血出，則不由聲。今子皋悲無聲，其涕亦出，故云「泣血」。凡人大笑則露齒本，中笑則齒露，微笑則不見齒。

【朱氏訓纂】**高子皋之執親之喪也，**注：子皋，孔子弟子，名柴。正義：案史記仲尼弟子傳：高柴，鄭人，字子皋。**泣血三年，**注：言泣無聲，如血出。**未嘗見齒，**注：言笑之微。**君子以爲難。**注：言人不能然。正義：凡人大笑則露齒本，中笑則露齒，微笑則不見齒。

三・四四 ○**衰，與其不當物也，寧無衰。**惡其亂禮。不當物，謂精麄、廣狹[一]不應法制。○衰，七雷反，下同，後五服之衰皆放此，不復音。當，丁浪反，注同。惡，烏路反。麄，本又作「麤」，七奴反。狹，音洽。應，「應對」之應。**齊衰不以邊坐，大功不以服勤。**爲褻喪服。邊，偏倚也。○褻，息列反。倚，於彼反，又於寄反。

【疏】「衰與」至「服勤」。○正義曰：此一節論衰裳升數、形制必須依禮，及著服不得爲褻之事，各依文解之。

○「衰與其不當物也」者，此語乃通於五服而初發斬衰也。衰，喪服也。當，猶應也。物，謂升縷及法制長短幅數也。衰以表情，故制有法度，若精麄不應，廣狹乖法，便爲失禮，故云「寧無衰」也。是雖有不如無也。

○「齊衰不以邊坐」者，因上「寧無衰」以廣其事也。邊坐，謂偏倚也。喪服宜敬，坐起必正，不可著衰而偏倚也。齊衰輕既不倚，斬重，不言亦可知也。

○「大功不以服勤」者，大功雖輕，亦不可著衰服以爲勤勞事也。齊衰言不邊坐，則

[一] 謂精麄廣狹 閩、監、毛本同，嘉靖本同。惠棟校宋本「麄」作「麤」，宋監本、岳本同。衛氏集説作「粗」。釋文出「精麄」云：「本又作『麤』。」○按：段玉裁云：「篇、韵『麤』訓『不精』，俗作『麄』，今人概用作『粗』。『粗』行而『麤』廢矣。」○鍔按：「謂精」上，阮校有「衰與其不當物也節」八字。

大功可也。大功不勤，則齊衰固不可而小功可也。

【衛氏集説】鄭氏曰：不當物，謂精粗、廣狹不應法制。邊坐、服勤，謂褻喪服。邊，偏倚也。

孔氏曰：此一節論衰裳升數、形制必須依禮，及著服不得爲褻之事。衰不當物，此語通於五服。衰，喪服也。當，猶應也。喪服宜敬，坐起必正，不可著衰而偏倚也。言齊衰則斬衰可知。大功雖輕，然亦不可著衰服爲勤勞之事也。言大功則齊衰固不可，而小功可也。

黄氏曰：爲人服齊衰而心貌無哀戚之實，其云「寧無衰」者，謂若人但謹服衰而心貌忻悦者，寧如不服，喪禮之謂也。蓋言物者，爲哀戚心貌之實也，何以驗之？左傳載晉平公有卿佐之喪而奏樂飲宴，膳夫屠蒯入諫，罰其嬖叔，曰：「汝爲君目，將司明也。服以將禮，禮以行事，事有其物，物有其容。今君之容非其物也，而汝不見，是不明也。」以此驗之，物者，心貌之實，以稱其服，若介冑則有不可犯之色之類也。蓋哀戚者，喪禮之實也；齊衰制度者，外飾之容也。若但有制度法則，於身而亡哀戚，豈得合禮而爲孝哉！餘義。

馬氏曰：衰不當物，則亂先王之制，而後世疑其傳。無衰則禮雖不行，而其制度定於一，猶可以識之，故曰「衰與其不當物也，寧無衰」。然則子貢欲去告朔之餼羊，而孔子愛之，豈衰之制不足愛歟？蓋亂之則不若無，無之則不若存，如此而後世不敢廢先王之禮，而其所傳者亦可舉也。

山陰陸氏曰：物，若周書所謂「朝服八十物」「七十物」，是已據此布之精粗，非獨升數不同，縷數亦不同矣。尊者物精，卑者物粗，故曰「與其不當物也，寧無衰」。

横渠張氏曰：齊衰不以邊坐，有喪者專席而坐也。

【吴氏纂言】衰，與其不當物也，寧無衰。

鄭氏曰：不當物，謂精麤、廣狹不應法制。

孔氏曰：衰，喪服也。當，猶應也。衰裳升數、形制必須依禮，此衰通於五服。

馬氏曰：衰不當物，則亂先王之制，而後世疑其傳。無衰則禮雖不行，而其制度定於一，猶可識之，故曰「與其不當物，寧無衰」。

山陰陸氏曰：物，若周書所謂「朝服八十物」「七十物」，是已布之精麤，非獨升數不同，縷數亦不同矣。尊者服精，卑者服麤。

長樂黄氏曰：左傳載晉平公有卿佐之喪，而奏樂飲燕，饍夫屠蒯入諫曰：「服以將禮，禮以行事，事有其物，物有其容，今君之容非其物也。」以此驗之，物者，心貌哀戚之實，以稱其服，若介胄則有不可犯之色也。蓋哀戚者喪禮之實，衰者外飾之容。若但服衰於身，而心貌無哀戚之實者，寧如不服喪也。

澄按，陸、黃釋「物」字，皆與注、疏異，姑存其説。

齊衰不以邊坐，大功不以服勤。

鄭氏曰：邊，偏倚也。邊坐、服勤，謂褻喪服。

孔氏曰：喪服宜敬，坐起必正，不可著衰而偏倚。言齊衰則斬衰可知。著服不得爲褻事，大功雖輕，然亦不可著衰而服行勤勞之事。言大功則齊衰固不可，而小功可也。

張子曰：齊衰不以邊坐，有喪者專席而坐也。

【陳氏集説】疏曰：物，謂升縷及法制長短幅數也。邊，坐偏倚也。喪服宜敬，坐起必正，不可著衰而偏倚也。齊衰輕，既不倚，斬重不言可知。大功雖輕，亦不可著衰服而爲勤勞之事也。馬氏曰：衰不當物，則亂先王之制，而後世疑其傳。無衰則禮雖不行，而其制度定于一，猶可以識之。故曰「與其不當物也，寧無衰」。

【納喇補正】衰，與其不當物也，寧無衰。

集説 疏曰：物，謂升縷及法制長短幅數也。

竊案 長樂黃氏曰：「此謂人服齊衰而心貌無哀戚之實，其云『寧無衰』者，謂若人但謹服衰而心貌忻悦者，寧如不服衰也。蓋言物者，謂哀戚心貌之實也，何以驗之？左傳載晉平公有卿佐之喪而奏樂飲宴，膳夫屠蒯入諫，罰其嬖叔曰：『汝爲君目，將司明也。服以將禮，禮以行事，事有其物，物有其容。今君之容非其物也，而汝不見，是不明也。』以此驗之，物者，心貌之實，以稱其服，若介胄則有不可犯之色之類也。蓋哀戚者，喪禮之實也；齊衰者，制度外飾之容。若但服衰在身，而無哀戚，豈得合禮而爲孝哉？」其言至切，優於注、疏遠矣。以「實」訓「物」，如易家人所云「言有物」之物。

齊衰不以邊坐。

集説 疏曰：「喪服宜敬，坐起必正，不可著衰而偏倚也。」

竊案 以邊坐爲偏倚，舊説相承如此，横渠張子則曰：「有喪者專席而坐也，故齊衰不以邊坐。」

【郝氏通解】 衰，喪服也，取摧折之義。當，猶合也。物，謂升縷精麤、裁製廣狹，皆合制也。不當物，與無衰同。曰「寧」者，甚言不當物之不可，非謂衰可廢也。邊，猶偏也。凡居喪，坐則專席，不與人共，吉凶不相瀆也。共席則偏坐，偏坐非哀敬之容也。大功廢業，服大功之衰而親勤勞之事，則志不在哀，而期以上可知也。

按，不以邊坐，不以服勤，亦當物之意。春秋傳，晉平公有卿佐之喪而奏樂飲宴，屠蒯諫曰：「服以將禮，禮以行事，事有其物，物有其容。今君之容，非其物也。」即衰不當物之義，非獨精麤、廣狹之應制而已。

【方氏析疑】 **衰，與其不當物也，寧無衰。**

升縷不同，親疎、重輕之等也。山陰陸氏謂「尊者服精，卑者服粗」，據雜記「大夫爲其父母、兄弟之未爲大夫者之喪，服如士服」而言。不知此數條，乃劉歆所增竄。在禮，端衰無等。

【江氏擇言】衰，與其不當物也，寧無衰。

鄭注：惡其亂禮。不當物，謂精麤、廣狹不應法制。

孔疏云：物，謂升縷及法制長短幅數也。

按，寧無衰，記者甚言之，非真謂衰可無也。不當物，注疏説是，長樂黄氏謂「物者，心貌哀戚之實」，非也。

齊衰不以邊坐。

鄭注：邊，偏倚也。

張子云：有喪者專席而坐也。

按，當從注説，專席而坐謂不與人共坐，非不以邊坐之謂也。

【欽定義疏】正義 鄭氏康成曰：不當物，謂精粗廣狹不應法制，惡其亂禮也。不邊坐、服勤，爲褻喪服。邊，偏倚也。

孔氏穎達曰：此論衰裳升數、形制必須依禮，及著服不得爲褻之事。衰不當物，此語通於五服。衰，喪服也。當，猶應也。衰以表情，若失禮，不如無也。喪服宜敬，坐起必正，不可著衰而偏倚也。言齊衰，則斬衰可知。大功雖輕，然亦不可著衰服爲勤勞之事也。齊衰不邊坐，大功可也。大功不勤，則齊衰固不可，而小功可也。

通論 陸氏佃曰：物，若周書所謂「朝服八十物」「七十物」是已。據此布之精粗，非獨升數之不同，縷數亦不同矣，故曰「與其不當物也，寧無衰」。

黄氏榦曰：服齊衰而心貌無哀戚之實，寧如不服也。左傳載晉平公有卿佐之喪而奏樂飲宴，膳夫屠蒯入諫曰：「服以將禮，禮以行事，事有其物，物有其容。今君之容，非其物也。」以此驗之，哀戚者，喪禮之實也；齊衰制度者，外飾之容也。若但有制度法則，於身而無哀戚，豈得合禮而爲孝哉？

存疑 張子曰：齊衰不以邊坐，有喪者專席而坐也。

案 張子以「專席坐」解「不邊」之義，理似可通。考雜記「齊衰皆居堊室，三年之喪，廬堊室之中，不與人坐」，喪大記「既練，居堊室，不與人居」，注云：「居，即坐也。」據此，齊衰無與人共坐之理，鄭義似穩。先王制服，升之多少，幅之廣狹，制之長短，皆有法度。此云「不當物」，似非但言其心也。孔氏云「衰以表情」，黄説「亦在其中」，如舊解，固兩義兼到也。

【杭氏集説】衰，與其不當物也，寧無衰。

姚氏際恒曰：不當物，鄭氏謂「粗精、廣狹不應法制」，然則以制度之小失而謂併衰可無服，理豈可通？按左傳曰：「服以將禮，禮以行事，事有其物，物有其容。今君之容，非其物也。」即此「物」字，義謂服不稱其情實也。然此自一說夫人無哀戚之心，固爲不孝，若併其喪服而去之，則與禽獸何異？記言未免過激而有弊耳。

姜氏兆錫曰：物，謂布之升縷及衰之法度也，此言服制也。馬氏曰：「衰不當物，則亂禮而疑後世。若無衰，則禮雖不行，而其制度猶或識之也。」寧無衰，蓋不得已而甚言之，非與人無衰也。

方氏苞曰：升縷不同，親疏、重輕之等也。山陰陸氏謂「尊者服精，卑者服粗」，據雜記「大夫爲其父母、兄弟之未爲大夫者之喪，服如士服」而言。不知此數條，乃劉歆所增竄。在禮，端衰無等。

齊衰不以邊坐，大功不以服勤。

姚氏際恒曰：「齊衰不以邊坐」與「有喪者專席而坐」同義。

姜氏兆錫曰：邊，猶偏也。喪服宜敬坐，偏倚則不正，服勤勞則不寧也。言齊、言大功，舉輕以見重也。此言喪禮也。

【孫氏集解】鄭氏曰：寧無衰，惡其亂禮也。不當物，謂精麤、廣狹不應法制。邊，偏倚也。不以邊坐、服勤，爲褻喪服。

孔氏曰：齊衰言不邊坐，則大功可也。大功不服勤，則齊衰固不可，而小功可也。

愚謂衰謂五服之衰，物謂升數之多寡，鍛治之功沽。衰之物不同，所以別恩誼之親疏，不可得而亂也。無衰而禮自若，不當物，則亂於喪紀而禮亡矣。邊坐，謂坐不中席也。不以邊坐，不以服勤，皆所以致其嚴敬。蓋敬所以攝哀，而褻則或忘也。

【朱氏訓纂】衰，與其不當物也，寧無衰。 注：惡其亂禮。不當物，謂精麤、廣狹不應法制。 正義：衰，喪服也。當，猶應也。物，謂升縷及法制長短幅數也。衰以表情，故制有法度。若精麤不應，廣狹乖法，便爲失禮。**齊衰不以邊坐，大功不以服勤。** 注：爲褻喪服。邊，偏倚也。 正義：喪服宜敬，坐起必正，不可著衰而偏倚也。大功雖輕，亦不可著衰服以爲勤勞事也。齊衰言「不邊坐」，則大功可也。大功不勤，則小功可也。

【郭氏質疑】衰，與其不當物也，寧無衰。

鄭注：不當物，謂精粗、廣狹不應法度。

嵩燾案，黄氏幹引左傳「服以將禮，禮以行事，事有其物，物有其容。今君之容，非其物也」，物謂哀戚心貌之實，足以稱其服，黄氏之言是也。而物自爲升縷長短、制度之數，所以求當於物者，則心貌之實也。間傳：「斬衰貌若苴，齊衰貌若枲，大功貌若止。」所謂「當物」也。下文「齊衰不以邊坐，大功不以服勤」，蓋喪服之制如此，亦使人因文以生其情，而求稱於物也。鄭注分析言之，恐誤。案，「齊衰不以邊坐」，即曲禮「有喪者專席而坐」意，鄭注「邊，偏倚也」，孔疏「喪服宜敬，坐起必正」，又曰「齊衰不邊坐，大功可也」，竝誤。

三·四五　○**孔子之衛，遇舊館人之喪，**前日君所使舍己。**入而哭之哀。出，使子貢説驂而賻之**[一]。賻，助喪用也。騑馬曰驂。○説，本又作「税」，同他活反，徐又始鋭反，下及注同。驂，七南反，夾服馬也。騑，芳非反。**子貢曰：「於門人之喪，未有所説驂，説驂於舊館，無乃已重乎？」**言説驂大重，比於門人，恩爲偏頗。○頗，破多反。**夫子曰：「予鄉者入而哭之**[二]**，遇於一哀而出涕，**遇，見也。舊館人恩雖輕，我入哭，見主人爲我盡一哀，是以厚恩待我，我爲出涕。恩重，宜有施惠。○鄉，本又作「嚮」，許亮反。出，如字，徐尺遂反。涕，音體。施，始豉反。**予惡夫涕之無從也？小子行之。」**客行，無他物可以易之者，使遂以往。○惡，烏路反。夫音扶。

【疏】「孔子」至「行之」。○正義曰：此一節論孔子欲示人行禮副忠信之事，各依文解之。

○注「前日君所使舍己」。○正義曰：知非舊所經過主人，必以爲君所使舍己者，

[一] 使子貢説驂而賻之　閩、監、毛本同，石經同，岳本、嘉靖本同，衛氏集説本同，正義同。釋文出「税驂」云：「本又作『説』，下及注同。」○鍔按：「使子」上，阮校有「孔子之衛節」五字。

[二] 予鄉者入而哭之　閩、監、毛本同，石經同，岳本、嘉靖本同，衛氏集説同，正義同。釋文出「正予鄉皆是也」云：「本又作『嚮』，非。」考文引古本作「嚮」。

若是經過主人，當云「遇舊主人之喪」，故禮稱皆云「主人」。是以左傳云「以爲東道主」，又云「昔吾主於趙氏」，皆主人爲主。今此云「館人」，明置館舍於己，故以爲君所使舍己者。

○注「賻助」至「曰驂」。○正義曰：謂助生者喪家使用，故既夕禮「知死者賻[一]，知生者賻」，是賻爲助生也。熊氏以此賻助喪用，謂助死者，因云「賻得生死兩施」，熊氏非也。案隱元年穀梁傳云：「錢財曰賻。」此用馬者，即財也。故少儀云：「賻馬不入廟門。」

云「騑馬曰驂」者，説文云：「騑，旁馬。」是在服馬之旁。又詩云：「騏駵是中，騧驪是驂。」驂在外也。孔子得有驂馬者，案王度記云：「天子駕六馬，諸侯四，大夫三，士二。」古毛詩云「天子至大夫皆駕四」。孔子既身爲大夫，若依王度記，則有一驂馬也。若依毛詩説，則有二驂馬也。

○「子貢」至「行之」，以子貢不欲説驂，故夫子語其説驂之意，云：「我所説驂者，我鄉者入而哭之，遇值主人盡於一哀，是厚恩待我，我爲之出涕。既爲出涕，當有厚施惠。」

[一] 故既夕禮知死者贈　閩、監、毛本作「贈」，此本「贈」誤「賻」。

「予惡夫涕之無從」者，謂我感舊館人恩深，涕淚交下，豈得虛？然客行更無他物易換此馬，女小子但將驂馬以行之，副此涕淚。然論語云，顔回之喪，「子哭之慟」。慟比出涕，慟則爲甚矣。又舊館之恩，不得比顔回之極。而説驂於舊館，惜車於顔回者[一]，但舊館情疏，厚恩待我，須有賵賻[二]，故説驂賻之。顔回則師徒之恩親，乃是常事，則顔回之死必當以物與之。顔路無厭，更請賣車爲椁，以其不知止足，故夫子抑之。

【衛氏集説】鄭氏曰：舊館人，前日君所使舍己也。賻，助喪用也。騑馬曰驂。子貢言説驂太重，比於門人，恩爲偏頗也。遇，見也。夫子謂舊館人恩雖輕，我入哭，見主人爲我盡一哀，是以厚恩待我，我爲出涕。恩重，宜有施惠。客行，無他物可以易之者，使遂以往。

孔氏曰：此一節論孔子欲示人行禮副忠信之事。若是舊所經過主人，當云「遇舊主人之喪」，今云「館人」，明置館舍於己者。説文云：「驂，旁馬也。」在服馬之旁，王度記云：「天子駕六馬，諸侯四，大夫三，士二。」古毛詩云：「天子至大夫皆駕四。」孔子既爲大夫，若依王度記，則有一驂馬。若依毛詩説，則有二驂馬。子貢不欲説驂，夫子謂既爲出涕，豈得虛？然汝小子但將驂馬以行之，副此涕淚也。然顔回死，子哭之慟，比出涕

[一] 惜車於顔回者　閩、監、毛本作「惜」，此本誤「措」。

[二] 須有賵賻　閩、監、毛本同，衛氏集説同。考文引宋板「賵」作「贈」，是也。

爲甚矣。又舊館之恩，不得以比顔回者，但舊館情疏，厚恩待我，須有賵賻。顔回則師徒之恩，乃是常事，顔路無厭，更請賣車爲椁，故夫子抑之。

哭不盡聲。横渠張氏曰：夫子於舊館人之喪，遇主人哀而出涕，於司徒敬子之喪，主人不哀，而哭不盡聲。哭死而視生者，何也？必是於死者情薄，於生者情厚，故為生者哭也。哭固有勉强者，喪事不敢不勉，哀甚不賻則幾於吝，此夫子稱情之事，可以爲後世法。

嚴陵方氏曰：車馬曰賵，貨財曰賻。此以馬而曰賻者，以馬代貨故也。

【吴氏纂言】鄭氏曰：舊館人，前日君所使舍己也。賻，助喪用也。騑馬曰驂。子貢言説驂太重，比於門人，恩爲偏頗也。遇，見也。夫子謂舊館人恩雖輕，我入哭，見主人爲我盡一哀，是以厚恩待我，我爲出涕。恩重，宜有施惠。客行，無他物可以易之者，使遂以往。

孔氏曰：若是舊所經過主人，當云「遇舊主人之喪」。今云「館人」，明置館舍於己者。子貢不欲説驂，夫子謂既爲出涕，豈得虚？然汝小子但將驂馬以行之，副此涕淚也。然顔回子哭之慟，比出涕爲甚矣，又舊館之恩，不得以比顔回。但舊館情疏，厚恩待我，須有贈賻。顔回則師徒之恩，乃是常事。顔回之死，必以物與之矣。顔路無厭，更請賣車爲椁，故夫子抑之。

方氏曰：車馬曰賵，貨財曰賻。此以馬而曰賻者，以馬代貨也。

澄曰：從者，以外物副其内誠之謂。宜有哀涕而無賻物，是涕之無從也。呼門人爲小子，令如吾意行之。

【陳氏集説】舊館人，舊時舍館之主人也。駕車者，中兩馬爲服馬，兩旁各一馬爲驂馬。遇一哀而出涕，情亦厚矣。情厚者，禮不可薄，故解脱驂馬以爲之賻。凡以稱情而已，客行無他財貨故也。惡夫涕之無從者，從，自也，今若不賻，則是於死者無故舊之情，而此涕爲無自而出矣。惡其如此，所以必當行賻，禮也。舊説孔子遇主人一哀而出涕，謂主人見孔子來而哀甚，是以厚恩待孔子，故孔子爲之賻。然上文既曰「入而哭之哀」，則又何必迂其説而以爲遇主人之哀乎？

【納喇補正】遇舊館人之喪。

集説 舊館人，舊時舍館之主人也。

竊案 鄭注「舊館人」謂「前日君所使舍己」，孔疏曰：「知非舊所經過主人者，若是經過主人，當云『遇舊主人之喪』，故禮稱皆云『主人』。左傳云『以爲東道主』，又云『昔我主於趙氏』，皆稱主人爲主。今云『館人』，明置館舍於己，故以爲君所使舍己者。」集説殊未分明。

遇於一哀而出涕。

集説 舊説謂主人見孔子來而哀甚，是以厚恩待孔子，故孔子爲之賻。然上文既曰

「入而哭之哀」，則又何必迂其説而以爲遇主人之哀乎？

竊案　注、疏是也。果如陳氏之云，則「遇」字無謂，蓋此「遇」字謂遇主人之哀，與上「遇主人之喪」之遇同，不得謂遇己之哀也。若疑「一哀」之哀與上「入而哭之哀」不相應，則出涕獨不可謂之哀乎？夫子於司徒敬子之喪，主人不哀而哭不盡聲，則此遇主人之哀，因而出涕，從可知矣。

【郝氏通解】此因上章「當物」之意類記之，又以見物當稱志也。舊館人，舊時在衛之主人。説，解也。驂，車轅外馬。助葬以財貨曰賻，以車馬曰賵。馬言賻者，客中無財，以馬爲財也。門人之葬未脱驂，如顔路請車不與是也。一哀而出涕，夫子自言也，於禮不必致哀，聖人至情無僞，故情至而物亦宜至也。不然何以副此涕乎？從，猶副也。志先則物從。行，行脱驂也。按，聖人豈有無哀之弔、無涕之哭乎？何以云「遇於一哀而出涕」也？無涕而哭，是强哀也。無哀而弔，是虚文也。用財用情，禮自素定，本無盡哀之心，偶遇一哀，本無賻喪之禮，聊以從涕，豈聖人之用禮與？且載途解驂，是廢行也。後世任俠之爲，非聖人從容中道氣象。聖人用禮，人情而已矣。

【江氏擇言】予惡夫涕之無從也？小子行之。

孔疏云：既爲出涕，當有厚施惠，豈得虚然？客行更無他物可易此馬，故將驂馬行之，副此涕淚。

吴氏云：從者，以外物副以内誠之謂。有哀涕而無賻物，是涕之無從也。陳氏云：從，自也。今若不賻，則是於死者無故舊之情，而此涕爲無自而出也。

按，「無從」之説，孔疏、吴氏得之。聖人豈有無自而出之涕，必藉物以明其誠乎？陳氏説非是。

【欽定義疏】【正義】鄭氏康成曰：舊館人，前日君所使舍己者。孔疏：知非舊所經過主人者，左傳云「東道主」。又云「昔吾主於趙氏」，當云「舊主人」。此云「館人」，是君所使置館舍於己者。賻，助喪用也。騑馬曰驂。孔疏：説文：「驂，旁馬也。」在服馬之旁。言説驂太重，比於門人，恩爲偏頗也。遇，見也。言舊館人恩雖輕，我入哭，見主人爲我盡一哀，是以厚恩待我，我爲出涕。恩重，宜有施惠。小子行之者，客行無他物可易，使遂以往也。

孔氏穎達曰：此論孔子示人行禮副忠信之事。

【通論】孔氏穎達曰：王度記云：「天子駕六馬，諸侯四，大夫三，士二。」古毛詩云：「天子至大夫皆駕四。」孔子既爲大夫，若依王度記，則有一驂馬。若依毛詩説，則有二驂馬。顔淵死，子哭之慟，比出涕爲甚，而説驂於舊館，惜車於顔淵者，顔淵之死必當以物予之。顔路無厭，故却之耳。

輔氏廣曰：義之所可，則説驂以贈舊館人而不吝；義所不可，則顔路請車而不從。於此可見聖人處事之權衡。

餘論 張子曰：夫子於舊館人之喪，遇主人哀而出涕。於司徒敬子之喪，主人不哀而哭不盡聲，爲生者哭也。哭固有勉强者，喪事不敢不勉。哀甚不賻，則幾於吝。此夫子稱情之事，可以爲後世法。

【杭氏集說】輔氏廣曰：義之所可，則説驂以贈舊館人而不吝；義所不可，則顔路請車而不從。於此可見聖人處事之權衡。

姚氏際恒曰：聖人安有弔而不哭，哭而不哀者？亦安有無涕者？而謂之「遇于一哀而出」，可異。鄭氏知其不可通，解遇哀爲遇主人哀。陳可大駁以爲上既云「入而哭之哀」，何必迂其説以爲主人哀是也。然本文「一」字自明，正與「遇」字相應，若主人，何爲稱一哀乎？

陸氏奎勳曰：謂館人之子哭甚哀，因感之而出涕也。然則説驂之贈在夫子，亦謂教孝而豈以救過乎？

姜氏兆錫曰：舊館人，舊時舍館之人也。當車兩馬爲服，馬兩旁各一爲驂馬。遇一哀而出涕，情亦厚矣，情厚者禮不可薄，故解驂爲賻。凡以稱情而已。從，自也。若不賻，則無以達其哀，而此涕果何自而出乎？蓋聖人之表裏一，而情文備也。類如此舊説，主人見孔子來而哭甚，是以厚恩待孔子，而孔子之賻則答其意而然也。陳氏曰：「上文既稱『入而哭之哀』，又何必迂其説而以爲遇主人之哀乎？」

【孫氏集解】鄭氏曰：館人，前日君所使舍己。賻，助喪用。騑馬曰驂。子貢言説驂大重，比於門人，恩爲偏頗。遇，見也，孔子言舊館人恩雖輕，我入哭，見主人爲我盡一哀，是以厚恩待我，我爲出涕。恩厚宜有重施，客行無他物可以易之者，使遂以往。

孔氏曰：説驂於舊館，惜車於顔淵者，顔淵之死，必當有物與之，顔路無厭，故卻之耳。

輔氏廣曰：義之所可，則説驂以贈館人而不吝；義所不可，則顔路請車而不從。於此可見聖人處事之權衡。

愚謂館人猶舍人，舊時館舍之人也。凡賻，以錢財爲常，其重者乃用車馬。館人誼疏，故子貢以説驂爲重而怪之。「一」與「壹」同，遇於一哀，言己入弔時，遇主人之專一而致其哀也。蓋主人之於弔賓恩深者，其哀恒切。今主人爲孔子而致哀，是以厚恩待孔子也。孔子感之而爲之出涕，是又以厚恩答之也。情必資物以表之，若無以賻之，則疑於情之不足，而鄉者之涕幾於虚僞而無所自出矣。説驂以賻者，客行無他物可賻故也。

○孔氏曰：孔子得有驂馬者，案王度記：「天子駕六馬，諸侯四，大夫三，士二。」古毛詩云：「天子至大夫皆駕四。」孔子既爲大夫，若依王度記，則有一驂馬，若依毛詩説，則有二驂馬也。

愚謂詩大明詠武王而曰「駟騵彭彭」，車攻詠宣王而曰「四牡龐龐」，此天子駕四也。采菽言「載驂載駟」，此諸侯駕四也。節南山言「四牡項領」，此大夫駕四也。惟士則駕二，故士喪禮下篇「公賵玄纁束，馬兩」。又家語，昭公與孔子一乘車、兩馬，時孔子未爲大夫也。書言「朽索馭六馬」，詩言「良馬五之」「良馬六之」，不過極言其多耳，非實有一乘駕六馬之法也。王度記之言不可據。

【朱氏訓纂】**孔子之衛，遇舊館人之喪，**注：前日君所使舍己。**入而哭之哀。出，使子貢説驂而賻之。**注：賻，助喪用也。騑馬曰驂。釋文：夾，服馬也。正義：驂，説文云：「騑，旁馬。」是在服馬之旁。案王度記云：「天子駕六馬，諸侯四，大夫三，士二。」古毛詩云：「天子至大夫皆駕四。」孔子身爲大夫，若依王度記，則有一驂馬也，若依毛詩説，則有二驂馬也。**子貢曰：「於門人之喪，未有所説驂，説驂於舊館，無乃已重乎？」**注：言説驂大重，比於門人，恩爲偏頗。**夫子曰：「予鄉者入而哭之，遇於一哀而出涕，**注：遇，見也。舊館人恩雖輕，我入哭，見主人爲我盡一哀，是以厚恩待我，我爲出涕。恩重，宜有施惠。**予惡夫涕之無從也？小子行之。」**注：客行無他物可以易之者，使遂以往。吳幼清曰：從者，以外物副其内誠之謂。有哀涕而無賻物，是涕之無從也。

檀弓注疏長編卷九

三·四六 ○孔子在衛[一]，有送葬者，而夫子觀之，曰：「善哉爲喪乎！足以爲法矣，小子識之。」子貢曰：「夫子何善爾也？」曰：「其往也如慕，其反也如疑。」慕，謂小兒隨父母啼呼。疑者，哀親之在彼，如不欲還然。○識，式志反，又音式，下及注「章識」皆同。呼，火故反。子貢曰：「豈若速反而虞乎？」速，疾。子曰：「小子識之。我未之能行也。」哀戚，本也；祭祀，末也。

【疏】「孔子」至「行也」。○正義曰：此一節論喪禮以哀戚爲本之事，各依文解之。○注「慕謂」至「還然」。○正義曰：言「慕，如小兒啼呼」者，謂父母在前，嬰兒在後，恐不及之，故在後啼呼而隨之。今親喪在前，孝子在後，恐不逮及，如嬰兒之慕。

[一] 孔子在衛節　惠棟校云：「『孔子在衛』節、『颜淵之喪』節，宋本合爲一節。」

「疑」者，謂凡人意有所疑，在傍徨不進[一]。今孝子哀親在外，不知神之來否，如不欲還然，故如「疑」。問喪云：「其反也如疑。」鄭注云「疑者，不知神之來否」，與此相兼乃足。

○「子貢曰：『豈若速反而虞乎？』」○子貢之意，葬既已竟，神靈須安，豈如速反虞祭安神乎？但哀親在彼，是痛切之本情，反而安神，是祭祀之末禮，故下文夫子不許。

【衛氏集説】鄭氏曰：慕，謂小兒隨父母啼呼。疑者，哀親之在彼，如不欲還然。速，疾也。夫子自言未之能行，蓋謂哀戚本也，祭祀末也。

孔氏曰：此一節論喪禮以哀戚爲本之事。父母在前，嬰兒在後，恐不及之，故常啼呼而隨之。今親喪在前，孝子在後，亦恐不及，故如嬰兒之慕也。凡人意有所疑，則傍徨不進。今孝子哀親在外，不知神之來否，故如不欲還然。子貢之意，葬既已竟，神靈須安，豈如速反虞祭安神乎？但哀親在彼，是痛切之本情，反而安神，是祭祀之末禮，故夫子不許。

山陰陸氏曰：我未之能行也，此與「女安則爲之」略相類，而辭意差婉。

廬陵胡氏曰：「小子識之，我未之能行也」，善其哀慕，虞祭雖遲，不害。

[一] 在傍徨不進　閩本同。惠棟校宋本，監、毛本「在」作「則」，衛氏集説同。

【吴氏纂言】送葬，孝子送其親就葬也。其，謂孝子。孝子之往也，送親之形而往。慕，如生時父母出外，兒隨後攀號，不忍其去也。孝子之反也，迎親之神而反。疑者，不審神來與反，疑其猶在葬所也。

鄭氏曰：慕，謂小兒隨父母啼呼。疑者，哀親之在彼，如不欲還然。速，疾也。夫子蓋謂哀戚本也，祭祀末也。

孔氏曰：疑則徬徨不進，子貢意葬已竟，神靈須安，豈如速反虞祭安神乎？但哀親在彼，是痛切之本情，反而安神，是祭祀之末禮，故夫子不許。

廬陵胡氏曰：善哉，善其哀慕。

山陰陸氏曰：我未之能行也，與「女安則爲之」略相類，而詞意差婉。

【陳氏集説】往如慕，反如疑，此孝子不死其親之至情也。子貢以爲如疑則反遲，不若速反而行虞祭之禮，是知其禮之常而不察其情之至矣。夫子申言「小子識之」，且曰「我未之能行」，則此豈易言哉？

【郝氏通解】此記孝子送葬之容。「往如慕」者，親柩在前，孝子在後，如嬰兒之慕，追隨迫切也。「反如疑」者，既葬奉神而還，親體在外，未知神之來否，彷徨不進也。虞，既葬之日反而安神之祭名。子貢言反如疑，不若速反而安神爲合禮。夫安神者，猶祭祀之虛文。哀痛者，尤仁孝之真心。故夫子終不然之。

【方氏析疑】小子識之。我未之能行也。

「未之能行」，非謙言也。聖人明於幽明、死生、鬼神，反不能有如慕、如疑之情狀也。

【江氏擇言】其往也如慕，其反也如疑。

鄭注：慕，謂小兒隨父母啼呼。疑者，哀親之在彼，如不欲還然。

按，如慕、如疑，鄭注最得其情狀。又問喪篇鄭注云：「慕者，以其親之在前。疑者，不知神之來否。」此説亦善。

【欽定義疏】正義 鄭氏康成曰：慕，謂小兒隨父母啼呼。疑者，哀親之在彼，如不欲還然。速，疾也。哀戚，本也；祭祀，末也。

孔氏穎達曰：此論喪禮以哀戚爲本之事。父母在前，嬰兒在後，恐不及之，故常啼呼而隨之。今親喪在前，孝子在後，亦恐不及，故如嬰兒之慕也。凡人意有所疑，則徬徨不進。今孝子哀親在外，不知神之来否，故如不欲還然，故如疑也。子貢之意，葬既已竟，神靈須安，豈如速反虞祭安神乎？但哀親在彼，是痛切之本情，反而安神，是祭祀之末禮，故夫子不許。

黄氏震曰：我未能行，抑己以實彼之可法也。

胡氏銓曰：善其哀慕，虞祭雖遲，不害也。

陳氏澔曰：往如慕，反如疑，孝子不死其親之至情也。子貢以爲如疑則反遲，不若速反而行虞祭之禮，是知其禮之常，而不察其情之至矣。夫子申言「小子識之」，且曰「我未之能行」，則此豈易言哉？

【杭氏集説】黄氏震曰：我未能行，抑己以實彼之可法也。

陳氏澔曰：往如慕，反如疑，孝子不死其親之至情也。子貢以爲如疑則反遲，不若速反而行虞祭之禮，是知其禮之常，而不察其情之至矣。夫子申言「小子識之」，且曰「我未之能行」，則此豈易言哉？

朱氏軾曰：所以如疑者，正爲欲反而虞也。以迫欲反虞之情，當窀穸未畢之頃，若或驅之，又若或縶之，此孝子之所爲踧踖躊躕也。藉非欲速反虞，則亦可以從容暇豫，熟視成文，何如疑之有？故孔子不言速虞之非，第曰「小子識之」。

方氏苞曰：未之能行，非謙言也。聖人明於幽明、死生、鬼神，反不能有如慕、如疑之情狀也。

【孫氏集解】鄭氏曰：慕，謂小兒隨父母啼呼。疑者，哀親之在彼，如不欲還然。哀戚，本也；祭祀，末也。

愚謂其往也如慕者，孝子以親往葬於墓，欲從之而不能，如嬰兒之思慕其親而啼泣也。其反也如疑者，既葬迎精而反，不知神之來否，故遲疑而不欲遽還也。虞，祭名，葬反，日中而虞。子貢恐反遲則虞祭或違於禮，而不知祭祀者禮之文，而哀戚者乃禮之本也。夫子言己未能行，自抑以深善之。

【朱氏訓纂】孔子在衛，有送葬者，而夫子觀之，曰：「善哉爲喪乎！足以爲法矣，小子識之。」子貢曰：「夫子何善爾也？」曰：「其往也如慕，其反也如疑。」注：慕，謂小兒隨父母啼呼。疑者，哀親之在彼，如不欲還然。子貢曰：「豈若速反而虞乎？」注：速，疾。子曰：「小子識之。我未之能行也。」注：哀戚，本也；祭祀，末也。

三·四七　○顔淵之喪，饋祥肉。饋，遺也。○饋，其位反。遺，于季反。孔子出受之。入，彈琴而后食之。彈琴以散哀也。

【衛氏集説】鄭氏曰：饋，遺也。彈琴以散哀也。

河南程氏曰：受祥肉，彈琴，殆非聖人舉動，使其哀未忘，則子於是日哭，則不歌、不飲酒食肉以全哀，況彈琴乎？使其哀已忘，則何必彈琴？

嚴陵方氏曰：吉之先見謂之祥，祥必有祭，祭必有肉。饋祥肉，則所以獻其吉也。受之必彈琴，則所以散其哀也。

長樂陳氏曰：儀禮曰「薦此嘗事」，又朞而大祥」，又曰「薦此嘗事」。祥祭而饋，則鬼事畢而人事始矣。顔淵之喪，饋祥肉，孔子出受之，仁也。必彈琴而後食之，義也。禮之道無他，節文仁義而已矣。

【吴氏纂言】鄭氏曰：饋，遺也。彈琴以散哀也。

程子曰：受祥肉，彈琴，殆非聖人舉動，使其哀未忘，則子於是日哭，則不歌、不飲酒食肉以全哀，況彈琴乎？使其哀已忘，則何必彈琴？

澄曰：所饋祥肉，謂斬衰再朞，大祥之祭肉也。設使孔子自爲其衆子服朞，一朞後亦不止樂矣，況喪顔淵如喪子而無服者乎？顔淵之死已兩朞，孔子每日彈琴，乃其常事。蓋此日彈琴，適在受此祥肉之後，食此祥肉之先，人不悟，以爲孔子彈琴散哀，而後食顔淵之祥肉，故記者云然。而鄭氏以「散哀」釋之，其實孔子不爲散哀而彈琴也。程子説是。

【陳氏集説】彈琴而後食者，蓋以和平之聲散感傷之情也。

【納喇補正】集説 彈琴而後食者，蓋以和平之聲散感傷之情也。

竊案 此本鄭注散哀之意，未爲失理，蓋送死有已，復生有節。喪服四制曰：「祥之日，鼓素琴，告民有終也。」子夏、子張除喪而見孔子，皆予之琴，亦教以節哀之道。於親喪且如是，況師之於弟，若喪子而無服者乎？孔子彈琴散哀，正合中制。然程子及吴氏疑之，程子曰：「受祥肉，彈琴，殆非聖人舉動，使其哀未忘，則子於是日哭，則不歌、不飲酒食肉以全哀，況彈琴乎？使其哀已忘，則何必彈琴？」臨川吴氏曰：「所饋祥肉，謂斬衰再期，大祥之祭肉也。設使孔子自爲其衆子服期，一期後亦不止樂矣，況喪顔淵如喪子而無服者乎？顔淵之死已兩期，孔子每日彈琴，乃其常事。蓋此日彈琴，適在受此祥肉之後，食此祥肉之先，人不悟，以爲孔子彈琴散哀，而後食顔淵之祥肉，故記者云然。而鄭氏以「散哀」釋之，其實孔子不爲散哀而彈琴也。程子説是。」然祥有大祥、小祥，此祥肉必是期年小祥之祭肉，孔子哀猶未忘，故彈琴散哀，而後食之。若大祥，則不必然矣。吴氏解爲大祥祭肉，故因程子之説而疑之，未敢遽以爲是也。

【郝氏通解】顔子之喪祥祭，饋夫子以肉，時孝子之情，且將禫矣，況師於弟子？禮無復哀，而於回痛惜未已，故感觸興悲，入而彈琴自釋，非爲樂之而彈，亦非前此不彈而至是始彈也。聖人於哀死之情，能節之以禮如此。

【欽定義疏】正義 鄭氏康成曰：饋，遺也。彈琴以散哀也。

陳氏澔曰：彈琴而後食者，蓋以和平之聲散感傷之情也。

存疑 程子曰：受祥肉，彈琴，殆非聖人舉動。使其哀未忘，則子於是日哭，則不歌、不飲酒食肉以全哀，況彈琴乎？使其哀已忘，何必彈琴？

吴氏澄曰：顔淵之死已兩期，孔氏彈琴，其常事。此彈琴適在受此祥肉之後，故記者云然，而鄭氏以「散哀」釋之，其實孔子不爲散哀而彈琴也。

案 鄭氏士虞禮「小祥」注引此文，似此是期之小祥。攷禮經小祥，祝辭曰「薦此常事」，大祥則曰「祥事」。是十三月不得正謂之祥，故以小言之。凡禮，於小祥無單言祥者。然以孔子之於顔淵，不論大祥、小祥，而此祭肉来饋，便覺可感，彈琴散哀，未爲非也。程子説似拘。

【杭氏集説】陳氏澔曰：彈琴而後食者，蓋以和平之聲散感傷之情也。

吴氏澄曰：顔淵之死已兩期，孔子彈琴，其常事。此彈琴適在受此祥肉之後，故記者云然。而鄭氏以「散哀」釋之，其實孔子不爲散哀而彈琴也。

姚氏際恒曰：程正叔謂「受祥，彈琴，殆非聖人舉動」，此疑其説之誣也。吴幼清謂「孔子此日彈琴，適在受祥肉之先，記者不悟云然」，此疑其説之訛也。然大抵誣爾，非訛也。

朱氏軾曰：聖人之于顔子，所望出而共濟天下，處而傳道後世者也。自顔子死，吾道孤矣。聖人因饋祥肉而感動于中，入而彈琴，所以寫憂，猶臨河而歌，在衛擊磬也。而後食者，不忍遂食也，非必舍琴而即食。

任氏啟運曰：孔子三十九歲，顔淵生，七十歲，淵死，大祥則孔子七十二也。

【孫氏集解】鄭氏曰：彈琴以散哀也。

愚謂夫子爲顔子、子路，皆如喪子而無服，而其於顔子之死，哀痛尤深，蓋心喪之如長子。自祥以前，皆廢樂也。父母之喪，三年不爲樂，而祥之日鼓素琴。夫子爲顔子心喪廢樂，故彈琴而後食祥肉，蓋以此爲釋心喪之節也。

【朱氏訓纂】注：饋，遺也。彈琴以散哀也。

【郭氏質疑】鄭注：彈琴以散哀也。

嵩燾案，鄭注士虞記「期而小祥」引此，是鄭意以饋祥肉爲小祥，然禮於期言練，再期言祥，析言之爲大祥、小祥，專言祥，則再期也。喪服四制：「祥之日鼓素琴，告民有終也，以節制者也。」祥而除喪，可以鼓琴矣。聖人之於顏淵，其哀有不能忘者，受顏淵之祥肉而心有動焉，乃彈琴以理之，所以自調其中和之節也。記曰：「夫子之喪顏淵，若喪子而無服。」祥而彈琴，正以喪子之義處之。吴氏澄云：「彈琴常事，此彈琴適在受祥肉之後，故記者云然。」殆誤也。

三·四八 ○**孔子與門人立，拱而尚右，二三子亦皆尚右。**傚孔子也。○拱，恭勇反。傚，本又作「效」，胡教反，下同。**孔子曰：「二三子之嗜學也，我則有姊之喪故也。」二三子皆尚左。**復正也。喪尚右，右，陰也。吉尚左，左，陽也。○嗜，市志反，注同。

【疏】「孔子」至「尚左」。○正義曰：此一節論拱手之禮。○注「喪尚」至「陽也」。○正義曰：此既凶事尚右，吉事尚左。案特牲、少牢吉祭皆載右胖，士虞禮是凶事，載左胖者，取義不同。吉祭載右胖者，從地道，尊右。士虞禮凶祭載左胖者，取其反吉，故士虞禮「設洗于西階西南」，鄭注「反吉」是也。

【衛氏集説】鄭氏曰：二三子亦尚右，傚孔子也。嗜，貪也。尚左，復正也。喪尚右，右，陰也。吉尚左，左，陽也。

孔氏曰：此一節論拱手之禮。

横渠張氏曰：孔子與門人立，拱而尚右，是叉手以右手在上也。以其姊之喪必如此者，見俄頃不忘也，以是知聖人之能敬。二三子學之者，恐此禮非三代所有，直孔子自爲之耳。如喪出母，亦夫子自制。

山陰陸氏曰：言二三子纖悉務學聖人如此，蓋有不應學而學之者，未有應學而不學者也。

李氏曰：子曰：「由之瑟，奚爲於丘之門？」門人不敬子路。則門人之於道固有未知者也。蓋聖人之於人，雖未知道而能從所好惡，雖陋於禮而能嗜學，斯受之而已矣。

【吴氏纂言】鄭氏曰：亦皆尚右，倣孔子也。嗜，貪也。尚左，復正也。喪尚右，右，陰也。吉尚左，左，陽也。

張子曰：拱而尚右，叉手以右手爲上也。以其姊之喪故如此。

山陰陸氏曰：二三子纖悉務學聖人如此，蓋有不應學而學者，未有應學而不學者也。

【陳氏集説】吉事尚左，陽也。凶事尚右，陰也。此蓋拱立而右手在上也。

【郝氏通解】拱而尚右，謂兩手相叉，右手在上也。左爲陽，右爲陰。吉事尚陽，凶事尚陰也。

按，此事甚淺近，二三子學禮，未有不知者，以一叉手左右訓禮，何異學究訓蒙子乎？未足信也。

【江氏擇言】孔子與門人立，拱而尚右。

張子云：叉手，以右手在上也。

按，從張子説。

【欽定義疏】 **正義** 鄭氏康成曰：二三子亦皆尚右，傚孔子也。嗜，貪也。尚左，復正也。喪尚右，右，陰也。吉尚左，左，陽也。孔疏：案特牲、少牢吉祭皆載右胖者，地道尊右。士虞凶祭載左胖者，反吉也。

孔氏穎達曰：此論拱手之禮。

張子曰：拱而尚右，以右手在上也。姊喪，俄頃不忘，以是知聖人之能敬。

陸氏佃曰：二三子纖悉務學聖人如此，蓋有不應學而學之者，未有應學而不學者也。

存疑 張子曰：此禮恐非三代所有，直孔子自爲之。

案 鄭氏常引古奔喪「凡拜，凶喪尚右手，吉喪則尚左手」，注：「凶喪，大功以上。吉喪，小功以下。」禮，姊妹在室期，既嫁，降服大功，則孔子之尚右，禮之正也，張子失考耳。

【杭氏集説】姚氏際恒曰：孔子有姊喪，其立必用此叉手尚右法，甚迂。二三子不知，羣學孔子叉手尚右法，更迂。

【孫氏集解】鄭氏曰：二三子亦皆尚右，傚孔子也。嗜，貪也。尚左，復正也。喪尚右，右，陰也。吉尚左，左，陽也。

愚謂凡拜，男尚左手，左，陽也，其拱亦然，凶事則尚右手，反吉也。婦人則吉事尚右，凶事尚左。

【朱氏訓纂】孔子與門人立，拱而尚右，二三子亦皆尚右。注：傚孔子也。**孔子曰：「二三子之嗜學也，**注：嗜，貪。**我則有姊之喪故也。」二三子皆尚左。**注：復正也。喪尚右，右，陰也。吉尚左，左，陽也。

三·四九 ○**孔子蚤作，**作，起。○蚤，音早。**負手曳杖**[一]，**消摇於門**[二]，欲人之

[一] 負手曳杖 閩、監、毛本同，石經同，岳本、嘉靖本同，衛氏集説本同，正義同。釋文出「柂」云：「亦作『曳』。」○鍔按：「負手」上，阮校有「孔子蚤作節」五字。

[二] 消摇於門 閩、監、毛本同，石經同，岳本、嘉靖本同，衛氏集説本同，正義同。釋文出「消摇」云：「本又作『逍遥』。」考文引古本作「逍遥」。

怪巳[一]。○抴，羊世反，亦作「曳」。消摇，本又作「逍遥」。**歌曰：「泰山其頹乎**[二]**！**泰山，衆山所仰。○頹，徒回反。**梁木其壞乎！**梁木，衆木所放。○放，方兩反。**哲人其萎乎**[三]**！」**哲人，亦衆人所仰放也。以上二句喻之。萎，病也。詩云：「無木不萎。」○委，本又作「萎」，同紆危反，注同。**既歌而入，當户而坐。**蚤坐，急見人也。**子貢聞之，曰：「泰山其頹，則吾將安仰？梁木其壞，哲人其萎，則吾將安放**[四]**？夫子殆將病也！」**覺孔子歌意。殆，幾也。○幾，音祈，又音機。**遂趨而入。夫子曰：「賜，爾來何遲也？**坐則望之。**夏后氏殯於東階之上，則猶在阼也。殷人殯於兩楹之間，則與賓主夾**

[一] 欲人之怪巳　閩、監、毛本同，岳本、嘉靖本同。惠棟校宋本「巳」作「己」，宋監本同，衛氏集説同。

[二] 泰山其頹乎　閩、監、毛本同，岳本同，衛氏集説同。嘉靖本「頹」作「頽」，釋文出「頽」，石經「頹」作「頽」。下「其頹」同。

[三] 哲人其萎乎　閩、監、毛本同，正義同，石經同，岳本、嘉靖本、衛氏集説同。釋文出「委乎」云：「本又作『萎』，注同。」

[四] 梁木其壞哲人其萎則吾將安放　閩、監、毛本同，石經同，岳本、嘉靖本同，衛氏集説同。困學紀聞曰：「家語終記云『泰山其頹，則吾將安仰？梁木其壞，吾將安杖？哲人其萎，吾將安放？』檀弓無『吾將安杖』四字。或謂廬陵劉美中家古本禮記『梁木其壞』之下有『則吾將安仗』五字，蓋與家語合。」齊召南曰：「案：古本以無此五字，故孔疏云『子貢意在怱遽，不暇別言』是也，或所見別本，必好事者爲之。」

之也。**周人殯於西階之上，則猶賓之也。**以三王之禮占己夢。○阼，才故反。楹，音盈。夾，本又作「俠」，古洽反，下注同。**而丘也，殷人也，予疇昔之夜夢坐奠於兩楹之間。**是夢坐兩楹之間而見饋食也。言奠者，以爲凶象。疇，發聲也。昔，猶前也。○食，如字，又音嗣。疇，直留反。**夫明王不興，而天下其孰能宗予？予殆將死也！」**孰，誰也。宗，尊也。兩楹之間，南面鄉明[一]，人君聽治正坐之處。今無明王，誰能尊我以爲人君乎？是我殷家奠殯之象，以此自知將死。○鄉，本又作「嚮」，同許亮反。治，直吏反。坐，才卧反，又如字。處，昌慮反。

蓋寢疾七日而没。明聖人知命。

【疏】「孔子」至「而没」。○正義曰：此一節論孔子自説死之意狀，各依文解之。

○注「欲人之怪己」。○正義曰：杖以扶身，恒在前面用，今乃反手却後以曳其杖，示不復杖也。又夫子禮度自守，貌恒矜莊，今乃消摇放蕩以自寬縱，皆是特異尋常，陵且如此[二]，故云「欲人之怪己」。杖曳於後，示不復用。消摇寬縱，示不能以禮自持，並將

[一] 南面鄉明　閩、監、毛本同，岳本、嘉靖本同。釋文出「嚮明」云：「本又作『鄉』。」衛氏集説作「嚮」，考文引古本同。

[二] 陵且如此　監、毛本同。閩本「且」作「旦」，續通解同。

死之意狀。○注「梁木，衆木所放」。○正義曰：衆木，榱桷之屬。依放横梁乃存立，放則依也。故論語云：「放於利而行。」孔曰：「放，依也。」

○注「以上」至「不萎」。○正義曰：泰山、梁木，並指他物。「哲人其萎」，指夫子之身，以二物比已，故云「以上二句喻之。」

云「詩云『無木不萎』」者，此小雅谷風刺幽王之詩，言天下俗薄，朋友道絶。其詩云：「無草不死，無木不萎。」證「萎，病」。

○注「蚤坐，急見人也」。○正義曰：君子尋常不自當户，已歌而入，即當户而坐，故云「蚤坐」。坐不在隱處，是急欲見人。

○「泰山」至「安放」者，上既云「泰山」「梁木」「哲人」三句，今子貢所云「泰山其頽」，云「吾將安仰」，「梁木」「哲人」總云「言將安放」者，以泰山、梁木共喻哲人。子貢意在怱遽〔一〕，不暇句句别言，故直引梁木、哲人相喻而足，總云「吾將安放」。

○「夏后」至「之也」者，「夏后氏殯於東階，則猶在阼」，「周人殯於西階，則猶賓之」，夏與周並言「猶」者，以其既死，無所知識，孝子不忍以生禮待之，猶尚阼階以爲主，

〔一〕子貢意在怱遽　閩、監本同，惠棟校宋本「怱」作「忩」，毛本作「悤」。

猶尚西階以爲賓客，故言「猶」也。

「殷人殯於兩楹之間」不云「猶」者，庾蔚云：「東階、西階，平生賓主所行禮之處，故云猶。兩楹之間，生無此禮。故不云猶。」然禮，賓主敵者，授受於兩楹之間，又是南面聽朝之處，庾云「生無此禮」，於義疑也。蓋以夫子夢在兩楹而見饋食，知是凶象，無聽朝之事，不得云「則猶尊之」，以有賓主二事，故云「與」也。鄭注考工記，宗廟、路寢，制如明堂。周之明堂，東西九筵，南北七筵，則五室，每室二筵。則五室之外，堂上窄狹，得容殯者。以路寢廣大，故得容之，其上圓下方，五室之屬如明堂。日至明堂具解[一]。

○注「言奠者，以爲凶象」。○正義曰：時夫子夢見饋食，不夢凶奠也。但奠禮，既死之後，未葬之前，柩仍在地，未立尸主，唯奠停飲食，故云「奠」也。

○注「孰誰」至「將死」。○正義曰：孰，誰也。釋詁文。禮有大宗小宗，故云「宗，尊也」。知「兩楹之間，人君聽治正坐之處」者，案覲禮「天子負斧依南面」，又顧命云「牖間南嚮」，是天子兩楹治事之處也。每日視朝雖在路門外，退坐，當路寢兩楹也。其諸侯視朝亦南面，知者，以諸侯一國之尊，故論語云：「雍也可使南面。」鄭注：「言任諸侯治也。」則在路寢南面聽政。若其燕饗，則在阼階西面，燕禮大射是也。案莊子：「聖

[一] 如明堂日至明堂具解　惠棟校宋本「日」作「耳」，「至」字同。閩、監、毛本「日至」作「月令」。

人無夢。」莊子意在無爲，欲令静寂無事，不有思慮，故云「聖人无夢」。但聖人雖異人者，神明；同人者，五情。五情既同，焉得無夢？故禮記文王世子有九齡之夢，尚書有武王夢協之言[一]。

【衛氏集説】鄭氏曰：作，起也。曳杖、消摇，欲人怪己也。泰山，衆山所仰。梁木，衆木所放。哲人，亦衆人所仰放也。以上二句喻之。萎，病也。詩云：「無木不萎。」當户而坐，急見人也。子貢覺孔子歌意。殆，幾也。言賜來何遲，蓋坐則望之也。又以三王之禮占己夢。疇，發聲也。昔，猶前也。夢坐兩楹之間而見饋食。言奠者，以爲凶象。兩楹之間，南面鄉明，人君聽治正坐之處。孰，誰也。宗，尊也。今無明王，誰能尊我以爲人君乎？是我殷家奠殯之象，以此自知將死。七日而没，明聖人知命也。

孔氏曰：此一節論孔子自説死之意狀。反手卻後以曳其杖，消摇放蕩以自寬縱，皆是特異尋常。鄭注「梁木，衆木所放」者，衆木，榱桷之屬。依放横梁乃能存立，放則依也。東階、西階，平生賓主所行禮之處。夏后氏殯於東階，則猶在阼以爲主也。周人殯於西階，則猶以爲賓客也。故皆曰「猶」。禮以爲賓主敵者，授受於兩楹之間，兩楹又是南面聽朝之處。夫子夢在兩楹而見饋食，知是凶象，無有聽朝之事，不得云「則猶尊之」，

[一] 尚書有武王夢協之言　毛本同，閩、監本「協」作「恊」。○惠棟校宋本此下另行標「禮記正義卷第九終」，記云「凡二十五頁」。

以有賓主二事，故云「與賓主夾之」而已。時夫子夢見饋食，不夢凶奠也。但奠禮，既死未葬，柩仍在地，未立尸主，唯奠停飲食，故云「奠」也。案，莊子「聖人無夢」，莊子意在無爲，不有思慮。聖人雖異人者，神明；同人者，五情。五情既同，焉得無夢？故文王有九齡之夢，武王有夢協之言。

長樂黄氏曰：孰能宗予，但言無人尊己之道，注言「尊爲人君」，既失之。曳杖消摇，鄭注又以爲欲人怪己，孔疏亦以爲寬縱自放，皆非。所以言聖人曳杖消摇，蓋其既病之餘，閒適之際，德容如是，猶所謂逞顔色、申申、夭夭之類。初非寬縱之謂，若謂將死而不以禮自持，則是不以正而斃，非所以示訓也。

長樂陳氏曰：聖人知夫身者，天地之委形。生者，天地之委和。性命者，天命之委順。故視肝膽爲楚、越，以死生爲晝夜，安其適來之時，處其適去之順，將迎無所形於外，哀樂不能閒於内。又孰以幻滅爲累哉？此所以悟於將死之夢。至於負手之忘形，曳杖之忘物，消摇於自得之埸，以與天爲徒也。然安得恝然忘物而吉凶不與之同乎？此所以有泰山、梁木、哲人之嗟，以與人爲徒也。蓋泰山以譬德，梁木以譬材，若草木而將萎也，故曰「其萎乎」。

山陰陸氏曰：逍遥能消釋揺曳。泰山其頽乎，天也；梁木其壞乎，人也。或言仰，或言放，非有優劣也。而「放」之辭親，若夢得説「吾不復夢見周公」，非無徵也。蓋聖人之夢如此。疇昔，猶言誰昔也。爾雅曰：「誰昔，昔也。」

盧陵胡氏曰：黄幾復曰：「消者，如陽動而冰消，雖耗也而不竭其本。搖者，如舟行而水揺，雖動也而不傷其内。」傷時無明王，而道不行，以死也。孰能宗予，謂孰能宗師其道。鄭云：「兩楹之間，南面，人君之位。」謂誰能尊我以爲君乎？噫，夫子嘗云：「無臣而爲有臣，吾誰欺？欺天乎？」又豈肯自謂尊我以爲君也？鄭非。

嚴陵方氏曰：夏后氏殯於東階之上者，示不忍賓之爾，故曰「則猶在阼也」。殷人殯於兩楹之間，若將賓之矣，故曰「則與賓主夾之也」。周人殯於西階之上者，則若賓之矣，故曰「則猶賓之也」。凡此以其世漸文，而殯死之所愈遠而已，然孔子夢坐奠於兩楹之間，乃知其將死者，以殷人則宜享殷禮故也。

【吴氏纂言】鄭氏曰：作，起也。殆，幾也。夢坐兩楹之間而見饋食。言奠者，以爲凶象。孰，誰也。宗，尊也。兩楹之間，南面鄉明，人君聽治正坐之處。今無明王，誰能尊我以爲人君乎？是我殷家奠殯之象，以此自知將死。

孔氏曰：杖以扶身，恒在前而用，今反手卻後以曳其杖，消揺放蕩以自寬縱，皆是特異於常。當户而坐，坐不在隱處，欲急見人也。禮，死後葬前，尸主未立，唯奠停飲食於地，故云「奠」。

澄曰：「吾將安放」，禮記無此一句，今以家語文補。泰山，東嶽之山。梁木，棟梁之木。哲人，聖哲之人。其，將然之辭。頹者，謂崩圮。壞，謂朽折。萎，謂死，人死如草木之萎也。壞，協回聲。萎，協隈聲。以山頹木壞，喻哲人之死也。泰山高出它山，衆目所瞻仰。梁木承負榱桷，衆木所憑倚，如人之憑倚於杖。哲人之德行，衆人所倣效。將病，謂將死，爲尊者避諱，故不云「將死」而云「將病」也。「賜，爾來何遲」者，欲子貢急來，告以凶夢，俾知己之將死也。猶，如也。「夏殯於東階上」者，如生時主人之在阼也。殷不殯東階上者，謂己死則不復爲此寢之主人。然未忍遽以將去之客視之，故亦不殯西階上，而殯於兩楹之間者，夾於主階、賓階二者之中也。周則直以死者將離去此寢，不復爲主人，故殯之於西階上者，如賓客視之也。澄竊詳此文所載事辭皆妄。聖人德容，始終如一，至死不變，今負手曳杖，消搖於門，盛德之至，動容周旋中禮者不如是，其妄一也。聖人樂天知命，視死生如晝夜，豈自爲歌辭以悲其死，且以哲人爲稱，又以泰山、梁木爲比？若是它人悲聖人之將死，而爲之歌辭則可，聖人自爲此歌而自稱自比乃若是，其妄二也。聖人清明在躬，志氣如神，生死固所自知，又豈待占夢而後知其將死哉？其妄三也。蓋是周末七十子以後之人撰造爲之，欲表明聖人之豫知其死，將以尊聖人，而不知適以卑之也。記者無識，而採取其言，記文既妄，而諸家解尤謬，不足論也。

【陳氏集說】孔子蚤作，負手曳杖，消搖於門，歌曰：「泰山其頹乎！梁木其壞乎！哲人其萎乎！」既歌而入，當户而坐。子貢聞之，曰：「泰山其頹，則吾將安仰？梁木其

壞，哲人其萎，則吾將安放？夫子殆將病也！」遂趨而入。作，起也。負手曳杖，反手卻後以曳其杖也。消搖，寬縱自適之貌。泰山爲衆山所仰，梁木亦衆木所仰，而放者，猶哲人爲衆人所仰望而放效也。**夫子曰：「賜，爾來何遲也？夏后氏殯於東階之上，則猶在阼也。殷人殯於兩楹之間，則與賓主夾之也。周人殯於西階之上，則猶賓之也。而丘也，殷人也，予疇昔之夜夢坐奠於兩楹之間。夫明王不興，而天下其孰能宗予？予殆將死也！」蓋寢疾七日而没。**猶在阼，猶賓之者，孝子不忍死其親，殯之於此，示猶在阼階以爲主。猶在西階，以爲賓客也。在兩楹閒，則是主與賓夾之，故言「與」而不言「猶」也。孔子其先宋人，成湯之後，故自謂殷人。疇，發語之辭。昔之夜，猶言昨夜也。夢坐於兩楹之閒而見饋奠之事，知是凶徵者，以殷禮殯在兩楹閒，孔子以殷人而享殷禮，故知將死也。又自解夢奠之占，云今日明王不作，天下誰能尊己而使南面坐於尊位乎？此必殯之兆也。自今觀之，萬世王祀，亦其應矣。

【納喇補正】 **集説** 夢坐於兩楹之間，而見饋奠之事，知是凶徵者，以殷禮殯在兩楹間，孔子以殷人而享殷禮，故知將死也。又自解夢奠之占，云今日明王不作，天下誰能尊己而使南面坐於尊位乎？此必殯之兆也。自今觀之，萬世王祀，亦其應矣。

竊案 集説不過順文爲解，吴氏則於此多致疑焉，其言曰：「澄竊詳此文所載，事辭皆妄。聖人德容，始終如一，至死不變，今負手曳杖，消搖於門，盛德之至，動容周旋中禮者不如是，其妄一也。聖人樂天知命，視死生如晝夜，豈自爲歌辭以悲其死，且以哲人爲稱，又以泰山、梁木爲比？若是他人悲聖人之將死，而爲此歌辭則可，聖人自爲歌辭而自稱自比乃若是，其妄二也。聖人清明在躬，志氣如神，生死固所自知，又豈待占夢而後知其將死哉？其妄三也。蓋是周末七十子以後之人撰造爲之，欲表明聖人之豫知其死，將以尊聖人，而不知適以卑之也。記者無識，而采取其言，記文既妄，而諸家解尤謬，不足論也。」

【郝氏通解】負手，謂背手向後也。消揺，消散。揺蕩，舒放之貌。泰山，羣山之宗。梁木，衆木之領。哲人，衆人之師。木病曰萎。殯，停柩也。猶在阼，釋所以殯於東階之義，孝子不忍死其親，猶若在東階爲主也。兩楹之間，堂中南面，東階爲主，西階爲賓，故曰「與賓主夾之也」。猶賓，釋所以殯於西階之義，西，賓位，待死者如賓客也。殷人者，孔子其先宋人，成湯之後也。疇、孰，通。「疇昔」，即誰昔，猶平昔也。夢坐於兩楹之間，奠饌品於前，蓋殯奠之象也。明王以下，夫子自占其夢，言今天下無明王，誰肯以南面之禮尊我者，殆將死之兆而已。

按，此章記者欲神聖人先見，而其識轉卑。聖人清明如神，其知死豈待夢曳杖消揺？此原壤、莊周任放之態。泰山、梁木，他人贊聖則可，夫子豈以自稱？夜夢不祥，蚤起悲歌，倚户無聊，見門人訴語，非樂天知命、通晝夜、齊生死氣象，其誣不辨可知。

【方氏析疑】孔子蚤作，負手曳杖，消摇於門。消摇於門，蓋全其所受而歸，故知將死而志氣甚自得也。疏乃云「放蕩以自寬縱，示不能以禮自持」，謬矣。

【江氏擇言】孔子蚤作，負手曳杖，消摇於門。

吴氏云：此文所載事辭皆妄。

按，杖有拄時，亦有曳時，負手曳杖而消摇，固非有意爲之，亦不可謂變其常度，有損於動容周旋中禮也。夫子他時有感而作歌，如龜山、猗蘭者多矣。此感於夢而作歌，情理有之，非自悲其死也。聖人固知命安死，而死者人之終，自是大事，必謂以晝夜視死生，泊然不一動念，則亦老、莊之見耳。夫子固不自聖，然嘗言「天生德於予」，又云「文不在兹乎」，其自知自任不淺矣。於將終而自比泰山、梁木，稱哲人，何足病乎？聖人固清明如神，然於死生非别有前知之術，其能前知者，正因有所感耳。必謂不待占夢而後知，將謂聖人亦同二氏之知死乎？吴氏之疑過矣。

【欽定義疏】謝氏枋得云：劉尚書美中家藏禮記「梁木其壞」下有「則吾將安仗」五字。今案家語及高麗本皆有此五字，應從之。

正義　鄭氏康成曰：作，起也。泰山，衆山所仰。梁木，衆木所放。孔疏：衆木，榱桷之屬。依放横梁乃能存立，放，依也。哲人，亦衆人所仰放也。以上二句喻之。陳氏祥道曰：泰山比德，梁木比材。萎，病也，詩云「無木不萎」。子貢覺孔子歌意，遂趨而入。子言「賜来何遲」，蓋坐則望之也。又以三王之禮占己夢。疇，發聲。昔，猶前也。陸氏佃曰：疇昔，猶言誰昔。爾雅云：「誰昔，昔也。」兩楹之間，南面鄉明，人君聽治正坐之處。孔疏：覲禮：「天子負斧依，南面。」顧命云：「牖間南鄉。」是天子兩楹治事之處也。每日視朝雖在路門外，退坐當路寢兩楹也。諸侯視朝亦南面，知者，諸侯一國之尊，論語云：「雍也，可使南面。」夢坐兩楹之間而見饋食，是我殷家奠殯之象，以此自知将死，聖人知命也。

孔氏穎達曰：此孔子自言将死之意状。夏與周並言「猶」者，死既無所知識，孝子不忍，猶以生禮待之，尚在阼而爲主，在西階而爲賓也。庾蔚云：「東階西階，平生所行禮之處，故云猶。兩楹間無此禮，故不云猶。」然禮，賓主敵者，授受於兩楹之間，兩楹又是南面聽朝之處，庾云：「生無此禮，於義疑也。」蓋夫子夢在兩楹饋食，因無南面聽朝之事，不得云「則猶尊之也」。以有賓主二事，故云「與賓主夾之」而已。時夫子不夢凶奠，但奠禮既死未葬，柩仍在地，未立尸主，惟奠停飲食，故云「奠」也。

陳氏澔曰：孔子，湯後，故自謂殷人。殷禮，殯兩楹間，孔子以殷人而享殷禮，故知将死也。自今觀之，萬世王祀，亦其應矣。

通論　孔氏穎達曰：莊子言聖人無夢。聖人異人者，神明；同人者，五情。五情既同，焉得無夢？故文王有九齡之夢，武王有夢協之言。

【存疑】鄭氏康成曰：負手、曳杖、消揺，欲人之怪己也。孔疏：曳杖於後，示不復用。消揺寬縱，示不能以禮自持，皆是特異尋常。早坐，急見人也。孔疏：君子尋常不自當户歌，而入即當户坐，故云「蚤坐」。坐不在隱處，是急欲見人。宗，尊也。今無明王，誰能尊我爲人君？

【辨正】胡氏銓曰：孔子傷時無明王，而道不行以死也。孰能宗予，謂孰能宗師其道。夫子云無臣而有臣爲欺天，豈肯自謂尊我以爲君也。

吴氏澄曰：聖人德容，至死不變。今負手曳杖，消揺於門，周旋中禮者當不如是。聖人樂天知命，視死生如晝夜，豈自爲歌辭以悲其死？且以哲人爲稱，泰山、梁木爲比，自稱若是，聖人清明在躬，志氣如神，生死固所自知，又豈待占夢而後知將死？盖是周末七十子以後之人，將以尊聖人而不知適以卑之也。

【案】孔子嘗以不夢周公卜其衰，此以夢卜其死，亦事之容有者。禮，賓主敵者，授受兩楹間。據此則宗夫子者，自是宗師其道。如武王東面而立，師尚父西鄉道書之言耳。若如鄭氏，但分土爲一國之君，則與賓主之禮不相應，何宗之有？此記雜出傳聞，誠難盡信。天生德文在兹，聖人當危疑死生之交，未嘗不舉以自任。若此歌辭似淺露，與聖人不類。負手曳杖消揺，亦非終始以禮自持之正道。攷曲禮，君子之居恒當户。鄭氏以爲急欲見人，故改坐於此，則亦誤也。

【杭氏集説】謝氏枋得曰：劉尚書美中家藏禮記「梁木其壞」下有「則吾將安仗」五

字，今按家語及高麗本皆有此五字，應從之。殷禮，殯兩楹間。孔子以殷人而享殷禮，故知將死也。自今觀之，萬世王祀，亦其應矣。

陳氏澔曰：孔子，湯後，故自謂殷人。

吴氏澄曰：聖人德容，至死不變。今負手曳杖，消摇於門，周旋中禮者當不如是。聖人樂天知命，視死生如晝夜，豈自爲歌辭以悲其死？且以哲人爲稱，泰山、梁木爲比，自稱若是，聖人清明在躬，志氣如神，生死固所自知，又豈待占夢而後知將死？蓋是周末七十子以後之人，將以尊聖人而不知適以卑之也。

姚氏際恒曰：聖人將死，負手曳杖，消摇門間，又作歌示死，以莊生放達之習糊點聖人，令人可憾。孔子平日不居聖人，安得以泰山、梁木、哲人自居？説夢言死，盡屬荒唐，其誣妄不辨可知。吴幼清亦指此章爲妄，然又謂「聖人自應知此，豈待占夢」，以此作駁。郝仲輿亦祖其説。其理流入異端，不可不辨。聖人生死，亦與常人同，安能預知？故死生之説，聖人所不道。觀答季路「未知生，焉知死」，可見矣。夫預知死期，端坐示寂，此浮屠氏之所震而驚焉者也，而以是爲聖人重乎？是不必以夢而知，亦不必以不夢而知，正怪記文附會孔子預知死乃駁之者，反加甚焉，不猶抱薪而救火哉！

陸氏兆錫曰：吴草廬皆極辨其誣，論雖甚醇。愚謂此事未爲誣聖，曳杖消摇，無損盛德之容。歌稱哲人，與「文不在兹乎」「天生德于予」略同。當患難死生之交，正不妨舉以自信也。帝賚良弼，朕夢協卜，聖人何嘗無夢？「久矣不復見周公」，孔子亦自傷之矣。

方氏苞曰：消摇于門，蓋全其所受而歸，故知將死而志氣甚自得也。疏乃云「放蕩以自寬縱，示不能以禮自持」，謬矣。

齊氏召南曰：按注疏本無此五字，故孔疏曰「子貢意在忽遽，不暇別言」是也。疊山所見故本，必後世好事者爲之。又曰：疏莊子云云，此不必辨祇，論語夢見周公証之，何謂聖人無夢？

【孫氏集解】孔子蚤作，負手曳杖，消摇於門，歌曰：「泰山其頹乎！梁木其壞乎！哲人其萎乎！」既歌而入，當户而坐。子貢聞之，曰：「泰山其頹，則吾將安仰？梁木其壞，哲人其萎，則吾將安放？夫子殆將病也！」

○謝氏枋得云：劉尚書美中家藏禮記，「梁木其壞」下有「則吾將安仗」五字。今按，注疏並不解此句，殆後人所增耳。

鄭氏曰：作，起也。負手曳杖，消摇於門，欲人之怪己。泰山，衆山所仰。梁木，衆木所放。哲人，亦衆人所仰放也。萎，病也。詩曰：「無木不萎。」

孔氏曰：杖以扶身，恒在前而用，今反手卻後曳之，示不復杖也。夫子禮度自守，貌恒矜莊，今乃消摇放散以自寬縱，皆示若不能以禮自持，並將死之意狀。放，依也。

愚謂門，謂寢門也。當户而坐，鄉明也，君子之居恒當户。夫子自知其病而將死，故其見於歌者如此，而子貢聞而知其意也。

遂趨而入。夫子曰：「賜，爾來何遲也？夏后氏殯於東階之上，則猶在阼也。殷人殯於兩楹之間，則與賓主夾之也。周人殯於西階之上，則猶賓之也。而丘也，殷人也，予疇昔之夜夢坐奠於兩楹之間。夫明王不興，而天下其孰能宗予？予殆將死也！」蓋寢疾七日而没。

鄭氏曰：孔子夢坐兩楹之間而見饋食。言奠者，以爲凶象。疇，發聲也。昔，猶前也。孰，誰也。宗，尊也。兩楹之間，南面鄉明，人君聽治正坐之處。今無明王，誰能用我以爲人君乎？是我殷家奠殯之象，以此自知將死。明聖人知命。

陳氏澔曰：孔子其先宋人，成湯之後，故自謂殷人。孔子以殷人而享殷禮，故自知將死。由今觀之，萬世王祀，亦其應矣。

愚謂東階，主人之階也。夏人以新死未異於生，故殯於東階之上，則猶在主人之位也。西階，賓客之階也。周人以死者與生不同，而鬼神之位在西，故殯於西階之上，則猶在賓客之處也。兩楹之間，謂户牖之間，南面之位，其東西直兩楹之中間也，堂上之位以此爲最尊。殷人以鬼神應居尊位，故殯於兩楹之間，而賓主之位夾其兩旁也。奠，定也。坐奠，猶言安坐也。人君每日視朝於治朝，退適路寢聽政，則其正坐在兩楹之間。大夫雖有私朝，其聽政不敢南面，避人君也。夫子自言夢坐安於兩楹之間，而明王不興，天下無尊我以爲君者，則非南面聽治之象，而必爲殷家喪殯之兆矣，故以此自卜其將死也。鄭氏謂奠爲饋奠，非也。士喪禮，大斂奠在室，是殯所無設奠之法也。又士喪禮，小斂卒斂，「男女奉尸，侇于堂」，而小斂奠設於尸東。若奠爲喪奠，則夫子何不言小斂侇尸，而乃以殷家之殯爲言乎？況人君於路寢聽政，其飲食初不在此，尤不得以奠爲饋食也。○吴氏澄曰：聖人德容，至死不變。今負手曳杖，逍遥於門，周旋中禮者似不如是。聖人樂天知命，視死生如晝夜，豈自爲歌辭以悲其死？且以哲人爲稱，泰山、梁木爲比，自稱若是，聖人清明在躬，志氣如神，生死固所自知，又豈待占夢而知將死？蓋是周末七十子以後之人將以尊聖人，而不知適以卑之也。

愚謂夫子自知其將死而見之於歌，非所謂自悲其死也。夫子嘗自言「天生德於予」，又曰「斯文在兹」，則泰山、梁木之擬，亦無足疑。占夢而知其將死，是即志氣如神之效。若謂生死固所自知，而無待於夢，則夫子豈管輅、郭璞之流耶？惟負手曳杖，非周旋中禮之容，誠有如吴氏所言者，其或記者之失與？

【王氏述聞】⊙哲人其萎

泰山其穨，則吾將安仰？梁木其壞，哲人其萎，則吾將安放？

引之謹案，「哲人其萎」四字，乃後人據家語增入，非禮記原文也。上文「泰山其積乎，梁木其壞乎，哲人其萎乎」，鄭注曰：「泰山，衆山所仰。梁木，衆木所放。正義曰：

「放，依也。」哲人，亦衆人所仰放也。以上二句喻之。」以上鄭注。是「哲人其萎」兼有無所仰之義，非但無所放也。若如今本，以「哲人其萎」專屬之「吾將安放」，則鄭必不如此注矣。蓋鄭本作「泰山其穨，則吾將安仰？梁木其壞，則吾將安放？」而無「哲人其萎」四字。「泰山其穨，則吾將安仰」，正謂哲人其萎，則吾將安仰也。「梁木其壞，則吾將安放」，正謂哲人其萎，則吾將安放也。文見於此，意通於彼，不必更言「哲人其萎」矣。且下文「夫子殆將病」，即是哲人其萎也。王肅作家語，乃妄改其文，曰：「梁木其壞，則吾將安杖。喆人其萎，則吾將安放。」見終記篇。後人據此，遂增「哲人其萎」四字於「則吾將安放」之上，而文義參差甚矣。哲人爲人所仰放，何得但言放邪？孔仲達不能釐正，而云「子貢意在悤遽，不暇句句別言，故直引梁木、哲人，揔云：『吾將安放。』」此曲說也。困學紀聞曰：「或謂盧陵劉美中家古本禮記，『梁木其壞』之下有『則吾將安仗』五字，蓋與家語同。」齊氏息園曰：「案古本以無此五字，故孔疏云『子貢意在悤遽，不暇別言』。劉氏所藏古本，必好事者爲之。」引之案：齊說是也，「則吾將安仗」五字亦據家語增入。而增入「哲人其萎」四字者，已爲之先導矣。

【朱氏訓纂】孔子蚤作，負手曳杖，消摇於門，注：作，起。消摇，釋文：本又作「逍遥」。**歌曰：「泰山其頹乎！梁木其壞乎！哲人其萎乎！」**注：泰山，衆山所仰。梁木，衆木所放。哲人，亦衆人所仰放也。以上二句喻之。**既歌而入，當户而坐。子貢聞之，曰：「泰山其頹，則吾將安仰？梁木其壞，哲人其萎，則吾將安放？夫子殆將病也！」**

注：覺孔子歌意。殆，幾也。　王氏引之曰：此「哲人其萎」四字，後人據家語增入，非禮記原文。觀鄭注，「哲人其萎」兼有無所仰之意，非但無所放也。孔仲達云「子貢意在怱遽，不暇別言」，此曲說也。困學紀聞載廬陵劉美中家古本禮記「梁木其壞」下有「則吾將安仗」五字，與家語同。齊氏息園曰：「古本無此五字，故孔疏云：『不暇別言，劉氏本必好事者爲之。』」引之案：齊説是也。**遂趨而入。夫子曰：「賜，爾來何遲也？**注：坐則望之。**夏后氏殯於東階之上，則猶在阼也。殷人殯於兩楹之間，則與賓主夾之也。周人殯於西階之上，則猶賓之也。**注：以三王之禮占己夢。**而丘也，殷人也，予疇昔之夜夢坐奠於兩楹之間。**注：是夢坐於兩楹之間而見饋食也。言奠者，以爲凶象。　彬謂爾雅釋詁「疇、孰，誰也」，釋訓：「誰昔，昔也。」詩墓門朱子集傳：「誰昔，猶言疇昔也。」**夫明王不興，而天下其孰能宗予？予殆將死也！」**注：孰，誰也。宗，尊也。兩楹之間，南面鄉明，人君聽治正坐之處。今無明王，誰能尊我以爲人君乎？是我殷家奠殯之象，以此自知將死。**蓋寢疾七日而没。**注：明聖人知命。　江氏永曰：杖有杖時，亦有曳時。曳杖消摇，固非有意爲之，亦不可謂變其常度，有損於動容周旋中禮也。感於夢而作歌，非自悲其死也。死者人之終，自是大事，必謂以晝夜視死生，泊然不一動念，則亦老、莊之見耳。夫子雖不自聖，然嘗言「天生德於予」，又云「文不在兹乎」，其自任不淺矣。於將終而自比泰山、梁木，稱哲人，何足病乎？聖人固清明如神，然於死

生，非別有前知之術，其能前知，正因有所感耳。必謂不待占夢而後知，將謂聖人亦同二氏之知死乎？後世之疑過矣。

三·五〇　**孔子之喪，門人疑所服**[一]。無喪師之禮。**子貢曰：「昔者夫子之喪顏淵，若喪子而無服，喪子路亦然。請喪夫子若喪父而無服。」**無服，不爲衰，弔服而加麻，心喪三年。

【疏】「孔子」至「無服」[二]。○正義曰：此一節論弟子爲師喪制之禮，各依文解之。

○「門人疑所服」者，依禮，喪師無服，其事分明。今夫子之喪，門人疑者，以夫子聖人，與凡師不等，當應特加喪禮，故疑所服。

○注「弔服」至「三年」。○正義曰：知「爲師弔服加麻」者，案喪服「朋友麻」，其師與朋友同，故知亦加麻也。必知喪師與朋友同者，案下云「孔子之喪，二三子皆絰而出。羣居則絰，出則否」，是弟子相爲與爲夫子同，但絰出與不出有異，明其服同也。

[一] 孔子之喪門人疑所服節　惠棟校宋本自此節起至「孔子曰之死而致死之」節止爲第十卷，卷首題「禮記正義卷第十」。

[二] 孔子至無服　惠棟校宋本無此五字。

云「弔服而加麻」，麻，謂絰與帶也，皆以麻爲之，故云「加麻」也。又喪服「緦麻」章云：「朋友麻。」鄭云「朋友雖無親，而有同道之恩，相爲服緦之絰帶」是也。鄭知「服緦之絰帶」者，緦爲五服之輕，又與錫衰等同爲弔服之限，故知「緦之絰帶」也。

論云：爲師及朋友皆既葬除之。案司服云：「王爲三公六卿錫衰，爲諸侯緦衰，爲大夫士疑衰，其首服皆弁絰。」鄭司農云：「錫者，十五升去其半。有事其布，無事其縷。」鄭康成云：「無事其縷，哀在内。」以服稍重，故但治事其布，不治事其縷。鄭司農又云：「緦，十五升布去其半。有事其縷，無事其布。」鄭康成云：「無事其布，哀在外。」以其稍輕，故得治縷也。司農又云「疑衰十四升」，康成云：「疑之言擬也，擬於吉服」，謂比擬吉服十五升也。

「首服弁絰」者，鄭注司服云：「弁絰，如爵弁而素，加環絰。」鄭知如爵弁者，見下文云「殷人冔而葬」，又云「弁絰葛而葬，與神交之道[一]」。冔是祭冠也，故知弁絰是爵弁也。知加環絰者，以雜記云：「小斂環絰，公、大夫、士一也。」天子弔諸臣之服，無問當事與不當事，皆弁絰也。諸侯以錫衰爲弔服，但首服有異。弔他國，皆首服皮弁，故喪服小記云「諸侯弔，必皮弁錫衰」是也。若弔己臣，當事則弁絰，故服問云，公弔，「當事則

[一] 與神交之道　監、毛本同，閩本「交」誤「父」。

弁絰」。於士，雖當事亦皮弁。諸侯雖以錫衰爲常弔之服，其弔士亦有緦衰、疑衰，故鄭注文王世子云：「同姓之士則緦衰，異姓之士則疑衰。」卿大夫亦以錫衰爲弔服[一]，當事亦弁絰，故鄭注喪服云：「諸侯及卿大夫亦以錫衰爲弔服，當事乃弁絰，否則皮弁，辟天子也。」

其士之弔服則疑衰，故鄭注喪服云：「士以緦衰爲喪服，其弔服則疑衰也。」舊說以爲士弔服布上素下，鄭注云：「此實疑衰也。改其裳以素，辟諸侯也。」當事亦弁絰，故鄭注喪服云：「士弁絰、皮弁之時，如卿大夫。」凡弔服惟有弁絰，皆無帶也。知無帶者，周禮司服及服問但云弁絰，不云帶，故知然也。

其朋友之服，諸侯及大夫等，則皆疑衰。故鄭注喪服云：「朋友之相爲服，則士弔服也。」既特云「士弔服」，明諸侯大夫等皆用士之弔服，唯加緦之絰帶爲異耳。是以喪服「朋友麻」，鄭注云「服緦之絰帶」。又下文云「子游襲裘帶絰而入」，鄭注云：「所弔者朋友。」是朋友相爲加帶。凡朋友相爲者，雖不當事，亦弁絰，故下文云「羣居則絰」是也。其庶人，鄭注喪服云：「庶人不爵弁，則其弔服素冠委貌。」鄭注不顯所著之服，文承「疑衰素裳」之下，則庶人亦用疑衰。或者庶人布深衣，當服布深衣，冠素委貌也。

[一] 卿大夫亦以錫衰爲弔服　閩、監、毛本作「卿」，此本「卿」誤「鄉」。

【衛氏集説】鄭氏曰：以無喪師之禮，故疑所服。喪父而無服，謂不爲衰也。弔服而加麻，心喪三年也。

孔氏曰：此一節論弟子爲師喪制之禮。喪師無服，然夫子聖人，與凡師不等，當特加喪禮，故疑所服也。案喪服「朋友麻」，知師亦加麻也。麻，謂絰與帶皆用麻，既葬除之。

嚴陵方氏曰：方孔子之生也，以子之喪處門人。及其没也，門人以父之喪處孔子，此報施之禮也。學記曰：「師無當於五服，五服弗得不親。」則師之於人，豈小補哉？故子貢於三年之外，又築室於場，獨居三年，然後歸。以恩尤所重故也。噫，世衰道微，禮教不明乎天下，其執親之喪不能三年者，蓋有之矣，而況於師乎？

廬陵胡氏曰：師友服，皆弔服加麻，謂服緦之絰帶以麻爲之，既葬除之。

【吴氏纂言】鄭氏曰：以無喪師之禮，故疑所服。喪父而無服，謂不爲衰，弔服而加麻。

孔氏曰：按喪服「朋友麻」，師與朋友同，亦加麻也。麻，謂絰與帶皆用麻，既葬除之。

方氏曰：孔子之生也，以子之喪處門人。及其没也，門人以父之喪處孔子，報施之禮也。

澄曰：疑，謂心有所惑而不能自決也。

【陳氏集説】以後章「二三子絰而出」言之，此所謂無服，蓋謂弔服加麻也。疏云：「士弔服疑衰。麻謂環絰也。」五服絰皆兩股，惟環絰一股。後章「從母之夫」，疏云：「凡弔服，不得稱服。」　方氏曰：若喪父而無服，所謂心喪也。

【郝氏通解】若喪父無服，所謂心喪也，然亦無衣錦、純采之理，但不定期功大小之制。或曰五服無師，何也？蓋五服本於情，師弟之情本於道。所謂道隆則隆，道污則污，未可一切也。雖七十子心喪，亦自有等，獨居三年，惟子貢爲然。篤於恩者，疏齊不爲厚。殺於誼者，功緦不爲薄。苟相與未深，盡一哭之哀，而食稻衣錦，亦由其所自得耳。是故師服難豫定也。

【欽定義疏】正義 鄭氏康成曰：疑所服者，以無喪師之禮也。無服，不爲衰也，弔服加麻，心喪三年。孔疏：喪服「朋友麻」，知師亦麻也。麻，謂首絰、腰帶皆以麻爲之。案：弔服，詳小記「諸侯弔異國」條。

孔氏穎達曰：此論弟子爲師喪制之禮。依禮，喪師無服。然夫子聖人，與凡師不等，當特加喪禮，故疑所服也。

通論 丘氏濬曰：若喪父而無服，所謂心喪三年也。心喪者，身無衰麻之服，心有哀戚之忱。三年之間，不飲酒，不食肉，不御内。時至而哀，哀至而哭，充充瞿瞿，至慨然廓然，無以異於倚廬之下、几筵之側也。

案 此章及前章，心喪三年，似師無服矣。下又云「孔子之喪，二三子皆絰而出」，既絰而出，何云「無服」？鄭義既主無服，又恐礙「絰出」之文，指爲「弔服加麻」，而疏家遂有「弔服不得稱服」之説，以求合前章無服之義。但天子弔服三等，錫衰、緦衰、疑衰。

緦衰，即緦麻也。大夫以上無緦服，服止於四。士以緦爲一服而服五。賈氏「喪服『朋友麻』」，疏云雜記「君於卿、大夫，比葬不食肉，比卒哭不舉樂」，是知未吉。則凡弔服亦當依氣節而除，與士緦麻三月同。則大夫以上弔服即爲無服，而士弔服加麻三月，即爲有服也。或云師當齊衰三月。齊衰，分之尊；三月，友之例。

【杭氏集説】丘氏濬曰：若喪父而無服，所謂心喪三年也。心喪者，身無衰麻之服，心有哀戚之忱。三年之間，不飲酒，不食肉，不御内。時至而哀，哀至而哭，充充瞿瞿，至慨然廓然，無以異於倚廬之下、几筵之側也。

姚氏際恒曰：既曰若喪父，又曰無服，其語終有礙，説見前「事親有隱」章。

姜氏兆錫曰：方氏曰：「若喪父而無服，所謂心喪也。」陳氏：後章「二三子經而出」，特弔服加麻而已，非五服之正服，是無服也。疏曰：「王侯大夫之弔服以錫衰，士之弔服以疑衰，其所加之麻謂環絰也。」五服絰皆兩股，惟環絰一股。凡弔服不得稱服也。

【孫氏集解】鄭氏曰：無服，不爲衰，弔服加麻，心喪三年。

孔氏曰：依禮，喪師無服，門人以夫子聖人，與凡師不同，故疑所服。知爲師弔服加麻者，案喪服「朋友麻」，下云：「孔子之喪，二三子皆絰而出，羣居則絰，出則否。」是弟子相爲與爲夫子同，但絰出與不出有異，則喪師與朋友同也。爲師及朋友，皆既葬除之。

程子曰：師不立服，不可立也。當以情之厚薄、事之大小處之，如顏、閔於孔子，其成己之功，與君父並，其次各有淺深，稱其情而已。下至曲藝，莫不有師，豈可一概制服？愚謂喪服記云「朋友麻」，蓋弔服以葛爲絰，朋友則用麻爲之也。服問「公爲卿大夫錫衰以居」「大夫相爲亦然」。錫衰，大夫相弔之服也。大夫相爲亦朋友之義，而用其弔服以居，則謂爲朋友弔服加麻者信矣。士之弔服，素冠而疑衰、素裳。弔服之絰，在五服之外，當又小於緦麻之絰，其亦以五分去一爲之差與？舊説謂朋友相爲服緦之絰帶，無所據也。

【朱氏訓纂】孔子之喪，門人疑所服。注：無喪師之禮。**子貢曰：「昔者夫子之喪顔淵，若喪子而無服，喪子路亦然。請喪夫子若喪父而無服。」**注：無服，不爲衰，弔服而加麻，心喪三年。

三・五一 ○**孔子之喪，公西赤爲志焉。**公西赤，孔子弟子，字子華。志，謂章識。**飾棺牆，**牆之障柩，猶垣牆障家[一]。**置翣，**牆，柳衣，翣以布衣木，如攝與[二]？○置，知吏反。翣，

[一] 牆之障柩猶垣牆障家　閩、監、毛本同，岳本、嘉靖本同，衛氏集説亦有，考文古本無此九字。盧文弨云：「『牆』下注九字，古本無，乃疏中語也。」山井鼎云：「下注『牆，柳衣』，此注爲衍文明矣。」○鍔按：「牆之」上，阮校有「孔子之喪公西赤爲志焉節」十一字。

[二] 如攝與　閩本同，岳本、嘉靖本同。監、毛本「攝」作「㩮」，衛氏集説同。惠棟校宋本亦作「攝」，宋監本同，釋文同。

所甲反。衣，於既反。攝，所甲反，又所洽反。與，音餘。**設披，周也；設崇，殷也；綢練，設旐，夏也。**夫子雖殷人，兼用三王之禮，尊之。披，柩行夾引棺者。崇牙，旌旗飾也[一]。綢練，以練綢旌之杠。此旌葬乘車所建也[二]。旌之旒，緇布廣充幅，長尋曰旐。爾雅説旌旗曰：「素錦綢杠。」○披，彼義反。綢，吐刀反，韜也，徐直留反，注同。旐，直小反。杠，音江，竿也。乘，繩證反。廣，光浪反。凡度廣狹曰廣，他皆放此。帷，方木反。

【疏】「孔子」至「夏也」[三]。○正義曰：此一節論孔子之喪，送葬用三王之禮，各依文解之。

○注「公西」至「子華」。○正義曰：案仲尼弟子傳云：「公西赤，字子華，少孔子四十二歲。」鄭云：「魯人也。」

○「飾棺」至「夏也」。○孔子之喪，公西赤以飾棺榮夫子，故爲盛禮，備三王之法，以章明志識焉。於是以素爲褚，褚外加牆，車邊置翣，恐柩車傾虧，而以繩左右維持之，

[一] 崇牙旌旗飾也　閩、監、毛本同，衛氏集説同。岳本「崇」字重，宋監本同，考文引古本、足利本同，又云：「宋板『崇牙』上闕字，似脱一『崇』字。」嘉靖本亦作「崇崇牙」。

[二] 此旌葬乘車所建也　閩、監、毛本同，岳本、嘉靖本同，衛氏集説同，惠棟校宋本「此」作「是」。

[三] 孔子至夏也　惠棟校宋本無此五字。

此皆周之法也。其送葬乘車所建旌旗，刻繒爲崇牙之飾，此則殷法。又韜盛旌旗之竿以素錦，於杠首設長尋之旐，此則夏禮也。既尊崇夫子，故兼用三代之飾也。

○注「牆柳」至「攝與」[一]。○正義曰：牆之障柩，猶垣牆障家，故謂障柩之物爲牆。障柩之物即柳也。外旁帷荒，中央材木，總而言之，皆謂之爲柳也。縫人注云：「柳，聚也，諸飾所聚。」前文注云「牆，柳」者，以經直云「周人牆置翣」，文無所對，故注直云「牆，柳也」。此文爲下，對「設披」「設崇」「設旐」之事，皆委曲備言，故亦委曲解之，故注云「牆，柳衣」也，其實牆則柳也。雜記喪從外來，雖非葬節，以裳帷障棺，亦與垣牆相似，故鄭注「不毁牆」之下云：「牆，裳帷也。」皆望經爲義，故三注不同。

云「翣以布衣木」者，鄭注喪大記云：「漢禮，翣以木爲筐，廣三尺，高二尺四寸，方兩角高，衣以白布，畫雲氣，柄長五尺。」

云「如攝與」者，「攝與」，漢時之扇[二]。與，疑辭。鄭恐人不識翣體，故云「如今攝與？」

○注「披柩」至「綢杠」。○正義曰：案喪大記國君「纁披六[三]」，鄭云：「設之於

[一] 注牆柳至攝與　閩本同，監、毛本「攝」作「䎱」，下皆同。

[二] 攝與漢時之扇　閩、監、毛本同，浦鏜校云：「『與』當衍字。」考文引宋板「與」作「是」。

[三] 國君熏披六　閩、監、毛本「熏」作「纁」，與喪大記合。

旁，所以備傾虧也。」故此云「披，柩行夾引棺者」。

云「崇牙，旌旗飾也」者，對下「綢練設旐」，故爲旌旗飾也。謂旌旗之旁，刻繒爲崇牙。殷必以崇牙爲飾者，殷湯以武受命，恒以牙爲飾。

云「此旌葬乘車所建也」者，案既夕禮陳車門内右，北面，「乘車載旜，道車載朝服，稾車載簑笠[一]」，故知此旌乘車所建也。凡送葬之旌，經文不具。

案既夕士禮而有二旌：一是銘旌，是初死書名於上，則士喪禮「爲銘各以其物，書名於末曰『某氏某之柩』，置於西階上」。葬則在柩車之前，至壙，與茵同入於壙也。二是乘車之旌，則既夕禮「乘車載旜」，亦在柩之前。至壙，柩既入壙，乃斂乘車所載之旌載於柩車而還。故鄭注既夕禮云：「柩車至壙，祝脱載除飾，乃斂乘車、道車、稾車之服載之而還，不空以歸。送形而往，迎精而反。」此是士之二旌也。

其大夫、諸侯則無文。其天子亦有銘旌，與士禮同。故司常云「大喪，共銘旌[二]」，鄭注云：「王則大常也。」士喪禮曰：「爲銘各以其物。」初死亦置於西階，將葬，移置於茵，從遣車之後，亦入於壙也。是其一旌也。司常又云：「建廞車之旌。」廞謂興作之，則明器之車也。其旌則明器之旌，止則陳建於遣車之上，行則執之以從遣車，至壙，從明

[一] 稾車載簑笠　閩本同。惠棟校宋本、監、毛本「簑」作「蓑」，與宋本儀禮合，衛氏集説同。

[二] 大喪共銘旌　惠棟校宋本、閩、監本同，毛本「共」誤「其」。

器而納之壙中，此二旌也。

案士禮既有乘車載旜，攝孤、卿之旜[一]，則天子亦當有乘車載大常，謂以金路載之至壙，載之而歸，但禮文不具耳，此其三旌也。然則天子三旌也，士以禮無遣車，故無廞車之旌，但二旌耳。諸侯及大夫無文。熊氏以爲大夫以上有遣車，即有廞旌，並有三旌也。

云「旌之旒，緇布廣充幅，長尋曰旐」者，爾雅釋天文。引之者，證經中「設旐，夏也」。案鄭注明堂位云：「有虞氏當言緌，夏后氏當言旂。」以此差之。古代尚質，有虞氏但注旄竿首，未有繒帛，故云緌也。夏后漸文[二]，故有素錦綢杠，又垂八尺之旐，故夏云旂也。旂是大古名[三]，非交龍之旂。周則文物大備，旂有九等，垂之以縿，繫之以斿，又有交龍之旂，龜蛇之旐，與夏不同，夏雖八尺之旐，更無餘飾。

又引爾雅「素錦綢杠」者，亦爾雅釋天文。引之者，證經文「綢練」，練則素錦，用以爲綢杠也。

【衛氏集説】鄭氏曰：公西赤，孔子弟子，字子華。志，謂章識。牆之障柩，猶垣牆障

[一] 攝孤、卿之旜　惠棟校宋本、閩本同，監、毛本「攝」誤「福」。
[二] 夏后漸文　閩、監、毛本作「漸」，此本「漸」誤「斬」，考文引宋板「后」作「家」。
[三] 旂是大古名　閩、監、毛本同，浦鏜云：「『古』疑『共』字誤。」

家。牆，柳衣也。翣，以布衣木，如攝與？夫子雖殷人，兼用三王之禮，尊之。披，柩行夾引棺者。崇牙，旌旗飾也。綢練，以練綢旌之杠。此旌葬乘車所建也。旌之旒，緇布廣充幅，長尋曰旐。爾雅説旌旗曰：「素錦綢杠。」

孔氏曰：此一節論孔子之喪，送葬用三王之禮。公西赤以飾棺榮夫子，故爲盛禮，備三王之法，以章明志識焉。於是以素爲褚，褚外加牆，車邊置翣，恐柩車傾虧，而以繩左右維持之，此皆周之法也。其送葬乘車所建旌旗，刻繒爲崇牙之飾，此則殷法。又韜盛旌旗之竿以素錦，於杠首設長尋之旐，此則夏禮也。既尊崇夫子，故兼用三代之飾也。鄭注「障柩之牆」即柳也，外旁帷荒，中央材木，總而言之，皆謂之爲柳。縫人注云：「柳，聚也，諸飾所聚也。」翣，以木爲筐，廣三尺，高二尺四寸，方兩角高，衣以白布，畫雲氣，柄長五尺。如扇，漢謂扇爲攝也。知此旌乘車所建者，案既夕禮陳車門內右，北面，「乘車載旜，道車載朝服，槀車載蓑笠」，故知此旌乘車所建也。凡送葬之旌，經文不具。案既夕士禮有二旌，一是銘旌，初死書名於上，曰「某氏某之柩」，葬則入壙。二是乘車之旌，則既夕禮「乘車載旜」，亦在柩前。至柩入壙，乃斂乘車所載之旌載於柩車而還。言送形而往，迎精而反也。其大夫、諸侯則無文。其天子亦有銘旌，司常云：「共銘旌。」又云：「建廞車之旌。」廞，謂興作之，則明器之車也。其旌即明器之旌，至壙，從明器納之壙中。又士禮既有乘車載旜，則天子亦當有乘車載大常，至壙，亦載之而歸，但禮文不具耳，是天子三旌也。熊氏曰：「大夫以上有遣車。」即有廞旌，亦有三旌也。

長樂陳氏曰：顔淵之死，門人欲厚葬之，孔子以爲不可。子疾病，子路使門人爲臣，孔子以爲欺天。門人之葬孔子，則飾牆、置翣以至周披、殷崇、夏旐，而三代之禮莫不兼用，豈孔子之心乎？蓋門人以孔子有所不可及之道，故報之以人所不可行之禮。是雖禮兼於三代，蓋亦稱情以爲文而已。故子貢六年於其墓，孟子不以爲非，門人三代之厚葬，君子不以爲過。

嚴陵方氏曰：志，記也。書其禮而記之。

山陰陸氏曰：飾棺勾蓋曰牆。置翣、設披，周也。據周人牆置翣，後王彌文。

廬陵胡氏曰：鄭云：「夫子兼用三代之禮。」非也。生不肯爲素王，門人豈肯用三王之禮哉！或云用三代大夫之禮耳。喪大記國君「纁披六」。崇牙也，殷湯以武興，旌旗之旁常刻繒爲崇牙。

【吴氏纂言】鄭氏曰：公西赤，孔子弟子，字子華。志，謂章識。墻，柳衣。墻之障柩，如垣牆障家。翣，以布衣木，如攝與？披，柩行夾引棺者。崇牙，旌旗飾也。綢練，以練綢旌之杠。是旌葬乘車所建也。旌之旒，廣充幅，長尋曰旐。夫子雖殷人，兼用三王之禮，尊之。

孔氏曰：公西赤以飾棺榮夫子，故爲盛禮，備三王之法，以章明志識。於是以素錦爲褚，褚外加牆，車邊置翣，恐柩車傾虧，而以繩左右維持之，此皆周法。其送葬乘車所建旌旗，刻繒爲崇牙之飾，此則殷法。又韜盛旌旗之竿以素飾，於杠首設長尋之旐，此則夏法。夫子用三代之禮不爲僭者，用其大夫之禮爾。必用三代者，夫子德備三代文物故也。襵是漢時之扇，恐人不識翣體，故云如今之襵。

山陰陸氏曰：飾棺勾蓋曰牆，置翣設披，周也，後王彌文。

澄曰：「飾棺」二字目下三者：牆，一也；置翣，二也；設披，三也。

【陳氏集説】公西，氏；赤，名，字子華，孔子弟子也。　疏曰：孔子之喪，公西赤以飾棺榮夫子，故爲盛禮，備三王之制，以章明志識焉。於是以素爲褚，褚外加牆，車邊置翣，恐柩車傾虧，而以繩左右維持之，此皆周之制也。其送葬乘車所建旌旗，刻繒爲崇牙之飾，此則殷制。又綢盛旌旗之竿以素錦，於杠首設長尋之旐，此則夏禮也。詩「虡業維樅」，疏云：「懸鐘磬之處以采色爲大牙，其狀隆然，謂之崇牙。」練，素錦也。緇布廣終幅，長八尺，旐之制也。

【江氏擇言】孔疏云：夫子用三代之禮不爲僭者，用其大夫之禮耳。必用三代禮者，夫子德備三代文物故也。

朱文端公云：葬聖人而兼用三代之禮，無乃已僭。聖門賢弟子必不出此。

按，三代之禮皆聖王所制，周封二王之後，固欲兼存之。如士喪禮尚有夏祝、商祝之名，以其習於夏、殷之禮，故名之。當時未必有禁令不許用夏、殷也，夫子嘗學二代之禮，歎文獻之無徵，考其生平，亦有從殷禮者矣。所謂僭者，下僭上也，爲大夫而用大夫之禮，則非僭也。以三代之禮葬孔子，當時曾子、子貢、子游、子夏之徒必熟議而後行，豈以僭事聖師哉？

【欽定義疏】正義　鄭氏康成曰：公西赤，孔子弟子，字子華。志，謂章識。牆，柳衣也。牆之障柩，猶垣牆障家。翣，以布衣木，如攝與？孔疏：翣，漢禮以木爲筐，廣三尺，高二尺四寸，方兩角高，衣以白布，畫雲氣，柄長五尺。如扇，漢謂扇爲攝也。披，柩行夾引棺者。孔疏：喪大記國君「纁披」，鄭云：「設之於旁，所以備傾虧也。」崇牙，旌旗飾也。孔疏：旌旗之旁，刻繪爲崇牙。殷湯以武受命，恒以牙爲飾也。綢練，以練綢旌之杠。此旌葬乘車所建也。孔疏：既夕禮陳車門内右，北面，「乘車載旜，道車載朝服，槀車載蓑笠」，故知此旌乘車所建也。凡送葬之旌，經文不具。既夕士禮有二旌，一是銘旌，初死書名於上，曰「某氏某之柩」，葬則入壙。二是乘車之旌，則既夕禮「乘車載旜」，亦在柩前。至柩入壙，乃斂乘車之旌及道車、槀車之服，載於柩車而還。言送形而往，迎精而返也。天子三旌，一銘旌，司常云「大喪共銘旌」，與士禮同。一廞車之旌，止則建於遣車之上，行則執之以從遣車，至壙，從明器納之壙中。　案：士禮既有乘車載旜，則天子亦當有乘車載太常，至壙仍載之而歸，但禮文不具耳。此其三旌也。諸侯、大夫無文。熊氏以爲大夫以上有遣車，即有廞旌，並有三旌也。旌之旒，緇布廣充幅，長尋曰旐。孔疏：古代尚質，有虞但注旄竿首，未有繒帛。夏漸文，素錦綢杠，又垂八尺之旐。周文物大備，旂有九等，垂之以縿，繫之以斿。爾雅説旌旗曰「素錦綢杠」。

夫子雖殷人，兼用三王禮以尊之。

孔氏穎達曰：此論孔子之喪。送葬以素爲褚，褚外加牆，車邊置翣，恐柩車傾虧，而以繩左右維持之，此皆周之法也。其送葬乘車所建旌旗，刻繒爲崇牙之飾，此則殷法。又韜盛旌旗之竿以素錦，於杠首設長尋之旐，此則夏禮也。蓋兼用三代之飾也。

通論 孔氏穎達曰：夫子聖人，弟子尊之，故葬兼三代之禮。案士喪禮既非聖人，亦用夏祝、商祝者，彼謂祝習夏禮、商禮，總是周禮也。與夫子用三代之禮，其義不同。夫子用三代之禮不爲僭者，用其大夫之禮耳。必用三代者，聖人德備三代文物故也。

陳氏祥道曰：門人以孔子有人所不可及之道，故報之以人所不可行之禮。是雖禮兼三代，蓋亦稱情以爲文而已。故子貢六年於其墓，孟子不以爲非。門人三代之厚葬，君子不以爲過。

案 喪大記大夫有畫帷、畫荒、素錦褚、纁紐、玄紐、黻翣、畫翣、披。士喪禮既夕記云「乘車載旜」，則此飾棺三者，大夫、士皆用之。曰夏、殷、周者，特記者推其制所自出，以見其制之合古，非必以此示其盛也。鄭云「用三王」者，謂用三王時所制之禮，非謂用三代王者之禮也。孔謂用三代大夫之禮，亦想當然耳。

【杭氏集説】孔氏穎達曰：案士喪禮既非聖人，亦用夏祝、商祝者，彼謂祝習夏禮、商禮，總是周禮也。與夫子用三代之禮，其義不同。夫子用三代之禮不爲僭者，用其大夫之禮耳。必用三代者，聖人德備三代文物故也。

朱氏軾曰：葬聖人而兼用三代之禮，無乃已僭。聖人賢弟子必不出此。

姜氏兆錫曰：柳車邊障曰墻，喪大記謂之「帷」，雜記又謂之「帷裳」。木扇障車曰翣，繫帛持棺曰披，喪大記「黼翣二，畫翣二，披前纁後玄」。綢之爲言韜也，纏也。素錦曰練。旐以緇布爲之，廣終幅，長八尺。蓋亦爲三代盛禮，以章識夫子之喪，其尊夫子至矣。然非尊師以道之意也，夫禮惟其時稱而已，雖制隆三代，其于聖人豈加毫末哉！亦徒自處于非禮而已。

齊氏召南曰：按，周人而行殷禮，必是周之喪禮本兼二代，而聽人所爲，不然弟子不可違制以尊師，使陷于不義也。儀禮存夏祝、商祝之名，周禮太卜存夏、商之易，則周禮之並存者多矣。

任氏啟運曰：孔子致仕，與聞國政，吉月猶朝服而朝，卒而君歛以璜玉，又親誄之，是固以大夫待之矣，想子路使門人爲臣，亦是此意。但大行不加窮居，不損所性，分定故也。在聖人分上，自無藉於此，而是時三代之制並存，聽人酌取，則諸賢之尊聖人，又未嘗不可如此。

【孫氏集解】鄭氏曰：公西赤，孔子弟子，字子華。志，謂章識。牆，柳衣。牆之障柩，猶垣牆障家。翣，以布衣木，如䎀與？披，柩行夾引棺者。崇，崇牙，旌旗飾也。綢練，以練綢旌之杠。此旌葬乘車所建也。旌之旒，緇布廣充幅，長尋曰旐，爾雅説旌旗曰：「素錦綢杠。」夫子雖殷人，兼用三王之禮，尊之。

孔氏曰：孔子之葬，公西赤以飾棺榮夫子，故爲盛禮，備三王之法，以章明志識焉。於是以素爲褚，褚外加牆，車邊置翣，恐柩車傾虧，而以繩左右維持之，此皆周之法也。其送葬乘車所建旌旗，刻繒爲崇牙之飾，此則殷法。又韜盛旌旗之竿以素錦，於杠首設長尋之旐，此則夏禮也。尊崇夫子，故兼用三代之飾也。鄭注障柩之牆，即柳也。外旁帷荒，中央材木，總而言之，皆謂之爲柳。縫人注云：「柳，聚也，諸飾所聚也。」翣，以木爲筐，廣三尺，高二尺四寸，方兩角高，衣以白布，畫雲氣，柄長五尺。如扇，漢謂扇爲䙺也。知此旌乘車所建者，案既夕禮陳車門內右，北面，「乘車載旜，道車載朝服，稾車載蓑笠」，故知此旌乘車所建也。夫子用三代之禮，不爲僭者，用其大夫之禮耳。

愚謂葬之有飾，所以表識人之爵行，故謂之志。孔子之喪，使公西赤爲志者，以其習於禮樂之事也。崇，崇牙也。樂虡有崇牙，以縣鐘磬之紘，此則刻於旗杠之首，以注旄者與？

〇孔氏曰：案既夕士禮有二旌：一是銘旌，初死書名於上，曰「某氏某之柩」，葬則入壙；二是乘車之旌，則既夕禮「乘車載旜」，亦在柩前。至柩入壙，乃斂乘車所載之旌載於柩車而還。言送形而往，迎精而反也。其大夫、諸侯則無文。其天子亦有銘旌，司常云：「共銘旌。」又云：「建廞車之旌。」廞謂興作之，則明器之車也。其旌即明器之旌，至壙，從明器納之壙中。又士禮既有乘車載旜，則天子亦當有乘車載大常，至壙亦載之而歸，但禮文不具耳。是天子三旌也。熊氏以爲大夫以上有遣車，即有廞旌，亦有三旌也。

愚謂士惟一旗，故乘車載旜。若天子有五路，葬時皆用爲魂車，則每路各建其旗。又遣車九乘，車各有旌，并銘旌當有十五旌也。若諸侯，則同姓自金路以下，又遣車七乘，并銘旌爲十二旌。異姓自象路以下，并遣車之旌及銘旌爲十一旌也。

【朱氏訓纂】**孔子之喪，公西赤爲志焉。**注：公西赤，孔子弟子，字子華。志，謂章識。正義：案仲尼弟子傳：「公西赤，少孔子四十二歲。」鄭云：「魯人也。」**飾棺牆，置翣，**注：牆，柳衣。翣，以布衣木，如攝與？釋名：其蓋曰柳。柳，聚也，衆飾所聚，亦其形僂也。亦曰鼈甲，似鼈甲然也。其旁曰牆，似屋牆也。翣，齊人謂扇爲翣，此似之也。象翣扇，爲清涼也。翣有黼有畫，各以其飾名之也。正義：牆之障柩，猶垣牆障家，故謂障柩之物爲牆，即柳也。外旁帷荒，中央材木。縫人注云：「柳，聚也。諸飾所聚。」鄭注喪大記云：「漢禮，翣以木爲筐，廣三尺，高二尺四寸，方兩角高，衣以白布，畫雲氣，柄長五尺。」**設披，周也；設崇，殷也；綢練，設旐，夏也。**注：夫子雖殷人，兼用三王之禮，尊之。披，柩行夾引棺者。崇，崇牙，旌旗飾也。綢練，以練綢旌之杠。此旌葬乘車所建也。旌之旒，緇布廣充幅，長尋曰旐。爾雅説旌旗曰：「素錦綢杠。」釋名：兩旁引之曰披。披，捭也，各於一旁引捭之，備傾倚也。釋文：綢，韜也。　正義：按喪大記國君「纁披六」，鄭云：「設之於旁，所以備傾虧。」案既夕士禮而有二旌：一是銘旌，初死書名於上；二是乘車之旌。則既夕禮「乘車載旜」，亦在柩之前，是士之二旌也。

【郭氏質疑】設崇，殷也。

鄭注：崇牙，旌旗飾。

嵩燾案，詩「崇牙樹羽」，所以飾虡。大雅疏以采色爲大牙，其狀隆然，謂之崇牙。司常九旗之制，無云崇牙者。明堂位兩言崇牙：其一簨虡飾，承上「夏后氏之龍簨虡」言；其一旌旗飾，承上「有虞氏之綏」言。鄭注一云「刻木爲之」，一云「刻繒爲之」。爾雅釋天：素錦綢杠，纁帛縿，練旒九。鄭注周禮巾車「正幅爲縿，斿則屬焉」。旒、斿同字，即旌旗旁之刻繒爲飾者也。考工記：龍旂九斿，鳥旟七斿，熊旗六斿，龜蛇四斿。斿皆有數，漢以後，旌旗旁之飾，刻繒如齒，無數，即古旒之遺制。鄭據以釋崇牙，恐誤。説文：「崇，巍高也。」簨虡之崇牙，加之業上，故曰崇。詩「虡業維樅」，毛傳：「樅，崇牙也。」樅、崇音近。牙者其形也，刻繒旌旗旁，不當名崇牙，以牙取義而去牙言崇，亦不辨爲何物。王氏章句：「崇牙，旐端横木以張旐者，刻爲齟齬，高出，與簨虡之崇牙同。」三代儀物皆相沿加飾，據爾雅，周制旌旗亦綢練，張旐之崇牙竝宜通用之。經云夏、殷，原其始也。孔子仕魯攝卿，喪禮當從周制，記禮者因三代之遺，侈爲之辭耳。

三·五二 **○子張之喪，公明儀爲志焉。**志，亦謂章識。**褚幕丹質，**以丹布幕爲褚，葬覆棺，不牆不翣。○褚，張呂反。幕，音莫。褚幕，覆棺者。**蟻結于四隅，**畫褚之四角，其文如蟻行往來相交錯。蟻，蚍蜉也。殷之蟻結，似今蛇文畫[一]。○蟻，魚綺反，又作「蛾」。蚍，避尸反，徐扶夷反。蜉，音浮。**殷士也。**學於孔子，傚殷禮[二]。

【疏】「子張」至「士也」[三]。○正義曰：此一節論孔子弟子送葬車飾學孔子行殷禮之事，各隨文解之。

○「子張之喪，公明儀爲志焉」，公明儀是其弟子，亦如公西赤爲章識焉。此公明儀又爲曾子弟子，故祭義云「公明儀問於曾子曰：『夫子可以爲孝乎？』」是也。

[一] 似今蛇文畫　閩、監、毛本同，岳本、嘉靖本同，衛氏集説同。惠棟校宋本「蛇」作「虵」，宋監本同。○鍔按：「似今」上，阮校有「子張之喪節」五字。

[二] 傚殷禮　續通解「傚」作「倣」。

[三] 子張至士也　惠棟校宋本無此五字。

○「褚幕丹質」者，褚，謂覆棺之物，若大夫以上，其形似幄。士則無褚。今公明儀尊敬其師，故特爲褚，不得爲幄，但似幕形，故云「褚幕」。以丹質之布而爲之也。○「蟻結」者，蟻，蚍蜉也。又於褚之四角畫蚍蜉之形，交結往來，故云「蟻結於四隅」。

所以不牆不翣者，用殷禮也。所以畫蟻者，殷禮士葬之飾也。棺蓋亦或取蚍蜉。夫子聖人，雖行殷禮，弟子尊之，故葬兼三代之禮。今公明儀雖尊其師，秖用殷法，不牆不翣，唯特加褚幕而已。上葬夫子用三代之飾，案士喪禮既非聖人，亦用夏祝、商祝，彼謂祝習夏禮、商禮，總是周祝也。故鄭注士喪禮云：「夏祝，祝習夏禮者也。夏人教以忠，其於養宜，故主饋食。商祝，祝習商禮者。商人教之以敬，於接神宜，故主衣服襲斂。」周人之喪，皆有夏、商二祝[一]，與夫子用三代之禮，其義不同。夫子用三代之禮不爲僭者，用其大夫之禮耳。必用三代者，夫子聖人，德備三代文物故也。

【衛氏集説】鄭氏曰：志與前同。以丹布幕爲褚，葬覆棺，不牆不翣。畫褚之四角，其文如蟻行往來相交錯。蟻，蚍蜉也。殷之蟻結，似今蛇文畫。子張學於孔子，傚殷禮。

孔氏曰：此一節論孔子弟子送葬車飾學孔子行殷禮之事。公明儀，子張弟子，亦爲

[一] 皆有夏商二祝　閩、監本同，毛本「二」誤「三」，考文云：「宋板作『二』。」

曾子弟子，故祭義「公明儀問於曾子」。褚，謂覆棺之物，大夫以上，其形似幄。士則無褚。今公明儀尊敬其師，故特爲褚，但似幕形，而以丹質之布爲之也。所以不牆不翣者，用殷禮也。畫蟻者，殷士葬之飾也。夫子聖人，雖行殷禮，弟子尊之，故葬兼三代之禮。今公明儀雖尊其師，祇用殷法，不牆不翣，特加褚幕而已。

長樂陳氏曰：子張之喪，門人公明儀爲志。不牆不翣，畫褚以蟻而葬之，以殷士之禮，何也？殷禮質，周禮文，質則厚，文則薄，子張之時既甚文矣，故門人從質以救其弊，此易小過「用過乎儉」，孔子欲從先進之意也。記曰：「掘中霤而浴，毁竈以綴足。」「及葬，毁宗躐行，殷道也。」學者行之，則喪禮從殷，孔門之所尚也。公西華之喪孔子，則異於此者，蓋厚孔子所以尊道，儉子張所以趨時。

山陰陸氏曰：據此周之士素錦褚可知，後王彌文。若以爲葦席、以爲屋而已，不應如是之陋也。先儒謂以丹質之布爲之，蓋謂之丹質，則畫布以丹質爲地。

李氏曰：有君臣、上下相生養者，蟻也。唯其所知、所能，不大而已矣。莊子曰：「於蟻棄智，於羊去意，於魚得計。」言智周萬物而無所逆也，退藏於深渺而已。君魚躍拂池，士則去魚而畫蟻於褚，蓋葬者所以幽陰之也。畫蟻以去其智，魚躍拂池以象其計也。

【吴氏纂言】鄭氏曰：志，亦謂章識。葬以丹布幕爲褚，幕覆棺下，不牆不翣。蟻，蚍蜉也。畫褚之四角，其文如蟻行往來相交錯。殷之蟻結，似今蛇文畫。學於孔子，倣殷禮。

孔氏曰：公明儀，是子張弟子，又是曾子弟子。褚，謂覆棺之物。若大夫以上，其形似幄。士則無褚。今公明儀尊敬其師，故特爲褚，不得爲幄，但似幕形，故云褚幕。以丹質之布爲之，又於褚四角畫蚍蜉之形，交結往來，故云「蟻結於四隅」。所以不牆不翣者，用殷禮也。所以畫蟻者，殷禮士葬之飾也。夫子聖人，雖行殷禮，弟子尊之，故葬兼三代之禮。今公明儀雖尊其師，祇用殷法，不牆不翣，唯特加褚幕而已。

山陰陸氏曰：丹質之布，蓋謂畫布以丹質爲地。

長樂陳氏曰：子張之喪，公明儀爲志，而以殷士之禮，何也？殷禮質，周禮文，子張之時甚文矣，故門人從質以救其弊。

【陳氏集説】疏曰：褚者，覆棺之物，若大夫以上，其形似幄。士則無褚。公明儀尊其師，故特爲褚，不得爲幄，但似幕形，故云褚幕，以丹質之布而爲之也。又於褚之四角畫蚍蜉之形，交結往來，故云「蟻結于四隅」。此殷禮士葬飾也。

【郝氏通解】孔子之喪，公西赤爲志焉。飾棺牆，置翣，設披，周也；設崇，殷也；綢練，設旐，夏也。子張之喪，公明儀爲志焉。褚幕丹質，蟻結于四隅，殷士也。

「志」與誌通，謂誌定其禮節也。置翣，解見前「鄰有喪」章。披，謂以繩繫棺，使人夾引之，此周禮也。崇，畫文如牙於旌旗上，詩謂「崇牙」，此殷禮也。綢，韜也。練，熟帛。以韜旌竿而垂爲旐，載之車上，此夏禮也。夫子道兼三王，故禮用三代，所以榮之。

公明儀，蓋子張門人。褚，幄也，以覆柩，亦謂之幕。丹質，以丹色布爲褚幕之質。蟻，謂蚍蛾。褚，四角結布爲飛蛾之形，垂以爲飾。不置牆翣、不披，殷士之喪禮也。聖人之禮隆，賢人之禮殺，所以異也。

按，夫子生從周，而葬反古，非也。顔淵厚葬，責門人之違禮。子路爲臣，惡行詐以欺天，豈赤也未之聞乎？且周公之禮已兼二代，士大夫死而薄王制，私意反古，豈其然乎？

【欽定義疏】正義 鄭氏康成曰：以丹布幕爲褚，葬覆棺，不牆不翣。畫褚之四角，其文如蟻行往来相交錯。蟻，蚍蜉也。殷之蟻結，似今蛇文畫。子張學於孔子，傚殷禮。

孔氏穎達曰：此論孔子弟子送葬車飾學孔子行殷禮之事。公明儀，子張弟子，亦爲曾子弟子。褚，覆棺之物，大夫以上，其形似幄。士則無褚。今公明儀尊敬其師，故特爲褚，但以幕形，而以丹質之布爲之。所以不牆不翣者，用殷禮也。畫蟻者，殷士葬之飾也。公明儀雖尊其師，祇用殷法，不牆不翣，特加褚幕而已。

通論 陳氏祥道曰：殷禮質，周禮文，質則厚，文則薄。子張之時既甚文矣，故門人從質，以救其弊。此易小過「用過乎儉」，孔子欲從先進之意也。記曰：「掘中霤而浴，毁竈以綴足。」「及葬，毁宗躐行，殷道也。」學者行之，則喪禮從殷，孔門之所尚也。

【杭氏集説】萬氏斯大曰：志，記也，若今墓志。然飾棺之物，孔氏、顓孫氏主之，非公西赤、公明儀爲之也。按喪大記，大夫之喪畫帷，黻翣、畫翣各二，披前纁後玄；士布帷，畫翣二，披用纁。孔子爲大夫，子張爲士，循周制可也。況從周固夫子之志，乃用夏、殷之飾胡爲乎？意當時之人疑聖賢之喪必有異，遂訛傳以爲然，記者因而志之耳。

姚氏際恒曰：孔子以子路使門人爲臣，尚云欺天，豈有其喪兼用三代之禮乎？又記子張之喪云殷士者，所以別于孔子之兼用三代也。夫孔子、子張皆周人也，一則兼用三代，一則純用前代，誣罔聖賢以生今反古，其可乎？

姜氏兆錫曰：褚，即柳車之幄。幕之言覆也，以丹質之布爲之。又于四角畫蚍蜉之形，交結往來，此殷禮士之葬飾。言此亦以明公明氏尊師之意也。

任氏啟運曰：按非天子不議禮，而聖賢或從夏、或從殷，不必盡合於周，蓋禮乃天理之節文，必文與情會，義與時宜也。然則周公監二代而損益，而猶必使其後人修其禮物，作賓于王家。孔子從周而猶必説夏學殷，惜杞、宋之無徵，而皇皇于參互考訂，正至虚之心，大公之道也。夫豈焚詩書、銷樂器、改篆文者可同日語哉！

【孫氏集解】鄭氏曰：以丹布幕爲褚，葬覆棺，不牆不翣。畫褚之四角，其文如蟻行往來相交錯。蟻，蚍蜉也。殷之蟻結似今蛇文畫。子張學於孔子，傚殷禮。

孔氏曰：公明儀是子張弟子。褚，謂覆棺之物，大夫以上，其形似幄。士則無褚。今公明儀尊敬其師，故特爲褚，但似幕形，而以丹質之布爲之。又於褚之四角畫蚍蜉之形，交結往來。不牆不翣，用殷禮也。夫子聖人，弟子尊之，兼用三代之禮。今公明儀雖尊其師，祇用殷禮而已。

愚謂周禮，人君、大夫、士之葬皆有牆翣。上章云「飾棺牆，置翣，周也」是也。其自大夫以上又有褚，其形如幄，上下四周以素錦爲之。今公明儀於子張之葬，不置牆翣，但用丹布爲褚，覆於棺上而不四周，而畫蚍蜉於褚之四角，此乃殷之士禮，故曰「殷士也」。然則殷自大夫以上，其褚蓋亦四周而用錦帛之屬與？孔子兼習三代之禮，而七十子之徒亦學焉。故公明儀用殷禮以葬其師，蓋亦崇儉尚質之意與？

【朱氏訓纂】子張之喪，公明儀爲志焉。注：志，亦謂章識。**褚幕丹質，**注：以丹布幕爲褚，葬覆棺，不牆不翣。　正義：覆棺之物，大夫以上，其形似幄，士則無褚。今公明儀尊敬其師，故特爲褚，不得爲幄，但似幕形。**蟻結於四隅，**注：畫褚之四角，其文如蟻行往來相交錯。蟻，蚍蜉也。殷之蟻結，似今蛇文畫。**殷士也。**注：學於孔子，傚殷禮。

【郭氏質疑】褚幕丹質，蟻結于四隅，殷士也。

鄭注：畫褚之四角，其文如蟻行往來相交錯，似今蛇文畫。

嵩燾案，喪大記：諸侯、大夫素錦褚。士褚不詳。素錦有織文，丹質無文，蓋殷尚質。蟻結四隅，謂縫合四隅而結之，如蟻行有行列。吳都賦「重城結隅」，言郛郭周帀四隅，保而固之。魯靈光殿賦「懸棟結阿」，亦言四垂完密。若蟻結爲畫文，而專施之四隅，爲無名矣。書顧命「麻冕蟻裳」，傳謂：「蟻裳，玄色。」是蟻亦色也。古棺外加衽束，故須有褚幕覆其上，四隅縫合宜加組、紃，雜記亦謂之「素錦屋」，鄭以「畫文」釋之，恐未然。士喪禮「爲銘，各以其物」，鄭注：「銘，明旌也。」此經「公西赤爲志」「公明儀爲志」，鄭注：「志，謂章識。」實後世志銘所由仿。

檀弓注疏長編卷十

三·五三　○子夏問於孔子曰[一]："居父母之仇如之何？"夫子曰："寢苫，枕干，不仕，雖除喪，居處猶若喪也。干，盾也[二]。○仇，音求，讎也。苫，始占反，草也。枕，之鴆反。楯，本又作"盾"，食允反，又音允。弗與共天下也。不可以並生。遇諸市朝，不反兵而鬬[三]。"言雖適市朝，不釋兵。○朝，直遥反，注同。曰："請問居昆弟之仇如之何？"曰："仕弗與共國。銜君命而使，雖遇之不鬬。"爲負而廢君命。○銜，音咸。使，色吏反。爲，于僞反，下"爲其負""相爲"同。曰："請問居從父昆弟之仇如之何？"曰：

[一] 子夏問於孔子曰節　惠棟校云："『子夏問』節、『孔子之喪』節，宋本合爲一節。"

[二] 干盾也　閩、監、毛本同，岳本、嘉靖本同，衛氏集説同。釋文出"干楯"云："本又作『盾』。"考文引古本作"楯"。

[三] 不反兵而鬬　石經作"鬬"，衛氏集説同。閩本作"鬭"，監本作"鬬"。毛本作"鬬"，岳本同。

「**不爲魁，**魁，猶首也。天文北斗，魁爲首，杓爲末。○從，如字，徐才用反。魁，苦回反。杓，必遥反，又匹遥反。**主人能，則執兵而陪其後。**」爲其負，當成之。○陪，步回反。

【疏】「子夏」至「其後」[一]。○正義曰：此一節論親疏報仇之法[二]，各依文解之。○「遇諸市朝」者，上既云「不仕」，得有遇諸朝者，身雖不仕，或有事須入朝，故得有遇諸朝也。

「不反兵而鬬」者，言執殺之備，是常帶兵[三]。雖在市朝，不待反還取兵，即當鬬也。然朝在公門之内，兵器不入公門，身得持兵入朝者，案閽人「掌中門之禁」，但兵器不得入中門耳。其大詢衆庶在皋門之内，則得入也。且朝文既廣，設朝或在野外，或在縣、鄙、鄉、遂，但有公事之處，皆謂之朝。兵者亦謂佩刀已上，不必要是矛戟。皇氏以爲「市朝，正謂市也。市有行肆，似朝，故謂市朝」。此辭非也。上曲禮唯云「不與共載天」[四]，文不備也。上曲禮云「兄弟之讎不反兵」，此父母之仇云「不反兵」，又此昆弟之仇不云「不

[一] 子夏至其後　惠棟校宋本無此五字。
[二] 此一節論親疏報仇之法　閩、監本同，衛氏集説同，毛本「報」誤「執」。
[三] 是常帶兵　閩、監、毛本同。惠棟校宋本「是」作「身」，是也，衛氏集説同。
[四] 不與共載天　閩、監、毛本「載」作「戴」。

反兵」者，父母與昆弟之仇皆不反兵。上曲禮昆弟之讎云「不反兵」者，謂非公事或不仕者，故恒執持殺之備。此文昆弟之仇，據身仕爲君命出使，遇之不鬬，故不得云「不反兵」也。二文相互乃足。

○注「爲負而廢君命」。○正義曰：負，猶不勝也。爲其鬬而不勝，廢君命也。下注云「爲其負，當成之」，負亦謂不勝也。

○注「天文北斗，魁爲首，杓爲末」。○正義曰：案春秋運斗樞云：「北斗七星：第一天樞，第二旋，第三機，第四權，第五衡，第六開陽，第七摇光。第一至第四爲魁，第五至第七爲杓。」是魁爲首，杓爲末。

○「主人能，則執兵而陪其後」。○謂從父昆弟之仇，既不爲報仇魁首[一]，若主人能自報之，則執兵陪助其後。

【衛氏集説】鄭氏曰：居父母之仇，雖除喪，居處猶若喪也。干，盾也。弗與共天下，不可以並生也。不反兵，謂雖適市朝，不釋兵也。昆弟之仇，銜君命則不鬬，爲負而廢君命也。不爲魁，魁，猶首也。天文北斗，魁爲首，杓爲末。執兵陪其後，爲其負，當成之。

孔氏曰：此一節論親疏報仇之法。不反兵而鬬者，身常帶兵，雖在市朝，不待反還

[一] 既不爲報仇魁首 閩、監本同，衛氏集説同，毛本「報」誤「執」。

取兵而鬭也。然朝在公門之内，兵器不入，今得持兵者，但有公事之處，皆謂之朝耳。曲禮云：「兄弟之仇不反兵。」此父母之仇云「不反兵」者，父母與兄弟之仇皆不反兵也。此兄弟之仇，據身仕爲君命出使而不鬭，二文相互乃足。從父昆弟，既不爲報仇魁首，若主人能自報之，則執兵陪助其後也。鄭注云「負」猶不勝也，爲其鬭而不勝。

嚴陵方氏曰：寢苫，則常以喪禮自處。枕干，則常以戎事自防。不仕，則不暇事人而事事也。弗與共天下，則與「不共戴天」同義。市朝非戰鬭之處，遇諸市朝猶不反兵而鬭，則無所往而不執兵矣。由其恩之至重，故報仇之義如此。仕弗與共國，則雖事人，而事事亦恥與之相遇也。銜君命而使，遇之不鬭，則不敢以私仇妨公事，由其恩殺於父母。曲禮言交遊之仇而不及從父昆弟，此言從父昆弟之仇而不及交遊者，蓋交遊之仇猶不同國，則從父昆弟可知矣，於從父昆弟且不爲魁，則於交遊不爲魁可知。其言互相備也。餘見曲禮。

廬陵胡氏曰：遇諸市朝不反兵而鬭，言常以兵刃向前，志在復仇之切。

【吴氏纂言】鄭氏曰：居父母之仇，雖除喪，居處猶若喪也。干，盾也。弗與共天下，不與並生也。不反兵，雖適市朝，不釋兵也。昆弟之仇，銜君命則不鬭，爲負而廢君命也。不爲魁，魁，猶首也。天文北斗，魁爲首，杓爲末。執兵陪其後，爲其負，當成之。

孔氏曰：身常帶兵，雖在市朝，不待反還取兵而鬭也。然朝在公門之内，兵器不入。

令得持兵者，但有公事之處，皆謂之朝爾。曲禮云「兄弟之讎不反兵」，此父母之仇云「不反兵」者，父母、兄弟之仇皆不反兵也。此兄弟之仇，據身仕爲君命出使而不鬬，二文相互乃足。從父昆弟既不爲報仇魁首，若主人能自報之，則執兵陪助其後也。

方氏曰：寢苫，則常以喪禮自處。枕干，則常以戎事自防。不仕，則不暇事人而事事也。弗與共天下，則與「弗共戴天」同義。市朝非戰鬬之處，遇諸市朝猶不反兵而鬬，則無所往而不執兵矣。由其恩之至重，故報仇之義如此。仕弗與共國，則雖事人，而事事亦恥與之相遇也。銜君命而使，遇之不鬬，則不敢以私讎妨公事也，由其恩殺於父母也。曲禮言交游之讎而不及從父昆弟，此言從父昆弟之仇而不及交游者，蓋交游之讎猶不同國，則從父昆弟可知矣，於從父昆弟且不爲魁，則與交遊不爲魁可知矣。其言互相備也。

【陳氏集説】子夏問於孔子曰：「居父母之仇如之何？」夫子曰：「寢苫，枕干，不仕，弗與共天下也。遇諸市朝，不反兵而鬬。」不反兵者，不反而求兵，言恒以兵器自隨。**曰：「請問居昆弟之仇如之何？」曰：「仕弗與共國。銜君命而使，雖遇之不鬬。」曰：「請問居從父昆弟之仇如之何？」曰：「不爲魁，主人能，則執兵而陪其後。」**疏曰：朝在宫門之内，閽人「掌中門之禁」，兵器但不得入中門耳。其大詢衆庶在皋門之内，則得入也。設朝或在野外，或在縣、鄙、鄉、遂，但有公事之處，皆謂之朝。兵者亦謂佩刀以上，不必要是矛戟也。方氏曰：市朝猶不反兵，則無所往而不執兵矣。曲禮云：「兄弟之讎不反兵。」此言遇之不鬭者，彼據不仕者言之耳。

【郝氏通解】處父母之仇，常若居喪。寢苫，卧草也。干，盾也。不仕，不暇事人之事而專事報復也。不反兵，謂常操兵器自隨，不待歸取也。市朝，非戰鬭之所，猶不反兵鬭，則無時無處不操兵矣，即枕戈之意。魁，首也。北斗七星，杓爲末，魁爲首。主人，即從昆弟之子弟。

按，報仇之説已詳曲禮，曲禮多交游之仇，此章又加從昆弟之仇。果若斯，天下其何人無怨？往來報復，世路成網羅，無復清寧之日矣。此戰國以來游士横議，豈聖人崇禮之訓？而腐儒好信，爲世滋亂，斷乎不可以訓也。

【欽定義疏】正義 鄭氏康成曰：居父母之仇，雖除喪，居處猶若喪也。干，盾也。弗與共天下，不可與並生也。不反兵，謂雖適市朝，不釋兵也。昆弟之仇，銜君命則不鬭，爲負而廢君命也。魁，猶首也。天文北斗，魁爲首，杓爲末。執兵陪其後，爲其負，當成之。孔疏：負，謂鬭而不勝。

孔氏穎達曰：此論親疏報仇之法。

通論 孔氏穎達曰：兵器不入公門，今得持兵者，閽人「掌中門之禁」，兵器但不得入中門耳。其大詢衆庶，在皋門之内，則得入也。設朝或在野外，或在縣、鄙、鄉、遂，但有公事之處，皆謂之朝。兵者亦謂佩刀以上，不必要是矛戟也。曲禮云：「兄弟之仇不反兵。」此父母之仇云「不反兵」者，父母與兄弟之仇皆不反兵。此兄弟之仇，據身仕爲君命出使不鬭，二文相互乃足。從父昆弟，既不爲報仇魁首，若主人能自報之，則執兵陪助其後也。

方氏慤曰：市朝，非戰鬭之處，猶不反兵，則無所往而不執兵矣。銜君命而使，遇之不鬭，則不敢以私仇妨公事。曲禮言交游之仇而不及從父昆弟，此言從父昆弟之仇而不及交游者，蓋交游之仇猶不同國，則從父昆弟可知矣，於從父昆弟且不爲魁，則於交游不爲魁可知。其言互相備也。

案 柳氏宗元駁復仇議云：「所謂仇者，冤抑沈痛而號無告也，非所謂抵罪觸法，陷於大戮。而曰『彼殺之，我乃殺之』，不議曲直，暴寡脅弱而已。周禮調人掌司萬人之仇。凡殺人而義者，令勿讐，讐之則死，有反殺者，邦國交仇之。春秋公羊傳曰：『父不受誅，子復仇可也。父受誅，子復仇，此推刃之道，復仇不除害。』若取此以斷，兩下相殺，則合於禮矣。」此議正與經相足。

【杭氏集説】姚氏際恒曰：較曲禮又多「從父昆弟」一節，此等大抵皆戰國游俠之風，故認爲正事，著爲常言，而不之覺也。此以作聖賢答問，猶可恨。

姜氏兆錫曰：寢苫者，以喪禮自處。枕干者，以兵器自防。不仕者，讐未復，不忍仕也。弗與共天下，猶言不共戴天。恒以兵從，故不反而求兵也。此極言父母之仇之重也。或曰周禮閽人掌「中門之禁」，兵器不得入。而此謂遇諸朝不反兵，何居？按禮有三朝，在應門之内者正朝也，其路門之内爲内朝，臯門之内爲外朝。閽人所掌者，中門之禁也。其大詢衆庶在外朝，則得入。而凡野外、縣、鄙、鄉、遂，但有公事之處，皆謂之朝，則又無不可入也。且兵亦謂佩刀以上而已，豈必矛戟之屬哉？　又曰：銜，猶奉也。主人，謂其子也。由弗仕而仕，由天下而國，禮之次也。曲禮「兄弟之仇，不反兵」，惟爲使則遇之不鬭，是亦次鬭于市朝者耳。執兵而陪人後，蓋又其次與。此言兄弟、從兄弟之遞殺也。方氏曰：「禮言交游之仇，而不及從父昆弟，視此稍異者。蓋于交游猶不同國，則從父昆弟可知；於從父昆弟猶不爲魁，則交游亦可知矣。」

任氏啟運曰：欲辨報之輕重，須審讐之是非。謂之讐者，親無致死之道，彼有故殺之心也。若親有罪不讐，彼過誤不讐，彼有君命不讐，豈曰不痛於心？然義有不得而讐者也，不然妄行以干國憲，是以親之枝再戮也，詎曰孝乎？

【孫氏集解】鄭氏曰：居父母之仇，雖除喪，居處猶若喪也。干，盾也。弗與共天下，不可以並生也。不反兵，言雖適市朝，不釋兵也。昆弟之仇，銜君命不鬭，爲負而廢君命也。魁，猶首也。天文北斗，魁爲首，杓爲末。執兵陪其後，爲其負，當成之。

孔氏曰：不反兵而鬭者，恒執殺之備。雖在市朝，不待反還取兵，即當鬭也。然朝在公門之内，兵器不入公門，此得持兵入朝者，案閽人「掌中門之禁」，但兵器不得入中門耳。其大詢衆庶在臯門内，案大詢衆庶在臯門外，説見玉藻。則得入也。且朝文既廣，設朝或在野外，或在縣、鄙、鄉、遂，但有公事之處，皆謂之朝。兵者亦謂佩刀以上，不必要是矛戟。上曲禮云「兄弟之讎不反兵」，此云父母之仇「不反兵」者，父母、昆弟之仇皆不反兵。曲禮昆弟之讎「不反兵」，謂非公事或不仕者，故恒執殺之備。此文昆弟之仇，據身仕爲君命出使，遇之不鬭，故不得云「不反兵」也。二文相互乃足。

愚謂寢苫者，恒以喪禮自處也。枕干者，報仇之器不離於身也。不仕者，父仇未報，故無心於仕宦，且爲有君事則於報仇或妨也。弗與共天下，即不與共戴天之意。遇諸市朝不反兵而鬭者，兵器不離身，遇之即鬭，不待反而取兵也。昆弟有仇，猶可以仕，但不與仇人同國耳。銜君命則遇之不鬭，不以私仇廢公事也。若非銜君命，亦不反兵而鬭矣。周禮朋友之讎視從父兄弟，曲禮言「朋友之讎不同國」，此言從父兄弟之讎不爲魁者，曲禮據死者無子、無親於己者，此自有主人，故但助之而已。

【朱氏訓纂】子夏問於孔子曰：「居父母之仇如之何？」夫子曰：「寢苫，枕干，不仕，弗與共天下也。注：雖除喪，居處猶若喪也。干，盾也。不可以並生。釋文：仇，讎也。苫，草也。廣韻：苫，草覆屋。又凶服者以爲覆席也。**遇諸市朝，不反兵而鬭。」**注：言雖適市朝，不釋兵。正義：設朝或在野外，或在縣、鄙、鄉、遂，但有公事之處，皆謂之朝。兵者，亦謂佩刀已上，不必要是矛戟。**曰：「請問居昆弟之仇如之何？」曰：「仕弗與共國。銜君命而使，雖遇之不鬬。」**注：爲負而廢君命。正義：負，猶不勝也。**曰：「請問居從父昆弟之仇如之何？」曰：「不爲魁，主人能，則執兵而陪其後。」**注：爲其負，當成之。正義：既不爲報仇魁首，若主人能自報之，則執兵陪助其後。方性夫曰：市朝非戰鬬之處，猶不反兵，則無往而不執兵矣。銜君命而使，遇之不鬬，則不敢以私讎妨公事。曲禮言交游之仇，而不及從父昆弟，此言從父昆弟，而不及交游者，蓋交游之仇猶不同國，則從父昆弟可知，於從父昆弟且不爲魁，則交游可知。其言互相備也。

三·五四　○**孔子之喪，二三子皆絰而出。**尊師也。出，謂有所之適，然則凡弔服加麻者，出則變服。○絰，大結反。**羣居則絰，出則否。**羣，謂七十二弟子，相爲朋友服。子夏曰：「吾離羣而索居。」

【衛氏集説】鄭氏曰：尊師也。出，謂有所之適，然則凡弔服加麻者，出則變服。羣，謂七十二弟子，相爲朋友服。子夏曰：「吾離羣而索居。」

横渠張氏曰：羣居則絰，出則否，喪常師之禮也。絰而出，特厚於孔子也。

山陰陸氏曰：二三子，蓋謂七十子知師之深者也。孔子之徒三千，不在七十子之列羣者也，其服孔子如此。

【吴氏纂言】鄭氏曰：尊師也。出，謂有所之適，然則凡弔服加麻者，出則變服。羣，謂七十二弟子，相爲朋友服。

山陰陸氏曰：二三子，蓋謂七十子知師之深者也。孔子之徒三千，羣者不在七十子之列者也，其服孔子如此。

澄按，鄭、陸二説不同，然皆當斷「羣」字爲一句，疑未安。竊意記者先記孔門弟子爲師之特禮，又記凡爲師與朋友弔服加麻之常禮於後，以表出不釋絰者之爲特而非常也。張子説優。

【陳氏集説】弔服如麻者，出則變之。張子曰：「羣居則絰，出則否，喪常師之禮也。絰而出，特厚於孔子也。」

儀禮注云：「朋友雖無親，有同道之恩，相爲服緦之絰帶。」亦弔服也，相爲朋友之服也。今出外而不免絰，所以隆師也。羣者，諸弟子，故出則免之。

【納喇補正】集説　弔服加麻者，出則變之。今出外而不免絰，所以隆師也。羣者，諸弟子，相爲朋友之服。

竊案　集説本之鄭注，於理可通，而張子、陸氏更有二説。山陰陸氏曰：「二三子，蓋謂七十子知師之深者也。孔子之徒三千，羣者，不在七十子之列者也，其服孔子如此。」

張子曰：「羣居則絰，出則否，喪常師之禮也。絰而出，特厚於孔子也。」吴氏曰：「鄭、陸二説不同，然皆當斷『羣』字爲一句，疑未安。竊意記者先記孔門弟子爲師之特禮，又記凡爲師與朋友弔服加麻之常禮於後，以表出不釋絰者之爲特而非常也。張子説是。」愚則於陸説有取焉。蓋此節只言孔門喪聖師之禮有等差，非兼言諸弟子相爲及凡爲師之常禮也。二三子之情親而誼重者，則絰而出，以隆師。羣弟子之情疏而誼輕者，居則絰，出則不絰，各以情誼爲隆殺也。如門人三年治任，子貢獨居三年之類耳。「羣」字未嘗不可句讀，若「羣居」相連，下「則絰」二字又與「出則否」不相對矣。

【郝氏通解】凡弔服與臨朋友之喪，皆加絰。出則變之，門人爲夫子心喪無服，然初喪首腰閒亦必加絰，至葬不易，雖出不變也。所謂出不變者，惟出與同門羣居，猶生事夫子，故皆絰。若非同門羣居，及有他事别往，則亦變矣。

【方氏析疑】所傳不一，或以爲羣居時則絰，出則否也。孔子没，門人三年然後歸，是以羣居則絰與？

【江氏擇言】鄭注：羣，謂七十二弟子，相爲朋友服。

山陰陸氏云：二三子，蓋謂七十子知師之深者也。孔子之徒三千，羣者不在七十子之列者也。

張子云：羣居則絰，出則否，喪常師之禮也。絰而出，特厚於孔子也。

吴氏云：鄭、陸二説不同，然皆當斷「羣」字爲一句，疑未妥。竊意記者先記孔子弟子爲師之特禮，又記凡爲師與朋友弔服加麻之常禮於後，以表出不釋絰者之爲特而非常也。張子説優。

按，鄭説爲優。喪服記「朋友麻」，注亦引此文，謂朋友相爲服緦之絰帶，其服爲弔服，疑衰素裳。但此經不當以「羣」字爲句，羣居，謂朋友同羣而聚處也。

【欽定義疏】正義　鄭氏康成曰：尊師也。羣，謂七十二弟子，相爲朋友服。子夏曰：「吾離羣而索居。」出，謂有所之適。然則凡弔服加麻者，出則變服。

姚氏舜牧曰：皆絰而出，是初喪孔子時所服。羣居則絰，出則否，是初喪以後時所服。

陳氏澔曰：弔服加麻者，出則變之。今出外而不免絰，所以隆師也。羣者，諸弟子相爲朋友之服也。儀禮注云：「朋友雖無親，有同道之恩，相爲服緦之絰帶。」亦弔服也，故出則免之。

存疑　陸氏佃曰：二三子，蓋謂七十子知師之深者也。孔子之徒三千，不在七十子之列羣者也。

張子曰：羣居則絰，出則否，喪常師之禮也。絰而出，特厚於孔子也。

案　家語：「子夏曰：『入宜絰而居，出則不絰。』子游曰：『吾聞諸夫子，朋友居則絰，出則否。喪所尊，則絰而出可也。』」文尤明備，則羣謂朋友。鄭注甚明，吴澄謂「羣」

字斷句未安，失攷耳。

【杭氏集説】陳氏澔曰：弔服加麻者，出則變之。今出外而不免絰，所以隆師也。羣者，諸弟子相爲朋友之服也。儀禮注云：「朋友雖無親，有同道之恩，相爲服緦之絰帶。」亦弔服也，故出則免之。

姚氏舜牧曰：皆絰而出，是初喪孔子時所服。羣居則絰，出則否，是初喪以後時所服。

丘氏濬曰：若喪父而無服，所謂心喪三年也。心喪者，身無衰麻之服，心有哀戚之情。三年之間，不飲酒，不食肉，不御内，時至而哀，哀至則哭，充充瞿瞿，慨然廓然，無以異乎倚廬之下、几筵之側也。其恩深義重者，固當爲之隆其服，其餘亦當因其恩義之淺深、輕重以稱情而立文。孔門三千，速肖七十，夢奠之初，必人人奔赴，其三年入別子貢而歸者，必有數焉。子貢又獨居三年，受恩尤深故也。

姚氏際恒曰：鄭氏謂羣爲七十二弟子相爲朋友服。張子厚謂羣居則絰，出則否，喪常之禮，絰而出，特厚于孔子。陸農師爲二三子謂七十子，羣謂三千之徒。其不一如此。

姜氏兆錫曰：絰謂緦麻之絰，一股而環也。「羣」猶「樂羣」之羣，家語謂「友」也。按儀禮喪服記「朋友麻」，注謂「朋友雖無親，有同道之恩」，故爲服弔服而絰，緦麻之絰也。然其服居則服，而出則否。今二三子于孔子雖出亦絰，以隆師也。儀禮言朋友而不言師，對言之爲師與友，統言之皆爲友。五倫不言師弟，而言朋友，亦此意也。故此因類以明之。

方氏苞曰：所傳不一，或以爲羣居時則絰，出則否也。孔子没，門人三年然後歸，是以羣居則絰與？

任氏啟運曰：按喪服記「朋友麻」，先儒謂弔服加麻，其服疑衰素裳，用緦之絰帶。又云：「素冠，加環絰。」又云「弔服加麻」者，與緦同三月，友且如此，則師可知。漢王元賞卒，門人有服斬者。晉郭瑀爲其師郭荷斬衰，廬墓三年。唐員半千、何彦先爲其師王彦方行喪廬墓三年。宋黄幹爲師朱子服深衣加麻，用冠絰，既葬除之，心喪三年。王柏爲師何基服深衣，帶絰，冠加絲武。金履祥爲柏帛巾加絰，絰加緦而差，小帶用細苧。元顧德玉爲師疑衰加絰，皆既葬除之，心喪三年。夫師非孔子，學非回、賜，而爲之斬，亦過也。宋、元諸儒，斯稱情矣。徐乾學云：「師服當齊衰三月，齊衰，分之尊；三月，友之例。」徐説最得制服之中，若其淺深進退，則程子説盡之。

【孫氏集解】鄭氏曰：尊師也。出，謂有所之適。羣，謂七十二弟子，相爲朋友服。

愚謂服問「公爲卿大夫錫衰以居，出亦如之。大夫相爲亦然」。司服緦衰、錫衰、疑衰，其首服皆弁絰。公爲卿大夫及大夫相爲皆錫衰，則亦當有絰。是弔服加絰者，出與居皆服之，朋友相爲亦宜然。今七十子相爲，出乃不服者，蓋以孔子之喪既絰而出，故於朋友之服微殺之，以示其不敢同於師之意，蓋酌乎禮之宜而變之也。

【朱氏訓纂】孔子之喪，二三子皆絰而出。注：尊師也。出，謂有所之適。然則凡弔服加麻者，出則變服。羣居則絰，出則否。注：羣，謂七十二弟子，相爲朋友服。家語：子夏曰：「入宜絰而居，出則不絰。」子游曰：「吾聞諸夫子，朋友居則絰，出則否。喪所尊，則絰而出可也。」

【郭氏質疑】羣居則絰，出則否。

鄭注：羣，謂七十二弟子，相爲朋友服。凡弔服加麻者，出則變服。

嵩燾案，喪服記「朋友麻」，鄭注：「朋友相爲服緦之絰帶。」而引此經「羣居則絰，出則否」，服問：「公爲卿大夫錫衰以居，出亦如之。當事則弁絰，大夫相爲亦然。」又云：「凡見人，雖朝於君無免絰，惟公門有脱齊衰。」大夫相爲錫衰而絰，惟當事齊衰以下服入公門脱之，而絰不除，皆謂服輕而絰重。朋友之麻，猶大夫之相爲錫衰，無以絰居者。又羣居惟弟子之從師有之，朋友相爲不得言羣居。禮，不爲師制服，而此經發其例云「羣居則絰，出則否」。羣居者，師死而弟子相守以服習其教，爲之制服以報之。「孔子之喪，絰而出」，則所謂見人無免絰者，同於事親之禮也。二語發凡起例之辭，而與上連文，注家遂平列釋之。禮記之文多類此者，如曲禮：「尸必式，乘必以几。」郊特牲：「以官爵人，德之殺也，死而謚，今也。」喪服小記：「養尊者必易服，養卑者否。」少儀：「乘貳車則式，佐車則否。」皆緣上文而發明其義例，別引一説以取證。鄭注於此云「七十二弟子相爲服」，失之。

三·五五 ○**易墓，非古也。**易，謂芟治草木。不易者，丘陵也。○易，以豉反，注同。芟，所銜反。

【疏】「易墓非古也」。○正義曰：此一節論墓內不合芟治之事。○「易謂」至「陵也」。○正義曰：墓，謂冢旁之地。易，謂芟治草木，不使荒穢。不易者，使有草木如丘陵然。言「易墓，非古也」，則古者，殷以前墓而不墳，是不治易也[一]。

【衛氏集説】鄭氏曰：易，謂芟治草木。不易者，丘陵也。

孔氏曰：此一節論墓內不合芟治之事。墓，謂冢旁之地。不易者，使有草木如丘陵然。古者，殷以前墓而不墳，是不易治也。

【吴氏纂言】鄭氏曰：易，謂芟治草木。

孔氏曰：墓，謂冢旁之地。不易者，使有草木如丘陵然。古者，殷以前墓而不墳，是

[一] 是不治易也　閩、監、毛本同，衛氏集説「治易」作「易治」。孫志祖云：「集説是也。」○鍔按：「是不」上，阮校有「易墓節」三字。

不治易也。

澄按，孔子嘗云「古者，墓而不墳」，又云「古不修墓」，鄭注云「修，猶治也」。古者但穴地爲坎以藏棺，下棺之後實土於中，外爲平地，不起墳冢，使人不知其處。此所謂易，即彼所謂脩，二字皆訓「治」字。蓋言古者葬後不修治，而崇其封土，非言不芟治而去其草木也。孔疏雖從鄭注「芟治草木」之説，而又引「墓而不墳」之言，以不墳爲不治易，則是兼存二義也。

【陳氏集説】疏曰：易，謂芟治草木，不使荒穢。古者，殷以前墓而不墳，不易治也。

【郝氏通解】易，芟治也，亦不脩墓之義。

按，禮無墓祭，不墳、不脩、不易，謂骨肉歸于土無知，魂氣有靈栖于廟，廟重墓輕也。然事死如生，亡則弗忘之，豈親骸所歸，一葬之後遂棄爲荒隴邪？三代而下，園陵之禮與宗廟等，安見古之是、今之非也？

【欽定義疏】正義　鄭氏康成曰：易，謂芟治草木。

孔氏穎達曰：此論墓内不合芟治之事。墓，謂冢旁之地。易，謂芟草木，不使荒穢。不易者，使有草木如丘陵然。古者，殷以前墓而不墳，是不易治也。

存異　姚氏舜牧曰：易墓，移易其墓之謂。古人立墓，惟求安親之體魄。後世惑於堪輿家之説，有思移易其墓者，故記禮者特嚴爲之防耳。

案 易，脩治也，即古不脩墓之意。姚疑惑於堪輿之説，戒其遷徙，則古從無遷墓者，杜氏之葬在季氏寢階下，猶不敢遷。堪輿家言始於晉郭璞之葬經，不特周人無此事，漢人亦不知有此語也。

【杭氏集説】姚氏舜牧曰：易墓，移易其墓之謂。古人立墓，惟求安親之體魄，後世惑於堪輿家之説，有思移易其墓者，故記禮者特嚴爲之防耳。

姚氏際恒曰：墓苟完固，自不必易，有所損壞，易亦自可。禮宜變通，何必執古以詔今耶？此與前孔子謂「古不修墓」之説同。

【孫氏集解】鄭氏曰：易，謂芟治草木。不易者，丘陵也。

孔氏曰：墓，謂冢旁之地。不易者，使有草木如丘陵然。

愚謂墓以藏體魄，無所事於易也，即古不修墓之意。

【朱氏訓纂】注：易，謂芟治草木。不易者，丘陵也。

三·五六 **〇子路曰：「吾聞諸夫子：喪禮，與其哀不足而禮有餘也，不若禮不足而哀有餘也；**喪主哀。**祭禮，與其敬不足而禮有餘也，不若禮不足而敬有餘也。」**祭主敬。

【疏】「子路」至「餘也」[一]。○正義曰：此一節論喪主哀，祭主敬之事。

○「吾聞諸夫子」者，「諸」，之也。據所聞事於孔子也。

○「喪禮，與其哀不足而禮有餘也」，此所聞事喪禮，居喪之禮也。「與」，及也。「禮有餘」，明器、衣衾之屬也[二]。言居喪及其哀少而禮物多也[三]。「不若禮不足而哀有餘也」者，若物多而哀少，則不如物少而哀多也。

○「祭禮，與其敬不足而禮有餘也」者，「祭禮」，謂祭祀之禮也。「而禮有餘」，謂俎豆、牲牢之屬多也。言敬少而牢多也。「不若禮不足而敬有餘也」者，若牲器多而敬少，則不如牲器少而敬多也。

【衛氏集説】鄭氏曰：喪主哀，祭主敬。

孔氏曰：此一節論喪主哀，祭主敬之事。喪禮有餘，謂明器、衣衾之屬多也。祭禮有餘，謂俎豆、牲牢之屬多也。

【吴氏纂言】鄭氏曰：喪主哀，祭主敬。

孔氏曰：喪禮有餘，謂明器、衣裳之屬多也。祭禮有餘，謂俎豆、牲牢之屬多也。

[一] 子路至餘也　惠棟校宋本無此五字。○鍔按：「子路」上，阮校有「子路曰節」四字。

[二] 明器衣衾之屬也　閩、監、毛本同，衛氏集説作「謂明器衣衾之屬多也」。

[三] 言居喪及其哀少而禮物多也　閩本同，監、毛本「及」作「與」。

澄曰：哀敬言其心，禮之本也。禮言其物，禮之文也。禮有本有文，本固爲重。然謂之「與其」，謂之「不若」，此矯世救弊之辭爾。蓋「本」與「文」兩相稱者爲盡善也。

【陳氏集説】有其禮而無其財，則禮或有所不足。哀敬，則可自盡也。此夫子反本之論，亦寧戚之意。

【納喇補正】喪禮，與其哀不足而禮有餘也，不若禮不足而哀有餘也；祭禮，與其敬不足而禮有餘也，不若禮不足而敬有餘也。

集説 有其禮而無其財，則禮或有所不足，哀敬則可自盡也。

竊案 孔氏云：「喪禮有餘，謂明器、衣裳之屬多也。祭禮有餘，謂俎豆、牲牢之屬多也。」故此所謂禮，陳氏以用財當之，其實凡所行節文皆是，不當專指用財。

【郝氏通解】喪主哀，祭主敬，此聖人制禮本義。但據此言，似禮又在哀敬外。哀敬不足，尚可云禮乎？

【欽定義疏】正義 鄭氏康成曰：喪主哀，祭主敬。

孔氏穎達曰：喪禮有餘，謂明器、衣衾之屬多也。祭禮有餘，謂俎豆、牲牢之屬多也。

陳氏澔曰：有其禮而無其財，則禮或有所不足。哀敬，則可自盡也。此夫子反本之論，亦寧儉寧戚之意。

吴氏澄曰：哀敬言其心，禮之本也。禮言其物，禮之文也。禮有本有文，本固爲重。

然謂之「與其」，謂之「不若」，此矯世救弊之辭爾。

【杭氏集説】陳氏澔曰：有其禮而無其財，則禮或有所不足。哀敬，則可自盡也。此夫子反本之論，亦寧儉寧戚之意。

姚氏際恒曰：此「禮」字自指在外儀文及用財，言不可泥。

姜氏兆錫曰：據家語，是孔子以語子路，與此子路聞諸孔子爲小異耳。

【孫氏集解】鄭氏曰：喪主哀，祭主敬。

孔氏曰：喪禮有餘，謂明器、衣衾之屬多也。祭禮有餘，謂俎豆、牲牢之屬多也。

陳氏澔曰：有其禮無其財，則禮或有所不足。哀敬，則可自盡也。此夫子反本之論，亦寧戚寧儉之意。

愚謂禮有餘，謂財物之繁多，儀節之詳盡也。喪祭之禮，固有一定。然第務於禮，而哀敬不足以稱之，則見爲有餘矣。此於禮之末雖舉，而其本則有所未盡也。若哀敬有餘而於儀物或有所未盡，此雖未足以言備禮，而其本則已得矣。行禮固以本末兼盡者爲至，若就其偏者而較其得失，則又以得其本者爲貴也。

【朱氏訓纂】注：喪主哀，祭主敬。　正義：喪禮有餘，明器、衣衾之屬也。祭禮有餘，謂俎豆、牲牢之屬多也。

三·五七　○**曾子弔於負夏。**負夏，衛地。**主人既祖，填池，**祖，謂移柩車去載處爲行始也。填池，當爲「奠徹」，聲之誤也。奠徹，謂徹遣奠，設祖奠。○填池，依注音奠徹，盧、王並如字。處，昌慮反，下同。遣奠，弃戰反，本或作「遷奠」，非。**推柩而反之，**反於載處，榮曾子弔，欲更始。○推，昌佳反，又吐回反。柩，其久反。**降婦人而后行禮。**禮，既祖而婦人降。今反柩，婦人辟之，復升堂矣。柩無反而反之，而又降婦人，蓋欲矜賓於此婦人，皆非。○辟，音避，下「辟賢」「辟不懷」並同。復，扶又反。**從者曰：「禮與？」**怪之。○從，音才用反，下同。與，音餘，下同。**曾子曰：「夫祖者，且也。**且，未定之辭。○夫，音扶。**且，胡爲其不可以反宿也？」**給說。**從者又問諸子游曰：「禮與？」**疑曾子言非。**子游曰：「飯於牖下，小斂於户内，大斂於阼，殯於客位，祖於庭，葬於墓，所以即遠也。故喪事有進而無退。」**明反柩非。○飯，煩晚反。牖，羊久反。斂，力驗反，禮家凡「小斂」「大斂」之字皆同，不重出。阼，才故反。**曾子聞之，曰：「多矣乎，予出祖者！」**善子游言，且服[一]。○且服，

[一] 善子游言且服　閩、監、毛本同，嘉靖本同。岳本「服」下有「也」字，釋文出「且服也」云：「本或作『且服過』。」考文引古本作「且服過也」，足利本無「也」字。案正義云「故善服子游也」，「服」亦屬「子游」，則「服善」非「服過」也。○鍔按：「善子」上，阮校有「曾子弔於負夏節」七字。

本或作「且服過」。

【疏】「曾子」至「祖者」[一]。○正義曰：此一節論負夏氏葬禮所失之事。○「既祖填池」者，案既夕禮啓殯之後，「柩遷于祖，重先，奠從，柩從。升自西階，正柩于兩楹間，用夷床」，鄭注云：「是時柩北首。」設奠于柩西，此奠謂啓殯之奠也。質明，徹去啓奠，乃設遷祖之奠于柩西。至日側乃却下柩，載於階間，乘蜃車。載訖，降下遷祖之奠，設於柩車西，當前束。時柩猶北首，前束近北。前束者，謂棺於車束有前後，故云前束。乃飾柩、設披、屬引，徹去遷祖之奠，遷柩嚮外而爲行始，謂之祖也。婦人降，即位于階間，乃設祖奠于柩西。至厥明，徹祖奠，又設遣奠於柩車之西，然後徹之，苞牲取下體以載之，遂行。此是啓殯之後至柩車出之節也。

曾子弔於負夏氏，正當主人祖祭之明旦，既徹祖奠之後、設遣奠之時而來弔，主人榮曾子之來，乃徹去遣奠，更設祖奠，又推柩少退而返之嚮北，又遣婦人升堂。至明旦，婦人從堂更降而後乃行遣車禮。從曾子者意以爲疑，問曾子云：「此是禮與？」曾子既見主人榮己，不欲指其錯失，爲之隱諱，云「夫祖者，且也」。「且」，是未定之辭。祖是行始，未是實行。且去住二者皆得，既得且住，何爲不可以反宿，明日乃去？

[一] 曾子至祖者　惠棟校宋本無此五字。

○注「祖謂」至「祖奠」。○正義曰：「祖謂移柩車去載處，爲行始」者，案既夕禮注云：「束棺於柩車，賓出，遂匠納車於階間[一]。」柩從兩楹却下，載於車，乃迴車南出，是爲祖也。祖，始也，謂將行之始也。

云「奠徹，謂徹遣奠，設祖奠」者，案既夕禮祖曰明旦，徹祖奠，設遣奠[二]。曾子正當設遣奠時來，主人乃徹去遣奠，還設祖奠，似若不爲遣奠。然經云「主人既祖」，祖之明日既徹祖奠之時，故謂之既祖。鄭云「祖，謂移柩車去載處」者，解正祖之名也。皇氏、熊氏皆云：「曾子雖今日來弔，遥指昨日爲既祖。」於文賒緩，其義非也。

○注「禮既祖而婦人降」。○正義曰：既夕禮文。以既祖，柩車南出，階間既空，故婦人得降立階間。今柩車反還階間，故婦人辟之升堂。婦人既已升堂，柩車未迴南出，則婦人未合降也。今乃降之者，以曾子賢人，欲矜誇賓於此婦人也。

言「皆非」者，柩無反而反之，是一非；既反之，未迴車南出，不合降婦人而降之，是二非也。

○注「給説」。○正義曰：論語云：「禦人以口給。」謂不顧道理，以捷給説於人也。

[一] 賓出遂又納車於階間　閩、監、毛本如此，此本「出」誤「仕」、「又」誤「文」。按：「又」字亦誤，惠棟校宋本作「匠」。○按：作「匠」是也，「遂匠」指遂人、匠人而言。

[二] 祖曰明旦徹祖奠設遣奠　閩、監、毛本同，浦鏜校云：「『之』誤『曰』。」

游也，故言子游所説出祖之事，勝於我所説出祖也。

○「曾子」至「祖者」。○多，猶勝也。曾子自知己説之非，聞子游之答是，故善服子

【衛氏集説】鄭氏曰：負夏，衛地。祖，謂移柩車去載處爲行始也。填池，當爲「奠徹」，聲之誤也。奠徹，謂徹遣奠，設祖奠也。推柩而反於載處，榮曾子弔，欲更始也。禮，既祖而婦人降。今反柩，婦人辟之，復升堂矣。柩無反而反之，而又降婦人，蓋欲矜賔於此婦人，皆非也。從者怪之，曾子曰：「夫祖者，且也。」且，未定之辭。此給説也。

孔氏曰：此一節論負夏氏葬禮所失之事。案既夕禮啓殯之後，「柩遷于祖，重先，奠從，柩從。升自西階，正柩于兩楹間」，鄭注云「是時柩北首」。設奠于柩西，此奠謂啓殯之奠也。質明，徹去啓奠，乃設遷祖之奠于柩西。至日側乃卻下柩，載于階間，乘蜃車。載訖，降下遷祖之奠，設于柩車西。乃飾柩、設披、屬引，徹去遷祖之奠，遷柩嚮外而爲行始，謂之祖也。婦人降，即位于階間，乃設祖奠于柩西。至厥明，徹祖奠，又設遣奠于柩車之西，然後徹之，苞牲取下體以載之，遂行。此是啓殯之後至柩車出之節也。曾子弔於負夏氏，正當主人祖祭之明旦，既徹祖奠之後、設遣奠之時而來弔，主人榮曾子之來，乃徹去遣奠，更設祖奠，又推柩少退而返之嚮北。案既夕禮，既祖而婦人降，以既祖，柩車南出，階間既空，故婦人得降立階間。今柩車反還階間，故婦人辟之升堂。至明旦，婦人從堂更降而後乃行遣車之禮。從曾子者意以爲疑，故問之。曾子既見主人榮己，不欲

指其錯失，爲之隱諱，云祖是行之始，未是實行，且去住二者皆得，既得住，何爲不可以反宿？明日乃去。此不顧理，以捷給説於人也。從者又疑，遂問子游。曾子聞子游之答，是自知己説之非，故善服子游。多，猶勝也。言子游所説出祖之事，勝於我所説出祖也。

嚴陵方氏曰：飯，即含也，以用米，故謂之飯含，亦兼用珠玉，而此不言者，止據士禮也。斂，以收斂其尸爲義，其禮見喪大記，以衣衾之數有多少，故有大小之名也。殯以攢於外，祖以祭於行，葬以藏於野，自飯至葬，其所愈遠，以義斷恩，故有進而無退。然負夏之喪，既祖而塡池矣，以曾子之弔，遂推柩而反之，降婦人而後行禮，此從者所以疑其非禮也。夫祖固有且意，以祭於行始，方來有繼故爾。而曾子遂以爲可以反宿，則非也。降婦人而後行遣奠之禮，固禮之常，以其反柩而後降，故爲非爾。自飯於牖下至葬於墓，與坊記所言皆同。

山陰陸氏曰：池，殯坎也。既祖，則塡之。故曰「主人既祖，塡池」，孔叢子曰：「埋柩謂之肂，肂坎謂之池」是也。

廬陵胡氏曰：池以竹爲之，衣以青布，喪行之飾，所謂「池視重霤」是也。塡，謂縣同魚以實之，謂將行也。鄭改「塡池」爲「奠徹」，未詳。

金華應氏曰：柩將出而復反，婦人已入而復降，從者所以疑也。曾子雖給説以釋主人之過，從者之心終有未安，故又問諸子游。聖門之徒，氣象忠厚，其議人之失婉而不迫，但言有進無退，而反柩行禮之非自見矣。出祖，謂主人也。「予」者，親之之辭。「多矣乎」者，言其委曲之過，不欲深指其失也。君子行禮，惟其稱而已，雖不可寡也，亦豈可多乎？夫子指「魯人朝祥暮歌」者，曰：「又多乎哉！」亦未許之也。

【吴氏纂言】鄭氏曰：負夏，衛地。祖，謂移柩車去載處爲行始也。填池，當爲「奠徹」，聲之誤也。奠徹，謂徹遣奠，設祖奠也。推柩而反於載處，榮曾子弔，欲更始也。禮，既祖而婦人降。今反柩，婦人辟之，復升堂矣。柩無反而反之，又降婦人，皆非也。從者怪之。曾子曰：「夫祖者，且也。」且，未定之辭，此給説也。

孔氏曰：按既夕禮啓殯之後，「柩遷於祖，重先，奠從，柩從。升自西階，正柩於兩楹間」，鄭注云「是時柩北首」，設奠於柩西，此奠謂啓殯之奠也。質明，徹去啓奠，乃設遷祖之奠于柩西。至日昃乃卻下柩，載於階間，乘蜃車。載訖，降下遷祖之奠，設于柩車西。時柩猶北首，乃飾柩、設披、屬引，徹下遷祖之奠，遷柩向外而爲行始，謂之祖也。婦人降，即位于階間，乃設祖奠於柩西。至厥明，徹祖奠，又設遣奠於柩車之西，然後徹之，包牲取下體以載之，遂行。此是啓殯之後至柩車出之節也。曾子弔於負夏氏，正當主人祖祭之明旦，既徹祖奠之後、設遣奠之時而來弔，主人榮曾子之來，乃徹去遣奠，更設祖奠，又推柩少退而反之嚮北。按既夕禮「既祖而婦人降」，蓋既祖，柩車南出，階間既空，故婦人得降立階間。今柩車反還階間，故婦人辟之升堂。至明旦婦人從堂更降，而後乃行遣車之禮。從曾子者，意以爲疑，故問之。曾子既見主人榮己，不欲指其錯失，爲之隱諱，云祖是行之始，未是實行。且去住二者皆得，既得且住，何爲不可以反宿，明日乃去？此不顧禮，以捷給說於人也。從者又疑，遂問子游。曾子聞子游之答，是自知己說之非，故善子游。多，猶勝也，言子游所說出祖之事，勝於我所說出祖也。

方氏曰：自飯於牖下至葬於墓，與坊記所言皆同。自飯至葬，其所愈遠，以義斷恩，故有進而無退。然負夏之喪，既祖而填池矣，以君子之弔，遂推柩而反之，降婦人而後行禮，此從者所以疑其非禮也。夫祖固有且意，以祭於行始，方來有繼故爾。而曾子遂以爲可以反宿，則非也。降婦人而後行遣奠之禮，固禮之常，以其反柩而後降，故爲非爾。

應氏曰：曾子雖給說以釋主人之過，從者之心終有未安，故又問諸子游。聖門之徒，氣象忠厚，其議人之失婉而不迫，但言有進無退，而反柩行禮之非自見。出祖，謂主人也。「予」者，親之之辭。「多矣乎」者，不欲深指其失也。君子行禮，雖不可寡，亦豈可多乎？

廬陵胡氏曰：池，以竹爲之，衣以青布，喪行之飾也。填，謂縣銅魚以實之，謂將行也。鄭改爲「奠徹」，未詳。

澄曰：多矣乎，猶言其贅也。祖者，行之始，柩既出而爲行始矣，豈可再入而反宿乎？此禮之所無，故爲贅而謂之多矣乎也。應氏說其意微婉，優於舊說。胡氏不改「填池」二字，則填當讀爲陟刃切。填，猶云安頓也，謂已安頓棺飾之池而將行也。但考之士禮，填池在朝祖後，階下載柩之時。今二字在既祖之下，則亦可疑，未敢必以不改字爲是。

【陳氏集説】**曾子弔於負夏。主人既祖，填池，推柩而反之，降婦人而后行禮。從者曰：「禮與？」曾子曰：「夫祖者，且也。且，胡爲其不可以反宿也？」**劉氏曰：負夏，衛地也。葬之前一日曾子往弔，時主人已祖奠，而婦人降在兩階之閒矣。曾子至，主人榮之，遂徹奠，推柩而反，向内以受弔，示死者將出行，遇賓至而爲之暫反也，亦事死如事生之意，然非禮矣。柩既反，則婦人復升堂以避柩。至明日乃復還柩向外，降婦人於階閒，而反行遣奠之禮。故從者見柩初已遷，而復推反之，婦人已降而又升堂，皆非禮，故問之。而曾子答之云：「祖者，且也，是且遷柩爲將行之始。未是實行，又何爲不可復反？越宿至明日，乃還柩，遣奠而遂行乎？」疏謂其見主人榮己，不欲指其錯失，而給説答從者，此以衆人之心窺大賢也。事之有無不可知，其義亦難强解，或記者有遺誤也。所以徹奠者，奠在柩西，欲推柩反之，故必先徹而後可旋轉也。婦人降階閒，亦以奠在車西，故立車後。今柩反，故亦升避也。**從者又問諸子游曰：「禮與？」子游曰：「飯於牖下，小斂於户内，大斂於阼，殯於客位，祖於庭，葬於墓，所以即遠也。故喪事有進而無退。」曾子聞之，曰：「多矣乎，予出祖者！」**從者疑曾子之言，故又請問於子游也。「飯於牖下」者，尸沐浴之後，以米及貝實尸之口中也。時尸在西室牖下，南首也。士喪禮，小斂衣十九稱，大斂三十稱。斂者，包裹斂藏之也。小斂在户之内，大斂出，在東階，未忍離其爲主之位也。

主人奉尸斂于棺，則在西階矣。掘肂於西階之上，肂，陳也，謂陳尸於坎也。置棺于肂中而塗之，謂之殯。及啓而將葬，則設祖奠於祖廟之中庭而後行。自牖下，而户内，而阼，而客位，而庭，而墓，皆一節遠於一節，此謂有進而往，無退而還也，豈可推柩而反之乎？「多矣乎，予出祖者」，多，猶勝也。曾子聞之，方悟己説之非，乃言子游所説出祖之事，勝於我之所説出祖也。

【納喇補正】主人既祖，填池。

集説 填，音奠。池，音徹。劉氏曰：「葬之前一日，曾子往弔，時主人已祖奠矣。曾子至，主人榮之，遂徹奠，推柩而反，向内以受弔。所以徹奠者，奠在柩西，欲推柩反之，故必先徹而後可旋轉也。」

竊案 「填池」改作「奠徹」，集説取鄭注也。案廬陵胡氏作如字，讀曰池，以竹爲之，衣以青布，喪行之飾，所謂「池視重霤」是也。填謂懸銅魚以實之，謂將行也。鄭改爲「奠徹」，未詳。吴幼清曰：「胡氏不改『填池』二字，則填當爲陟刃切。填，猶云安頓也，謂已安頓棺飾之池而將行也。但考之士禮，填池在朝祖後，階下載柩之時。今二字在既祖之下，則亦可疑，未敢必以不改字爲是。」愚案，如胡、吴之説，則池者，柳車之池也。生時既屋，有重霤以行水，死時柳車亦象宫室，而於車覆鼈甲之下，牆帷之上，織竹爲之，形如籠，衣以青布，以承鼈甲，名之爲池，以象重霤，此所謂「填池」者。胡氏謂「懸銅魚以實之」是也，不必以朝祖後載柩時爲疑。郝氏曰：「『填池』本謂填起柩前柳池，使見棺行禮也，而變作『奠徹』，非。」山陰陸氏則云：「池，殯坎也。既祖，則填之，故曰『主人既祖，填池』。」孔叢子曰『埋柩謂之肂，肂坎謂之池』是也。」是又一說。要之，改字者非矣。

「多矣乎，予出祖者！」

集說 多，猶勝也，曾子聞之，方悟己説之非，乃言子游所説出祖勝於吾之所説出祖也。

竊案 此鄭、孔舊説也。應氏則曰：「出祖，謂主人也。『予』者，親之之辭。『多矣乎』者，不欲深指其失也。君子行禮，雖不可寡，亦豈可多乎？」吳氏曰：「『多矣乎，猶言其贅也。祖者，行之始，柩既出而爲行始矣，豈可再入而反宿乎？此禮之所無，故爲贅而謂之多矣乎也。」愚案應氏之説，草廬取之，然以「予」爲親主人之辭，則有未安者。「多矣乎，予出祖者」，蓋自悔其於出祖之事多此一弔，使主人至於反柩受弔，違喪事有進無退之禮也。集説固不明，而吳氏亦未爲當也。

【郝氏通解】負夏，衛地。祖，謂柩將出，設祖奠也。祖者，始也，出行之始也。填，猶起也。池，謂柳車前懸池，象宫室之承霤也。士一池，當柩前。柩朝祖廟，北首，先夕設祖奠，旋柩，池外向，主人踊襲，少南，婦人降立於階閒，禮也。今以賓至，填起其池，使見柩，推柩反卻，以示少留。主人既奠，踊襲畢，婦人降即位於階閒，而后弔者行禮也。曾子之從者，疑反柩受弔爲非禮，故問之。曾子言凡祖祭者，皆越宿而后行，如聘禮，使者遂行，舍於郊，詩云「出宿于泲，飲餞于禰」「韓侯出祖，出宿于屠」之類。且者，未成行之辭，曾子援「出祖之義」以見反柩之無害也。飯，謂始死飯含也。牖下，室中窗下也。斂有小大，以衣裳多寡爲名，先小斂而後大斂也。户内，房户内也。阼，東階，房户外之南、堂之東也。客位，西階上也。庭，堂下也。墓則適野矣。自飯至葬，自牖下至墓，以漸遠死者，有往而無反也。多謂多言，言過則覺多，曾子自悔出祖之説爲多言也。蓋所言反宿者，生人出祖之事。生者可還，死者無反，所以悔之。

【方氏析疑】主人既祖，填池，推柩而反之，降婦人而后行禮。

既夕禮，朝祖之後，載柩而束之，商祝飾柩，一池，設披，屬引。所謂填池，即繫魚下垂池中，所謂「魚躍拂池」也。於是商祝御柩，乃祖，而婦人降於階間，蓋曰御柩，則已轉柩而鄉南矣。故推柩而反之，降婦人，而行受弔之禮。記文辭事本明，注疏未喻其義，乃易「填池」爲「奠徹」，謂曾子来弔，當既徹祖奠之後、設遣奠之時，主人乃徹去遣奠，更設祖奠，又令婦人升堂，至将旦，婦人從堂更降而行遣奠之禮，不惟於記文絶不可通，獨不思祖與遣隔日？若弔當遣奠之時，而又反宿，則葬期且爲之更易矣。况曾子云：「祖，胡爲其不可以反宿？」則爲葬前一日、朝祖後之事顯然。而可憑臆爲無稽之説乎？

【江氏擇言】曾子弔於負夏。主人既祖，填池，推柩而反之，降婦人而后行禮。

按，舊讀「填池」爲「奠徹」，文義未安。胡氏以池爲柩車上之池，近之。謂「填」爲懸銅魚以實之，文義亦未協。魚躍拂池，在池下，非實於池中。且負夏，主人當是士，士飾棺亦無銅魚。又考儀禮，飾棺在祖前，即有魚，豈待祖而後設乎？愚疑「填池」，即既夕禮所謂「祖，還車」也。柩車上有池，象宫室之承霤，禮云「商祝飾柩」，一填池，當讀如鎮，或讀如奠，填之爲言鎮也，故填星亦謂之鎮星，鎮即有奠定之義。前此柩遷於祖廟，用輁軸，正柩於堂上兩楹間。既朝祖，卻下，以蜃車載於階間，北首。飾棺訖。日昃時乃還轉柩車向外，南首，爲行始，謂之祖。曾子弔，當其時柩車已還而鎮定，所謂填池者也。主人榮其弔，復推柩而反，使復北首，若未祖者然。先時婦人在堂，降婦人，即位於階間，而后行弔禮。如此釋之，似可通。古者賓弔，婦人亦在位，不避也。舊説謂降婦人而后行禮，爲行遣奠之禮。此記曾子來弔，不必及弔後之事，亦不必詳及降婦人。近時新説謂填池爲填殯坎，殯坎名肂，在殯宫固當填，然與祖無涉，祖在廟庭，雖君來弔，亦廟受，主人必不因曾子而反柩於殯宫也。

【欽定義疏】正義　鄭氏康成曰：負夏，衛地。祖，謂移柩車去載處爲行始也。推柩而返於載處，榮曾子弔，欲更始也。填池，當爲「奠徹」，聲之誤也。奠徹，謂徹遣奠，設祖奠。禮既祖而婦人降。今既反柩，婦人辟之，復升堂矣。孔疏：既夕禮文。以既祖，柩車南出，階間既空，故婦人得降立階間。今柩車反還階間，故婦人辟之升堂。婦人既已升堂，柩車未迴南出，則婦人未合降也。今乃降之者，以曾子賢人，欲矜誇賓於此婦人也。柩無反而反之，而又降婦人，盖欲矜賓於此婦人，皆非也。從者怪之。且，未定之辭。

孔氏穎達曰：此論負夏氏葬禮所失之事。案既夕禮啟殯之後，「柩遷於祖，重先，奠從，柩從。升自西階，正柩於兩楹間」，鄭注云：「是時柩北首。」設奠於柩西，此奠謂啟殯之奠也。質明，徹去啟奠，乃設遷祖之奠於柩西。至日側乃卻下柩，載於階間，乘蜃車。載訖，降下遷祖之奠，設於柩車西，當前束。時柩猶北首，乃飾柩、設披、屬引，徹去遷祖之奠，遷柩鄉外而爲行始，謂之祖也。婦人降，即位於階間，乃設祖奠於柩西。至厥明，徹祖奠，又設遣奠於柩車之西，然後徹之，苞牲取下體以載之，遂行。此是啟殯之後至柩車出之節也。曾子因主人榮己，不欲指其錯失。既聞子游之答，自知己説之非，故善服子游。多，猶勝也，言子游所説出祖之事，勝於我所説也。

方氏慤曰：殯以攢於外，祖以祭於行，葬以藏於野，自飯至葬，漸而愈遠。以義斷恩，故有進而無退。負夏之喪，既祖而填池矣。以曾子之弔，遂推柩而反之，降婦人而後行禮，此從者所以疑其非禮也。夫祖固有且意，以祭於行始，方来有繼故耳。而曾子遂以爲可以反宿，則非也。自飯於牖下至葬於墓，與坊記所言皆同。

陳氏澔曰：從者疑曾子之言，故又請問於子游也。「飯於牖下」者，尸沐浴之後，以米及貝實尸之口中也。時尸在室中牖下，南首也。士喪禮，小斂衣十九稱，大斂三十稱。

斂者，包裹斂藏之也。小斂在户之内，大斂出，在東階，未忍離其爲主之位也。主人奉尸斂於棺，則在西階矣。掘肂於西階之上，肂，陳也，謂陳尸於坎也。置棺於肂中而塗之，謂之殯。及啟而將葬，則設祖奠於祖廟之中庭而後行。自牖下，而户内，而阼，而客位，而庭，而墓，皆一節遠於一節，此謂有進而往，無退而還也，豈可推柩而反之乎？多，猶勝也。曾子聞之，方悟己説之非，乃言子游所説出祖之事，勝於我之所説出祖也。

存異 孔氏穎達曰：曾子来弔，正當主人祖祭之明旦，既徹祖奠、設遣奠之時。主人榮曾子之来，乃徹去遣奠，更設祖奠，推柩少退而反之嚮北，又遣婦人升堂。至明旦，婦人從堂更降而後行遣車禮。案：遣車無所謂禮。行遣車禮，「車」字疑「奠」之訛。

胡氏銓曰：池，以竹爲之，衣以青布，喪行之飾，所謂「池視重霤」是也。填，與縣同魚以實之，謂將行也。鄭改「填池」爲「奠徹」，未詳。

陸氏佃曰：池，殯坎也。既祖，則填之，故曰「主人既填池」。孔叢子曰「埋柩謂之肂，肂坎謂之池」是也。

案 注「又降婦人」説，本承上「婦人復升堂」言之，謂柩反階間，婦人避之，升堂，而主人又令之降耳。孔氏前後説俱明，此獨判升降爲二時，又誤以曾子行弔禮爲遣車禮，不但非鄭注義，且與「降婦人」説悖矣。又諸經無以殯肂爲「池」者，此在既祖之後，尤不應言「填池」也。陸氏好爲異説，此亦其一耳。又飾柩一池，在祖奠前，胡氏移之既祖後，亦非。且「填」亦不可訓爲「縣」也。

【杭氏集説】盧氏植曰：填，讀如字。

陳氏澔曰：從者疑曾子之言，故又請問於子游也。「飯於牖下」者，尸沐浴之後，以米及貝實尸之口中也，時尸在西室牖下，南首也。士喪禮，小斂衣十九稱，大斂三十稱。斂者，包裹斂藏之也。小斂在户之内，大斂出，在東階，未忍離其爲主之位也。主人奉尸斂于棺，則在西階矣。掘肂於西階之上，肂，陳也，謂陳尸於坎也。置棺于肂中而塗之，謂之殯。及啟而將葬，則設祖奠於祖廟之中庭而後行。自牖下而户内，而阼，而客位，而庭，而墓，皆一節遠於一節，此謂有進而往，無退而還也，豈可推柩而反之乎？多，猶勝也。曾子聞之，方悟己説之非，乃言子游所説出祖之事，勝于我之所説出祖也。

姚氏際恒曰：填池，鄭氏改爲「徹奠」，謬。池，以竹爲之，衣以青布，所謂「池視重霤」也。填，謂懸銅魚以實之也。陸農師以池爲殯坎，填爲填土，臆解也。「多矣乎！予出祖者」，此句文雖古，而義疏脱，注疏謂「言子游所説出祖之事，勝于我所説出祖」。郝仲輿以多爲多言，謂曾子自悔出祖之説爲多。成容若謂自悔其于出祖之事，多此一弔，使主人至於反柩受弔而違禮。其使解者多端如此。

陸氏奎勳曰：鄭氏改填池爲奠徹，山陰農師謂填平殯坎，皆失之。廬陵胡氏池以竹爲之，衣以青布，喪行之飾，所謂「池視重霤」是也，填謂懸銅魚以實之，按既夕禮，亦云「商祝飾柩，一池」，胡氏説爲優。又曰：集説補正云：「自悔其當出祖之時，多此一弔。」

姜氏兆錫曰：「反柩」「行禮」二句相貫，乃反柩之時降婦人而行弔禮。婦降，如降適東壁相似，暫降以適闈門，而乃可受弔也。而注疏乃分二句，爲兩日、兩事，謂其日反柩，令婦人升堂，避柩，以受弔。越宿乃復推柩向外，降婦人于阼，而重行奠禮也。如所説，其日合添婦人升堂、主人受弔諸文，而事始備，又「降婦人」之上合添「越日」二字，而日始相次也。而記有是文理乎？況奠徹釋爲徹遣奠，其説尤疏。玩本節首稱既祖，後又釋祖爲且，則具爲祖時之祖奠，而非葬時之遣奠審矣。且遣奠時初無婦人降之儀，又安得有避之升堂而復令降之之事乎？儀禮既夕篇喪奠凡四條：啟殯訖，柩遷于祖，重在先，奠從，柩從，柩升自西階，正柩于兩楹間，是時柩北首，設奠于柩西，此啟殯之奠也；質明，徹啟殯之奠，更設奠于柩西，至日側，卻下柩載於阼間，乘蜃車，乃降下其奠，設于柩車西，此遷祖之奠也；于是飾柩，設披，屬引，徹遷祖之奠，遷柩向外而爲行始，謂之祖，時婦人自堂降階，乃設奠于柩車西，此祖奠也；厥明，徹祖奠，更設奠于柩車西，是謂遣奠，然後徹奠，包牲下階以載之，遂行。凡啟後各奠之節如此，而注疏乃謂曾子之弔正當主人設遣奠之時，主人乃徹遣奠受弔，至明日而後再行遣奠也，不亦亂既夕禮各奠之節，且背本節釋祖爲且之義哉！學者慎考之可也。

方氏苞曰：既夕禮，朝祖之後，載柩而束之，商祝飾柩，一池，設披，屬引。所謂填池，即繫魚下垂池中，所謂「魚躍拂池」也。于是商祝御柩，乃祖，而婦人降于階間，蓋曰御柩，則已轉柩而向南矣。故推柩而反之，降婦人，而行受弔之禮。記文辭事本明，注疏未喻其義，乃易「塡池」爲「奠徹」，謂曾子来弔，當既徹祖奠之後、謂遣奠之時，主人乃徹去遣奠，更設祖奠，又令婦人升堂，至将旦，婦人從堂更降而行遣奠之禮，不惟于記文絕不可通，獨不思祖與遣隔日？若弔當遣奠之時，而又反宿，則葬期且爲之更易矣。況曾子云：「祖，何爲其不可以反宿？」則爲葬前一日、朝祖後之事顯然。而可憑臆爲無稽之説乎？

【孫氏集解】曾子弔於負夏。主人既祖，塡池，推柩而反之，降婦人而后行禮。從者曰：「禮與？」曾子曰：「夫祖者，且也。且，胡爲其不可以反宿也？」

鄭氏曰：負夏，衛地。祖，謂移柩車去載處爲行始也。塡池，當爲「奠徹」，謂徹遣奠，设祖奠。推柩而反，榮曾子弔，欲更始也。禮，既祖而婦人降。今既反柩，婦人辟之，復升堂矣。柩無反而反之，而又降婦人，蓋欲矜賓於此婦人，皆非也。且，未定之辭。

孔氏曰：案既夕禮啟殯之後，柩遷於祖，升自西階，正棺於兩楹間。鄭注云「是時柩北首」，設奠於柩西，此奠謂啟殯之奠也。質明，徹去啟奠，乃設遷祖之奠於柩西。至日側乃卻下棺，載於階間。降下遷祖之奠，設於柩車西。時柩猶北首，乃飾棺、設披、屬引，徹去遷祖之奠，還柩嚮外而爲行始，謂之祖。婦人降，即位於階間，乃設祖奠。至厥明，徹祖奠，設遣奠，然後徹之，苞牲取下體，遂行。此是啟殯之後至柩車出之節也。曾子之弔在祖之明日，徹祖奠、設遣奠之時，主人榮曾子之來，乃徹遣奠，更設祖奠，又推柩嚮北，又遣婦人升堂。至明旦，婦人從堂更降而後行遣車禮。遣車，疑當作「遣奠」。

愚謂此章之義難曉，而注疏之説如此。然既設遣奠，則葬日也。葬日必卜，而弔事俄頃可畢，豈必還柩反宿，以違其素卜之期乎？疑所謂「既祖」者，謂葬前一夕，還車爲行始之後，而非祖之明日也。奠，謂祖奠，徹之者，因推柩而辟之也。降婦人者，婦人辟推柩，故升堂，柩既反，而復降立於兩階間之東也。行禮，曾子行弔禮也。必降婦人而後行禮者，以既祖之後，婦人之位本在堂下，非爲欲矜賓於婦人也。柩反而曰「反宿」者，曾子既弔之後，主人不欲頻動柩車，至明日乃始還車嚮外，而行遣奠也。

從者又問諸子游曰：「禮與？」子游曰：「飯於牖下，小斂於户内，大斂於阼，殯於客位，祖於庭，葬於墓，所以即遠也。故喪事有進而無退。」曾子聞之，曰：「多矣乎，予出祖者！」

飯，以米、貝實尸口中也，小斂、大斂，皆以衣斂尸，衣少曰小斂，衣多曰大斂。殯，斂於棺而塗之也。周人殯於西階之上。即，就也。從者疑曾子之言，故又問諸子游，而子游告之如此，則反柩非禮明矣。多，猶勝也，言子游所言出祖之事勝於己也。

○下篇云：「君於大夫將葬，弔於宮，命引之，三步則止。」則柩於將葬，雖君弔，不爲反也，此乃爲曾子而反柩，殊爲可疑。且反柩之失，曾子豈有不知？注疏謂曾子心知其非，而給説以答從者，則尤非曾子之所出也，然則此事蓋亦傳聞而失其實者與？

【朱氏訓纂】曾子弔於負夏。注：負夏，衛地。**主人既祖，填池，**注：祖，謂移柩車去載處爲行始也。填池，當爲「奠徹」，聲之誤也。奠徹，謂徹遣奠，設祖奠。**推柩而反之，**注：反於載處，榮曾子弔，欲更始。**降婦人而后行禮。**注：禮，既祖而婦人降。今反柩，婦人辟之，復升堂矣。柩無反而反之，而又降婦人，蓋欲矜賓於此婦人，皆非。**從者曰：「禮與？」**注：怪之。**曾子曰：「夫祖者，且也。**注：且，未定之辭。王氏念孫曰：凡言且者，皆謂姑且如此，即假借之義。**且，胡爲其不可以反宿也？」從者又問諸子游曰：「禮與？」**注：疑曾子言非。**子游曰：「飯於牖下，小斂於户内，大斂於阼，殯於客位，祖於庭，葬於墓，所以即遠也。故喪事有進而無退。」**注：明反柩非。**曾子聞之，曰：「多矣乎，予出祖者！」**注：善子游言，且服。胡邦衡曰：池以竹爲之，衣以青布，喪行之飾。所謂「池視重霤」是也。填，謂縣銅魚以實之。江氏永曰：魚躍拂池，在池下，非實於池中。愚疑「填池」，即既夕禮所謂「祖，還車」也。柩車上有池，象宫室之承霤。填，當讀如鎮，鎮即有奠定之義。前此柩遷於祖廟用輁軸，正柩於堂上兩楹間。既朝祖，卻下，以蜃車載於階間，北首。飾棺訖，日昃時乃還轉柩車向外，南首，爲行始，謂之祖。曾子來弔，柩車已還而鎮定，所謂填池者也。主人榮其弔，復推柩而反，使復北首，若未祖者然。先時婦人在堂，降婦人，即位於階間，而后行弔禮。如此釋之，似可通。

【郭氏質疑】主人既祖，填池，推柩而反之，降婦人而後行禮。

鄭注：填池，當爲「奠徹」。奠徹，謂徹遺奠，設祖奠。禮，既祖而婦人降。今反柩，婦人辟之，復升堂。反之，而又降婦人，欲矜賓於此婦人。

嵩燾案，既夕禮，有司請祖期，商祝飾柩，一池，設披，屬引，商祝御柩，乃祖，婦人降，即位於階間，乃奠。鄭注：「是之謂祖奠。」在葬前一日。鄭意以飾柩、縣池在祖奠前。經云「既祖」，因改填池爲奠徹，而遂以屬之明日，謂徹遺奠，重設祖奠。其釋「降婦人」言「婦人避之，升堂，而又降」，以爲「矜賓於此婦人」，竝於經文多一轉折，孔疏遂謂行禮爲行遣奠禮。既夕記「祖，還車，不易位」，鄭注「乃祖」云：「還柩鄉外。」其注「正柩兩楹間」云：「是時柩北首。」如初，如殯宮時。古人葬皆北首，殯及遷柩於祖亦北首，惟柩車行南首，以達於壙，故於此還車鄉外。既夕記云「不易位」，又云「納車於階間」，蓋由兩楹間還柩，即達之階間。經云「既祖」，蓋始還車時也，左還，布席，乃奠，又由階間而達之庭。案孔疏：下柩載於階間，乘蜃車，載訖，遷柩向外，謂之祖。據士喪禮「掘肂見衽，升棺用軸」，既夕禮「遷於祖用軸」，以下但云「還車」，竝無易車之文。蓋古棺天子五重，諸侯三重，大夫再重，故殯用輴車以訖於葬，爲棺重不能改載故也。既夕禮，飾柩有池、有紐、有齊三采、有披、有引，皆所以飾葬車。經不云「飾車」，而云「飾柩」，是即用殯車以葬之明證。經意謂既還柩，則首鄉外，不能受弔，故仍推柩反之以俟賓。雜記「魚躍拂池」，下有振容，柩行則魚躍。經云「填池」，謂車還池動，稍引而定之。填、鎮字通，以志還車之容也。既祖，婦人降於階間，賓升自階，婦人遂降階下，以避賓升。既夕禮，既奠，請葬期，賓賵，若奠、若賻、若贈，皆當於庭，無爲反柩以受弔。知此云「既祖」者，始還車而又反之，倉卒受弔，當時情事畢具，安得如鄭注所云之繁累也？檀弓之文多非事實，注家又更以意擬之，以重其誣。證之禮經，而固知其不然矣。

三·五八　**○曾子襲裘而弔，子游裼裘而弔。曾子指子游而示人曰：「夫夫也，爲習於禮者，如之何其裼裘而弔也？」**曾子蓋知臨喪無飾。夫夫，猶言此丈夫也。子游於時名爲習禮。○裼，星曆反。夫夫，上音扶，下如字，一讀並如字，注及下同。**主人既小斂，袒，括髮，子游趨而出，襲裘，帶絰而入。**於主人變乃變也。所弔者朋友。○袒括，徒旱反，下古活反。**曾子曰：「我過矣！我過矣！夫夫是也。」**服是善子游[一]。

[一] 服是善子游　此本「游」下空闕。閩、監、毛本「游」下有「言」字，衛氏集說同。惠棟校宋本無「言」字，「是」作「且」，宋監本同，岳本、嘉靖本同，考文引古本、足利本同。○鍔按：「服是」上，阮校有「曾子襲裘而弔節」七字。

【疏】「曾子」至「是也」[一]。○正義曰：此一節論弔禮得失之事，各依文解之。○「子游趍而出，襲裘，帶絰而入。」凡弔喪之禮，主人未變之前，弔者吉服而弔。吉服，謂羔裘玄冠，緇衣素裳。又袒去上服，以露裼衣，則此「裼裘而弔」是也。主人既變之後，雖著朝服，而加武以絰，又掩其上服。若是朋友，又加帶，則此「襲裘，帶絰而入」是也。案喪大記云：「弔者襲裘，加武帶絰。」注云：「始死，弔者朝服，裼裘如吉時也。小斂，則改襲裘而加武與帶絰矣[二]。」武，吉冠之卷也。加武者，明不改冠，但加絰於武。喪大記所云，亦據朋友，故云「帶絰」。帶既在胷[三]，鄭注「加武與帶絰」，似帶亦加武者，其實加武唯絰，連言帶耳。

主人成服之後，弔者大夫則錫衰，士則疑衰，當事皆首服弁絰。此子游之弔，未知主人小斂以否，何因出則有帶絰服之而入？但子游既及弔喪，豫備其事，故將帶絰行也。

【衛氏集説】鄭氏曰：曾子蓋知臨喪無飾。夫夫，猶言此丈夫也。子游於時名爲習禮，故曾子疑之。子游於主人變乃變，曾子遂服，是善子游言。

[一] 曾子至是也　惠棟校宋本無此五字。

[二] 小斂則改襲裘而加武與帶絰矣　閩、監、毛本同，考文引宋板無「裘」字。○按：無「裘」是也，否則與喪大記不合。

[三] 帶既在胷　閩、監、毛本「胷」作「要」，考文引宋板作「胷」。

孔氏曰：此一節論弔禮得失之事。凡弔喪之禮，主人未變之前，弔者吉服，謂羔裘玄冠，緇衣素裳。又袒去上服，以露裼衣，此「裼裘而弔」是也。主人既變，雖著朝服，而加武以絰。武，吉冠卷也。不改冠，但加絰於武，又掩其上服。若朋友，又加帶，則此「襲裘，帶絰而入」是也。

橫渠張氏曰：曾子、子游同弔異服，必是去有先後，故不得同議，各守所聞而往也。子游非之，曰知禮。以仲尼觀之，亦是五十步笑百步也。子游亦儘有守文處，如裼裘而弔，必是守文也。仲尼則通變不守定，曾子襲裘而弔，先進於禮樂也。此一段義正可疑。曾子、子游皆聖門之高弟，其分契與常人殊，若使一人失禮，必面相告，豈有私指示於人而不告之也？曾子、有子、言游輩一時行禮，猶有不同。蓋時已禮壞樂崩，故至後世文獻不足，尤難行也。

嚴陵方氏曰：掩而襲衣謂之襲裘，露而裼衣謂之裼裘。以裘在二衣之內，故皆曰裘也。夫夫，上爲助語之詞，下爲「丈夫」之夫。

李氏曰：忠告而善道之，不亦可乎？曰君子之相發，豈一端而已？

【吴氏纂言】鄭氏曰：曾子蓋知臨喪無飾。夫夫，猶言此丈夫也。子游於時名爲習禮，故曾子疑之。子游於主人變乃變，曾子遂善子游。

孔氏曰：凡弔喪之禮，主人未變之前，弔者吉服，謂羔裘玄冠，緇衣素裳。又袒去上服，以露裼衣，此「裼裘而弔」是也。主人既變，雖著朝服，而加武以絰。武，吉冠卷也。不改冠，但加絰於武，又掩其上服。若朋友，又加帶在腰，此「襲裘，帶絰而入」是也。子游之弔，未知主人小斂以否，但弔喪豫備將帶絰行，故出服帶絰而入也。主人成服之後，弔者大夫則錫衰，士則疑衰，當事皆首服弁絰。

方氏曰：夫夫，上語辭，下「丈夫」之夫。

張子曰：曾子、子游同弔異服，必是去有先後，故不得同議，各守所聞而往也。曾子襲裘而弔，先進於禮樂也。子游亦儘有守文處，如裼裘而弔，必是守文也。曾子、子游皆聖門高弟，其分契與常人殊，若使一人失禮，必面相告，豈有私指示於人而不告之也？此段義可疑。曾子、有子、言游輩一時行禮，猶有不同。蓋時已禮壞樂崩，至後世文獻不足，尤難行也。

【陳氏集説】疏曰：凡弔喪之禮，主人未變服之前，弔者吉服。吉服者，羔裘，玄冠，緇衣素裳。又袒去上服，以露裼衣，此「裼裘而弔」是也。主人既變服之後，弔者雖著朝服，而加武以絰。武，吉冠之卷也，又掩其上服。若是朋友，又加帶，此「襲裘，帶絰而入」是也。

方氏曰：曾子徒知喪事爲凶，而不知始死之時尚從吉，此所以始非子游而終善之也。

【納喇補正】集説　方氏曰：曾子徒知喪事爲凶，而不知始死之時尚從吉，此所以始非子游而終善之也。

【竊案】張子曰：「曾子、子游同弔異服，必是去有先後，故不得同議，各守所聞而往也。曾子襲裘而弔，先進於禮樂也。子游亦儘有守文處，如裼裘而弔，必是守文也。曾子、子游皆聖門高弟，其分契與常人殊，若使一人失禮，必面相告，豈有私指示於人而不告之也？此段義可疑。」玉巖黄氏亦云：「曾子、子游同門執友，既是同時往弔，豈不議其服之所宜而往？縱或至有先後，乃見子游之失，胡不明以相正，乃私指以示人而揚其失？子游既知曾子之非，胡爲亦不以告，乃至主人小斂，趨出易服而入，以暴其過哉？此事俱可疑。」又云：「此經多是子游而非曾子，劉氏謂此篇疑子游門人所記，意或然也。蓋子游以文學名，想當時必有傳授，其徒欲推之而爲之辭如此，非實事也。曾子之質，雖爲魯鈍，然專用心於内，學極誠慤，隨事精察而力行之，故卒聞一貫之旨。其在孔子之傳，唯顔、曾獨得其宗，當時穎悟，莫如子貢，猶不能及，豈其所見每每差失，而又屢出於子游之下，而不見正於他賢，何哉？前章與此章并闕之可也。」愚案，張子、黄氏之説，可正集説之誤。然謂此經多是子游而疑其門人所記，似未必然。蓋弟子當爲其師諱過，觀「汰哉，叔氏！專以禮許人」之譏，其非言游門人所記也，明矣。

【郝氏通解】凡弔喪之禮，主人未變服以前，弔者皆常服。既變服以後，則客亦變服。襲，掩也。裘，吉服。襲裘，謂以衣掩蓋其裘。裼裘，露裘也。凡衣重曰襲，單曰裼。小斂於户内，斂畢，主人乃肉袒，用麻結髮，奉尸出堂，拜賓，襲腰帶、首絰也。是時主人服變，客亦變，乃出，襲裘、帶絰而入。曾子以喪凶事，初往即變服，故始譏子游。而後自悟其非也。夫夫，上語辭，下指子游。

按，主人小斂前不變服者，昏迷不暇變也。弔者聞人喪而以羔裘玄冠往，於情未稱，故曾子襲裘而不帶絰，亦未爲失禮。必如子游不帶絰而又裼裘，是以羔裘玄冠弔也，則失禮乃在子游。且二子同弔，曾子失禮，子游何不救正於未入？如子游失禮，曾子何不忠告，乃私指示人？記未足信也。襲、裼，詳見曲禮下篇首章及玉藻「唯君有黼裘」章，舊注失之。

【江氏擇言】曾子指子游而示人曰：「夫夫也，爲習於禮者，如之何其裼裘而弔也？」

按，曾子示人之言是疑辭，非私譏其失也，但「夫夫也」語氣輕脱，蓋記者失之耳。

【欽定義疏】 **正義** 鄭氏康成曰：曾子蓋知臨喪無飾。夫夫，猶言此丈夫也。子游於時名爲習禮，故曾子疑之。子游於主人變乃變，曾子遂服，是善子游言。

孔氏穎達曰：此論弔禮得失之事。凡弔喪之禮，主人未變之前，弔者吉服，又袒去上服，以露裼衣，此「裼衣而弔」是也。主人既變，雖著朝服，而加武以絰，又掩其上服。若朋友，又加帶，則此「襲裘，帶絰而入」是也。武，吉冠之卷也。加武者，明不改冠，但加絰於武。

方氏慤曰：掩而襲衣謂之襲裘，露而裼衣謂之裼裘。以裘在二衣之内，故皆曰裘也。

【餘論】張子曰：曾子、子游同弔異服，必是去有先後，各守所聞而往。竊疑曾子、子游分契與常人殊，一人失禮，必面相告，豈有私指示人而不告之者？曾子、有子、言游輩一時行禮，猶有不同。蓋時已禮壞樂崩，故至後世文獻不足，尤難行也。

【存疑】孔氏穎達曰：弔者吉服，羔裘玄冠，緇衣素裳。又袒上服，以露裼衣。

【案】鄭注謂士弔服疑衰，素裳，當事亦弁經。庶人弔服素委貌。或曰，士弔，素委貌加朝服，鄭非之，曰：「『羔裘玄冠不以弔』，何朝服之有？」而孔言羔裘、玄冠、緇衣，何邪？

【杭氏集説】姚氏際恒曰：記者之義，是以未小斂前之弔，裼裘爲是，襲裘爲非，故以此志曾子之過。今按未小斂前，主人尚未成服，則弔者原無一定服制，然主人未變服者，以昏迷不暇，且或未備也。若弔者先變服，自無不可，況主人已徒跣，亦不當服吉服矣。安見子游之是而曾子之非乎？曾子於此，遂遜過不遑，夫豈其然？此與上章皆譽子游而毁曾子。

【孫氏集解】夫夫，猶言是人也。袒，袒衣而露其臂也。括髮，去纚而約其髮以麻也。始死，主人笄纚，深衣。至小斂，乃袒，括髮，始變服也。帶經，服弔服之葛帶絰也。出而帶絰者，死者之寢門外，蓋張次以爲弔者之所止息，而其絰帶亦饌焉，故出而取服之也。

凡弔者，主人未變，則吉服，羔裘玄冠，緇衣素裳，又裼而露其中衣。主人既變，則襲而加絰帶，其冠與衣猶是也。主人既成服，則服弔衰。

○喪服記「朋友麻」，奔喪「無服而爲位者惟嫂叔，及婦人降而無服者麻」，此二者之麻，皆弔服也。而特言麻，可以見凡弔絰之非麻矣。喪服記「公子爲其母練冠麻」「爲其妻縓冠，葛絰帶」，以麻對葛而言，可以見喪服記「朋友麻」及奔喪所言之「麻」，皆對葛而言麻矣。士虞禮「祝免，澡葛絰帶」，祝乃公有司，其所服固弔服也。而葛絰帶則弔服之絰帶，於此可見矣。士爲朋友麻，若弔於未成服，則亦葛絰帶。蓋未成服，則弔者猶玄冠，麻不加於采也。又注謂子游「所弔者朋友」，疏謂「弔服惟有絰，朋友乃加帶」，非也。子游所弔，不言其爲何人，安知其爲朋友乎？喪大記「弔者加武帶絰」，則凡弔者皆帶絰備有，不獨朋友矣。

【朱氏訓纂】曾子襲裘而弔，子游裼裘而弔。曾子指子游而示人曰：「夫夫也，爲習於禮者，如之何其裼裘而弔也？」注：曾子蓋知臨喪無飾。夫夫，猶言此丈夫也。子游於時名爲習禮。**主人既小斂，袒，括髮，子游趨而出，襲裘，帶絰而入。**注：於主人變乃變也。所弔者朋友。**曾子曰：「我過矣！我過矣！夫夫是也。」**注：服，是善子游言。賀循喪服要記：大夫弔於大夫，始死而往，朝服裼裘，如吉時也。當斂之時而至，則皮弁服。皮弁之服，以襲裘也。主人成服而往，則皮弁絰而加裼衰也。大夫於士，有朋友之恩，乃得弁絰。　正義：凡弔喪之禮，主人未變之前弔者，吉服而弔，又袒去上服，以露裼衣，則此「裼裘而弔」是也。主人既變之後，雖著朝服，而加武以絰，又掩其上服。若是朋友，又加帶，則此「襲裘帶絰而入」是也。主人成服之後，弔者大夫則錫衰，士則疑衰，當事皆首服弁絰。

三·五九　**○子夏既除喪而見，**見於孔子。○見，賢遍反，注及下同。**予之琴，和之而不和，彈之而不成聲。**樂由人心。○予，羊汝反，下同。和，音禾，或胡卧反，下同。樂，音岳，又音洛。**作而曰：「哀未忘也，先王制禮而弗敢過也**[一]**。」**作，起。○忘，音亡。**子張既除喪而見，予之琴，和之而和，彈之而成聲。作而曰：「先王制禮，不敢不至焉**[二]**。」**雖情異，善其俱順禮[三]。

[一] 先王制禮而弗敢過也　石經同，岳本、嘉靖本同，衛氏集説同，閩、監、毛本「王」誤「生」。○鍔按：「先王」上，阮校有「子夏既除喪而見節」八字。

[二] 先王制禮不敢不至焉　石經同，岳本、嘉靖本同，衛氏集説同，毛本同，閩、監本「王」誤「生」。

[三] 善其俱順禮　惠棟校宋本作「其」，宋監本同，嘉靖本、考文引古本、足利本同。此本「其」誤「○」。閩、監、毛本作「同」，岳本同，衛氏集説同。

【疏】「子夏」至「至焉」[一]。○正義曰：此一節論子夏、子張居喪順禮之事。此言子夏、子張者，案家語及詩傳，皆言子夏喪畢，夫子與琴，援琴而絃，衎衎而樂[二]；閔子騫喪畢，夫子與琴，援琴而絃，切切而哀。與此不同者，當以家語及詩傳爲正。知者，以子夏喪親，無異聞，焉能彈琴而不成聲？而閔子騫至孝之人，故孔子善之，云：「孝哉，閔子騫！」然家語、詩傳云「援琴而絃，切切」，以爲正也[三]。熊氏以爲子夏居父母之喪異，故不同也。

【衛氏集說】鄭氏曰：見，謂見於孔子。作，起也。二者雖情異，善其俱順禮。

孔氏曰：此一節論子夏、子張居喪順禮之事。案家語及詩傳，皆言子夏喪畢，夫子與琴，援琴而絃，衎衎而樂；閔子騫喪畢，夫子與琴，援琴而絃，切切而哀。與此不同，疑彼爲正，蓋子夏喪親無異聞。子騫至孝，孔子善之也。

嚴陵方氏曰：四制曰：「祥之日，鼓素琴，示民有終也。」蓋先王之制禮如此，故二子之除喪而見，所以孔子各予之琴也。

山陰陸氏曰：師也過，商也不及。今其除喪如此，蓋學之之力也。

[一] 子夏至至焉　惠棟校宋本無此五字。

[二] 援琴而絃衎衎而樂　閩本同，惠棟校宋本同。監、毛本「絃」作「弦」，衛氏集說同，下「而絃」字同。

[三] 援琴而絃切切以爲正也　閩、監、毛本同，浦鏜校云：「『切切』下脫『而哀』二字。」

李氏曰：此亦有以見師也過，商也不及也。先王之制禮，正之以中，而使有餘者不敢盡，不及者不敢不勉，要之不出於聖人之大閑而已。子夏過者也，不敢不約之以禮，故曰「不敢過也」。子張不及者也，不敢不引而至於禮，故曰「不敢不至焉」。情之過者，俯而就於禮，情之不及者，勉而至於禮。皆不害其爲中也。由此則子夏過者也，子張不及者也，而子曰「師也過，商也不及」。蓋夫子之言其學道也，唯其情之過，故於學爲不及，唯其情之不及，故於學爲過。

廬陵胡氏曰：孟獻子禫，縣而不樂，夫子善之。又夫子既祥五日，彈琴而不成聲，則除喪如子夏可也。

【吴氏纂言】鄭氏曰：見，謂見於夫子。作，起也。二者雖情異，善其俱順禮。方氏曰：四制曰：「祥之日，鼓素琴，示民有終也。」蓋先王之制禮如此，故二子之除喪，孔子各與之琴也。

澄曰：和之，謂調弦。樂由人心，琴者，樂事也。子夏哀情未忘，故調琴之弦而不能調，久乃調也。調弦畢，彈之不終曲而起，以爲哀情未忘，但禮當除喪，不敢過其日月也。子張哀情已忘，故調琴之弦，其弦即調，調弦畢，彈之終曲而后起，以爲哀情已忘，但禮必三年而除喪，不敢不免而至此日月也。聖人之禮以中爲度，使過者俯而就，不及者勉而至。二子各能損益其情而順於禮，是以孔子皆善之。商也不及，恪信聖人，故篤實近厚，而其情有所過。師也過，好爲苟難，故高虚近薄，而其情有所不及。孔氏曰：「此言子夏、子張，按家語及詩傳，皆言子夏喪畢，夫子與琴，援琴而弦，衎衎而樂；閔子騫喪畢，夫子與琴，援琴而弦，切切而哀。與此不同，疑當以彼爲正。蓋子夏喪親無異聞，而子騫至孝，孔子所稱也。」

【陳氏集説】均爲除喪而琴，有和、不和之異者，蓋子夏是過之者，俯而就之，出於勉强，故餘哀未忘而不能成聲。子張是不至者，跂而及之，故哀已盡而能成聲也。

【納喇補正】集説　均爲除喪，而琴有和、不和之異者，蓋子夏是過之者，俯而就之，出於勉强，故餘哀未忘而不能成聲。子張是不至者，跂而及之，故哀已盡而能成聲也。

竊案　夫子曰：「師也過，商也不及。」商惟不及，恪信夫子，故篤實近厚，而其情有所過。師惟過，好爲苟難，故高虚近薄，而其情有所不及。今集説反言子夏是過之者，故餘哀未忘，子張是不至者，故哀已盡，何其與聖人之言乖違也？山陰陸氏又謂師過商不及，今其除喪如此，蓋學之之力。李氏又謂夫子之言，言其學道也。子夏惟情之過，故於學爲不及；子張惟情之不及，故於學爲過。皆曲説也。家語及毛公詩傳皆言子夏喪畢，夫子與琴，援琴而弦，衎衎而樂；閔子騫喪畢，夫子與琴，援琴而弦，切切而哀，與此言子夏、子張者不同。孔氏謂疑當以彼爲正，蓋子夏喪親無異聞，而子騫至孝，孔子所稱也。熊氏又謂子夏居父母之喪異，故不同。二説未詳孰是。

【郝氏通解】此記二賢除喪之事，以明禮之中。子夏謹守，用哀常過，故强裁之。子張高明，哀情易忘，故跂而至焉。其有和與不和，成與不成者，各本其資之所近而不敢過、不敢不至者，則禮之所約而同也。故禮者，中也。先王緣人情而爲制，不然雖賢者不能，況凡民乎？和，調也。

【江氏擇言】和之而不和，彈之而不成聲。

按，「和之」之和，釋文有兩音，一音禾，又或胡卧反。今按當音禾，吴氏謂「調弦」是也。然以不成聲謂不終曲，恐未確。不成聲只是不成曲調耳，樂由人心哉，情未忘者，調弦而不能調，依曲調彈之而聲變，不成曲調，理固有之。

孔疏引家語及詩傳，子夏援琴而弦，衎衎而樂；閔子騫援琴而弦，切切而哀。謂當以彼爲正，此説是。

【欽定義疏】正義 鄭氏康成曰：見，謂見於孔子。作，起也。樂由人心，二者雖情異，善其俱順禮也。

孔氏穎達曰：此言子夏、子張除喪順禮之事。

吴氏澄曰：和之，謂調弦。樂由人心，琴者，樂事也。聖人之禮，以中爲度，二子各能損益其情而順於禮，善矣。

通論 方氏慤曰：四制曰：「祥之日，鼓素琴，示民有終也。」先王制禮如此，故二三子除喪而見，孔子各予之琴。

胡氏銓曰：孟獻子禫，縣而不樂，夫子善之。又夫子既祥，五日彈琴而不成聲，則除喪如子夏可也。

【存疑】孔氏穎達曰：案家語及詩傳皆言子夏喪畢，夫子與琴，援琴而弦，衎衎而樂；閔子騫喪畢，夫子與琴，援琴而弦，切切而哀。與此不同，疑彼爲正，盖子夏喪親無異聞，閔子騫至孝，孔子善之也。

【案】子夏篤信，其情摯。子張務外，其情浮。此記於二賢頗肖。至閔子切切，而哀理固有之。若子夏，則當以此記爲正。「喪爾親，使民未有聞」之説，不可據也。

【杭氏集説】吴氏澄曰：和之，謂調弦。樂由人心，琴者，樂事也。聖人之禮，以中爲度，二子各能損益其情而順於禮，善矣。

姚氏際恒曰：陸農師曰：「師也過，商也不及。今其除喪者如此，蓋學之之力也。」李氏曰：「此亦見師也過，商也不及也。由此則子夏過者也，子張不及者也，而子曰『師也過，商也不及』。蓋夫子之言，言其學道也，惟其情之過，故于學爲不及，惟其情之不及，故于學爲過。」愚按記者之語，本欲附會論語「師過，商不及」，故爲此説。然言子夏之事反屬之過，子張之事反屬之不及，乃其誤也。觀下又作「子夏弗敢過，子張不敢不至」之言，則可知其意。本欲以子夏爲不及，子張爲過者也。首尾之義頗爲衡決，陸、李二說皆爲之迂回其解，而李說尤刻入，然總不得記者之意。按檜風素冠毛傳曰：「子夏三年之喪畢，見于夫子，援琴而絃，衎衎而樂，作而曰『先王制禮，不敢不及』。夫子曰『君子也』。」與此正相反，于此可見此等之說大抵附會，安可盡信哉！

姜氏兆錫曰：四制曰：「祥之日，鼓素琴，示有終也。」故各予之琴，然琴有和不和者，子夏是過之者，俯而就之，哀尚有餘。子張是不及者，跂而至之，哀則已盡故也。按家語及詩傳所載，文有同異，疏謂當以家語、詩傳爲正。

【孫氏集解】除喪，既祥也。和，調弦也。子夏哀未盡而能自節，子張哀已盡而能自勉，所謂俯而就之，跂而及之也。

○孔氏曰：案家語及詩傳皆言子夏喪畢，夫子與琴，援琴而弦，衎衎而樂；閔子騫喪畢，夫子與琴，援琴而弦，切切而哀，與此不同。子夏居喪無異聞，而閔子騫至孝，當以家語及詩傳爲正。

愚謂子張務外而子夏誠篤，則其居親之喪，其哀之至與不至，固當異矣。曾子謂子夏喪親未有聞，特謂未聞其喪明耳，未可據此而疑其喪親之不能盡哀也。此與家語、詩傳所言，未知孰是。

【朱氏訓纂】子夏既除喪而見，注：見於孔子。**予之琴，和之而不和，彈之而不成聲。**注：樂由人心。**作而曰：「哀未忘也，先王制禮而弗敢過也。」**注：作，起。**子張既除喪**

而見，予之琴，和之而和，彈之而成聲。作而曰：「先王制禮，不敢不至焉。」注：雖情異善同，俱順禮。　正義：案家語及詩傳，皆言子夏喪畢，夫子與琴，援琴而弦，衎衎而樂；閔子騫喪畢，夫子與琴，援琴而弦，切切而哀。與此不同。

三・六〇　○**司寇惠子之喪，**惠子，衛將軍文子彌牟之弟惠叔蘭也，生虎者。○彌，亡卑反。牟，莫侯反。**子游爲之麻衰，牡麻絰。**惠子廢適立庶，爲之重服以譏之。麻衰，以吉服之布爲衰。○爲之，于僞反。注「爲之重服」、下「爲之服」皆同。適，丁曆反，下文及注同。**文子辭曰：「子辱與彌牟之弟游，**謝其存時。**又辱爲之服，敢辭。」**止之服也[一]。**子游曰：「禮也。」文子退，反哭。**子游名習禮，文子亦以爲當然，未覺其所譏。**子游趨而就諸臣之位。**深譏之，大夫之家臣，位在賓後。**文子又辭曰：「子辱與彌牟之弟游，又辱爲之服，又辱臨其喪，敢辭。」**止之在臣位。**子游曰：「固以請。」**再不從命。**文子退，扶適子南面而立，曰：「子辱與彌牟之弟游，又辱爲之服，又辱臨其喪，虎**

[一] 止之服也　閩本同，岳本、嘉靖本同，衛氏集説同。監本「止」字殘闕不全，毛本「止」誤「上」。○鍔按：「止之」上，阮校有「司寇惠子之喪節」七字。

也敢不復位。」覺所譏也。虎，適子名。文子親扶而辭，敬子游也。南面而立，則諸臣位在門内北面，明矣。**子游趨而就客位。**所譏行。

【疏】「司寇」至「客位」[一]。○正義曰：此一節論子游譏司寇惠子廢適立庶得行之事，各依文解之。

○注「惠子」至「虎者」。○正義曰：案世本：「靈公生昭子郢，郢生文子木及惠叔蘭，蘭生虎，爲司寇氏。文子生簡子瑕，瑕生衛將軍文氏。」然則彌牟是木之字。

○注「爲之」至「爲衰」。○正義曰：子游既與惠子爲朋友，應著弔服，加緦麻帶絰，今乃著「麻衰，牡麻絰」，故云「重服譏之」。

云「麻衰，以吉服之布爲衰」者，案詩云「麻衣如雪」，又閒傳云「大祥，素縞麻衣」，皆吉服之布稱麻，故知此「麻衰」，亦吉服之布也。案喪服云「公子爲其母麻衣」，鄭注云「小功布深衣」者，以大夫之子爲其母厭降大功，則公子爲其母厭降宜小功布衰，與此别也。案弔服，錫衰十五升去其半，疑衰十四升。今子游麻衰，乃吉服十五升，輕於弔服，而云「重服以譏之」者，據「牡麻絰」爲重。弔服弁絰，大如緦之絰，一股而環之。今乃用牡麻絞絰，與齊衰絰同，故云「重」也。

[一] 司寇至客位　惠棟校宋本無此五字。

○注「深識」至「賓後」。○正義曰：大夫之賓位在門東近北，大夫之家臣位亦在門東而南近門，並皆北鄉，故「在賓後」也。故盧云：「喪賓後主人，同在門東，家臣賓後，則近南也。」

○注「南面」至「明矣」。○正義曰：然鄭亦不知臣定位，今以此爲證[一]，故云「明矣」。子游弔在臣位，適子既嚮南，面對子游，故知臣位在門内北面也。案鄭注之意，前既云「大夫家臣，位在賓後」，則此又云「臣位在門内北面」，則凡賓位在門東，亦得與盧合也。而前檀弓云「趨而就伯子於門右」，注云「去賓位，就主人之兄弟賢者」。若案彼注云，則未趨時賓位應在門左者，以檀弓之弔當在小斂前，同國并異國，並在門左。若諸侯禮，大國賓，辟寄公，故在門右耳。或云檀弓爲異國禮，譏於仲子，故自處異國之賓，故在門西也。

【衛氏集説】鄭氏曰：惠子，衛將軍文子彌牟之弟惠叔蘭也，生虎者。惠子廢適立庶，子游爲之重服以譏之。麻衰，以吉服之布爲衰也。文子辭曰「辱與弟游」，謝其存時也。敢辭，止之服也。文子以子游習禮，見子游曰「禮亦以爲當然」，未覺其所譏。子游趨就臣位，深識之也，大夫之家臣，位在賔後。文子又辭曰「辱臨其喪」，止之在臣位也。

[一] 今以此爲證 閩、監、毛本作「今」，此本誤「合」。

子游再不從命，文子方覺所譏，親扶適子虎而辭，敬子游也。南面而立，則諸臣位在門内北面，明矣。子游趨就客位，所譏行也。

孔氏曰：此一節論子游譏司寇惠子廢適立庶得行之事。詩云：「麻衣如雪。」又間傳云：「大祥，素縞麻衣。」皆吉服之布也。案弔服，錫衰十五升去其半，疑衰十四升。今子游麻衰，乃吉服十五升，輕於弔服，而云「重服以譏之」者，據「牡麻絰」爲重也。弔服弁絰，大如緦之絰，一股而環之。今乃用牡麻絞絰，與齊衰絰同也。大夫之賓位在門東近北，大夫之家臣位亦在門東而南近門，並皆北鄉，故鄭注謂「在賓後」也。

長樂陳氏曰：司寇惠子之喪，其廢適也，無異公儀仲子之立庶。子游之於司寇惠子，相友也，無異檀弓之於公儀仲子。檀弓之譏仲子，服免而已，趨而就門右而已。子游之譏惠子，服不以免而麻衰、牡麻絰，趨不就門而就諸臣之位。又檀弓之譏，則見於言。子游之譏，至於無言者。蓋檀弓以仲子無賢兄弟，非可追而正之，故服止於免，趨止於景伯而示之以言，姑以正法而已。子游以惠子之兄弟有文子者，可以追而正之，故重爲之服，卑爲之趨，示之以無言，使之自訟而改焉。既而文子果扶適子，南面而立，豈非事異則禮異哉？然子游之知禮，未必不始於檀弓，故仲子之事子游惑，而檀弓行之，此檀弓所以爲賢歟？

嚴陵方氏曰：牡麻即雄麻，所謂枲也。

山陰陸氏曰：交游而以朋友服之，故文子辭。家語曰：「喪夫子如喪父而無服，弟子皆弔服而加麻，弔服錫衰。」詩曰：「麻衣如雪。」説者以爲麻衣，深衣也。深衣朝服十五升布，然則所謂麻衰可知也已。麻衰，以朝服十五升而爲之；錫衰，緦麻抽其半。然則錫衰加麻，師之服也；麻衰加麻，朋友之服也。

【吴氏纂言】鄭氏曰：惠子，衛將軍文子彌牟之弟惠叔蘭也，生虎者。惠子廢適立庶，子游爲之重服以譏之。麻衰，以吉服之布爲衰也。文子辭曰「辱與弟游」，謝其存時也。敢辭，止之服也。文子以子游習禮，見子游曰禮，亦以爲當然，未覺其所譏。子游趨就臣位，深譏之也。大夫之家臣，位在賓後。文子又辭曰「辱臨其喪」，止之在臣位也。子游再不從命，文子方覺所譏，親扶適子虎而辭，敬子游也。南面而立，則諸臣位在門内北面，明矣。子游趨客位，所譏行也。

孔氏曰：衛靈公生昭子郢，郢生文子木及惠叔蘭，蘭生虎，爲司寇氏，文子生簡子瑕，瑕生將軍文氏。然則彌牟是木之字。子游與惠子爲朋友，應著弔服，加緦麻帶絰，今乃著「麻衰，牡麻絰」。詩云「麻衣如雪」，又間傳云「大祥，素縞麻衣」，皆吉服之布也。按弔服，錫衰十五升去其半，疑衰十四升。今子游麻衰，乃吉服十五升，輕於弔服，而云「重服以譏之」者，據「牡麻絰」爲重也。弔服弁絰，大如緦之絰，一股而環之。今乃用牡麻絞絰，與齊衰絰同也。大夫之賓位在門東近北，大夫之家臣位亦在門東而南近門，並北向，故云「在賓後」也。

長樂陳氏曰：公儀仲子舍孫立子，而檀弓弔以免。司寇惠子舍適立庶，而子游弔以麻衰。皆重其服以譏之，欲其明適庶之分。司寇惠子之廢適，無異公儀仲子之舍孫，子游於司寇惠子之相友，無異檀弓之於公儀仲子。檀弓之譏仲子，服免而已，趨就門右而已。子游之譏惠子，服不以免而麻衰、牡麻絰，趨不就門而就諸臣之位。又檀弓之譏見於言，子游之譏至於無言者。蓋檀弓以仲子無賢兄弟，非可追而正之，故服止於免，趨止於景伯，而示之以言，姑以正法而已。子游以惠子之兄弟有文子者，可以追而正之，故重爲之服，卑爲之趨，示之以無言，使之自訟而改焉。既而文子果扶適子，南面而立，豈非事異則禮異哉？

馬氏曰：死喪之威，致哀戚者，唯兄弟而已。若朋友皆在他邦，而無宗族兄弟，乃得施親親之恩，相爲袒免。檀弓之免、子游之麻絰，皆非在它邦者也，而其服有過也，以爲仲子之舍孫、惠子之立庶，而父兄不能正，是猶無親也。檀弓、子游雖有朋友之道，欲正而不可得。故重爲之服，所以視其親，言唯親則有可正之恩；就臣之位，所以視其臣，言唯臣則有可正之義。

澄曰：文子名木，今曰「彌牟」者，「彌牟」二字反切則爲木。彼實稱名爲木，而聽者若曰「彌牟」，猶「爾」之爲「而已」「而止」，「諸」之爲「之於」「之乎」也。

【陳氏集説】司寇惠子之喪，子游爲之麻衰，牡麻絰。文子辭曰：「子辱與彌牟之弟

游，又辱爲之服，敢辭。」子游曰：「禮也。」惠子，衛將軍文子彌牟之弟，惠子廢適子虎而立庶子，故子游特爲非禮之服以譏之，亦檀弓免公儀仲子之意也。麻衰，以吉服之布爲衰也。牡麻絰，以雄麻爲絰也。麻衰乃吉服十五升之布，輕於弔服。弔服之絰一股而環之，今用牡麻絞絰，與齊衰絰同矣。鄭注云「重服」，指絰而言也。文子初言辱爲之服。「敢辭」者，辭其服也。**文子退，反哭。子游趨而就諸臣之位。文子又辭曰：「子辱與彌牟之弟游，又辱爲之服，又辱臨其喪，敢辭。」子游曰：「固以請。」文子退，扶適子南面而立，曰：「子辱與彌牟之弟游，又辱爲之服，又辱臨其喪，虎也敢不復位。」子游趨而就客位。**次言「敢辭」者，辭其立於臣位也。此時尚未喻子游之意，及子游言固以請，則文子覺其譏矣，於是扶適子，正喪主之位焉，而子游之志達矣。趨就客位，禮之正也。　疏曰：大夫之賓位在門東近北，家臣位亦在門東而南，近門，並皆北向。

【納喇補正】 集説　辭服者，辭其服也。次言「敢辭」者，辭其立於臣位也。此辭尚未喻子游之意，及子游言固以請，則文子覺其譏矣，於是扶適子正喪主之位焉，而子游之志達矣。趨就客位，禮之正也。

竊按　惠子舍適立庶，子游爲之牡麻絰，又趨而就臣位，皆有意義，而集説不言。馬氏曰：「死喪之威，致哀戚者，惟兄弟而已。若朋友皆在他邦，而無宗族兄弟，乃得施親親之恩，相爲袒免。檀弓之免、子游之牡麻絰，皆非在他邦者也，而其服有過焉，以爲仲子之舍孫、惠子之立庶，而父兄不能正，是猶無親也。檀弓、子游雖有朋友之道，欲正而不可得。故重爲之服，以視其親，言唯親則有可正之恩；就臣之位，所以視其臣，言唯臣則有可正之義。」此說發明殊確，可謂得其微矣。

【郝氏通解】此節亦明繼世以適之禮。司寇惠子，衛大夫，名蘭。文子，惠子之弟，名木，即彌牟也。彌牟之反爲木，古語聲近，猶「不來」爲「貍」、「而已」爲「耳」、「之乎」爲「諸」之類。二子皆衛靈公孫，惠子生虎，爲適子，惠子死，虎不在主人位，是廢適也。子游與惠子善，欲正之，以文子知禮，重其服往弔。朋友弔，錫衰環絰而已，今爲麻衰加牡麻絰，是與齊衰絞絰同。若爲死者無嗣而代之服者，文子驚辭，猶未悟也。子游復趨，就其家臣之位，又若爲有臣而無嗣君者，文子大驚辭。至於子游固請，文子始悟，扶適子出，南面立，示諸臣有主也。北面復位，使之主喪也。子游乃就賓客之位焉。

按此與檀弓問公儀仲子立孫之事同。故鄭謂檀弓之免，亦爲非禮以譏仲子。夫身爲非禮，以正人之非禮，豈教人常法？子游、檀弓何相襲而行之也？子游文學宿望，當時所以感悟文子，不在麻衰、牡絰。今人效之，祇益其迂，無救於事而反以害禮，未可訓也。

【欽定義疏】正義 鄭氏康成曰：惠子，衛將軍文子彌牟之弟惠叔蘭也，生虎者。孔疏：世本：「靈公生昭子郢，郢生文子木及惠叔蘭，蘭生虎，爲司寇氏。彌牟，木之字也。」惠子廢適立庶，子游爲之重服以譏之。孔疏：子游麻衰，乃吉服十五升，輕於弔服，而云「重服以譏之」者，據牡麻絰，爲重也。

弔服弁絰，大如緦之絰，一股而環之。今用牡麻絞絰，與齊衰絰同也。麻衰，以吉服之布爲衰也。孔疏：詩云「麻衣如雪」，又間傳云「大祥，素縞麻衣」，皆吉服之布也。案弔服，錫衰十五升去其半，疑衰十四升。今子游麻衰，乃吉服十五升。陸氏佃曰：「錫衰加麻，師之服也。麻衰加麻，朋友之服也。」文子辭曰「辱與弟游」，謝其存時也。敢辭，止之服也。子游名習禮，文子亦以爲當然，未覺其所譏。子游趨就臣位，深譏之也。大夫之家臣，位在賓後。孔疏：大夫之賓位在門東近北，大夫之家臣位亦在門東而南近門，並皆北鄉。故鄭注謂「在賓後」也。文子又辭，止之在臣位也。子游再不從命，文子方覺所譏，親扶適子虎而辭，敬子游也。南面而立，則諸臣位在門內北面，明矣。子游趨就客位，所譏行也。

孔氏穎達曰：此論子游譏司寇惠子廢適立庶得行之事。

方氏慤曰：牡麻，即雄麻，所謂枲也。

【杭氏集説】盧氏植曰：喪，賓後主人，同在門東，家臣賓後，則近南也。

姚氏際恒曰：此亦譽子游，與檀弓免公儀仲子喪同，説見彼章。

姜氏兆錫曰：司寇惠子，鄭氏謂「惠叔蘭」也，子游以其廢嫡子虎而立庶子，故特爲失禮之服以譏之，亦檀弓免公儀仲子之喪之意也。蓋麻衰乃吉服十五升之布爲之，今之爲衰，則已輕。弔服之絰，一股而環之，今用牡麻絞絰，與齊衰之絰同，則又重。敢辭者，辭其服也。謬以非禮爲禮，明譏之矣。然子游號知禮者，文子信之，未覺其譏，而遂退也。

大夫之家臣位在賓後，子游以意未達而就臣位，則深譏之，文子尚未喻而第辭之也。及固以請而覺子游之意矣，故扶適子復喪主之位也，時子游之意得達矣，趨就客位，禮之正也。又疏曰：「大夫之賓位在門東近北，家臣位在門東近南，並皆北向。」

任氏啟運曰：按鄭謂惠子廢適立庶，故子游過爲重服以譏之，孔因謂此經是雙股之絞經。愚謂本文言經，不言絞，安知非必單股之環經耶？且虎言復位，則前固嘗在此位矣，特子游入弔時不在耳。又子游果重服譏之，則虎既復位，子游何但就客位而仍此不情之服乎？

【孫氏集解】鄭氏曰：司寇惠子，衛將軍文子彌牟之弟惠叔蘭也，生虎者。惠子廢適立庶，子游爲之重服以譏之。麻衰，以吉服之布爲衰。子游名習禮，子游曰禮，文子亦以爲當然，未覺其所譏。趨而就諸臣之位，深譏之。大夫之家臣，位在賓後。虎，適子名。文子覺所譏，親扶而辭，敬子游也。南面而立，則諸臣位在門內北面，明矣。

愚謂麻衰用吉布十五升爲弔服，而又以爲胸前之衰也。士弔服疑衰，麻衰視疑衰爲輕，朋友麻，其非朋友，弔服用葛經而已。子游以惠子廢適立庶，故特爲輕衰重經以譏之。文子言子游但與其弟游而已，其恩未至於朋友，而乃爲服朋友之麻經，故以其重而辭之。反哭者，反其位而哭也，子游於司寇氏爲異國之士，位在西方，東面。士喪禮「士西方東面」是也。大夫諸臣之位，蓋門東北面，東上與？趨而就諸臣之位，變位以深譏之。復位，謂復其爲喪主之位也。趨而就客位者，所識已行而復其正也。

者。正義：案世本「靈公生昭子郢，郢生文子木及惠叔蘭，蘭生虎，爲司寇氏。文子生簡子瑕，瑕生衛將軍文氏」，然則彌牟是木之字。

【朱氏訓纂】司寇惠子之喪，注：惠子，衛將軍文子彌牟之弟惠叔蘭也，生虎者。正義：案世本「靈公生昭子郢，郢生文子木及惠叔蘭，蘭生虎，爲司寇氏。文子生簡子瑕，瑕生衛將軍文氏」，然則彌牟是木之字。子游爲之麻衰，牡麻絰。注：惠子廢適立庶，爲之重服以譏之。麻衰，以吉服之布爲衰。正義：子游既與惠子爲朋友，應著弔服加緦麻帶絰。麻衰，乃吉服十五升，輕於弔服。而云「重服」者，據牡麻絰爲重。弔服弁絰，大如緦之絰，一股而環之。今乃用牡麻絞絰，與齊衰絰同，故云重也。文子辭曰：「子辱與彌牟之弟游，注：謝其存時。又辱爲之服，敢辭。」注：止之服也。子游曰：「禮也。」文子退，反哭。注：子游名習禮，文子亦以爲當然，未覺其所譏。子游趨而就諸臣之位。注：深譏之。大夫之家臣，位在賓後。正義：大夫之賓位在門東近北，大夫之家臣位亦在門東而南近門，並皆北嚮，故「在賓後」也。故盧云：「喪賓後主人，同在門東。家臣賓後，則近南也。」文子又辭曰：「子辱與彌牟之弟游，又辱爲之服，又辱臨其喪，敢辭。」注：止之在臣位。子游曰：「固以請。」注：再不從命。文子退，扶適子南面而立，曰：「子辱與彌牟之弟游，又辱爲之服，又辱臨其喪，虎也敢不復位。」注：覺所譏也。虎，適子，名文子。親扶而辭，敬子游也。南面而立，則諸臣位在門内北面，明矣。子游趨而就客位。注：所識行。

【郭氏質疑】子游爲之麻衰，牡麻絰。

鄭注：爲之重服以譏之。

疏云：牡麻絞絰，與齊衰絰同。

嵩燾案，喪服傳「朋友麻」，鄭注：「服緦之絰帶。」而喪服自緦以上皆牡麻絰，惟斬衰苴絰絞帶，疏於此云「牡麻絞絰，與齊衰同」，未詳所據。周禮司服「凡弔事，弁絰服」，鄭注：「素弁而加環絰。」亦牡麻絰也。子游蓋以朋友之服臨之，故曰「禮也」，何爲而有齊衰之重服哉！喪服「斬衰」傳「爲君」，鄭注：「天子、諸侯及卿、大夫有地者，皆曰君。」又云「公士、大夫之衆臣爲其君布帶、繩屨」，降於貴臣之絞帶、菅屨也。子游若以諸臣之服服之，又不止於齊衰也。疑注所云「重服以譏之」爲非事實。其注「諸臣之位」云：「大夫之家臣位在賓後。」士喪禮「大夫即位於門外，西面；外兄弟在其南；賓繼之」，鄭注：「外兄弟，異姓有服者也。」似喪位以服爲次，諸臣之服隆於外兄弟，當次主人之後。子游以惠子之喪不立適子爲喪主，則諸臣皆可爲之主，故進於主人之次，以諷切之。鄭注反以爲在賓後，似於禮無徵。案喪大記「子坐於東方，卿、大夫、父兄子弟立於東方」，是國君之卿、大夫位父兄子姓之上。又云「君喪三日，子、夫人杖，五日大夫、世婦杖。大夫之喪三日，主人、主婦、室老皆杖」。是大夫之室老與主人同服，不得反位賓後明矣。而子游趨就諸臣之位，反去客位下，是又引而自遠，不足示諷切之意，疑鄭注失之。

檀弓注疏長編卷十一

三·六一　○**將軍文子之喪，既除喪而后越人來弔。主人深衣練冠，待于廟，垂涕洟。**主人，文子之子簡子瑕也。深衣練冠，凶服變也。待于廟，受弔不迎賓也。○涕，音他計反。洟，音夷，自目曰涕，自鼻曰洟。瑕，音遐，本又作「嘏」，音古雅反。**子游觀之，曰：「將軍文氏之子，其庶幾乎！亡於禮者之禮也，其動也中。」**中禮之變。○丁仲反，注及下注「禮中」之中同。

【疏】「將軍文子之喪」至「其動也中」[一]。○正義曰：此一節論居喪得中禮之變，各依文解之。

○將軍文子其身終亡，既除喪，大祥祭之後，越人來弔，謂遠國之人始弔其喪。主人

[一] 將軍文子之喪至其動也中　惠棟校宋本無此十一字。○鍔按：「將軍」上，阮校有「將軍文子之喪節」七字。

文子之子身著深衣，是既祥之麻衣也。首著練冠，謂未祥之練冠也。待賓於廟，目垂於涕，鼻垂於洟。

「子游觀之，曰：『將軍文氏之子，其庶幾乎！亡於禮者之禮也』」者，亡，無也。其始死至練祥來弔，是有文之禮。祥後來弔，是無文之禮。言文氏之子庶幾堪行乎無於禮文之禮也。所以堪行者，以其舉動也中。當於禮之變節也。

○注「主人」至「賓也」。○正義曰：「文子之子，簡子瑕也」，知者，世本云[一]。「深衣練冠，凶服變也」者，深衣，即閒傳「麻衣」也，但制如深衣，緣之以布曰麻衣，緣之以素曰長衣，緣之以采曰深衣。○「練冠」者，謂祭前之冠，若祥祭則縞冠也。此謂由來未弔者，故練冠。若曾來已弔，祥後爲喪事更來，雖不及祥祭之日，主人必服祥日之服以受之。故雜記云：「既祥，雖不當縞者，必縞，祭後反服。」注云：「謂有以喪事贈賵來者，雖不及時，猶變服，服祥祭之服以受之，重其禮也。其於此時始弔者，則衛將軍文子之子爲之[二]。」雜記經文本爲重來者，故縞冠；衛將軍之子始來者，故練冠。故雜記注引此文者，證祥後來弔之事一邊耳。推此而言，禫後始來弔者，則著祥冠。若禫後更來有事，主人則著禫服。其吉祭已後或來弔者，其服無文。除喪之後亦有弔法，故春秋文九年，「秦

[一] 知者世本云　閩、監、毛本同，惠棟校宋本「云」上有「文」字。

[二] 則衛將軍文子之子爲之　閩本同，衛氏集說同。監、毛本「文子」作「文氏」，是也。

人來歸僖公、成風之襚」是也。

云「待于廟，受弔不迎賓也」者，以其死者遷入於廟，故今待弔於廟，就死者。案士喪禮，始死，爲君命出；小斂以後，爲大夫出。是有受弔迎賓。今以除服受弔，故不迎賓也。或曰此非己君之命，以敵禮待之，故不迎也。或云此是禫後吉時來也，故不在寢而待於廟也[一]。禮論亦同。

【衛氏集説】鄭氏曰：主人，文子之子簡子瑕也。深衣練冠，凶服變也。待于廟，受弔不迎賓也。中，謂中禮之變。

孔氏曰：此一節論居喪得中禮之變。越人，謂遠國之人。深衣是既祥之麻衣，即間傳「麻衣」也，但制如深衣，緣之以布曰麻衣，緣之以素曰長衣，緣之以采曰深衣。練冠，謂未祥之練冠，若祥祭則縞冠也。此謂由來未弔者。若曾來弔，祥後爲喪事更來，主人必服祥日之服以受之。故雜記云「既祥，雖不當縞者，必縞，然後反服」，注云：「謂有以喪事贈賵來者，雖不及時，猶變服，祥祭之服以受之，重其禮也。」其於始弔者，則衛將軍文子之子爲之。」蓋始死至練祥來弔，是有文之禮。祥後來弔，是無文之禮。言文氏之子庶幾堪行乎無於禮文之禮，以其舉動也中。當於禮之變節也。

[一] 而待於寢也　閩、監、毛本同。惠棟校宋本「寢」作「廟」，是也。

唐陸氏曰：自目曰涕，自鼻曰洟。

長樂陳氏曰：喪已除而弔始至，非喪非無喪之時也。深衣練冠，非凶非不凶之服也。待于廟，非受弔非不受弔之所也。文子於其非喪非無喪之時，能處之以非喪非無喪之禮，故子游曰：「其庶幾乎！亡於禮者之禮也，其動也中。」中者，猶射之有中也。中乎有於禮者之禮，未足以爲善；中乎亡於禮者之禮，則善矣。

山陰陸氏曰：深衣練冠，視長衣練冠稍變。

【吴氏纂言】鄭氏曰：主人，文子之子簡子瑕也。深衣練冠，凶服變也。待于廟，不迎賓也。中，謂中禮之變。

孔氏曰：越人，遠國之人。深衣，既祥之麻衣，制如深衣，緣之以布。練冠，未祥之練冠，若祥祭則縞冠也。此謂由來未弔者。若曾來弔，祥後有以喪事贈賵更來，雖不及時，猶必服祥後縞冠之服以受之，重其禮也。其於此時始弔者，則文子之子爲之身著深衣，首著練冠也。蓋始死至練祥來弔，是有文之禮。祥後來弔，是無文之禮。言文子之子庶幾乎，無於禮文者之禮也。

長樂陳氏曰：喪已除而弔始至，非喪非無喪之時也。深衣練冠，非凶非不凶之服也。待于廟，非受弔非不受弔之所也。於非喪非不喪之時，能處之以非喪非不喪之禮，故曰「其動也中」。中乎有於禮者之禮未足善，中乎亡於禮者之理，斯爲難也。

陸氏德明曰：自目曰涕，自鼻曰洟。澄曰：涕者，目液鼻液之通名。洟則鼻液之專名也。單言涕者，蓋謂目液。涕合洟言者，蓋謂鼻液也。

【陳氏集説】將軍文子，即彌牟也。主人，文子之子也。禮無弔人於除喪之後者，亦無除喪後受人之弔者。深衣，吉凶可以通用。小祥，練服之冠不純吉，亦不純凶。廟者，神主之所在，待而不迎，受弔之禮也。不哭而垂涕，哭之時已過，而哀之情未忘也。庶幾，近也。子游善其處禮之變，故曰文氏之子其近于禮乎。雖無此禮而爲之禮，其舉動皆中節矣。疏曰：深衣，即間傳所言「麻衣」也。制如深衣，緣之以布曰麻衣，緣之以素曰長衣，緣之以采曰深衣。練冠者，祭前之冠。若祥祭，則縞冠也。始死至練祥來弔，是有文之禮。祥後來弔，是無文之禮。言文氏之子庶幾堪行乎無於禮文之禮也。動，舉也。中，當於禮之變節也。

【納喇補正】主人深衣練冠，待于廟，垂涕洟。

集説　待而不迎，受弔之禮也。

竊案　士喪禮始死爲君出，小斂以后爲大夫出，是受弔有迎賓之禮。今待於廟而不迎者，必是同等，故異於君、大夫。集説固非矣。疏曰：「以除喪受弔，故不迎。或曰此非己君之命，以敵體待之，故不迎。」恐非也。夫始喪猶迎君，小斂以後猶迎大夫，而謂除喪反不迎賓，有是禮乎？且外君雖不同於己君，而稱臣稱名初不異，苟有使來，亦未可待之以敵也。

將軍文氏之子，其庶幾乎！亡於禮者之禮也。

【集説】文氏之子，其近於禮乎！雖無此禮而爲之禮。又引疏曰：「庶幾堪行乎無於禮文之禮也。」

【竊按】陳氏前之所云是以「其庶幾乎」爲句，「亡於禮者之禮也」爲句，後引孔疏，又似作一句讀，兩説無定，當以孔疏爲正。

【郝氏通解】將軍文子，即衛文子彌牟也。禮無弔人於除喪之後者，亦無除喪後受人之弔者。越人遠，後至，文子以義起。禮，深衣，白麻布爲衣，古人吉凶通用之服。練冠，練麻布爲冠，期年以外之服。小祥練冠，大祥縞冠也。待于廟，神主已入廟，故待賓于廟也。涕自鼻出曰洟。亡於禮，言無此禮而爲之禮也。中，合宜也。

【欽定義疏】【正義】鄭氏康成曰：主人，文子之子簡子瑕也。深衣練冠，凶服變也。待于廟，受弔不迎賓也。孔疏：以死者遷入于廟，今待弔于廟就死者。案士喪禮始死爲君命出，小斂以後爲大夫出，是受弔迎賓也。今以除服受弔，故不迎。或曰此非己君之命，以敵禮待之，故不迎也。中禮之變。

陸氏德明曰：自目曰涕，自鼻曰洟。

孔氏穎達曰：此論居喪得中禮之變。越人，遠國之人。深衣，是既祥之麻衣，制如深衣。練冠，未祥之練冠，不用既祥之縞冠，以始來弔也。始死至練祥來弔，是有文之禮；祥後來弔，是無文之禮。子游言文氏之子庶幾能行無文之禮，其舉動中於禮之變節也。

陳氏祥道曰：文子於其非喪非無喪之時，能處之以非喪非無喪之禮。中乎有於禮者之禮，未足以爲善；中乎亡於禮者之禮，則善矣。

陳氏澔曰：將軍文子，即彌牟也。主人，文子之子也。禮無弔人於除喪之後者，亦無除喪後受人之弔者。深衣，吉凶可以通用。小祥，練服之冠不純吉，亦不純凶。廟者，神主之所在，待而不迎，受弔之禮也。不哭而垂涕，哭之時已過，而哀之情未忘也。庶幾，近也。子游善其處禮之變，故曰文氏之子其近於禮乎。雖無此禮，而爲之禮，其舉動皆中節矣。

通論　孔氏穎達曰：緣之以布曰麻衣，緣之以素曰長衣，緣之以采曰深衣。雜記云：「既祥，雖不當縞者，必縞，然後反服。」注云：「有以喪事贈賵來者，雖不及時，猶變服，祥祭之服以受之，重其禮也。」此謂曾來弔，祥後爲喪事更來者，故縞冠。衛將軍文子之子，則於始來者，故練冠也。

姚氏舜牧曰：夫禮，雖先王未之有，可以義起。識得亡於禮者之禮，便知有於禮者，有時乎其不必拘，故曰「非禮之禮，非義之義，大人弗爲」。

【杭氏集説】陳氏澔曰：將軍文子，即彌牟也。主人，文子之子也。禮無弔人於除喪之後者，亦無除喪後受人之弔者。深衣，吉凶可以通用。小祥，練服之冠不純吉，亦不純凶。廟者，神主之所在，待而不迎，受弔之禮也。不哭而垂涕，哭之時已過，而哀之情未忘也。庶幾，近也。子游喜其處禮之變，故曰文氏之子，其近於禮乎，雖無此禮而爲此禮，其舉動皆中節也。

姚氏舜牧曰：夫禮，雖先王未之有，可以義起。識得亡於禮者之禮，便知有於禮者，有時乎其不必拘，故曰「非禮之禮，非義之義，大人弗爲」。

姚氏際恒曰：按士喪禮，始死爲君出，小斂以后爲大夫出，是始死且迎賓，況除喪乎？此禮可疑。

姜氏兆錫曰：疏曰：此深衣即間傳「麻衣」，制如深衣者也。緣以麻曰麻衣，緣以采曰深衣。始死至練祥來弔，是有文之禮，今祥後來弔，是無文之禮也。

【孫氏集解】鄭氏曰：主人，文子之子簡子瑕也。深衣練冠，凶服變也。待于廟，受弔不迎賓也。中，中禮之變。

愚謂除喪蓋禫除吉祭之後，新主已遷於廟，故就廟而受弔也。深衣，十五升布，連衣裳爲之，其服在吉凶之間。練冠，小祥之冠也。時文氏喪服已除，吉服又不可以受弔。聘禮「遭喪，大夫練冠、長衣以受」。彼凶中受吉禮，此吉中受凶禮，故放其服而畧變焉。

祥而外無哭者，禫而内無哭者，故但垂涕洟以致其哀而已。庶幾，近也，言其近於禮也。蓋除喪受弔，乃禮之所未有，文子之子處禮之變，酌乎情文之宜而行之，而能不失乎禮意，故子游善之。案士喪禮，君使人弔襚，主人迎於寢門外。若異國君之使，其敬之當與己君之使同。此主人待于廟不迎者，蓋弔者非越君之命與？

【王氏述聞】⊙亡於禮　亡其地

將軍文子之喪既除喪，而後越人來弔，主人深衣練冠待于廟，垂涕洟。子游觀之曰：「將軍文氏之子，其庶幾乎！亡於禮者之禮也，其動也中。」

正義曰：亡，無也。其始死至練祥來弔，是有文之禮。祥後來弔，是無文之禮。言文氏之子庶幾堪行乎無於禮文之禮也。

引之謹案：亡，讀「存亡」之亡，亡與「在」義正相反。亡者，不在也。亡於禮者之禮，謂禮之變者，不在於常禮之中也。荀子大略篇：「禮以順人心爲本。故亡於禮經而順人心者，皆禮也。」亡於禮經，謂不在於禮經，即此所云「亡於禮也」。順人心，即此所云「其動也中」矣。唐風葛生篇「予美亡此」，謂予美不在此也。襄二十九年公羊傳「季子使而亡焉」，謂季子出使而不在吴也。說苑至公篇作「季子時使行不在」。荀子正論篇：「然則鬭與不鬭邪？亡於辱之與不辱也，乃在於惡之與不惡也。」亡與在正相反，謂不在於辱與不辱也。正名篇：「故治亂在於心之所可，亡於情之所欲。」堯問篇：「吾所以得三士者，亡於十人與三十人中，乃在百人與千人之中。」淮南原道篇：「聖亡乎？治人而在於得道，樂亡於富貴，而在於得和。」是亡與不在同義。正義以爲「無文之禮」而連「其庶幾乎」爲一句，失之矣。祭法曰：「山林、川谷、丘陵能出雲，爲風雨，見怪物，皆曰神。有天下者祭百神，諸侯在其地則祭之，亡其地則不祭。」亦謂山林、川谷、丘陵在其境内則祭，不在其境内則不祭也。僖三十一年公羊傳「山川有不在其封内者，則不祭」是也，正義曰：「亡，無也。」謂其境内地無此山川之等，亦於文義未協。如正義説，則是其地無，非亡其地矣。互見穀梁傳「亡乎人之辭也」下。

【朱氏訓纂】將軍文子之喪既除喪，而後越人來弔，主人深衣練冠，待于廟，垂涕洟。 注：主人，文子之子簡子瑕也。深衣練冠，凶服變也。待于廟，受弔不迎賓也。　釋文：自目曰涕，自鼻曰洟。**子游觀之曰：「將軍文氏之子，其庶幾乎！亡於禮者之禮也，其動也中。」** 注：中禮之變。　正義：深衣，即間傳「麻衣」也，但制如深衣，緣之以布曰麻衣，緣之以素曰長衣，緣之以采曰深衣。練冠者，謂祭前之冠，若祥祭則縞冠也。此謂由來未弔者，故練冠。若曾來已弔，祥後爲喪事更來，雖不及祥祭之日，主人必服祥日之服以受之。故雜記云：「既祥，雖不當縞者，必縞。」推此而言，禫後始來弔者，則著祥冠。若禫後更來有事，主人則著禫服。案士喪禮，始死爲君命出，小斂以後爲大夫出，是有受弔迎賓。今以除服受弔，故不迎賓也。　王氏引之曰：謹案亡，讀「存亡」之亡，亡與「在」義正相反。亡者，不在也。亡於禮者之禮，謂禮之變者，不在於常禮之中也。唐風葛生篇「予美亡此」，謂予美不在此也。

【郭氏質疑】主人深衣練冠，待于廟。

鄭注：待於廟，受弔不迎賓。

疏引雜記「既祥，雖不當縞者，必縞」注「謂有以喪事贈賵來者」。雜記爲重來者，故縞冠，此經始來者，故練冠。推此而言，禫後始來弔者，則著祥冠，若禫後更來有事，則著禫服。士喪禮，始死爲君命出，小斂以後爲大夫出，是有受弔迎賓。今以除服受弔，故不迎賓。

嵩燾案，既夕禮，請葬期，公賵，主人迎於廟門外；賓賻，主人出門左，西面，賓東面。是自君使至，敵者皆出迎。而士喪禮，小斂奠有襚者，主人待于位，既祖奠，賻，則出門左。似始喪迎賓之禮殺於殯葬以後，其平時相見，無不出迎者。士喪禮「敵，則先拜他國之賓」，他國之賓禮宜加隆。經云「待於廟」，蓋於廟受弔，而先至以俟弔者，與士喪禮之云「待於位」者自別，安在其不出迎也？疏云：「除服受弔，不迎賓。」尤爲無徵。雜記：「祥而外無哭者，禫而內無哭者，樂作矣故也。」祥而縞冠，除服即吉，不當受弔，故爲之深衣練冠。深衣吉服，練冠則猶始期之喪冠也，子游故以爲中禮。案雜記「既祥，雖不當縞，必縞，然後反服」。經云「既祥」，有謂禫前者，有竝禫言之者，祥而練冠，禫而縞冠，吉祭而後反常服。雜記之言「既祥」，蓋祥而猶未反常服也。不當縞，則禫而綅冠矣。或有事而告，則猶縞冠將事，以爲喪服之餘也。鄭注一以「受弔」言之，而引此經以爲始弔、重弔之分，大誤。三年問云：「稱情以立文。」受弔而有哀泣之節，既練不廢哭，爲之練冠，所以稱情立文也。孔疏所云，全失經旨。

三·六二 **幼名，冠字，五十以伯仲，死謚，周道也。經也者，實也。**所以表哀戚。○冠，古亂反。**掘中霤而浴，毀竈以綴足。及葬，毀宗躐行，出于大門，殷道也。**明不復有事於此[一]。周人浴不掘中霤，葬不毀宗躐行。毀宗，毀廟門之西而出，行神之位在廟門之外。○掘，求月反，又求勿反。霤，力救反。綴，丁劣反，又丁衛反。躐，良輒反。復，扶又反。**學者行之。**學於孔子者行之，傚殷禮[二]。

【疏】「幼名」至「行之」[三]。○正義曰：此一節論殷、周禮異之事，各依文解之。○「幼名冠字」者，名以名質，生若無名，不可分别，故始生三月而加名，故云「幼名」

[一] 明不復有事於此 閩、監本同，岳本、嘉靖本同，衛氏集説同，考文引宋板同，毛本「此」誤「北」。○鍔按：「明不」上，阮校有「幼名節」三字。

[二] 學於孔子者行之傚殷禮 閩、監、毛本同，岳本、嘉靖本同。衛氏集説作「學於孔子行之傚殷禮也」，續通解「傚」作「倣」。

[三] 幼名至行之 惠棟校宋本無此五字。

也。○「冠字」者，人年二十，有爲人父之道，朋友等類不可復呼其名，故冠而加字。年至五十，耆艾轉尊[一]，又捨其二十之字，直以伯仲别之，至死而加謚。凡此之事，皆周道也。然則自殷以前，爲字不在冠時，伯仲不當五十，以殷尚質，不諱名故也。又殷以上有生號，仍爲死後之稱，更無别謚，堯、舜、禹、湯之例是也。周則死後别立謚，故總云「周道」也。士冠禮二十已有「伯某甫，仲、叔、季」，此云「五十以伯仲」者，二十之時，雖云「伯仲」，皆配「某甫」而言。五十之時，直呼伯仲耳。禮緯含文嘉云：「質家稱仲，文家稱叔。」周代是文，故有管叔、蔡叔、霍叔、康叔、聃季等，末者稱季是也[二]。

○「掘中」至「道也」。○此以下三句明殷禮也。每一條義兼二事也。中霤，室中也。死而掘室中之地作坎。所以然者，一則言此室於死者無用，二則以牀架坎上，尸於牀上浴，令浴汁入坎，故云「掘中霤而浴」也。

○「毁竈以綴足」者，亦義兼二事，一則死而毁竈，示死無復飲食之事，故毁竈也；二則恐死人冷强，足辟戾不可著屨，故用毁竈之甓連綴死人足，令直可著屨也。

○「及葬，毁宗躐行，出于大門」者，亦義兼二事也。「毁宗」，毁廟也。殷人殯於廟，至葬，柩出，毁廟門西邊牆而出于大門。所以然者，一則明此廟於死者無事，故毁之也；

[一] 年至五十者艾轉尊　閩、監、毛本同。惠棟校宋本「者」作「耆」，衛氏集説同。
[二] 末者稱季是也　監、毛本作「稱」。此本誤「舞」，閩本同。

二則行神之位在廟門西邊，當所毀宗之外，若生時出行，則爲壇幣告行神，告竟，車躐行壇上而出，使道中安穩如在壇。今嚮毀宗處出，仍得躐此行壇，如生時之出也。故云「毀宗躐行，出于大門」也。

○「殷道也」者，道，禮也。上三句皆是殷禮也。

○注「明不」至「之外」。○正義曰：此謂中霤、竈、宗，所以掘中霤、毀竈及宗，是明不復有事於此處也。

云「周人浴不掘中霤」者，用盤承浴汁也。是以喪大記：「浴水用盆，沃水用枓。」沐用瓦盤。鄭注云：「浴沃用枓，沐於盤中，文相變也。」案鄭旨，則知浴用盤也。

云「葬不毀宗躐行」者，周殯於正寢，至葬而朝廟，從正門出，不毀宗也。故士喪禮不云「躐行」也。然周家亦不毀竈綴足，而鄭注不云者，以周綴足用燕几，其文可見，故此不言耳。至於毀宗躐行、掘中霤，周雖不爲而經文無云不掘不毀，故鄭注言之也。但舉首末言之，則中從可知也。

云「毀宗，毀廟門之西而出」者，廟門西邊牆也。

云「行神之位在廟門之外」者，以其「毀宗」，故云「躐行」[一]，故知行神在廟門之外，

[一] 以其毀宗故云躐行　閩、監、毛本如此，此本「毀」「故」二字實闕，惠棟校宋本「故」作「即」。

當毁處之外也。行神，於後更説。

浴不掘中霤，葬不毁宗躐行。毁宗，毁廟門之西而出，行神之位在廟門之外。學於孔子行之，傚殷禮也。

【衛氏集説】鄭氏曰：經所以表哀戚。掘中霤、毁竈、毁宗，明不復有事於此。周人

孔氏曰：此一節論殷、周禮異之事。人始生三月而加名，故云「幼名」。年二十，有爲人父之道，同等不可復呼其名，故冠而加字。年至五十，耆艾轉尊，又舍其二十之字，直以伯仲别之，至死而加謚。凡此皆周道也。士冠禮二十已有「伯某甫，仲、叔、季」者，彼時雖云「伯仲」，皆配「某甫」而言。至五十直呼伯仲爾。又殷以上，生號仍爲死稱，更無别謚，堯、舜、禹、湯之例是也。中霤，室中也。死而掘室中之地作坎，一則言此室於死者無用，二則以牀架坎上，尸於牀上浴，令水入坎中也。毁竈綴足者，一則示死無復飲食，二則恐死人冷彊，足辟戾不可著屨，故用毁竈之甓連綴其足，令直可著屨也。毁宗，毁廟也。殷人殯于廟，至葬柩出，毁廟門西邊牆而出于大門。所以然者，以行神之位在廟門西邊，當所毁宗之外，若生時出行，則爲壇幣告行神，告竟，車躐行壇上而出，使道中安穩。今柩行如生時之出，故云躐行。周人浴不掘中霤，浴用水盆，沐用瓦盤，見喪大記。周人綴足用燕几，故不毁竈。周人殯於正寢，至葬而朝廟，從正門出，故不毁宗。

賈氏曰：殷質，二十爲字之時，兼伯仲叔季呼之。周文，二十爲字之時，未呼伯仲，

至五十乃加而呼之。故檀弓云「五十以伯仲，周道也」，是呼伯仲之時，兼二十爲字而言。若孔子生于周代，從周禮呼尼父，至五十去甫，以尼配仲而呼之曰「仲尼」是也。若二十以後死，雖未滿五十，即呼伯仲。如慶父乃莊公之弟，桓六年莊公生，閔二年慶父死，時未五十，號曰「共仲」，是死時雖未五十，得呼仲叔季也。儀禮疏。

新安朱氏曰：孔疏與賈疏不同，疑孔疏是。又曰：古者初冠而字，便有「伯某父」「仲某父」三字了。到得五十即稱伯仲，除了下面兩字，猶今人不敢斥尊者，呼爲「幾丈」之類。今看儀禮疏中，却云既冠之時，即是權以此三字加之，實未嘗稱也，到五十方始稱此三字。某初疑其不然，却取禮記看見其疏中正如前説，蓋當時疏是兩人做，孔穎達、賈公彦故不相照管。語録。

石林葉氏曰：子生三月而父名之，非特父名之，人亦名之也。至冠則成人矣，非特人不得名，父亦不名焉，故加之字而不名，所以尊名也。五十爲大夫，則益尊矣，有位於朝，非特人不字，父與君亦不字焉，故但曰「伯仲」而不字，所以尊字也。禮固自有次第，或言士冠禮，既冠而字，曰「伯某甫，仲、叔、季，惟其所當」，則固已稱伯仲，何待於五十？疑檀弓之誤。此不然，始冠而字者，伯仲皆在上，此但以其序次之，所以爲字者，在下某甫也，如伯牛、仲弓、叔肸、季友之類是也。至于五十爲大夫，尊其爲某甫者，則去之，故但言伯仲而冠之以氏，伯仲皆在下，如召伯、南仲、榮叔、南季之類是也。檀弓言伯仲者，非加之伯仲也，去其爲某甫者而言伯仲耳。孔子諸弟子相字未有以「伯仲」在下者，蓋皆不爲大夫也。然孔子雖爲大司寇，而但稱仲尼，哀公誄之曰「尼父」。仲山甫、尹吉甫皆周之卿士，而山甫、吉甫猶通稱，或者亦以爲重歟？又曰：幼名冠字，爲衆人言也。五十以伯仲，爲大夫言也。又有稱「甫」與「子」，則不知其何施？或者謂爵有尊於大夫者，則稱甫，如仲山甫、尹吉甫之類。故孔子卒，魯哀公誄，不稱仲尼而稱尼父，而孟子稱孔子皆謂之仲尼，而不曰尼父。然既尊字以伯仲矣，不應復以字見。又有稱「家父」「孔父」者，則不斥其字矣。然冠禮字辭已稱「伯某甫，叔、仲、季，惟其所當」，則「甫」固不以尊見也。至於「子」，則孔子諸弟子，如子游、子夏之類，皆以通稱，則不繫其爵，意「子」與「甫」皆字，與伯仲同。爵非大夫而有德者，則但稱「子」，如孔子、孟子之類。而爵高於大夫，則但稱父，如「家父」「孔父」之類。故孔子弟子惟曾參、有若不兼字，但曰曾子、有子，以孔子死，二人皆嘗爲師，尊之也。

嚴陵方氏曰：經之所用，男子重首，婦人重腰，皆用其所重，非徒爲虚名而已。故曰「絰也者，實也」。古者復穴而居，開其上以取明，而雨溜焉，故後世因以名其室。毁竈者，取甓以綴於足，而欲尸之温也。夫中霤，則生時於之以居處，浴必掘中霤，以示不復居處於此故也。竈則生時於之以烹飪，綴足必毁竈，以示不復烹飪於此故也。宗則生時於之以祭享，躐行必毁宗，以示不復祭享於此故也。凡此皆殷所常行。殷尚質，故禮之所由本。周尚文，故禮之所由備。生以文爲尚，故名字之制，學禮者行乎周道焉。死以質爲尚，故喪葬之制，學禮者行乎殷道焉。

山陰陸氏曰：内則曰：「五十命爲大夫，服官政。」五十以伯仲，宜爲大夫矣。故此以大夫之法記之。大夫死謚，周道也。

【吴氏纂言】幼名，冠字，五十以伯仲，死謚，周道也。

孔氏曰：人始生，三月而加名，故云幼名。年二十有爲人父之道，同等不可復呼其名，故冠而加字。年至五十，耆艾轉尊，又捨其二十之字，直以伯仲別之，至死而加謚。凡此皆周道也。士冠禮二十已有「伯某甫」「仲、叔、季」者，彼時雖云「伯仲」，皆配「某甫」而言，至五十直呼伯仲爾。又殷以上，生號仍爲死稱，更無別謚，堯、舜、禹、湯之類是也。

朱子曰：古者初冠而字便有「伯某甫」「仲某甫」三字。到五十即稱伯仲，除了下面兩字，猶今人不敢斥尊者，呼爲「幾丈」之類。儀禮賈疏與孔不同，疑孔説是。

澄曰：冠而字，少者但稱其字，如顔淵、宰我、言游之類。稍尊則字上加以其次，如伯牛、仲弓、季路之類。耆艾而益尊，則下去其字，止稱其次，如單伯、管仲、孔叔、南季之類，所謂五十以伯仲者，此也。字下又加「甫」字，如詩言仲山甫，此極其尊敬之稱。故祭之祝辭稱其皇祖、皇考皆曰伯某甫。士冠禮辭曰「伯某甫」者，此要其終而言，非謂冠後即如此稱之也。

絰也者，實也。

鄭氏曰：絰，所以表哀。

澄曰：絰，盖兼首絰、要絰而言。首有冠武矣，要有絞帶矣。又以大麻繩加於冠武、絞帶之外爲絰者，以内有哀之實，故其表見於外如此。

方氏曰：絰之所用，男子重首，婦人重要，皆用其所重，非徒爲虚名而已，故曰「實也」。

掘中霤而浴，毁竈以綴足。及葬，毁宗躐行，出于大門，殷道也。學者行之。

孔氏曰：中霤，室中也。死而掘室中之地作坎，以床架坎上，尸於床上浴，令水入坎中也。毁竈綴足者，恐死者冷强，足辟戾不可著屨，故用毁竈之甓連綴其足，令直可著屨也。毁宗，毁廟也。殷人殯於廟，既葬，柩出，毁廟門西邊墻而出于大門。所以然者，以行神之位在廟門西邊，當所毁宗之外。若生時出行，則爲壇幣告行神。告竟，車躐行壇上而出，使道中安穩。今柩行如生時之出，故云躐行。周人浴水用盆，沐用瓦盤，不掘中霤，綴足用燕几，故不毁竈。殯於正寢，至葬而朝廟，從正門出，故不毁宗。

鄭氏曰：毁宗，毁廟門之西而出，行神之位在廟門之外。學於孔子者行之，傚殷禮也。周人浴不掘中霤，葬不毁宗躐行。

【陳氏集説】幼名，冠字，五十以伯仲，死謚，周道也。 疏曰：凡此之事，皆周道也。又殷以上有生號，仍爲死後之稱，更無別謚，堯、舜、禹、湯之例是也。周則死後別立謚。朱子曰：儀禮賈公彦疏云「少時便稱伯某甫，至五十乃去某甫而專稱伯仲」。此説爲是。如今人於尊者不敢字之，而曰「幾丈」之類。**絰也者，實也。** 麻在首、在要皆曰絰。分言之則首曰絰，要曰帶。絰之言實，明孝子有忠實之心也。首絰，象緇布冠之缺項。要絰，象大帶。又有絞帶，象革帶，齊衰以下用布。朱子曰：「首絰，大一搤」，是拇指與第二指一圍。要絰較小，絞帶又小於要絰。要絰象大帶，兩頭長垂下。絞帶象革帶，一頭有彄子，以一頭串於中而束之。**掘中霤而浴，毁竈以綴足。** 疏曰：中霤，室中也。死而掘室中之地作坎，以牀架坎上，尸於牀上浴，令浴汁入坎也。死人冷强，足辟戾不可著屨，故用毁竈之甓連綴死人足，令直可著屨也。**及葬，毁宗躐行，出于大門，殷道也。學者行之。** 疏曰：毁宗，毁廟也。殷人殯於廟，至葬柩出，毁廟門西邊牆，而出于大門。行神之位在廟門西邊，當所毁宗之外。生時出行，則爲壇幣告行神，告竟，車躐行壇上而出，使道中安穩如在壇。今向毁宗處出，仍得躐行此壇，如生時之出也。學於孔子者，行之效殷禮也。

【納喇補正】五十以伯仲。

集説 朱子曰：儀禮賈公彦疏云「少時便稱伯某甫，至五十乃去某甫而專稱伯仲」，此說爲是。如今人於尊者不敢字之，而曰「幾丈」之類。

竊案 孔疏曰：「士冠禮二十已有『伯某甫，仲、叔、季』，此云『五十以伯仲』，二十之時，雖云『伯仲』，皆配『某甫』而言。五十之時，直呼伯仲耳。」賈公彥儀禮士冠禮疏則云：「某甫者，若云尼甫、嘉父也。伯、仲、叔、季，若兄弟四人，則依次稱之。夏、殷質則稱仲，周文則稱叔，若管叔、蔡叔是也。殷質，二十造字之時，便兼伯、仲、叔、季稱之；周文，造字時未呼伯仲，至五十乃加而呼之。故檀弓云：『幼名冠字，五十以伯仲，周道也。』若孔子始冠，但字尼甫，至年五十乃稱仲尼是也。」朱子作儀禮經傳通解既采賈疏，又引檀弓孔疏，而曰與此賈疏不同，疑孔說是。今集說乃誤以孔疏爲賈疏，亦疏莽甚矣。

掘中霤而浴，毀竈以綴足。及葬，毀宗躐行，出于大門，殷道也。

集說 疏云：「中霤，室中也。死而掘室中之地作坎，以牀架坎上，尸於牀上浴，令浴汁入坎也。死人冷强，足辟戾不可著屨，故用毀竈之甓連綴死人足，令直可著履也。」又曰：「毀宗，毀廟也。殷人殯於廟，至葬柩出，毀廟門西邊牆，而出於大門。行神之位在廟門西邊，當所毀宗之外。生時出行，則爲壇幣告行神，告竟，車躐行壇上而出，使道中安稳如在壇。今向毀宗廟處出，仍得躐行此壇，如生時之出也。學於孔子者行之，效殷禮也。」

竊按 集說取注、疏而刪其言周禮與殷道別者，使人不知殷、周之所以爲異，疏矣。

鄭氏曰：「周人浴不掘中霤，葬不毁宗躐行。」孔氏謂周人浴不中霤者，用盤承浴汁也。喪大記浴水用盆，沃水用枓，沐用瓦盤也。周殯於正寢，至葬而朝廟，從正門出，不毁宗也。故士喪禮不云躐行也。周綴足用燕几，亦不毁竈綴足。鄭但舉首末言之，則中從可知。

【郝氏通解】幼則稱名，既冠則稱字。五十而艾，則稱伯仲。既死則稱謚，此周制也。麻在首、在腰，皆曰絰。實者，結塞之意，絰之絞急堅固象之。中霤，屋下也，與五祀「中霤」異，五祀則庭中也。掘地爲坎，以埋浴水，周人掘坎，階間少西也。毁竈，明不復食也。竈甓熱，故以綴足使不僵，便著屨也。周人綴足用燕几。遷柩朝宗廟，設祖奠畢，即毁其廟之垣，躐牆出於大門之外。古者廟在大門内左。不由門，踰垣出曰躐。玉藻云「登席不由前爲躐」。生人遠行，祖祭于大門外，封土象山爲神主，祭畢，以車躐而過，謂之軷。今祖奠于廟，毁其廟牆，徑出大門外，亦由生時之軷然也。必毁宗者，明不復入也。此以上皆殷禮。殷禮質而直，周禮文而曲。「小子行之」，夫子教門人語也。

【江氏擇言】幼名，冠字，五十以伯仲，死謚，周道也。

吴氏云：冠而字，少者但稱其字，如顔淵、宰我、言游之類。稍尊則字上加以其次，如伯牛、仲弓、季路之類者。艾而尊，則上去其字，止稱其次，如單伯、管仲、孔叔、南季之類，所謂五十以伯仲者，此也。字下又加「甫」字，如詩言仲山甫，此極其尊敬之稱。故祭之祝辭稱其皇祖、皇考皆曰伯某甫。士冠禮辭曰「伯某甫」者，此要其終而言，非謂冠後即如此稱之也。

按，吴氏説詳而確。哀公誄孔子稱「尼甫」，則甫爲尊稱。冠時不以此稱之也，要其終言之耳。然云曰「伯甫，伯、叔、季，唯其所當」，則冠時伯、仲、叔、季之字亦當與其字連稱之。其稱顔淵、宰我、言游者，便文從省也。又「子」爲男女之美稱，周人常以「子」配字。

學者行之。

按，夫子答林放之問，及從先進之言，皆有反質之意。練而祔，則善殷，即爲學於孔子者行之，亦無妨也。

【欽定義疏】正義 鄭氏康成曰：經所以表哀戚。掘中霤、毁竈、毁宗，明不復有事於此。周人浴不掘中霤，葬不毁宗躐行。毁宗，毁廟門之西而出，行神之位在廟門之外。學於孔子者行之，效殷禮也。

孔氏穎達曰：此論殷、周禮異之事。人始生三月而加名，故云「幼名」。年二十有爲人父之道，同等不可復呼其名，故冠而加字。年至五十，耆艾轉尊，又舍其二十之字，直以伯仲别之，至死而加謚。士冠禮已有「伯某甫，仲、叔、季」者，彼時雖云「伯仲」，皆配「某甫」而言，至五十直呼「伯仲」爾，此皆周道。殷以上生號，仍爲死稱，更無别謚，堯、舜、禹、湯是也。中霤，室中也。死而掘室中之地作坎。一則言此室於死者無用，二則以牀架坎上，尸於牀上浴，令水入坎中也。毀竈綴足者，一則示死無復飲食，二則恐死人冷彊，足辟戾不可著屨，故用毀竈之甓連綴其足，令直可著屨也。毀宗，毀廟也。殷人殯於廟，至葬出，毁廟門西邊墻而出於大門。所以然者，一則明此廟於死者無事，故毁之。方氏慤曰：「示不復祭享於此。」二則行神之位在廟門西邊，當所毁宗之外，若生時出行，則爲壇幣告行神，告竟，車躐行壇上而出，使道中安穩。今柩行向毁宗處出，仍得躐此行壇，如生時也。

方氏慤曰：經之所用，男子重首，婦人重腰，皆用其所重，非徒爲虚名而已，故曰「經也者，實也」。

通論 葉氏夢得曰：子生三月父名之。至冠字而不名，所以尊名也。五十爲大夫，有位於朝，但曰「伯仲」而不字，所以尊字也。禮固有次第，士冠禮，既冠而字，曰「伯某甫，仲、叔、季，惟其所當」。伯仲皆在上，所以爲字者在下，如伯牛、仲弓、叔肸、季友之類是也。至於五十爲大夫，但言伯仲而冠之以氏，伯仲皆在下，如召伯、南仲、榮叔、南季之類是也。孔子諸弟子相字未有以「伯仲」在下者，蓋皆不爲大夫也。孔子雖爲大夫，但稱「仲尼」，哀公誄之曰「尼父」。仲山甫、尹吉甫皆周之卿士，而山甫、吉甫猶通稱，或者亦以爲重與？

陸氏佃曰：內則曰：「五十命爲大夫，服官政。」五十以「伯仲」，宜爲大夫矣，故此以大夫之法記之。大夫死謚，周道也。

存疑 方氏慤曰：生以文爲尚，故名字之制，學禮者行周道。死以質爲尚，故喪葬之制，學禮者行殷道。

存異 賈氏公彦曰：殷質，二十爲字之時，兼伯仲叔季呼之。周文，二十爲字之時，未呼伯仲，至五十乃加而呼之。故檀弓云「五十以伯仲，周道也」，是呼伯仲之時，兼二十爲字而言。若孔子生於周代，從周禮呼「尼父」，至五十去甫，以「尼」配仲而呼之曰「仲尼」是也。若二十以後死，雖未滿五十，即呼伯仲。如慶父乃莊公之弟，桓六年莊公生，閔二年慶父死，時未五十，號曰「共仲」，是死時雖未五十，得呼仲叔季也。

辨正 朱子曰：古者初冠而字，便曰「伯某父」「仲某父」。五十稱伯仲，除下兩字，猶今人不敢斥尊者，呼爲「幾丈」之類。今看儀禮賈公彦疏，却云既冠之時，權以此三字加之，實未嘗稱，到五十方始稱此三字。某初疑其不然，取禮記看，孔疏中正如前説，疑孔疏是。

【杭氏集説】幼名，冠字，五十以伯仲，死謚，周道也。

姚氏際恒曰：此云冠字，五十以伯仲。士冠禮云二十稱「伯某甫，仲、叔、季」。與此不同，按士冠禮之説是。字本無伯仲，曲禮云：「女子許嫁，笄而字。」女子之字單指伯仲，則男子字時亦加以伯仲可知也。記文分别字與伯仲爲非説。孔氏曰：「士冠禮二十已有『伯某甫，仲、叔、季』者，二十爲字之時，雖云伯仲，皆配某甫而言，至五十直呼伯仲爾。」此執儀禮强解曲説也。古有單以伯仲名者，以南仲是也。此自以仲爲字，非必五十始呼，而其前别有字也。又如仲山甫、仲尼、仲弓，豈皆二十時所稱之字哉？必不然矣。賈氏儀禮疏曰：「殷質，二十爲字之時兼伯、仲、叔、季呼之。周文，二十爲字之時未伯仲，至五十乃加而呼之。故檀弓云：『五十以伯仲，周道也。』」以儀禮爲殷禮，尤謬。記文謂「周之學者，行殷禮」，今反古，豈可爲訓？

姜氏兆錫曰：疏曰：「冠字，五十以伯仲，周以前不然。殷尚質，不諱名故也。又周以前生號，死仍稱之，堯、舜、禹、湯之類是也。周則死後别立謚。」朱子謂賈疏有誤，按少時便稱伯某甫，至五十乃去某甫而專稱伯仲，孔疏爲是。如今人于尊者，不敢字之，而曰「幾丈」之類。

經也者，實也。

萬氏斯大曰：此明經之義。實者，誠信之謂也。人子於親喪，附身、附棺，必誠必信，故因經著義，欲人之顧名而自盡也。

姜氏兆錫曰：此句錯簡，應在下篇「弁經葛而葬」之上，以其下文亦論周、殷弁冔之異而誤也。若移定此句，則彼此各以類從矣。

掘中霤而浴，毁竈以綴足。及葬，毁宗躐行，出于大門，殷道也。學者行之。

萬氏斯大曰：穀梁傳曰：「作主壞廟有時日，於練焉」。壞廟之道，易檐可也，改塗可也。」按此文，毁宗即壞廟也。下篇云「殷朝而殯于祖」，又云「殷練而祔」，即祔於此祖。殷之葬期不見于經，或即在練時。毁宗以出者，示將遷祔也。其出必從廟門，舊説謂毁墻而出，非也。前此朝祖業從廟門入，今日仍從廟門出，何害於禮？

朱氏軾曰：學者，謂學禮之人。周末文勝，有志古道者，欲以殷之質挽之，如公明儀以殷士禮葬子張是也。舊注謂學于孔子之門者，未當。

姜氏兆錫曰：學者，舊謂學于孔子者，蓋孔子爲衛司徒敬子相喪禮，而學者因行之也。詳見家語。

【孫氏集解】幼名，冠字，五十以伯仲，死謚，周道也。

孔氏曰：名以名質，生若無名，不可分别，故生三月而加名。二十有爲人父之道，朋友等類不可復呼其名，故冠而加字。五十耆艾轉尊，又捨其二十之字，直以伯仲别之，至死而加謚。凡此皆周道也。然則自殷以前，爲字不在冠時，伯仲不當五十，以殷尚質，不諱名故也。又殷以上有生號，仍爲死後之稱，更無别謚，周則死後别立謚。案士冠禮二十已有「伯某甫，仲、叔、季」，此云「五十以伯仲」者，二十之時，雖云「伯仲」，皆配「某甫」而言。五十直稱「伯仲」耳。禮緯含文嘉云：「質家稱仲，文家稱叔。」上曲禮疏引含文嘉，與此同。據白虎通，「稱」當作「積」。蓋伯、仲、叔、季之稱惟四，其昆弟多者，質家則積於仲，文家則積於叔也。

周代是文，故有管叔、蔡叔、霍叔、康叔等，末者稱聃季也。

賈氏公彦曰：檀弓「五十以伯仲，周道也」，是稱伯仲之時，兼字而言。若孔子稱尼甫，至五十去「甫」配「仲」，而稱之曰仲尼是也。

愚謂五十以伯仲，賈、孔之説不同。蓋賈氏爲是。冠時字之，雖已曰「伯某甫，仲、叔、季，惟所當」，而其後稱之則但曰「某甫」，至五十而後稱曰「伯某」也。特牲禮稱其祖曰「皇祖某甫」，少牢禮則曰「皇祖伯某」，是「伯某」之稱尊於「某甫」可知。

絰也者，實也。

鄭氏曰：所以表哀戚。

陳氏澔曰：麻在首、在要皆曰絰。絰之言實，明孝子有忠實之心也。

敖氏繼公曰：凡喪服，衰裳、冠帶之屬，皆因吉服而易之，惟首絰則不然。蓋古者未有喪服之時，但加此絰以表哀戚。後世聖人因而不去，且異其大小之制以爲輕重云。

掘中霤而浴，毁竈以綴足。及葬，毁宗躐行，出于大門，殷道也。學者行之。

鄭氏曰：明不復有事於此。周人浴不掘中霤，葬不毁宗躐行。毁宗，毁廟門之西而出行，神之位在廟門之外。學於孔子者行之，傚殷禮。

孔氏曰：中霤，室中也。死而掘室中之地作坎。一則言此室於死者無用，二則以牀架坎上，尸於牀上浴，令水入坎中也。毀竈綴足者，一則示死者無復飲食之事，二則恐死人冷彊，足辟戾不可著屨，故用毀竈之甓連綴其足，令直可著屨也。宗，廟也。殷人殯於廟，至葬，毀廟門西邊牆而出於大門。一則明此廟於死者無事，二則行神之位在廟門西邊，當所毀宗之外，若生時出行，則爲壇告行神，車躐壇上而出，使道中安穩。今柩行毀宗而出，仍得躐此行壇，如生時也。殷道，謂殷禮也。周浴用盤承浴汁，不掘中霤，綴足用燕几，不毀竈。殯於正寢，至葬而朝廟，從正門出，不毀宗也。

愚謂坊記曰「浴於中霤」，是周人浴亦在中霤，但不掘耳。

【朱氏訓纂】幼名，冠字，五十以伯仲，死謚，周道也。絰也者，實也。注：所以表哀戚。　喪服注：絰之言實，明孝子有忠實之心。外傳：表其有喪纍之情實也。喪服衰之與絰，固象平常之時冠帶，吉凶相變也。有首絰，有要絰，有絞帶。斬衰首絰圍九寸，向下皆五分去一，用爲要絰則七寸五分。齊衰首絰七寸五分之一，要絰五寸八分。大功首絰五寸八分，要絰四寸六分。小功首絰三寸七分。緦首絰三寸七分，要絰二寸九分。**掘中霤而浴，毀竈以綴足。及葬，毀宗躐行，出于大門，殷道也。**注：明不復有事於此。周人浴不掘中霤，葬不毀宗躐行。毀宗，毀廟門之西而出，行神之位在廟門之外。　聘禮又「釋幣於行」，鄭注：「喪禮有『毀宗躐行，出於大門』，則行神之位在廟門外西方，不言『埋幣』，可知也。」　正義：死而掘室中之地作坎，一則言此室於死者無用，二則以牀架坎上，尸於牀上浴，令浴汁入坎。毁竈，亦義兼二事：一則示死無復飲食之事，二則恐死人足辟戾，不可著屨，故用毁竈之甓連綴死人足，令直可著屨也。行神之位在廟門西邊，當所毁宗之外。若生時出行，則爲壇幣告行神，告竟，車躐行壇上而出。今嚮毁宗處出，仍得躐此行壇，如生時之出也。周人浴不掘中霤者，用盤承浴汁也。周殯於正寢，至葬而朝廟，從正門出，不毁宗也。周亦不毁竈綴足，而鄭不言云者，以周綴足用燕几，其文可見，故不言耳。**學者行之。**注：學於孔子者行之，傚殷禮。

【郭氏質疑】學者行之。

鄭注：學於孔子者行之，傚殷禮。

嵩燾案，鄭意專承上殷道，以經義求之，當兼承上周道、殷道二節之義。其云「經也者，實也」，爲一章之關鍵。周尚文，名者，文之所由起也。敬長尊賢，文之用也。至於死喪之戚，必有哀痛之實以行之，文也不如其質也。殷尚質，哀痛之至不能爲文，則宗廟宫室掘之、毁之而不恤。學者行之，蓋欲學者損益質、文之中，因事以制宜，而自繕其性情之用，豈謂掘中霤而浴、毁竈以綴足、躐宗以行，惟是之學孔子哉？士喪禮一書，賓弔者皆拜，出皆拜送，大夫則特拜之，賓有襚、有賵、有奠、有賻、有贈、有反哭之弔。從事於賓爲多，聖人於喪禮，誠有取於殷焉。記禮者兼舉周道、殷道，而以「學者行之」深致其斟酌典禮之意。鄭注於此似未曙然。

三·六三 **子柳之母死，子碩請具。**具，葬之器用。子柳，魯叔仲皮之子，子碩兄。○碩，音石。**子柳曰："「何以哉？」**言無其財。**子碩曰：「請粥庶弟之母**[一]**。」**粥，謂嫁之也。妾賤，取之曰買。○鬻，本又作「粥」，音育，賣也，注同。**子柳曰：「如之何其粥人之母，以葬其母也？不可。」**忠恕。**既葬，子碩欲以賻布之餘具祭器。**古者謂錢爲泉布，所以通布貨財。**子柳曰：「不可。吾聞之也，君子不家於喪。**惡因死者以爲利。○惡，烏路反。**請班諸兄弟之貧者。」**以分死者所矜也。祿多，則與鄰里鄉黨。

【疏】「子柳」至「貧者」[二]。○正義曰：此一節論不粥人之母及因死爲利之事，各依文解之。

○注「子柳」至「碩兄」。正義曰：案下檀弓云「叔仲皮學子柳」，故知子柳是叔仲皮之子。知「子碩兄」者，以此云「子碩曰『請粥庶弟之母』」，故知子碩兄也。

○注「古者」至「貨財」。○正義曰：解「布」名也。言「古者謂錢爲泉布」所以然

[一] 請粥庶弟之母　閩、監、毛本同，石經同，岳本、嘉靖本同，衛氏集説同。釋文出「請鬻」云：「本又作『粥』，注同。」正義本作「粥」。○鍔按：「請粥」上，阮校有「禮記注疏卷八校勘記」「阮元撰盧宣旬摘録」「檀弓上」「子柳之母死節」等二十六字。

[二] 子柳至貧者　惠棟校宋本無此五字。

者，言其通流有如水泉而徧布，貨買天下貨財也。而鄭注周禮云[一]：「藏曰泉，其行曰布，取名於水泉，其流行無不徧也。」鄭又云：「泉始蓋一品，周景王鑄大泉而有二品。後數變易，不復識本制。至漢，唯有五銖久行。」案鄭此者[二]，云「五銖」者，其重五銖。凡十黍爲一參，十參爲一銖，二十四銖爲一兩，故錢邊作「五銖」字也。鄭又云：「王莽改貨而異作泉布，多至十品，今存於民間多者，有貨布、大泉、貨泉。貨布長二寸五分，廣寸，首長八分有奇，廣八分，其圜好徑二分半，足枝長八分[三]，其右文曰『貨』，左文曰『布』，重二十五銖，直貨泉二十五。大泉徑一寸二分，重十二銖，文曰『大泉』，直十五貨泉[四]。貨泉徑一寸，重五銖，右文曰『貨』，左曰『泉』，直一也。」案食貨志云今世謂之「笮錢」是也[五]，邊猶爲「貨泉」之字。大泉即今大四文錢也，四邊並有文也。貨布之形，今世難識，世人或耕地猶有得者。古時一箇準二十五錢也。然古又有刀，刀有二種：一

[一] 而鄭注周禮云　閩、監、毛本同，惠棟校宋本無「而」字。

[二] 案鄭此者　閩、監、毛本同，惠棟校宋本「者」作「旨」。

[三] 足枝長八分　閩、監、毛本作「足」，此本「足」誤「兄」。盧文弨云：「『足枝長八分』下，志有『間廣二分』四字。」

[四] 文曰大泉直十五貨泉　閩、監、毛本同，浦鏜云：「『五十』字誤倒。」

[五] 今世謂之笮錢是也　閩、監、毛本同，惠棟校宋本「笮」作「竿」。

是契刀，一是錯刀也。契刀直五百，錯刀直一千。契刀無縷，而錯刀用金縷之[一]。刀形如錢，而邊作刀字形也，故世猶呼錢爲錢刀也。

【衛氏集説】鄭氏曰：具，葬之器用。子柳，魯叔仲皮之子，子碩兄也。何以哉，言無其財也。粥庶弟之母，粥謂嫁之。妾賤，取之曰買。子柳不從，忠恕也。賻布，謂古者以錢爲泉布，所以通布貨財。子柳言君子不家于喪，惡因死者以爲利也。班諸貧者，以分死者所矜也。禄多，則與鄰里鄉黨。

孔氏曰：此一節論不粥人之母及因死爲利之事。古謂錢爲泉布者，言其流通有如水泉。

嚴陵方氏曰：無財不可以爲悦，豈宜粥人之母以葬其親乎？無田禄者不設祭器，豈宜以賻布之餘具之乎？此子柳所以不從子碩之請也。不家於喪，則恥因喪之利而起家故也。

【吴氏纂言】鄭氏曰：子柳，魯叔仲皮之子，子碩兄也。具喪之器，用何以哉，言無其財。粥庶弟之母，粥謂嫁之也。妾賤，取之曰買。子柳不可，忠恕也。賻布，古者以錢爲泉布，所以通布貨財。君子不家於喪，惡因死者以爲利也。班諸貧者，以分死者所矜也。

[一] 契刀無縷而錯刀用金縷之　閩、監、毛本「縷」作「鏤」。

禄多，則與鄰里鄉黨。

方氏曰：不家於喪，恥因喪之利而起家也。

【陳氏集説】子柳，魯叔仲皮之子，子碩之兄也。具，謂喪事合用之器物也。何以哉，言何以爲用乎，謂無其財也。鄭云：「粥，謂嫁之也。妾賤，取之曰買。」布，錢也。不家於喪，惡因死者而爲利也。班，猶分也。不粥庶弟之母者，義也。班兄弟之貧者，仁也。夫欲粥庶母以治葬，則乏於財可知矣。而「不家於喪」之言，確然不易，古人之安貧守禮蓋如此。

【郝氏通解】子柳、子碩，未詳何國人，蓋兄弟也。具，送葬之具。何以，言無財也。粥，賣也。布，錢也。家於喪，不以死者爲利也。家貧不能具葬，而又不以喪餘之財爲家，可謂安貧而守禮者矣。

【欽定義疏】正義 鄭氏康成曰：具，葬之器用也。何以哉，言無其財也。粥，謂嫁之。妾賤，取之曰買。子柳不從，忠恕也。賻布，謂古者以錢爲泉布，所以通布貨財。孔疏：言其流通如水泉。不家於喪，惡因死者以爲利也。班諸貧者，以分死者所矜也。禄多，則與鄰里鄉黨。

孔氏穎達曰：此論不粥人之母及因死爲利之事。

陳氏澔曰：不粥庶弟之母者，義也。班兄弟之貧者，仁也。夫粥庶母以治喪，則乏財可知。而「不家於喪」之言，確然不易，古人之安貧守禮蓋如此。

【通論】方氏慤曰：無財不可以爲悦，豈宜粥人之母以葬其親乎？無田禄者不設祭器，豈宜以賻布之餘具之乎？此子柳所以不從子碩之請也。

【存疑】鄭氏康成曰：子柳，魯叔仲皮之子，子碩兄。孔疏：下叔仲皮之子子柳，故知子柳是叔仲皮之子。子碩請粥庶弟之母，故知子碩兄也。

【案】此注與疏不確。子柳是其字，後叔仲皮學子柳，非皮之子名柳也。

【杭氏集説】陳氏澔曰：不粥庶弟之母者，義也。班兄弟之貧者，仁也。夫粥庶母以治喪，則乏財可知。而「不家於喪」之言，確然不易，古人之安貧守禮蓋如此。

姚氏際恒曰：粥庶弟之母以葬其母，苟稍具人性者，亦必不爲此，何以見子柳之賢而記之乎？

【孫氏集解】鄭氏曰：子柳，魯叔仲皮之子，子碩兄。具，謂葬之器用。何以，言無其財。粥，謂嫁之也。妾賤，取之曰買。不粥人之母以葬其母，忠恕也。古者謂錢爲泉布，所以通布貨財。不家於喪，惡因死者以爲利。班諸兄弟之貧者，以分死者所矜也。

陳氏澔曰：欲粥庶母以治喪，則乏財可知。而「不家於喪」之言，確然不易，古人之安貧守禮如此。

愚謂子柳，孔子弟子顔幸，下篇所稱「顔柳」是也。子碩，子柳之弟。具，謂葬之器用，明器、柳翣之屬也。「何以」者，言貧無以爲葬具，欲稱家之有無而從其儉也。君子愛其親以及人之親，粥人母以葬其母，非仁也。家於喪，謂因喪以爲利，非義也。賻布，所以送死。兄弟之貧者亦死者之所矜，故以賻布之餘班之，緣死者之意以廣其恩也。

【朱氏訓纂】**子柳之母死，子碩請具。**注：具，葬之器用。子柳，魯叔仲皮之子，子碩兄。**子柳曰：「何以哉？」**注：言無其財。**子碩曰：「請粥庶弟之母。」**注：粥，謂嫁之也。妾賤，取之曰買。**子柳曰：「如之何其粥人之母，以葬其母也？不可。」**注：忠恕。**既葬，子碩欲以賻布之餘具祭器。**注：古者謂錢爲泉布，所以通布貨財。**子柳曰：「不可。吾聞之也，君子不家於喪。**注：惡因死者以爲利。**請班諸兄弟之貧者。」**注：以分死者所矜也。禄多，則與鄰里鄉黨。

【郭氏質疑】**子柳之母死，子碩請具。**

鄭注：子柳，魯叔仲皮之子，子碩兄。

嵩燾案，鄭意據下叔仲皮學子柳爲説，而訓「學」爲「教」，謂叔仲皮教其子柳。據孟子，魯繆公時，公儀子爲相，子柳、子思爲臣，又云：「泄柳、申詳，無人乎繆公之側，則不能安其身。」子柳即泄柳，蓋魯人也。孟子又云：「泄柳閉門而不納。」趙岐注但云「賢者」，不云魯公族。叔牙孫叔仲彭生，文十八年爲襄仲所殺，立叔仲氏，亦叔孫氏之族也。史記稱魯悼公時「三桓盛，魯如小侯，卑於三桓之家」，其時距繆公不遠。叔仲皮爲公族，彊盛，而子柳閉門以拒繆公，似公族之賢者不當有此。此經所記子柳貧而守禮，當爲魯人之賢而隱者，鄭以爲叔仲皮之子，非也。案史記，顔辛，字子柳，家語云：「魯人，少孔子四十六歲。」孟子「子柳、子思爲臣」，敘子柳於子思之上，當亦聖門弟子。下經亦稱顔柳，或其人也。泄柳與段干木、申詳似當爲名，與子柳恐非一人。

三・六四　○**君子曰：「謀人之軍師，敗則死之。謀人之邦邑，危則亡之。」**利己亡衆[一]，非忠也。言亡之者，雖辟賢，非義退。

【衛氏集説】鄭氏曰：利己忘衆，非忠也。言亡之者，雖辟賢，非義退。

長樂陳氏曰：主危臣辱，主辱臣死，故謀人之軍師，敗則死之。社稷存，則與存。社稷亡，則與亡。故謀人之邦邑，危則亡之。思其敗之死，則無軍師。思其危之亡，則無輕邦邑。先王懼夫爲人臣者不知出此，故爲禮以戒之。凡使引慝執咎，殫忠致命而已。

嚴陵方氏曰：軍師以勝爲功耳，然或敗焉，則是無決勝之策故也。爲之謀者，處其身可以偷生乎？邦邑以安爲本耳，然或危焉，則是無計安之術故也。爲之謀者，居其位

[一] 利己亡衆　閩、監、毛本同，岳本、嘉靖本同。衛氏集説「亡」作「忘」，考文引古本同。○鍔按：「利己」上，阮校有「君子曰謀人之軍師節」九字。

可以苟存乎？軍師既敗，則難以復勝，故死其身焉。邦邑雖危，猶可以復安，故亡其位而已。

廬陵胡氏曰：敗則死之，春秋傳曰「側亡君師，敢忘其死？」危則亡之，微子念殷危亂，欲遯亡于荒野。

【吴氏纂言】鄭氏曰：利己忘衆，非忠也。言亡之，雖辟賢，非義退。

方氏曰：軍師以勝爲功，或敗焉，是無決勝之策也。爲之謀者，可偷生其身乎？邦邑以安爲本，或危焉，是無計安之術也。爲之謀者，可苟存其位乎？軍師既敗，難以復勝，故死其身。邦邑雖危，猶可復安，故亡其位而已。

澄曰：亡，去也，謂去其位也。陳祥道解「亡」字與鄭異，謂社稷亡則與亡，爲人臣者殫忠致命而已，其言深足以警人臣。然國亡則臣身當與俱亡，今方危，則它人固有能安之者，去位足矣，何至遽殞滅其身乎？且如陳解，則「死」「亡」二字無別。

【陳氏集説】應氏曰：衆死而義不忍獨生，焉得而不死？國危而身不可獨存，焉得而不亡？

【納喇補正】謀人之邦邑，危則亡之。

集説 應氏曰：國危而身不可獨存，焉得而不亡？

竊案 集説應氏之云與長樂陳氏同，臨川吴氏駁之曰：「亡，謂去其位也。陳祥道解『亡』字與鄭異，謂社稷亡則與亡，爲人臣殫忠致命而已，其言深足警乎人臣。然國亡則臣身當與俱亡，今方危，則他人固有能安之者，去位足矣，何至遽殞其身哉？且如陳解，則『死』『亡』二字無別。」吳氏之説蓋亦本之鄭注，注云：「言亡者，雖避賢，非義退。」則先儒已有「亡去」之説。但朱子注論語云：「君子見危授命，則仕危邦者無可去之義。在外則不入可也。」由是觀之，則「亡去」之説亦未必愈於陳、應二氏。昔元兵下宋，執政曾淵子、文翁、倪普及侍從臺諫等棄位逃去，太皇太后詔曰：「我朝三百餘年，待士大夫以禮。吾與嗣君遭家多難，爾衆臣未嘗有出一言以捄國者，吾何負於汝哉？今内而庶僚畔官離次，外而守令委印棄城。耳目之司既不能爲糾擊，二三執政又不能倡率羣工。方且表裏合謀，接踵宵遁，平日讀聖賢書，自誘謂何，乃於此時作此舉措？縱偷生田里，何面目對人言語？他日死，何以見先帝？」學者觀此詔，則知見危授命不可易矣。姑存吳説以備參考。

【郝氏通解】爲人臣者，勿嘗試人之軍師，勿屑越人之邦邑，然後可免於死亡。亡，猶死也。國亡與亡，人臣之分。

【方氏析疑】謀人之軍師，敗則死之。謀人之邦邑，危則亡之。軍，偏師也。師，大衆也。危則亡之者，避賢者路，不敢賴寵專謀，以覆人之邦邑也。注謂「非義退」，苟非義，則不當著爲教矣。古者人臣有故而去，非盡負罪出亡也。春秋傳，宋、鄭有難，華元、子産皆出奔，國人復之而後入。蓋時勢所宜亡，無害於義也。

【江氏擇言】按，晏子云：「君爲社稷死，則死之。爲社稷亡，則亡之。」死、亡誠有别矣。然云「謀人之邦邑」，亦泛論爲臣者耳。若宗臣，與國同休戚，如寧武子者，正當身任其危，豈可亡？或非宗臣，自度其材智，可以拯危，如燭之武者，亦未可亡也。

【欽定義疏】正義 陳氏祥道曰：主危臣辱，主辱臣死，故「謀人之軍師，敗則死之」。社稷存則與存，社稷亡則與亡，故「謀人之邦邑，危則亡之」。思其敗之死，則無輕軍師；思其危之亡，則無輕邦邑。

應氏鏞曰：衆死而義不忍獨生，焉得而不死？國危而身不可獨存，焉得而不亡？

存疑 鄭氏康成曰：利己亡衆，非忠也。言亡之者，雖辟賢，非義退也。

吴氏澄曰：亡，去也，謂去其位也。國亡則臣身當與俱亡，今方危，則他人固有能安之者，去位足矣。

案 則死、則亡，語意責重，人臣非以尚可亡去，開人偷生幸免法也。朱子曰「君子見危授命，仕危邦者，無可去之義」，則謀人之邦邑，而至於危，可以一避位塞責邪？

【杭氏集説】應氏鏞曰：衆死而義不忍獨生，焉得而不死？國危而身不可獨存，焉得而不亡？

吴氏澄曰：亡，去也，謂去其位也。國亡則臣身當與俱亡。今方危，則它人固有能安之者，去位足矣。

姚氏際恒曰：危則亡之，解者或謂「亡」爲亡去，或謂「亡」亦爲死。論事理，見危授命，無教人亡去者。然論文義，則上下「死」「亡」二字當有，則亡乃是亡去，其義非矣。

朱氏軾曰：邦之危，非必謀之者之罪也。時艱勢迫，自知才力不足以濟，請黜于朝，以避賢者，此正所以爲國謀，非爲自全計也。若謀人軍，雖敗不由己，而捐軀赴敵，義不容生矣。

姜氏兆錫曰：按家語，子路問臧武仲敗于狐駘而無罸，孔子言危敗則宜死亡，但君有詔，則不致罸耳。此蓋節録其文也。

任氏啟運曰：按家語，臧武仲敗於狐駘而無罸，子路問而孔子答之如此。

方氏苞曰：軍，偏師也。師，大衆也。危則亡之者，避賢者路，不敢賴寵專謀，以覆人之邦邑也。注謂「非義退」，苟非義，則不當著爲教矣。古者人臣有故而去，非盡負罪出亡也。春秋傳，宋、鄭有難，華元、子産皆出奔，國人復之而後入。蓋時勢所宜亡，無害於義也。

【孫氏集解】一萬二千五百人爲軍，二千五百人爲師。大夫死衆，謀人之軍師而至於敗，則喪師辱國，而其義不可以獨生矣。春秋，晉、楚之大夫若成得臣、荀林父等，皆以軍敗請死，蓋此義也。亡，去國也，大夫去國，離宗廟，去邦族，其禍等於失國，其哀放於居喪。謀人之邦邑，危則亡之，以見危人之國者，亦不敢自保其家，亦國亡與亡之義也。

陳氏祥道曰：思其敗之死，則無輕軍師。思其危之亡，則無輕邦邑。

【朱氏訓纂】陳用之曰：主危臣辱，主辱臣死，故敗則死之。社稷存則與存，社稷亡則與亡，故危則亡之。應子和曰：衆死而義不忍獨生，焉得而不死？國危而身不可獨存，焉得而不亡？

三・六五 ○**公叔文子升於瑕丘，蘧伯玉從。**二子，衛大夫。文子，獻公之孫，名拔。○蘧，本又作「璩」，其魚反。從，才用反，又如字。拔，皮八反，徐蒲末反。**文子曰：「樂哉，斯丘也！死則我欲葬焉。」蘧伯玉曰：「吾子樂之，則瑗請前。」**刺其欲害人良田。瑗，伯玉名。○樂，音洛，下同，一讀下「樂」，五教反。瑗，于卷反，又於願反。刺，七賜反。

【疏】「公叔」至「請前」。○正義曰：此一節論蘧伯玉仁者，刺文子欲害人良田之事。

○注「文子，獻公之孫，名拔」。○正義曰：案世本云：「獻公生成子當，當生文子拔，拔生朱，爲公叔氏。」

【衛氏集説】鄭氏曰：二子，衛大夫。文子，獻公之孫，名拔。瑗，伯玉名。刺其欲害人良田也。

孔氏曰：此一節論蘧伯玉仁者，刺文子欲害人良田之事。

嚴陵方氏曰：葬之爲禮，蓋生者之所送終，非死者之所豫擇。擇之且不可，又況狥己之樂而忘人之害乎！苟惟樂己害人之事可爲，則夫人而爲之矣。此公叔文子樂瑕丘之葬，而蘧伯玉有「請前」之譏也。

【吴氏纂言】鄭氏曰：文子，獻公之孫，名拔。瑗，伯玉名。二子，衛大夫。

孔氏曰：蘧伯玉仁者，刺文子欲害人良田。

方氏曰：葬之爲禮，蓋生者之所送終，非死者之所當擇。擇之且不可，又況徇己之樂而忘人之害乎！此公叔文子樂瑕丘之葬，故蘧伯玉有「請前」之譏也。

澄曰：前，猶云「豫」，先也。請前，請爲豫定其所。若徇其意，實譏非之，所謂「巽與之言」也。按論語公明賈對孔子稱公叔文子之賢，以爲「義然後取，人不厭其取」。今於生前貪其樂處以葬，不義孰甚焉，宜夫子有「豈其然乎」之疑也。今觀衛公叔文子欲葬所樂之丘，則齊國成子高擇葬不食之地者，其賢矣哉？

【陳氏集説】二子，皆衛大夫。文子，名拔。伯玉，名瑗。劉氏曰：伯玉之請前，蓋始從行於文子之後，及聞文子之言，而惡其將欲奪人之地，自爲身後計，遂譏之曰：「吾子樂此，則我請前行以去子矣。」示不欲與聞其事也，可謂長於風喻者矣。

【納喇補正】吾子樂之，則瑗請前。

【集說】劉氏曰：伯玉之請前，蓋始從行於文子之後，及聞文子之言，而惡其將欲奪人之地，自爲身後計，遂譏之曰：「吾子樂之，則我請前行以去子矣。」示不欲與聞其事也。

【竊按】「請前行以去子」，語覺太峻，不似伯玉中和氣象。吴文正曰：「前，猶云『豫』，先也。請前，請爲豫定其所。若徇其意，實譏非之。」愚謂以「豫先」解「前」字，亦非本旨。蓋是時伯玉從後請前者，若徇其意，而請前行以觀斯丘耳，風刺之言深於正諫。

【郝氏通解】士君子生不懷居，死擇樂地而葬，非安土能愛之意。公叔文子貪瑕丘，故蘧伯玉微言諷之。文子，名拔。伯玉，名瑗。皆衛大夫。

按公叔文子當時稱不言、不笑、不取，死不忘樂，而有貪心，是未嘗聞道者。伯玉之旨超然過之。鄭康成謂刺其欲害人良田，何地無良田，而獨瑕丘？傅會成子高語耳。

【江氏擇言】**蘧伯玉曰：「吾子樂之，則瑗請前。」**

劉氏云：吾子樂此，則我請前行以去子矣。示不欲與聞其事也。

吴氏云：前，猶云「豫」，先也。請前，請爲豫定其所。若徇其意，實譏非之，所謂「巽與之言」也。

按，請前之說，劉氏得之，吴氏說未必然。近時新說，謂伯玉欲先得此地，若欲與之爭斯丘者，以示己有貪心，則人思爭奪之。其言過巧，恐非伯玉君子氣象也。

【欽定義疏】正義　鄭氏康成曰：二子，衛大夫。文子，獻公之孫，名拔。孔疏：案世本獻公生成子當，當生文子拔，拔生朮，爲公叔氏。瑗，伯玉名。請前，刺其欲害人良田也。

方氏慤曰：葬之爲禮，蓋生者之所送終，非死者之所豫擇。擇之且不可，又況徇己之樂而忘人之害乎？此蘧伯玉有「請前」之譏也。

存疑　吴氏澄曰：前，猶云「豫」，先也。請前，請爲豫定其所。若徇其意，實譏非之，所謂「巽與之言」也。

【杭氏集説】吴氏澄曰：前，猶云「豫」，先也。請前，請爲豫定其所。若狗其意，實譏非之，所謂「巽與之言」也。

【孫氏集解】鄭氏曰：二子，衛大夫。公叔文子，獻公之孫，名拔。瑗，伯玉名。則瑗請前，刺其欲害人良田。

愚謂伯玉以文子欲奪人之地以爲葬地，故言吾子若樂此，則瑗請前行以去，示不欲聞其謀也。觀於此，則公明賈謂公叔文子「時然後言」「義然後取」，豈其然乎？

【朱氏訓纂】**公叔文子升於瑕丘，蘧伯玉從。**注：二子，衛大夫。文子，獻公之孫，名拔。説文：丘，土之高也，非人所爲也。一曰四方高、中央下爲丘。正義：案世本云：「獻公生成子當，當生文子拔，拔生朱，爲公叔氏。」**文子曰：「樂哉，斯丘也！死則我欲葬焉。」蘧伯玉曰：「吾子樂之，則瑗請前。」**注：刺其欲害人良田。瑗，伯玉名。劉恒軒曰：惡其欲奪人之地，自爲身後計，遂譏之曰「吾子樂此，則我請前行以去子矣」，示不欲與聞其事也。

三・六六　○**弁人有其母死，而孺子泣者，**言聲無節。○弁，皮彦反。孺，而注反。**孔子曰：「哀則哀矣，**此誠哀[一]。**而難爲繼也。**失禮中。**夫禮，爲可傳也[二]，爲可繼也，故哭踊有節。」**○傳，直專反。

【疏】「弁人」至「有節」。○正義曰：此一節論孔子譏弁人哀過之事。

○「而難爲繼也」者，此哀之深，後人無能繼學之者也。

○「夫禮，爲可傳也，爲可繼也，故哭踊有節」者，又廣述其難繼爲失也。夫聖人禮制[三]，使後人可傳可繼，故制爲哭踊之節，以中爲度耳，豈可過甚，皆使後人不可傳繼乎？然雜記：「曾申問於曾子曰：『哭父母有常聲乎？』曰：『中路嬰兒失其母，何常聲

[一] 此誠哀　閩、監、毛本同，岳本、嘉靖本同，衛氏集説作「謂誠哀也」。○鍔按：「此誠哀」上，阮校有「弁人有其母死節」七字。

[二] 夫禮爲可傳也　閩、監、毛本同，石經同，岳本同，嘉靖本同，衛氏集説同。考文引古本無「也」字，正義本有。

[三] 夫聖人禮制　閩、監、毛本同，惠棟校宋本「禮制」作「制禮」，衛氏集説亦作「聖人制禮」。

之有?』」則與此違者,云曾子所言是始死之時,悲哀志懣,未可爲節。此之所言,在襲斂之後,可以制禮[一],故哭踊有節也。所以知然者,曾申之問,泛問於哭時,故知舉重時答也。此之所言「哭踊有節」,節哭之時,在於後也。

【衛氏集説】鄭氏曰:孺子泣,言聲無節。哀則哀矣,謂誠哀也。難繼,謂失禮中。

孔氏曰:此一節論孔子譏弁人哀過之事。聖人制禮,使後人可傳可繼,故制爲哭踊之節,以中爲度爾,豈可過甚,使後人不可傳繼乎?然雜記:「曾申問于曾子曰:『哭父母有常聲乎?』曰:『中路嬰兒失其母,何常聲之有?』」則與此違者,曾子所言是始死之時,悲哀志懣,未可爲節。此之所言在襲斂之後,可以禮制也。

嚴陵方氏曰:傳,言由己以傳於後。繼,言使人有繼於前。孟子曰:「舜爲法於天下,可傳於後世。」又曰:「君子創業垂統,爲可繼也。」此傳、繼之辨歟?夫弁人之喪母,泣若孺子,雖爲盡哀,然失哭踊之節而難爲繼矣。故孔子以是言之也。

【吴氏纂言】鄭氏曰:孺子泣,言聲無節。哀則哀矣,謂誠哀也。難繼,謂失禮中。

孔氏曰:聖人制禮,使人可傳可繼,故制爲哭踊之節,以中爲度耳,豈可過甚,使後人不可傳繼乎?雜記「曾申問:『哭父母有常聲乎?』曾子曰:『中路嬰兒失其母,何常

[一] 可以制禮 閩、監、毛本同,惠棟校宋本「制禮」作「禮制」,衛氏集説亦作「可以禮制也」。

聲之有？』」曾子所言是始死之時，悲哀志懣，未可爲節。此之所言在襲斂之後，可以禮制，故哭踊有節也。

方氏曰：傳，謂由己以傳於後。繼，謂使有繼於前。弁人喪母，泣若孺子，雖爲盡哀，然失哭踊之節而難爲繼矣。

【陳氏集說】弁，地名。孺子泣者，其聲若孺子，無長短高下之節也。聖人制禮，期於使人可傳可繼，故哭踊皆有其節。若無節，則不可傳而繼矣。

【納喇補正】**集說** 孺子泣者，其聲若孺子，無長短高下之節也。聖人制禮，使人可傳可繼，故哭踊皆有其節。若無節，則不可傳而繼矣。

竊案 集說之云，未爲不是，但檀弓與雜記異，而不爲別白，亦疎漏矣。雜記「曾申問於曾子曰：『哭父母有常聲乎？』曰：『中路嬰兒失其母，何常聲之有？』」孔疏云：「曾子所言是始死之時，悲哀志懣，未可爲節。此之所言，在襲斂之日，可以制禮，故哭踊有節也。」較集說爲勝。

【郝氏通解】弁，地名。孺子泣，謂哀痛迫切之至，此哭之能滅性者也。故聖人欲其以禮節之。雜記：「曾子告曾申曰：『哭父母如中路嬰兒失母，無常聲』。」又以孝子至情言也，意不相妨。

【方氏析疑】哀則哀矣，而難爲繼也。夫禮，爲可傳也，爲可繼也，故哭踊有節。

鳥獸失其羣匹，鳴號躑躅，亦有如不欲生者，而過時則亡，故君子貴有繼也。疏謂使後人難繼學，非也。爲可傳，謂他人易從；爲可繼，謂本身難繼。

【欽定義疏】正義　鄭氏康成曰：孺子泣，言聲無節。陳氏澔曰：「其聲無長短高下之節。」案：言，當作「有」。難繼，失禮中也。孔疏：謂此哀之深，後人無能繼學之者。

陳氏澔曰：弁，地名。案：即魯之下邑。

通論　孔氏穎達曰：雜記曾申問於曾子曰：「哭父母有常聲乎？」曰：「中路嬰兒失其母，何常聲之有？」與此違者，曾子所言是始死之時，悲哀志懣，未可爲節。此之所言，在襲斂之後，可以禮制也。

案　孺慕發於心，而先王必以禮節之者，恐毀不勝喪，比於不慈不孝耳。學者守禮，仍有惻怛肫摯之意寓於其間，則善矣。

【杭氏集說】陳氏澔曰：弁，地名。案即魯之下邑。

姜氏兆錫曰：家語節末尚有「而變除有期」句。

方氏苞曰：鳥獸失其羣匹，鳴號躑躅，亦有如不欲生者，而過時則忘，故君子貴有繼也。疏謂使後人難繼學，非也。爲可傳，謂他人易從；爲可繼，謂本身難繼。

【孫氏集解】鄭氏曰：孺子泣，言聲無節。難繼，失禮中也。

孔氏曰：雜記：「曾申問於曾子曰：『哭父母有常聲乎？』曰：『中路嬰兒失其母，

何常聲之有？』」與此違者，曾子所言是始死之時，悲哀志懣，未可爲節。此所言在襲斂之後，可以禮制，故哭踴有節也。

【朱氏訓纂】弁人有其母死，而孺子泣者，注：言聲無節。**孔子曰：「哀則哀矣，而難爲繼也。**注：此誠哀，失禮中。**夫禮，爲可傳也，爲可繼也，故哭踴有節。」**正義：夫聖人制禮，使後人可傳可繼，故制爲哭踴之節，以中爲度耳，豈可過甚？然雜記曾申問於曾子曰：「哭父母有常聲乎？」曰：「中路嬰兒失其母，何常聲之有？」與此違者，曾子所言是始死之時，悲哀志懣，未可爲節。此之所言，在襲斂之日，可以禮制，故哭踴有節也。

檀弓注疏長編卷十二

三·六七 ○**叔孫武叔之母死，**武叔，公子牙之六世孫，名州仇，毁孔子者。**既小斂，舉者出户，出户袒[一]，且投其冠，括髮。**尸出户乃變服，失哀節。冠，素委貌。○括，古活反。**子游曰：「知禮！」**嗤之。○嗤，昌之反。

【疏】「叔孫」至「知禮」。○正義曰：此一節論武叔失禮之事，各依文解之。○注「武叔」至「子者」。○正義曰：案世本：「桓公生僖叔牙，牙生戴伯兹，兹生莊叔得臣，臣生穆叔豹，豹生昭子婼，婼生戍子不敢[二]，敢生武叔州仇。仇是公子牙六

[一] 舉者出户出户袒 石經同，宋監本、岳本、嘉靖本同，衛氏集説同。閩、監、毛本上「户」字作「尸」，誤。石經考文提要云：「上『出户』謂舉尸者，下『出户』謂武叔。斂者舉尸出户，而武叔猶冠隨以出户，急思括髮，乃投其冠，忽遽失節之甚。宋大字本、南宋巾箱木、余仁仲本、劉叔剛本俱作『舉者出户出户袒』。」○鍔按：「舉者」上，阮校有「叔孫武叔之母死節」八字。

[二] 婼生戍子不敢 閩本同，監、毛本「戍」作「成」。

世孫，故云「公子牙六世孫」也。

云「毁孔子者」，論語云「叔孫武叔毁仲尼」是也。

○注「尸出」至「委貌」。○正義曰：案士喪禮「卒斂，徹帷。主人西面馮尸，踊無筭[一]，主婦東面馮，亦如之。主人髻髮，袒，衆主人免」，下云「士舉，男女奉尸，夷于堂[二]」。喪大記亦云「卒小斂，主人袒，説髦，括髮以麻」，下云「奉尸夷于堂」。是括髮在小斂之後，奉尸夷于堂之前。主人爲欲奉尸，故袒而括髮在前。今武叔奉尸夷堂之後，乃投冠、括髮，故云「尸出户，乃變服，失哀節」。

云「冠，素委貌」者，案雜記云：「小斂環絰，公、大夫、士一也。」注云：「士素委貌，大夫以上素爵弁而加此絰焉。」鄭知然者，以喪大記云「君將大斂，子弁絰」。大夫大斂無文，明亦弁絰，大斂既爾，明小斂亦然，故云「大夫以上弁絰」。案「武叔投冠」，武叔是諸侯大夫，當天子之士，故云「士素委貌」。若然，案士喪禮主人括髮，鄭注云：「始死，將斬衰者雞斯，將括髮者去笄[三]，纚而紒。」無素委貌者。熊氏云：「士喪禮謂諸侯之士，故無素冠也。」崔氏云：「將小斂之時已括髮，括髮後大夫以上加素弁，士加素委

[一] 踊無筭　閩、監、毛本「筭」作「算」。○按：士喪禮正作「算」，是正字。

[二] 男女奉尸夷于堂　閩、監、毛本「夷」作「侇」，衛氏集説同。○按：作「侇」，與士喪禮合。

[三] 將斬衰者雞斯將括髮者去笄　閩、監、毛本同。許宗彦校本依鄭注，「括髮」上增「齊衰者素冠」五字。

貌。至小斂訖，乃投去其冠，而見括髮。」今案士喪禮及大記皆小斂卒乃括髮，無小斂之前爲括髮者，崔氏之言非也。案士喪禮小斂括髮，鄭注喪服變除云「襲而括髮」者，彼據大夫以上之禮，死之明日而襲，與士小斂同日，俱是死後二日也。鄭注士喪禮「一括髮之後，比至大斂自若」，所以大記云：「小斂，主人袒，説髦。」括髮是諸侯小斂之時。更括髮者，崔氏云：「謂説去其髦，更正括髮，非重爲括髮也。」

○「子游曰知禮」。○子游是習禮之人，見武叔失禮，反謂之「知禮」，故知嗤之也。

【衛氏集説】鄭氏曰：武叔，公子牙之六世孫，名州仇，毀孔子者。尸出户乃變服，失哀節。冠，素委貌。子游嗤之。

孔氏曰：此一節論武叔失禮之事。案士喪禮，卒斂，徹帷，主人馮尸，踊無筭，括髮，袒。下云：「士舉，男女奉尸，侇于堂。」又喪大記亦云：「卒小斂，主人袒，説髦，括髮以麻。」下云：「奉尸，夷于堂。」是括髮在小斂之後，奉尸夷于堂之前。主人爲欲奉尸，故袒而括髮。今武叔于奉尸夷于堂之後，乃投冠，括髮，故鄭云：「失哀節。」云「冠，素委貌」者，案雜記云「小斂環絰，公、大夫、士一也」，注云：「士素委貌，大夫以上素爵弁而加此絰焉。」子游習禮，見武叔失禮，反謂之知禮，蓋嗤之也。

嚴陵方氏曰：蓋小斂而後袒，括髮，則得其序矣。出户而後袒，括髮，則非其所也。子游曰「知禮」，所以甚言其不知禮也。

【吴氏纂言】鄭氏曰：武叔，公子牙之六世孫，名州仇，毁孔子者。尸出户乃變服，失哀節。冠，素委貌也。

孔氏曰：桓公生僖叔牙，牙生戴伯茲，茲生莊叔得臣，得臣生穆叔豹，豹生昭子婼，婼生成子不敢，不敢生武叔州仇，牙六世孫也。按士喪禮，卒斂，徹帷，主人馮尸，踊無算，括髮，袒。下云：「士舉，男女奉尸，侇於堂。」喪大記亦云：「卒小斂，主人袒，説髦，括髮以麻。」下云：「奉尸，侇於堂。」是括髮在小斂之後，奉尸侇於堂之前。主人爲欲奉尸，故袒而括髮。今武叔於奉尸侇于堂之後，乃投冠、括髮，故鄭云失哀節。子游習禮，見武叔失禮，反言之「知禮」，蓋嗤之也。

方氏曰：曰「知禮」，所以甚言其不知禮也。

【陳氏集説】禮，始死，將斬衰者笄纚，將齊衰者素冠。小斂畢而徹帷，主人括髮，袒于房，婦人髽于室。舉者出，舉尸以出也。括髮當在小斂之後、尸出堂之前。主人爲將奉尸，故袒而括髮耳。今武叔待尸出户，然後袒而去冠，括髮，失禮節矣。故注以子游「知禮」之言爲嗤之也。　馮氏曰：經文作「户出户」，上「户」字乃「尸」字之訛也。鄭注云「尸出户，乃變服」，義甚明。然注文「尸」亦訛爲「户」，遂解不通。

【郝氏通解】此明初喪，袒、括髮之節。叔孫武叔，名州仇，其人毁仲尼，未嘗學禮可知。喪服小記云：「斬衰，括髮以麻。爲母，括髮以麻，免而以布。」則是母喪括髮加布，與父喪括髮無布異也。又喪大記云：「小斂卒，主人于户内袒，脱髦，括髮以麻。乃徹帷，奉尸于堂。主人降，拜賓，即位，襲帶絰。母之喪，即位而免。」則是小斂既括髮而後尸出户，出户即位，更加絻也。又主人脱髦，括髮，而不言投冠者，蓋投冠已在昨日始死，而笄纚猶在首。問喪云「親始死，笄纚，徒跣」是也。至小斂畢，乃就户内，并去笄纚，解髮爲髦，頭束以麻，是曰「袒，脱髦，括髮以麻」也。今武叔尸出户矣，袒矣，然且投其冠，則是親死越宿而冠尚在首，不知禮一也；出户而後袒，括髮，不知禮二也；括髮，而免不以布，與父喪括髮同，不知禮三也。故子游不暇數責而但反言譏之，蓋不屑教之意。鄭康成、賈公彦解禮，以「髦」爲事親之飾，始死素冠視小斂，其謬戾又何遜於武叔也！

【方氏析疑】衛司寇惠子之喪，子游嘗正其舍適立庶之失矣。叔孫州仇毁仲尼，不可與莊語，故反言以譏之。俾學者喻其意，而州仇聞之，亦無所施其怨怒也。

【江氏擇言】子游曰：「知禮！」

鄭注：嗤之。

按，先儒説皆謂武叔失禮，子游反言譏之，有士喪禮可證也。近時新設，謂子游真許武叔知禮，誤矣。

【欽定義疏】古本兩「出户」，陳澔從馮氏改上「户」爲「尸」，非是。

正義　鄭氏康成曰：武叔，公子牙之六世孫，名州仇，孔疏：世本桓公生僖叔牙，牙生戴伯兹，兹生莊叔得臣，臣生穆叔豹，豹生昭子婼，婼生成子不敢，敢生武叔州仇，是公子牙六世孫也。毁孔子者。尸出户，乃變服，失哀節。孔疏：士喪禮「卒斂徹帷，主人西面馮尸，踊無算，括髮，袒。」下云：「士舉，男女奉尸，俠于堂。」喪大記亦云：「卒小斂，主人袒，説髦，括髮以麻。」下云：「奉尸俠于堂。」是小斂在括髮之後，奉尸俠于堂之前。主人爲欲奉尸，故袒而括髮。今武叔於奉尸俠之後，乃投冠括髮，故云「失哀節」。冠，素委貌。孔疏：雜記云：「小斂環絰，公、大夫、士一也。」注云：「士素委貌，大夫以上素爵弁，而加此絰焉。」武叔是諸侯大夫，當天子之士，故云「冠，素委貌」。子游曰「知禮」，嗤之也。孔疏：子游是習禮之人。見武叔失禮，反謂之「知禮」，故知嗤之也。

案 上「出户」謂舉尸者，下「出户」謂武叔袒，括髮，以奉尸也。斂者舉尸出户，而武叔猶冠隨以出户，急思括髮，乃投其冠，匆遽失節之甚。武叔平日好臧否人，故子游反言以嗤之。

【杭氏集説】姚氏際恒曰：論人自當明示得失，今作子游爲反語刺譏，非宜。

姜氏兆錫曰：家語與此微别。今以本文解之。禮，始死，將斬衰者笄纚，將齊衰者素冠。斂畢，徹帷，主人括髮，袒于房，婦人髽于室，然後舉尸出于堂。蓋爲奉尸，故袒而括髮也。今武叔待舉者舉尸出户，然後袒而括髮，失禮節矣。然而子游許其知禮者，所謂于有過中求無過，而與其心也。蓋袒且投其冠，括髮，味其文義，乃武叔迷而失禮，深自悔過之意。故子游不絶之而與之耳。舊説以爲嗤之者，此豈足語于聖賢之氣象哉！

方氏苞曰：衛司寇惠子之喪，子游嘗正其舍適立庶之失矣。叔孫州仇毁仲尼，不可與莊語，故反言以譏之。俾學者喻其意，而州仇聞之，亦無所施其怨怒也。

【孫氏集解】鄭氏曰：叔孫武叔，公子牙之六世孫，名州仇，毁仲尼者。出户乃變服，失哀節。冠，素委貌。

愚謂上云「出户」者，舉尸者出户也。下云「出户」者，武叔出户也。始死，笄纚，至小斂乃加素冠。蓋殯斂者，喪之大節，故不敢以不冠臨之。笄纚者所以爲變，冠者所以爲敬也。士喪禮，小斂卒斂，馮尸之後，主人至東房，袒，括髮，乃反於室，而男女奉尸以侇於堂。今武叔袒、括髮於舉尸出户之後，失禮一也；尸既出户，乃出户而袒，則主人不與於奉尸，失禮二也；袒、括髮既後，故不復至東房，遂於出户爲之，失禮三也。言投其冠，括髮，以見其匆遽失節之甚。子游曰「知禮」者，反言以譏之也。

〇雜記：「小斂，環絰，君、大夫、士一也。」鄭氏云：「環絰，一股而環之。小斂時，士素委貌，大夫素爵弁而加此絰。」曾子問疏引崔氏説，謂小斂前，大夫、士皆素冠。小斂括髮後，士加素冠，大夫加素弁。今以武叔投冠觀之，可以見小斂前之有冠，又可以見大夫、士小斂之同素冠也。喪大記言「人君大斂，子弁絰，即位于序端」，雜記云：「大夫與殯亦弁絰。」與殯弁絰則已喪可知，可以見大夫以上喪服之有弁，又可以見大夫以上至大斂乃弁絰，而未大斂以前猶素冠也。至雜記所言「小斂環絰」及喪大記所言「大斂之弁經」，皆謂大鬲之苴絰，而注疏乃以弔服之環絰、弁絰混之，則誤甚矣。説各見本篇。

【朱氏訓纂】**叔孫武叔之母死**，注：武叔，公子牙之六世孫，名州仇，毀孔子者。　正義：按世本：「桓公生僖叔牙，牙生戴伯茲，茲生莊叔得臣，臣生穆叔豹，豹生昭子婼，婼生成子不敢，不敢生武叔州仇。」**既小斂，舉者出户，出户袒，且投其冠，括髮。**注：尸出户乃變服，失哀節。冠，素委貌。　正義：案士喪禮，卒斂，徹帷，主人括髮，袒。下云：「士舉，男女奉尸，侇于堂。」喪大記亦云：「卒小斂，主人袒，説髦，括髮以麻。」下云：「奉尸，夷于堂。」是括髮在小斂之後，奉尸夷于堂之前。　劉氏台拱曰：舉者出户，即謂舉尸出户也。下「出户」句，字向下讀，謂主人出户。**子游曰：「知禮！」**注：嗤之。　正義：子游是習禮之人，見武叔失禮，反謂之知禮。

【郭氏質疑】鄭注：尸出户乃變服，失哀節。子游曰知禮，嗤之也。

嵩燾案，士喪禮，卒斂，主人括髮，袒，士舉，男女奉尸，侇於堂，即位，襲絰於序東。是括髮、袒在小斂後，在奉尸侇於堂之前，而奉尸男女竝在事，袒而奉尸，或嫌已褻。武叔奉尸出户而後袒、括髮，稍變通行之，以小斂畢，奉尸將事，加慎焉耳，故子游謂之「知禮」。問喪「親始死，雞斯，徒跣，扱上衽」，鄭注：雞斯，讀爲笄纚。喪大記：「小斂，袒，説髦，括髮以麻，三日杖。」是始死去冠，小斂乃脱笄纚而括髮，然後襲絰，相距小斂一日之間，無因更加素委貌之冠。疑素委貌之冠，既殯成服而後施之。鄭謂始死冠素委貌冠，似亦無徵。此「投其冠」亦但據笄纚之屬言之，凡加於首，通謂之冠也。

三·六八　○**扶君：卜人師扶右，射人師扶左。**謂君疾時也。卜當爲「僕」，聲之誤也。僕人、射人，皆平生時贊正君服位者[一]。○卜人師，依注音僕；師，長也，謂大僕也；本或無「師」字者，非也。前儒如字，卜人及醫師也。**君薨，以是舉。**不忍變也。周禮射人：「大喪，與僕人遷尸。」

【疏】「扶君」至「是舉」。○正義曰：此一節論君薨，所舉遷尸之人。○注「謂君」至「位者」。○正義曰：知是「君疾時」者，以下云「君薨，以是舉」，故知「君疾時」也。知「卜當爲僕」者，以卜人無正君之事。案周禮大僕職：「掌正王之服位。」射人職：「掌國之三公、孤、卿大夫之位。」及王舉動，悉隨王，故知也。

【衛氏集説】鄭氏曰：扶君，謂君疾時也。卜，當爲僕，聲之誤也。僕人、射人，皆平生時贊正君服位者。薨以是舉，不忍變也。周禮射人：「大喪，與僕人遷尸。」

[一] 皆平生時贊正君服位者　閩、監、毛本同，岳本、嘉靖本同，衛氏集説同。浦鏜云：「『生』字衍。」從續通解校。」○鍔按：「皆平」上，阮校有「扶君節」三字。

孔氏曰：此一節論君薨遷尸之人。

唐陸氏曰：師，長也，謂大僕也，或無「師」字者，非也。前儒如字，卜人及醫師也。

嚴陵方氏曰：扶君、舉尸，固非二人之所能勝，而二官各以下大夫二人爲之，且有小臣上下之士，非一，故以師言之。

廣安游氏曰：傳曰：「男子不死於婦人之手。」春秋書人君不薨于路寢，則爲死不以道。故君之疾也，以在寢、在朝之正服位而從君者扶持之。薨則外廷之人共治其喪，疾則外廷之人共治其疾，所以防微杜漸，致謹於疾病之際，以正其死道也。然此非一日之故，蓋古者之制，婦官序於内，而人君哀樂之事得其節。僕人、射人舉職於外，而人君起居之節得其宜，故九嬪、世婦之屬掌以時御敘于王所。宫中之治，總以大宰，參以六卿，人君出入起居，常從事於禮，故疾病死喪，内之人不得與焉。此非承先王積習，而當時禮教之隆有不能然者。

金華應氏曰：鄭氏改「卜」爲「僕」，誠有據。然王前巫後史，而卜筮皆在左右，則卜人師扶右，乃其切近之職所當然，似不必改。

【吴氏纂言】鄭氏曰：扶君，謂君疾時也。卜，當爲僕。僕人、射人，皆平生時贊正君服位者。薨以是舉，不忍變也，周禮射人「大喪，與僕人遷尸」。

孔氏曰：此一節論君薨遷尸之人。

陸氏德明曰：師，長也，謂大僕。

方氏曰：扶君、舉尸，固非二人之所能勝，二官各下大夫爲之，且有小臣上下之士，非一，故以師言之。

應氏曰：鄭改「卜」爲「僕」，誠有據。然王前巫後史，卜筮皆在左右，則卜人師扶右乃職所當然，似不必改。

澄按，周官馭者亦名爲僕，蓋人君生時在車，則僕人在右少前，射人在左，與君最親近，未嘗暫相離，故疾則二官扶右、扶左，薨則二官舉尸，皆生時每日親近之人。卜人雖曰在左右，然不如僕人之親近，且與射人非儔類。按陸氏經典釋文前儒已有讀卜如字，而以爲卜人醫師者，皆不若鄭注以卜爲僕者之審。

【陳氏集説】君疾，時僕人之長扶其右體，射人之長扶其左體。此二人皆平日贊正服位之人，故君既薨，遇遷尸，則仍用此人也。方氏釋「師」爲衆，應氏以「卜人」爲卜筮之人。

【納喇補正】集説　卜，音僕。君疾時，僕人之長扶其右體，射人之長扶其左體。此二人皆平日贊正服位之人，故君既薨，遇遷尸，則仍用此人也。方氏釋「師」爲衆，應氏以「卜人」爲卜筮之人。

竊案　「卜」與「師」俱有二解：以「卜」爲「僕」者，鄭氏據周禮「大喪，與僕人遷尸」之文也；以「卜」爲如字者，應氏本釋文前儒之釋，且據禮記「卜筮皆在左右」之文而知之也。以「師」爲「長」者，陸氏以爲僕人之長，即太僕也；以「師」爲「衆」者，方氏以扶君舉尸固非二人所能勝，二官各下大夫爲之，且有小臣上下之士，非一也。吴文正斷之曰：「周官馭者亦名爲僕，蓋人君生時在車，則僕人在右少前，射人在左，與君最親近，未嘗暫相離，故疾則二官扶右扶左，薨則二官舉尸，皆生時每日親近之人。卜人雖曰在左右，然不如僕人之親近，且與射人非儔類。」按陸氏經典釋文，前儒已有讀「卜」如字，而以爲卜人醫師者，皆不若鄭注以卜爲僕者之審。蓋古者暬御、僕從罔非正人，綴衣、虎賁則皆吉士。俾之扶疾而舉尸，所謂不死于婦人之手也。集説存方、應二説，贅矣。

師氏，釋文解爲長者，是。方氏云衆者，非。

【郝氏通解】卜，作僕，古者君薨必于正寢，有疾則外臣入侍，以時起居，防姦慝也。死者，人道之終，不可不正。君疾，則僕人之長與射人之長共扶持，不死於閹豎、宫嬪之手，其慮深矣。周禮大僕正「掌正王之服位」，射人「掌公卿大夫之位。大喪，與僕人遷尸」。師，其長也，二官常侍君左右，疾則扶之，死則二臣奉尸遷之也。

按後世僕射官名，本此。

【欽定義疏】正義 鄭氏康成曰：扶君，謂君疾時也。孔疏：知君疾時者，以下言「君薨，以是舉」，故知也。卜，當爲「僕」，聲之誤也。孔疏：知當爲「僕」者，以卜人無正君之事。案：周禮大僕職

「掌正王之服位」，射人職「掌國之三公、孤、卿大夫之位」，及王舉動，悉隨王，故知也。僕人、射人，皆平生時贊正君服位者。薨以是舉，不忍變也。周禮射人：「大喪，與僕人遷尸。」

孔氏穎達曰：此論君薨遷尸之人。

陸氏德明曰：師，長也，謂大僕也。或無「師」字者，非也。

方氏慤曰：扶君、舉尸，固非二人之所能，而二官各以下大夫二人爲之，且有小臣上下之士，非一，故以「師」言之。

通論 游氏桂曰：傳曰「男子不死于婦人之手」，春秋書人君不薨于路寢，則爲死不以道。故君之疾也，以在寢、在朝之正服位而從君者扶持之。薨則外廷之人共治其喪，疾則外廷之人共治其疾。所以防微杜漸，致謹於疾病之際，以正其死道也。然此非一日之故，蓋古者之制，婦官序於內，而人君哀樂之事得其節，僕人、射人舉職於外，而人君起居之節得其宜。故九嬪、世婦之屬掌以時御叙於王所。宮中之治，總以大宰，參以六卿。人君出入起居，常從事於禮。故疾病死喪，內之人不得與焉。此非承先王禮教之隆有不能然者。

餘論 朱子曰：後世僕射官名，用此義也。或以「射」音夜，誤。

存疑 應氏鏞曰：王前巫後史，卜筮皆在左右，則卜人師扶右，乃其切近之職所當然，似不必改。

案 卜筮雖在左右，而周禮遷尸只有僕人、射人，當以周禮爲是。士喪禮云「士舉，男女奉尸，侇于堂」，則舉者不獨二人。陸氏以「師」爲「長」，方氏以「師」爲「衆」。君薨，必長執其事而衆助之。若大夫以下，則長但涖之，而衆執其事也。

【杭氏集説】朱子曰：後世僕射官名，用此義也。或以「射」音夜，誤。

顧氏炎武曰：此所謂「男子不死于婦人之手」也。三代之世，侍御、僕從罔非正人，綴衣、虎賁皆惟吉士，與漢高之「獨枕一宦者卧」異矣。春秋傳曰：「公薨于小寢。」即安也。

姚氏際恒曰：鄭氏援周禮太僕職，謂卜人當爲「僕人」，謬。

姜氏兆錫曰：方氏釋「師」爲衆，應氏以「卜人」爲卜筮之人，殆失之。游氏曰：「傳曰：『男子不死于婦人之手。』春秋書人君不薨于路寢，則爲死不以道。故人君之寢疾也，有朝之正服位而從君者扶侍之。薨則外庭共治其喪，疾則外庭共知其疾。所以防微杜漸，以正其死道也。然此非一日之故，古者之制，婦官序于内，而人君哀樂之事得其節，僕人、射人舉職于外，而人君起居之節得其宜。故九嬪、世婦之屬掌以時御序于王所。宫中之治，掌以太宰，參以六卿。人君出入起居，常從事于禮。故疾病死亡，内之人不得與焉。此非承先王積習，而當時禮教之隆，何以能然哉！」

【孫氏集解】鄭氏曰：謂君疾時也。「卜」當爲「僕」，聲之誤也。僕人、射人，皆平生時贊正君服位者。「君薨，以是舉」，不忍變也。周禮射人：「大喪，與僕人遷尸。」顧氏炎武曰：此所謂「男子不死於婦人之手」也。三代之世，侍御、僕從罔非正人，綴衣、虎賁皆爲吉士，與漢高之「獨枕一宦者卧」異矣。

愚謂周書王會解「卜人」，王氏應麟補注引太平御覽謂「卜人即濮人」。蓋卜、僕、濮，古字皆通用也。大射禮：「僕人正徒相大師，僕人師相小師。」正者其長，而師者其貳也。此於僕人、射人皆言師者，言不但以其正而并以其師也。「君薨，以是舉」，謂始死遷尸於牖下也。襲斂遷尸，皆喪祝之屬，而始死以僕人、射人者，未復之先，猶未忍遽變於生也。

【朱氏訓纂】扶君：卜人師扶右，射人師扶左。注謂：君疾時也。卜，當爲僕，聲之誤也。僕人、射人，皆平生時贊正君服位者。君薨，以是舉。注：不忍變也。周禮射人：「大喪，與僕人遷尸。」

三・六九　○**從母之夫，舅之妻，二夫人相爲服，君子未之言也。**二夫人，猶言此二人也。時有此二人同居，死相爲服者，甥居外家而非之。○從，才用反。夫人，音扶，注同。爲，于僞反，注及下注「夫爲妻」同。**或曰同爨緦。**以同居生緦之親，可[一]。○爨緦，上七亂反，下音思。

【疏】「從母」至「爨緦」。○正義曰：此一節論失禮之事，各依文解之。

○注「時有」至「非之」。○正義曰：知「同居」者，以下云「同爨緦」，故知同居也。云「甥居外家而非之」者，以言從母及舅，皆是外甥稱謂之辭，故知甥也。若他人之言，應云妻之兄弟婦、夫之姊妹夫相爲服，不得云「從母之夫，舅之妻」也。言「甥居外家而非之」者，謂甥來居在外姓舅氏之家，見有此事而非之。或云「外家」者，以二人同住，甥居外旁之家，遥譏之。

○「或曰同爨緦」者，甥既將爲非禮，或人以爲於禮可許，既同爨而食，合有緦麻之親。此皆據緦麻正衰[二]，非弔服也，故云「相爲服」。若是弔服，疏人皆可，何怪此二人？何胤以爲「弔服加麻絰，如朋友然」，非也。凡弔服不得稱服，故上云「請喪夫子，若喪父而無服」。時朋友弔服而稱無服，故知此「相爲服」，非弔服也。

[一] 以同居生緦之親可　閩、監、毛本同，岳本、嘉靖本同，考文引古本、足利本「緦」下有「麻」字。○鍔按：「以同」上，阮校有「從母之夫節」五字。

[二] 此皆據緦麻正衰　閩、監、毛本同，浦鏜從續通解作「此皆據緦麻之正者」。

外家而非之。

【衛氏集説】鄭氏曰：二夫人，猶言此二人也。時有此二人同居，死相爲服者，甥居外家而非之。

孔氏曰：此一節論失禮之事。鄭知甥居外家而非之者，以從母及舅皆是外甥稱謂之辭，若他人言之，應云妻之兄弟婦、夫之姊妹夫也。或人以爲既同爨而食，合有緦麻之親。

横渠張氏曰：從母之夫，舅之妻，二夫人相爲服，曰同爨緦。上是甥自幼居從母之家，或舅之家，孤穉恩養，直如父母，不可無服，所以爲此服也。非是從母之夫與舅之妻相對。如何得此稱？既言從母與舅，故知是甥。爲二夫人者，爲之服也。

【吴氏纂言】鄭氏曰：二夫人，猶言此二人也。時有此二人同居，死相爲服者，甥居外家而非之。

孔氏曰：鄭知甥非之者，以從母及舅皆是外甥稱謂之辭。若他人言之，應云妻之兄弟婦、妻之姊妹夫也。或人以爲既同爨而食，合有緦麻之親。

張子曰：此是甥自幼居於從母之家，或舅之家，孤穉恩養，直如父母，不可無服，所以爲此服也。非是從母之夫與舅之妻相對爲服。

澄曰：禮，爲從母服小功五月，而從母之夫則無服；爲舅服緦麻三月，而舅之妻則無服。時有妻之姊妹之子依從母家同居者，又有夫之甥依舅家同居者，念其鞠養之恩，故一爲從母之夫服，一爲舅之妻服。二夫人，謂妻之姊妹之子與從母之夫也，謂夫之甥與舅之妻也。見其二家有此二人者相爲服，然禮之所無，故曰「君子未之言也」。又記或人之言，以爲有同居而食之恩，則雖禮之所無，而可以義起此服也。張子義是，注、疏非也。

【陳氏集説】從母，母之姊妹。舅，母之兄弟。從母夫於舅妻無服，所以禮經不載，故曰「君子未之言」。時偶有甥至外家，見此二人相依同居者，有喪而無文可據。於是或人爲「同爨緦」之説以處之，此亦原其情之不可已而極禮之變焉耳。或問從母之夫，舅之妻，皆無服，何也？朱子曰：先王制禮，父族四：故由父而上爲族曾祖父緦麻，姑之子、姊妹之子、女子子之子皆由父而推之也。母族三：母之父、母之母、母之兄弟，恩止於舅，故從母之夫、舅之妻皆不爲服。推不去故也。妻族二：妻之父、妻之母。乍看似乎雜亂無紀，子細看則皆有義存焉。

【納喇補正】集説 從母，母之姊妹。舅，母之兄弟。從母夫於舅妻無服，所以禮經不載。時偶有甥至外家，見此二人相依同居者，有喪而無文可據。於是或人爲「同爨緦」之説以處之，此亦原其情之不可已而極禮之變焉耳。

竊案 此條乃據甥而言相爲服，故曰從母之夫，又曰舅之妻也。若果二人自相爲服，在男子則當曰「妻兄弟之婦」，在女子則當曰「夫姊妹之夫」矣。且從母之夫與舅之妻，以情而言，則無恩，以義而言，又當避嫌，乃以同爨之故得相爲服，失經甚矣，何取而記之？張子曰：「此是甥自幼居於從母之家，或舅之家，孤穉恩養，直如父母，不可無服，所以爲此服也。非是從母之夫與舅之妻相對爲服。」吴氏亦曰：「禮，爲從母服小功五月，而從母之夫則無服；爲舅服緦麻三月，而舅之妻則無服。時有妻之姊妹之子依從母家同居者，又有夫之甥依舅家同居者，念其鞠育之恩，故一爲舅之妻服。」二夫人，謂妻之姊妹之子與從母之夫也，謂夫之甥與舅之妻也。見其二家有此二人者相爲服，然禮之所無，故曰「君子未之言也」。又記或人之言，以爲有同居而食之恩，則雖禮之所無，而可以義起此服也。張子義是，注、疏非也。集説亦擇之不精矣。

【郝氏通解】母之姊妹曰從母，其夫則今謂之母姨夫也。母之兄弟曰舅，其妻則今謂之舅母也。禮，爲從母小功，從母之夫無服。爲舅緦麻，舅之妻無服。二夫人，猶言此二人。一人則妻姊妹之子也，幼依母姨夫家；一人則夫之外甥也，幼依舅母家，同居恩養如父母。故一人爲其母姨夫服，一人爲其舅母服，故曰「相爲服」。此禮經所不載，故曰「君子未之言」，因引或人語明之。

【方氏析疑】從母之夫，舅之妻，二夫人相爲服。

二夫人，皆對甥而言。母之族三，故甥服從母而不及其夫，服舅而不及其妻。時有甥依舅以居而兼服其妻，依從母以居而兼服其夫者，故習禮者詫之，以爲君子未之言也。

疏義甚明，不知陳氏集説何故以臆説易之。

【江氏擇言】鄭注：二夫人，猶言此二人也。時有此二人同居，死相爲服者，甥居外家而非之。

張子云：此是甥自幼居於從母之家或舅之家，孤稚思養，直如父母，不可無服，所以爲此服也。非是從母之夫與舅之妻相對爲服。

吴氏云：夫人，謂妻之姊妹之子與從母之夫也，謂夫之甥與舅之妻也。見其二家有此二人者相爲服，禮之所無，故曰「君子未之言也」。

按，鄭注誤，張子正之，朱子與吴氏皆從之，而陳氏集説載朱子説於後，其自説仍用鄭注之説，攷之亦不詳矣。

【欽定義疏】**正義** 吴氏澄曰：禮，爲從母服小功五月，而從母之夫則無服；爲舅服緦麻三月，而舅之妻則無服。時有妻之姊妹之子依從母家同居者，又有夫之甥依舅家同居者，念其鞠育之恩，故一爲從母之夫服，一爲舅之妻服。二夫人，謂妻之姊妹之子與從母之夫也，謂夫之甥與舅之妻也。見其二家有此二人者相爲服，然禮之所無，故曰「君子未之言也」。又記或人之言，以爲有同居而食之恩，則雖禮之所無，而可以義起此服也。陳氏澔曰：有喪而無文可據，於是爲「同爨緦」之説以處之，亦原其情之不可已，而極禮之變焉耳。

存異 鄭氏康成曰：二夫人，猶言此二人也。時有此二人同居。孔疏：知同居者，以下云

「同爨緦」。死相爲服者，孔疏：此相爲服，何胤以爲「弔服加麻，如朋友然」，非也。凡弔服，不得稱服，故上云「喪夫子，若喪父而無服」。此據緦麻正衰，非弔服也。甥居外家而非之。孔疏：以言從母及舅，皆是外甥稱謂之辭，故知甥也。来居在外姓舅氏之家，見有此事而非之。

【辨正】張子曰：甥自幼居從母之家或舅之家，孤稚恩養，直如父母，不可無服，所以爲此服也。非是從母之夫與舅之妻相對，乃甥爲二人者服也。

案 不言「從母之夫與從母姊妹之子」，「舅之妻與舅女兄弟之子」，避文冗也。相爲服，報服也。禮，舅之妻、從母之夫皆無服。唐貞觀中加「舅服小功」，開元中又加「舅妻服緦，堂姨舅袒免」。五代又加「姨舅大功」。宋又加「甥婦緦報」。朱子曰：「姊妹於兄弟，未嫁期，嫁大功。姊妹雖嫁，不降，故從母重於舅。」又曰：「外祖父母止小功，則舅與從母宜緦。」魏徵反加舅服，過矣。案父黨之服，由父而推，故伯叔重於姑。母黨之服，由母而推，故從母重於舅。各有義焉，無可加損也。

【杭氏集說】吳氏澄曰：禮，爲從母服小功五月，而從母之夫則無服；爲舅服緦麻三月，而舅之妻則無服。時有妻之姊妹之子依從母家同居者，又有夫之甥依舅家同居者，念其鞠育之恩，故一爲從母之夫服，一爲舅之妻服。二夫人，謂妻之姊妹之子與從母之夫也，謂夫之甥與舅之妻也。見其二家有此二人相爲服，然禮之所無，故曰「君子未之言也」。又記或人之言，以爲有同居而食之恩，則雖禮之所無，而可以義起此服也。

爲服也。上不言妻之姊妹之子，下不言夫之甥，語繁而冗，不可以成文也。聞一知二，吾于孟子「以紂爲兄之子」言之。

姚氏際恒曰：鄭氏曰：「二夫人，猶言此二人也。時有此二人同居，死相爲服者，甥居外家而非之。」此解「相爲」二字固明，而甥非之之義係添出，未允。張子厚曰：「此是甥自幼居從母之家，或舅之家，孤稚恩養，直如父母，不可無服，所以爲之服也。非是從母之夫與舅之妻相對。如何得此稱？既言從母與舅，故知是甥。爲二夫人者，爲之服也。」此說是已，但「相爲」二字未明，「二夫人」三字亦欠自然。吴幼清曰：「有妻之姊妹子依從母家同居者，又有夫之甥依舅家同居者，念其鞠育之恩，故一爲從母之夫服，一爲舅之妻服。二夫人，謂妻之姊妹之子與從母之夫也，謂夫之甥與舅之妻也。」此說即張說，較張爲明。郝仲輿曰：「母之姊妹曰從母，其夫則今謂之母姨夫也。母之兄弟曰舅，其妻則今謂舅母也。禮，爲從母小功，從母之夫無服。爲舅緦，舅之妻無服。二夫人，猶言此二人。一人則妻之姊妹子也，幼依母姨夫家；一人則夫之外甥也，幼依舅母家，同居恩養如父母。故一人爲母姨夫服，一人爲舅母服，故曰『相爲服』。此禮所不載，故曰『君子未之言』，因引或人語明之。」此說即吴說，較吴說爲尤明，何也？張以二夫人皆指死者，吴以二夫人一指生者，一指死者，郝則以二人皆指生者。「相爲」二字既甚明，「二夫人」三字亦自然。愚嘗謂解經以後出者爲勝，此可見也，故備載之。

姜氏兆錫曰：朱子曰：「先王制禮，父族四，母族三，妻族二。故從母之夫，舅之妻，皆不爲服，推不去故也。」愚按鄭説以二人相爲服而言，朱説以甥于二人相爲服而言，以義推之，朱説爲優。

方氏苞曰：二夫人，皆對甥而言。母之族三，故甥服從母而不及其夫，服舅而不及其妻。時有甥依舅以居而兼服其妻，依從母以居而兼服其夫者，故習禮者詫之，以爲君子未之言也。疏義甚明，不知陳氏集説何故以臆説易之。

【孫氏集解】張子曰：甥自幼居從母之家或舅之家，孤穉恩養，直如父母，不可無服，所以爲此服也。非是從母之夫與舅之妻相對，乃甥爲二人者服也。

吴氏澄曰：禮，爲從母小功，而從母之夫則無服；爲舅緦，而舅之妻則無服。時有妻之姊妹之子依從母家同居者，又有夫之甥依舅家同居者，故一爲從母之夫服，一爲舅之妻服。二夫人，謂妻之姊妹之子與從母之夫也，夫之甥與舅之妻也。此二人者相爲服，禮之所無，故曰「君子未之言也」。又記或人之言，以爲有同居而食之恩，則雖禮之所無，而可以義起此服也。

愚謂上不言妻之姊妹之子，下不言夫之甥，避文繁也。若以從母之夫、舅之妻相爲服而言，則當云「妻之兄弟之妻」「夫之姊妹之夫」，不當從其甥立文也。且此二人者若相與同爨，則瀆亂無別甚矣，其可訓乎？

○朱子曰：先王制禮，父族四，故由父而上，爲族曾祖父緦，姑之子、姊妹之子、女子子之子，皆由父而推之也。母族三，母之父，母之母，母之兄弟，恩止於舅，故從母之夫、舅之妻皆不爲服，推不去故也。妻族二，妻之父，妻之母。乍看時似乎亂雜無紀，子細看則皆有義存焉。

愚謂母黨、妻黨之服皆從服也。從妻而服者，視妻降三等，妻爲父母期，夫從服緦。自餘妻之所爲大功者，降三等則無服矣。從母而服者，視母降二等，外祖父母，母爲之服期，已從服小功；舅及舅之子，母爲之大功，子從服緦。惟從母，母服大功，子從服小功，僅降一等。喪服傳所謂「以名加」者也。自餘母所爲小功者，降二等則無服矣。母爲世叔父母服大功，已降二等，應服緦，而不服者，蓋至親以期斷，世叔父母之服乃加服也。而外親既遠，據本服而遞降之，則亦無服矣。從母之夫，母之所不服也。舅之妻，母爲之報服小功者也。二者皆無可從者也。

【王氏述聞】⊙二夫人相爲服

從母之夫，舅之妻，二夫人相爲服，君子未之言也。

鄭注：二夫人，猶言此二人也。

引之謹案，正文、注文之「二夫人」，皆當作「夫二人」，寫者誤倒耳。上文「夫夫也，爲習於禮者」，注曰「夫夫，猶言此丈夫也」，是夫即此也，故曰夫二人，猶言此二人。左傳成十六年：「夫二人者，魯國社稷之臣也。」管子大匡篇：「夫二人者，奉君令。」「夫」字皆在二字上，是其證。若作二夫人，則文不成義矣。注文之「此二人」，若改爲二此人，其可乎？釋文出「二夫人」三字，則唐初本已誤。夫二人相爲服者，謂從母之夫、舅之妻與己兩相爲服也。喪服「小功」章：「從母，丈夫婦人報。傳曰：『何以小功也？以名加也。外親之服皆緦也。』」鄭注曰：「丈夫婦人姊妹之子，男女同。」疏曰：「言丈夫婦人者，姊妹之男女，各本姊妹上衍「母之」二字，今刪。與從母兩相爲服。」「緦麻」章：「甥。傳曰：『甥者，何也？謂吾舅者，吾謂之甥。何以緦也？報之也。』」「舅。傳曰：『何以緦也？從服也。』」是從母及舅皆有與己兩相爲服之禮。若從母之夫、舅之妻與己相爲服，則禮之所無，故君子未之言也。

【朱氏訓纂】從母之夫，舅之妻，二夫人相爲服，君子未之言也。注：二夫人，猶言此二人也。**或曰同爨緦。**注：以同居生緦麻之親可。爾雅：母之晜弟爲舅。母之姊妹爲從母。謂我舅者，吾謂之甥也。張子曰：此是甥自幼居從母之家或舅之家，孤穉恩養，不可無服，所以爲此服。顧氏炎武曰：從母之夫與謂吾從母之夫者，相爲服也。舅之妻與謂吾舅之妻者，相爲服也。上不言妻之姊妹之子，下不言夫之甥，語繁不可以成文也。王氏引之曰：正文、注文之「二夫人」，皆當作「夫二人」，寫者誤倒耳。

相爲服者，謂從母之夫、舅之妻與己兩相爲服也。喪服「小功」章：「從母，丈夫婦人報。傳曰：『何以小功也？以名加也。外親之服皆緦也。』」注曰：「丈夫婦人姊妹之子，男女同。」「緦麻」章：「甥。傳曰：『何以緦也？報之也。』」「舅。傳曰：『何以緦也？從服也。』」是從母及舅皆與己有兩相爲服之禮。若從母之夫、舅之妻相爲服，則禮之所無，故君子未之言也。

【郭氏質疑】鄭注：時有此二人同居，死相爲服者，甥居外家而非之。

嵩燾案，喪服傳，爲從母小功，爲舅緦。從母之夫、舅之妻無服，二者皆從服也。由母而推至母之姊妹、母之兄弟，大傳所謂「屬從」，從於母之親屬也。從母之夫、舅之妻，又各以其服相屬，而不屬之於母，則無從推母之親以爲之服。喪服傳：「出妻之子爲母期，爲外祖父母無服。」而引「絶族無施服」爲義，鄭注：「在旁而及曰施。」族者，五服之親也，非五服之親而從爲之服，則更不旁及。禮文廣大，可以類通之。記禮者因有「同爨緦」之一説，而取證禮經所本無之義，緣情以爲之辭，相爲服者，禮無不報也。鄭意以禮不爲制服，委曲以求合禮文，而經旨反有未達矣。

三·七〇　〇**喪事欲其縱縱爾，**趨事貌。縱，讀如「揔領」之揔[一]。〇縱，依注音揔，急遽貌。**吉事欲其折折爾**[二]。安舒貌。詩云：「好人提提。」[三]〇折，大兮反，注同。**故喪事雖遽不陵節，吉事雖止不怠。**陵，躐也。止，立俟事時也。怠，惰也。〇躐，力輒反。惰，徒臥反。**故騷騷爾則野，**謂大疾[四]。〇騷，素刀反，急疾貌。大，音泰，一音他佐反，下注同。**鼎鼎爾則小人，**謂大舒。**君子蓋猶猶爾。**疾舒之中。

【疏】「喪事」至「猶爾」。〇正義曰：此一節論吉凶趨容之事，各依文解之。

[一] 縱讀如揔領之揔　宋監本、閩本、岳本、嘉靖本同。監本「揔」作「摠」，毛本作「總」，衛氏集說作「緫」。釋文云：「依注作『揔』。」案：九經字樣云：「『揔』，說文作『緫』，經典相承通用。」〇鍔按：「縱讀」上，阮校有「喪事節」三字。

[二] 吉事欲其折折爾　閩、監、毛本同，石經同，岳本、嘉靖本同，衛氏集說同。釋文出「折折」，考文云：「古本『折折』作『提提』。」案：廣韻十二齊「折」字下引禮記亦作「折折」。

[三] 安舒貌詩云好人提提　閩、監、毛本同，岳本、嘉靖本同。考文引古本、足利本「安舒貌」上有「提提爾」三字。衛氏集說「安舒」上有「折折」二字，是衛氏增成，非本書所有。釋文於經出「折折」云：「大兮反，注同。」則知注當作「折折」字。引詩作「好人折折」，後人以詩本「提提」易之，遂致釋文「注同」二字懸而無薄。正義標起止作「提提」，又云「初來之時提提然」，從詩本作也。

[四] 謂大疾　閩、監、毛本同，岳本、嘉靖本同，衛氏集說同。惠棟校宋本「大」作「太」，下「大舒」同。釋文出「謂大」云：「音泰，一音他佐反。」案：「大」兼有他佐音，則字不當作「太」也。

○注「詩云：好人提提」。○正義曰：所引者，魏風葛屨之詩也。魏俗褊薄，遣新來婦人縫作衣裳，故述而刺之云。美好婦人，初來之時提提然。引之者，證安舒之意。

○「故喪」至「猶爾」。○正義曰：以上喪事欲疾，吉事欲舒，因上生下，故云喪事雖須促遽，亦當有常，不得陵越喪禮之節。吉事雖有行止住之時[一]，不得怠惰寬慢。故喪事騷騷爾，過爲急疾，則如田野之人急切無禮。若吉事鼎鼎爾，不自嚴敬，則如小人然，形體寬慢也。若君子之人，於喪事之内得疾之中，於吉事之内得舒之中，蓋行禮之時，明閑法則志意猶猶然。猶猶，是曉達之貌。

【衛氏集説】鄭氏曰：縱，讀如「總領」之總。總總，趨事貌。折折，安舒貌。詩云：「好人提提。」陵，躐也。止，立俟事時也。怠，惰也。騷騷，謂大疾。鼎鼎，謂大舒。猶猶，疾舒之中。

孔氏曰：此一節論吉凶趨容之事。凶事欲疾，吉事欲舒，故因上生下。云喪事雖促遽，亦當有常，不得陵越喪禮之節。吉事雖有止住之時，然不當怠惰寬慢。故喪事騷騷，過爲急疾，則如田野之人急切無禮。吉事鼎鼎，不自嚴敬，則如小人形體寬慢。君子之人，於喪事得疾之中，於吉事得舒之中，蓋行禮之時，明閑法則志意猶猶然。猶猶，曉達

[一] 吉事雖有行止住之時　閩、監、毛本同，衛氏集説無「行」字，續通解同。○按：無「行」是也。

之貌。

山陰陸氏曰：縱、折二字皆讀如字。喪事有縱無折，故雖遽不陵節。吉事有折無縱，故雖止不怠。

李氏曰：喪事欲其縱縱爾，故詩曰：「凡民有喪，匍匐救之。」吉事欲其折折爾，故詩曰：「好人提提。」匍匐，言遽而不陵節。提提，言止而不怠。質勝文，故騷騷。文勝質，故鼎鼎。猶猶，則質不至於騷騷，而文不至於鼎鼎，荀子曰：「猶然而才劇志大。」

廬陵胡氏曰：縱縱，不脩飾貌，有遽意。折折爾，雅詳貌，有止意。

廣安游氏曰：此指君子治心養氣，閑於教訓之功也。故喪事不至於太亟而陵節，吉事不至於太舒而怠惰。君子處吉凶之際，以失禮爲懼，故疾徐之節常得其中，此其爲心也，敬爲氣也和，而又閑於教訓，故能如此。鼎鼎，謂其太舒，流入於倨慢而無敬畏之心耳。

【吴氏纂言】陸氏德明曰：縱縱，急遽貌。

鄭氏曰：折折，安舒貌。止，立俟事時也。騷騷，謂太疾。鼎鼎，謂太舒。猶猶，疾徐之中。

澄曰：喪事欲疾，吉事欲舒，疾者雖當促遽，然亦不可太急而陵越節次。舒者雖有止息，然亦不可太緩而怠惰寬緩。故騷騷而急疾不節，則若田野之人。鼎鼎而舒緩怠惰，則若不修整之小人。惟君子得疾徐之中，則於喪事不至太疾，於吉事不至太舒也。

【陳氏集説】縱縱，給於趨事之貌。折折，從容中禮之貌。喪事雖急遽而不可陵躐其節次，吉事雖有立而待事之時而不可失於怠惰。若騷騷而太疾，則鄙野矣。鼎鼎而太舒，則小人之爲矣。猶猶而得緩急之中，君子行禮之道也。

【郝氏通解】喪主哀，不欲脩飾，欲其急而趨事。吉主敬，不欲怠慢，欲其緩而合禮。縱縱，急貌，綜理意。折折，止貌，整齊意。遽，急也。陵節，越次也。止，安定也。怠，慢也。于其所急急而無序，則騷騷，如是者躁率而爲野。于其所止止而不動，則鼎鼎，如是者拘執而爲小人。猶猶，曉暢閑習意，從容中道也。

【方氏析疑】鼎鼎爾則小人。

陶潛詩："鼎鼎百年内。"似以馳騖追逐爲義，此讀書不求甚解之病也。

【欽定義疏】正義 鄭氏康成曰：縱，讀如"總領"之總。總總，趨事貌。折折，安舒貌，詩云："好人提提。"陵，躐也。止，立俟事時也。怠，惰也。騷騷，謂大疾。鼎鼎，謂大舒。猶猶，疾舒之中。

孔氏穎達曰：此論吉凶趨容之事。凶事欲疾，吉事欲舒。但喪事雖促遽，亦當有常，不得陵越喪禮之節。吉事雖有止住之時，然不當怠惰寬慢。故喪事騷騷，過爲急疾，則如田野之人急切無禮。吉事鼎鼎，不自嚴敬，則如小人形體寬慢。君子之人，於喪事得疾之中，於吉事得舒之中。蓋行禮之時，明閑法，則志意猶猶然。猶猶，曉達之貌。

存疑　胡氏銓曰：縱縱，不脩飾貌，有遽意。折折爾，雅詳貌，有止意。

存異　黄氏震曰：縱縱，戒其遽而放之舒也。折折，懲其緩而約之疾也。

案　喪事迫，易至陵節。吉事舒，故易怠緩。縱縱則直而密，折折則曲而當，猶猶則隨其緩急而無不與事物相肖也。

【杭氏集説】黄氏震曰：縱縱，戒其遽而放之舒也。折折，懲其緩而約之疾也。

姜氏兆錫曰：李氏曰：「縱縱爾，詩『匍匐救之』是也。折折爾，詩『好人提提』是也。」陸氏曰：「喪有縱無折，故雖遽不陵。吉有折無縱，故雖止不怠。」愚按李氏引詩「匍匐救之」，蓋言直急之意也。陸氏意未甚明，然以縱折互形爲義，蓋讀二字爲如字，而縱以直截言，折則以曲折言，與所以不陵節、不怠者，以視騷騷、鼎鼎，各有間也。

方氏苞曰：陶潛詩：「鼎鼎百年内。」似以馳騖追逐爲義，此讀書不求甚解之病也。

【孫氏集解】鄭氏曰：縱，讀爲「總領」之總。縱縱，趨事貌。折折，安舒貌。詩云：「好人提提。」陵，躐也。止，立俟事時也。怠，惰也。騷騷，謂大疾。鼎鼎，謂大舒。猶猶，舒疾之中。

愚謂喪事固欲其疾，然不可以過於急而陵節，陵節則不足於禮之文而野矣。吉事固欲其舒，然不可以過於緩而怠，怠則不足於敬之實而小人矣。得舒疾之中者，惟君子能之，由其内盡乎哀敬之實，而外適乎節文之宜也。

【朱氏訓纂】喪事欲其縱縱爾，注：趨事貌。縱，讀如「總領」之總。釋文：縱，急遽貌。吉事欲其折折爾。注：安舒貌。詩云：「好人提提。」故喪事雖遽不陵節，吉事雖止不怠。注：陵，躐也。止，立俟事時也。怠，惰也。説文：夌，越也。彬謂「越」與「躐」意同。夌，同陵。故騷騷爾則野，注：謂大疾。鼎鼎爾則小人，注：謂大舒。君子蓋猶猶爾。注：疾舒之中。

三·七一 ○**喪具，君子恥具。**辟不懷也。喪具，棺、衣之屬。**一日二日而可爲也者，君子弗爲也。**謂絞、紟、衾、冒。○絞，户交反，後同。紟，其蔭反。冒，莫報反。

【疏】「喪具」至「弗爲也」。○正義曰：此一節論孝子備喪具之事，各依文解之。

○注「辟不」至「之屬」。○正義曰：此辟不懷。宣八年左傳云：「禮，卜葬先遠日，辟不懷也。」懷，思也。葬用近日，則是不思念其親。今送死，百物皆具，是速棄其親。今云「喪具，棺、衣之屬」者，棺即預造，衣亦漸制[一]，但不一時頓具，故王制云「六十未即辦具，是辟不思親之事也。

[一] 衣亦漸制 閩、監、毛本作「漸」，衛氏集説同。此本「漸」誤「斬」。○鍔按：「衣亦」上，阮校有「喪具節」三字。

歲制，七十時制，八十月制，九十日脩。唯絞、紟、衾、冒，死而后制」是也。

【衛氏集説】鄭氏曰：喪具，棺、衣之屬。恥具，辟不懷也。一二日可爲，謂絞、紟、衾、冒。

孔氏曰：此一節論孝子備喪具之事。左傳云：「卜葬先遠日，辟不懷也。」懷，思也，謂不思念其親。今送死，百物未即辦具，是辟不思親之事也。喪具，棺則預造，衣亦漸制，故王制云「六十歲制，七十時制，八十月制，九十日脩。唯絞、紟、衾、冒，死而後制」是也。

【吴氏纂言】鄭氏曰：喪具，棺、衣之屬。一日二日而可爲，謂絞、紟、衾、冒。

孔氏曰：棺即預造，衣亦漸制，但不一時頓具。絞、紟、衾、冒，王制云「死而後制」。禮，卜葬先遠日，辟不懷也。今送死百物皆具，是速棄其親，不懷思也。

【陳氏集説】喪具，棺、衣之屬。君子恥於早爲之而畢具者，嫌不以久生期其親也。然六十歲制，七十時制，八十月制，九十日脩，蓋慮夫倉卒之變也。一日二日可辦之物，則君子不豫爲之，所謂絞、紟、衾、冒，死而后制者也。

【郝氏通解】喪具，衣、棺之屬。具，豫備也。恥，猶惡也。不以久生期其親，故惡之。其或非倉卒可爲者，不得已而具之，若一日二日可辦之物，不必具矣。

【欽定義疏】正義　鄭氏康成曰：喪具，棺、衣之屬。恥具，辟不懷也。孔疏：宣八年左傳云：「卜葬先遠日，辟不懷也。」懷，思也，謂不思念其親。今送死，百物未即辦具，是辟不思親之事也。一二日可爲，謂絞、紟、衾、冒。

孔氏穎達曰：此論孝子備喪具之事。喪具，棺則預造，衣亦漸制，但不一時頓具，故王制云「六十歲制，七十時制，八十月制，九十日脩。唯絞、紟、衾、冒，死而後制」是也。

陳氏澔曰：恥於早爲之而畢具，嫌其不以久生期其親也。

【杭氏集説】陳氏澔曰：恥於早爲之而畢具，嫌其不以久生期其親也。

朱氏軾曰：上「具」謂物，下「具」備也。恥，不忍也。

【孫氏集解】鄭氏曰：喪具，棺、衣之屬。恥具，辟不懷也。一日二日可爲，謂絞、紟、衾、冒。

孔氏曰：喪事，棺則預造，衣亦漸制，但不一時頓具，故王制云「六十歲制，七十時制，八十月制，九十日修。惟絞、紟、衾、冒，死而後制」是也。

陳氏澔曰：嫌不以久生期其親也。

【朱氏訓纂】喪具，君子恥具。注：辟不懷也。喪具，棺、衣之屬。**一日二日而可爲也者，君子弗爲也。**注：謂絞、紟、衾、冒。　正義：棺即豫造，衣亦漸制，但不一時頓具，故王制云「唯絞、紟、衾、冒，死而后制」是也。

【郭氏質疑】喪具，君子恥具。

鄭注：避不懷也。

嵩燾案，王制：「六十歲制，七十時制，八十月制，九十日脩。」人子之於親，思深慮微，豫防所闕，何云恥哉？經云「恥具」，蓋自爲也。春秋襄二年「穆姜使擇美檟，以自爲櫬」，襄四年「季孫爲己樹六檟，蒲圃東門之外」。此經下云「宋桓司馬自爲石槨」，所謂恥具，亦恥自爲喪具而已。下云「君即位爲椑，歲一漆之」，是喪具亦有自爲者，要適如制而止，不求備也。一日二日可爲，則子之於親有不忍具而顧自爲之，所以爲恥。

三·七二　**○喪服**[一]**，兄弟之子猶子也，蓋引而進之也。嫂叔之無服也，蓋推而遠之也。**或引或推，重親遠別。○遠，于萬反。别，彼列反。**姑、姊妹之薄也，蓋有受我而厚之者也。**欲其一心於厚之者。姑、姊妹嫁，大功。夫爲妻期。○期，音基。

【疏】「喪服」至「者也」。○正義曰：喪服是儀禮正經，記者録喪服中有下三事，各以釋之。其兄弟之子期，姑、姊妹出適大功，皆喪服經文。嫂叔無服，喪服傳文。所以「嫂叔無服」，進在「姑、姊妹」之上者，取或引或推，二者相對。其子服重，是引而進之；其嫂無服，是推而遠之。並云「蓋」者，記人雖解其義，猶若不審然，故謙而言「蓋」。

○注「或引」至「遠别」。○正義曰：己子服期，今昆弟之子亦服期，牽引進之，同於

[一] 喪服節　惠棟校云：「『喪服』節、『食於有喪』節，宋本合爲一節。」

己子。案喪服傳：「昆弟之子期，報之也。」此云「引」者，喪服有世父母、叔父母期。又云：「昆弟之子何以亦期也？」有相報答之義，故云「報」也。己子服期，昆弟之子應降一等，服大功，今乃服期，故云「引」也。二文相兼乃備，或推者，昆弟相爲服期，其妻應降一等，服大功，今乃使之無服，是推使疏而斥遠之也。

言「重親」解「或引」，言「遠別」解「或推」。「遠別」者，何平叔云：「夫男女相爲服，不有骨肉之親，則有尊卑之異也。嫂叔，親非骨肉，不異尊卑，恐有混交之失，推使無服也。」

○「姑、姊妹之薄也」者，未嫁之時爲之厚。今姑、姊妹出嫁之後，爲之薄。蓋有夫壻受我之厚而重親之[一]，欲一心事於厚重，故我爲之薄。

【衛氏集説】鄭氏曰：或引或推，重親遠別。姑、姊妹嫁，大功。夫爲妻期。欲其一心於厚之者。

孔氏曰：喪服是儀禮正經。兄弟之子期，姑、姊妹出適大功，皆喪服經文。嫂叔無服，喪服傳文。己子服期，兄弟之子當降服大功，今乃服期，蓋牽引進之，同於己子也。昆弟相爲服期，其妻應降服大功，今乃無服，是推使疏遠之也。姑、姊妹未嫁時爲之厚，

[一] 蓋有夫壻受我之厚而重親之　閩、監、毛本同，衛氏集説同，浦鏜云：「『重而』字誤倒，從續通解校。」非也。下云「欲一心事於厚重」，是約此句義，非此句本如此。

出嫁後爲之薄者，蓋有夫壻受我之厚而重親之也。

何氏平叔曰：男女相爲服，不有骨肉之親，則有尊卑之異也。嫂叔親非骨肉，不異尊卑，恐有混交之失，故推使無服也。

唐魏氏徵曰：嫂叔之不服，蓋推而遠之也。禮，繼父同居，則爲之服；未嘗同居，則不爲服。從母之夫、舅之妻，二人不相爲服。或曰同爨緦，然則繼父之徒並非骨肉，服重由乎同爨，恩輕在乎異居，故知制服雖繼於名，亦緣恩之厚薄也。或有長年之嫂遇孩童之叔，劬勞鞠養，情若所生，分饑共寒，契闊偕老，譬同居之繼父，方他人之同爨，情義之深淺，寧可同日語哉！在其生也，愛之同於骨肉，及其死也，則推而遠之，求之本源，深所未諭。若推而遠之，是爲不可。生而共居，死同行路，重其生而輕其死，厚其始而薄其終，稱情立文，其義安在？且事嫂見稱，載籍非一，鄭仲虞則其見必冠，孔伋則哭之爲位，此躬踐教義，仁深孝友，察其所行，豈非先覺者歟？議請小功五月。報制可。議見通典。

河南程氏曰：嫂叔，古之所以無服者，只爲無屬。其夫屬乎父道者，妻皆母道也，其夫屬乎子道者，妻皆婦道也。今上有父有母，下有叔父、伯父，父之屬也，故叔母、伯母之服與叔父、伯父同。兄弟之子，子之屬也，故兄弟之子之婦服與兄弟之子同。若兄弟則己之屬也，難以妻道屬其嫂。此古者所以無服，以義理推不行也。今之有服亦是，豈有同居之親而無服者？

於厚之者。

【吴氏纂言】鄭氏曰：或引或推，重親遠別。姑、姊妹嫁，大功。夫爲妻期，欲其一心

孔氏曰：喪服是儀禮正經。兄弟之子期，姑、姊妹出適大功，皆喪服經文。嫂叔無服，喪服傳文。己子服期，兄弟之子當降服大功，今乃服期，盖牽引進之，同於己子也。昆弟相爲服期，其妻應降服大功，今乃無服，是推使疏遠之也。姑、姊妹未嫁時爲之厚，出嫁後爲之薄者，盖有夫壻受我之厚而重親之也。何氏晏曰：「男女相爲服，不有骨肉之親，則其尊卑異也。嫂叔親非骨肉，不異尊卑，恐有混淆之失，推使無服也。」

程子曰：其夫屬乎父道者，妻皆母道也，其夫屬乎子道者，妻皆婦道也。上有父有母，下有子、有婦。伯父、叔父，父之屬也。伯母、叔母，則母之屬，故服與伯父、叔父同。兄弟之子，子之屬也。兄弟之子之婦則婦之屬，故服與兄弟之子同。若兄弟則己之屬也，難以妻道屬其嫂。此古者所以無服只爲無屬，今之有服亦是，豈有同居之親而無服者？

唐魏氏徵曰：禮，繼父同居者爲之服，未嘗同居則不爲服。從母之夫、舅之妻，不相爲服。或曰同爨緦，然則繼父之徒並非骨肉，服重由乎同爨，恩輕在乎異居，故知制服亦緣恩之厚薄。或有長年之嫂遇孩童之叔，劬勞鞠養，情若所生，譬同居之繼父。方他人之同爨，情意之深淺，寧可同哉？生而共居，愛同骨肉，死則推遠乃同路人，重其生而輕其死，厚其始而薄其終，稱情立文，其義安在？議請小功五月。報制可。

澄曰：人有嫂之喪者，其父母爲之服大功、小功，其妻爲之服小功，其子爲之服齊衰不杖期。豈有己身立於父母、妻子之間，而獨同於無喪之人者哉？雖曰無服，亦如弟子爲師，若喪父而無服；孔子爲顔淵，若喪子而無服爾。又如父在爲母，雖期而釋服，猶申心喪至于再期，盖有服者服其服。居喪次，雖寢寐亦不釋去。嫂叔以其無屬，故不制服，俾晝夜常服於身，居喪次以終其月數。然其身當弔服加麻，不飲酒、不食肉、不處内，如弟子爲師、期後爲母之例。俟其父母、妻之服既除，然後吉服如無喪之人也。推而遠之者，文雖殺而情未嘗不隆。魏鄭公所議，不明古聖人情文隆殺之深意。程子以爲無屬，是矣，而又謂同居豈可無服，則亦未免於徇俗也。薄，猶輕也。受我，猶言承繼我也。厚，猶重也。姑、姊妹未嫁，皆服齊衰不杖朞；既嫁，則降服大功。盖以既嫁有夫，則彼夫承繼於我，而以厚重之服服之，謂夫爲妻齊衰杖朞，與父在爲母之服同，是厚之也。既有厚之者，則在我骨肉之恩可以減殺，故薄輕其服而降爲大功也。

【陳氏集説】方氏曰：兄弟之子雖異出也，然在恩爲可親，故引而進之，與子同服。嫂叔之分，雖同居也，然在義爲可嫌，故推而遠之，不相爲服。姑、姊妹在室，與兄弟、姪皆不杖期，出適則皆降服大功。而從輕者，蓋有受我者服爲之重故也，言其夫受之而服爲之杖期以厚之。故於本宗相爲，皆降一等也。

【郝氏通解】此釋古喪服之義。子死服期，兄弟之子亦期，宜降等而不降，故曰「引而進之」，以厚一本也。嫂叔同居，至親也，死宜服而不相爲服，故曰「推而遠之」，以厚別也。父之姊妹曰姑，與己之姊妹適人者，死皆爲大功，似乎薄也。蓋姑、姊妹，我所宜厚，而彼各有所從，是有受我之厚而厚之者，故我從其薄，使彼一心事其所厚也。

○何平叔曰：「凡男女相爲服，非有骨肉之親，則有尊卑之異。嫂叔親非骨肉，尊卑不異，服則有混淆之失。」愚按此言似而非也，兄弟伯仲亦非異尊卑也，倫有義合，禮有從服，非必盡骨肉也，豈有同居之親而死無服者乎？儀禮喪服未必盡出古制，即古制未必盡可因。今禮，叔嫂小功，姑、姊妹在室者期，已嫁者大功，可謂今禮盡不如古乎？

【方氏析疑】嫂叔之無服也，蓋推而遠之也。

朱軾曰：喪服記「夫之所爲兄弟服，妻降一等」，乃後人杜撰，勉齋經傳通解删之，是也。

【江氏擇言】嫂叔之無服也，蓋推而遠之也。

按，嫂叔無服，唐太宗始采魏徵等議，兄弟之妻及夫之兄弟，皆制服小功，後儒議論紛然，或是古，或是今，或兩是之，或酌古今之間而云當服心喪，其説詳具文端公儀禮節略，難以一言斷也。程子云：「嫂叔所以無服，只爲無屬，今之有服亦是，豈有同居之親而可無服者？後聖有作，須是制服。」朱子云：「看推而遠之，便是合有服，但安排不得，故推而遠之。若有鞠養恩義，心自住不得，如何無服？」衆言淆亂，折衷於程、朱可也。

又按，儀禮喪服記云：「夫之所爲兄弟服，妻降一等。」此謂外親兄弟也，故賈疏以爲當是夫之從母之類，近世言禮者引此條，謂此古者嫂叔有服之明證。所謂没其文於經，補其説於記，然則夫之兄弟降一等服大功乎？誤矣。文端公謂此後人杜撰，勉齋經傳删之者是，亦未然。黄氏喪禮以其無經可附也，遂偶遺之，非故删之也。愚編禮經綱目，以此條附「小功」章「從母丈夫，婦人報」之下，從賈疏也。因論嫂叔無服，附及之。

【欽定義疏】正義 鄭氏康成曰：或引或推，重親遠别也。姑、姊妹大功，夫爲妻期，欲其一心於厚之者。秦氏繼宗曰：婦人既嫁，從夫無貳，乃心亦是此義。

何氏晏曰：男女相爲服，不有骨肉之親則有尊卑之異也。叔嫂親非骨肉，不異尊卑，恐有混交之失，故推使無服也。

孔氏穎達曰：兄弟之子期，姑、姊妹出適大功，皆喪服經文。嫂叔無服，喪服傳文。己子服期，兄弟之子當降服大功，今乃服期，蓋牽引進之，同於己子也。昆弟相爲服期，其妻應降服大功，今乃無服，是推使疏遠之也。姑、姊妹未嫁時爲之厚，出嫁後爲之薄者，蓋有夫壻受我之厚而重親之也。

存疑 魏氏徵曰：制服，緣恩之厚薄也。或有長年之嫂遇孩童之叔，劬勞鞠養，情若所生，譬同居之繼父，方他人之同爨，情義之深淺，寧可同日語哉？當其生也愛之，同於骨肉，及其死也，則推而遠之，求之本源，深所未諭。生而共居，死同行路，重其生而輕其死，厚其始而薄其終，稱情立文，其義安在？議請小功五月。彭氏絲曰：「魏氏所舉，正與韓愈自幼育於嫂相合。」

程子曰：嫂叔，古之所以無服者，只爲無屬。其夫屬乎父道者，妻皆母道也；其夫屬乎子道者，妻皆婦道也。故叔母、伯母之服與叔父、伯父同。兄弟之子之婦服與兄弟之子同。若兄弟，則己之屬也。難以妻道屬其嫂，此古者所以無服，以義理推不去也。今之有服亦是，豈有同居之親而無服者？朱子曰：守禮經固好，然亦有禮之權處，蓋言推而遠之，便是宜有服。因婦道、母道無可安排，故推而遠之。若果鞠育於嫂，他心自不能已，如何無服得？

吴氏澄曰：人有嫂之喪者，其父母爲之服大功、小功，其妻爲之服小功，其子爲之服齊衰不杖期。豈有己身立於父母、妻子之間，而獨同於無喪之人者哉？雖曰無服，亦如弟子爲師，若喪父而無服；孔子爲顔淵，若喪子而無服爾。又如父在爲母，雖期而釋服，猶申心喪至於再期。嫂叔無屬，不制服，當弔服加麻，不飲酒、不食肉、不處内，如弟子爲師、父在爲母之例。其父母、妻子之服既除，然後吉服如無喪之人也。推而遠之者，文雖殺而情未嘗不隆。魏鄭公所議，不明古聖人情文隆殺之深意。程子以爲無屬，是矣。而又謂同居豈可無服，則亦未免於徇俗也。薄，猶輕也。厚，猶重也。姑、姊妹未嫁，皆服齊衰不杖期；既嫁，則降服大功。蓋以既嫁有夫，則彼夫爲妻齊衰杖期，與父在爲母之服同，是厚之也。既有厚之者，則在我骨肉之恩可以減殺，故薄輕其服而降爲大功也。

案 儀禮正經無叔嫂服，其記言「夫之所爲兄弟服，妻降一等」，是古報服大功矣。宋初，增嫂叔爲大功，後復降小功。黄氏榦脩儀禮通纂則併儀禮記删之。

【杭氏集説】吴氏澄曰：人有嫂之喪者，其父母爲之服大功、小功，其妻爲之服小功，其子爲之服齊衰不杖期。豈有己身立於父母、妻子之間，而獨同于無喪之人者哉？雖曰無服，亦如弟子爲師，若喪父而無服；孔子爲顏淵，若喪子而無服爾。又如父在爲母，雖期而釋服，猶申心喪至於再期。嫂叔無屬，不制服，當弔服加麻，不飲酒、不食肉、不處内，如弟子爲師、父在爲母之例。其父母、妻子之服既除，然後吉服如無喪之人也。推而遠之者，文雖殺而情未嘗不隆。魏鄭公所議，不明古聖人情文隆殺之深意。程子以爲無屬，是矣。而又謂同居豈可無服，則亦未免於徇俗也。薄，猶輕也。厚，猶重也。姑、姊妹未嫁，皆服齊衰不杖期；既嫁，則降服大功。蓋以既嫁有夫，則彼夫爲妻齊衰杖期，與父在爲母之服同，是厚之也。既有厚之者，則在我骨肉之恩可以減殺，故薄輕其服而降爲大功也。

朱氏軾曰：嫂叔異姓，無親親之誼，同列無尊卑之分，近在家庭，禮别嫌疑，此至當不易之論也。先儒謂嫂叔何嫌，果爾，則授受不親，不相通問之禮，不幾贅歟？至喪服記「夫之所爲兄弟服，妻降一等」，此後人杜撰，勉齋經傳删之，是也。

【孫氏集解】鄭氏曰：或引或推，重親遠嫌。姑、姊妹之薄，欲其一心於厚之者。姑、姊妹嫁大功。夫爲妻期。

孔氏曰：喪服是儀禮正經，記者録喪服中三事釋之，兄弟之子期，姑、姊妹出適大功，皆喪服經文。嫂叔無服，喪服傳文。

愚謂兄弟之子爲世叔父期，而世叔父乃旁尊，不足以加尊，故如其爲己之服以報之。猶子，謂與己子同也。兄弟一體，服其子同於己子。引而進之，所以篤親親之恩也。妻爲夫之昆弟、姊妹皆應從服者也。然爲夫姊妹服小功，而姊妹亦報服。至夫之昆弟則不從夫而服，夫之昆弟亦不報。推而遠之，所以厚男女之别也。姑、姊妹之薄，謂姑、姊妹之適人者，由期而降爲大功也。受我而厚之，謂其夫受姑、姊妹於我，爲之服齊衰杖期，與父在爲母同。情篤於夫家，則恩殺於本宗，此姑、姊妹之所以出而降也。

○吴氏澄曰：人有嫂之喪者，其父母爲之服大功、小功，其妻爲之服小功，其子爲之服齊衰不杖期。豈有己身立於父母、妻子之間，而獨同於無服之人哉？雖曰無服，當弔服加麻，不飲酒、不食肉、不處内，如弟子爲師、父在爲母之例。俟父母妻子之服既除，然後吉服。推而遠之，文雖殺而情未嘗不隆也。

愚謂喪服記曰「朋友麻」，鄭氏謂「弔服加麻」。奔喪禮云：「無服而爲位者，惟嫂叔，及婦人降而無服者麻。」則嫂叔相爲弔服加麻，禮有明據矣。嫂叔雖不制服，而哭則爲位，又弔服加麻，則固非恝然同於無服之人也。然吴氏謂「俟父母、妻子之服除而後吉服」，則父母、妻子之爲嫂，或期、或大功、或小功，將以何爲之斷限乎？且若從其重者，則爲昆弟服期，而欲嫂叔相爲心喪，亦皆俟其子之期服除而後復常，則情雖甚厚，而揆諸制服之義，亦已失其差矣。凡弔服加麻者，既葬除之。竊謂嫂叔相爲弔服加麻，心喪三月，卒哭而除，視娣、姒婦之相爲小功者而差降焉，此固先王之禮也。若魏徵謂「長年之嫂遇孩童之叔，劬勞鞠育，情若所生」，又有不可以常禮概者。故韓愈少鞠於嫂，爲之服期，此亦禮之以義起者也。

【朱氏訓纂】喪服，兄弟之子猶子也，蓋引而進之也。嫂叔之無服也，蓋推而遠之也。注：或引或推，重親遠別。**姑、姊妹之薄也，蓋有受我而厚之者也。**注：欲其一心於厚之者。姑、姊妹嫁大功，夫爲妻期。正義：己子服期，昆弟之子亦服期，牽引進之，同於己子。昆弟相爲期服，其妻應降一等，服大功。今乃無服，是推使疏而斥遠之也。何平叔云：「夫男女相爲服，不有骨肉之親，則有尊卑之異。嫂叔親非骨肉，不異尊卑，恐有混交之失，推使無服也。」

三·七三　○**食於有喪者之側，未嘗飽也。**助哀戚也。

【衛氏集說】鄭氏曰：助哀戚也。

嚴陵方氏曰：饑而廢事，非禮也。飽而忘哀，亦非禮也。慮其至於廢事，故雖喪者之側必食。又慮其忘哀，故未嘗飽焉。是禮也，雖聖人之行，不過如此而已。

廣安游氏曰：子食於有喪者之側，未嘗飽也。蓋能行古禮也。孔子所謂異於人者，無他，古禮有是，而夫子能行之耳。所謂「車中不內顧，不疾言，不親指」，「子於是日哭，則不歌」及「食於有喪者之側，未嘗飽也」，皆記禮者之常事，非聖人創爲之也。

【吴氏纂言】朱子曰：臨喪，哀不能甘也。

【陳氏集説】應氏曰：「食」字上疑脱「孔子」字。

【郝氏通解】此孔子之事，聖人哀死之心自然如此。

【欽定義疏】應氏鏞曰：「食」字上疑脱「孔子」二字。

正義 鄭氏康成曰：助哀戚也。

通論 游氏桂曰：子食於有喪者之側，未嘗飽也。蓋古禮有是，而夫子能行之耳。所謂「車中不內顧，不疾言，不親指」，「子於是日哭，則不歌」，皆禮之常，非聖人創爲之也。

【杭氏集説】應氏鏞曰：「食」字上疑脱「孔子」二字。

任氏啟運曰：弔賓自遠而至，主人亦不能不食之，然素食可也，酒肉醉飽則不能。以禮自處，又不能以禮處人，賢賓必有所不受矣。

【孫氏集解】應氏曰：「食」字上疑脱「孔子」二字。

朱子曰：哀有喪，不能飽也。

【朱氏訓纂】注：助哀戚也。

三·七四　○**曾子與客立於門側，其徒趨而出。**徒，謂客之旅。**曾子曰：「爾將何之？」曰：「吾父死，將出哭於巷。」**以爲不可發凶於人之館[一]。**曰：「反，哭於爾次。」**次，舍也。禮，館人使專之，若其自有然。**曾子北面而弔焉。**

【疏】「曾子」至「弔焉」[二]。○正義曰：此一節論館客使如其己有之事。

○「曰反哭於爾次」者[三]，於時立曾子之門，故曾許其反哭於汝次舍之處[四]。依禮，喪主西面，曾子所以北面弔者，案士喪禮，主人西面，其賓亦在東門北面[五]，謂同國之

[一]以爲不可發凶於人之館　閩、監、毛本同，岳本、嘉靖本同。衛氏集説無「之」字，考文引宋板、古本同。○鍔按：「以爲」上，阮校有「曾子與客立於門側節」九字。

[二]曾子至弔焉　惠棟校宋本無此五字。

[三]曰反哭於爾次者　閩、監、毛本同，惠棟校宋本無「者」字。

[四]故曾許其反哭於汝次舍之處　閩、監、毛本同，惠棟校宋本「曾」下有「子」字。

[五]其賓亦在東門北面　閩、監、毛本同，衛氏集説「東門」作「門東」，考文引宋板同。

賓。曾子既許其哭於次，故以同國賓禮北面弔焉。

【衛氏集說】鄭氏曰：徒，謂客之旅。以爲不可發凶於人館，故出哭於巷。次，舍也。禮，館人使專之，若其自有然。

孔氏曰：此一節論館客使如其己有之事。禮，喪主西面，今曾子北面弔者，案士喪禮，主人西面，其賔亦在門東北面，此謂同國之賔也。今曾子既許其反哭於次舍之處，故以同國賔禮北面弔焉。

【吴氏纂言】鄭氏曰：徒，謂客之旅。以爲不可發凶於人館，故出哭於巷。次，舍也。禮，館人使專之，若其自有然。

孔氏曰：於時客立曾子之門，曾子許其反哭於爾次舍之處。曾子所以北面而弔者，按士喪禮，主人西面，其賓在門東北面，此謂同國之賓。曾子既許其反哭於次，故以同國賓禮北面弔焉。

澄曰：曰「吾父死」者，立於門側之客曰也。

【陳氏集說】其徒，門弟子也。次，其人所寓之館舍也。士喪禮，主人西面，賔在門東北面，此曾子所以北面而弔之也。

【納喇補正】曾子與客立於門側，其徒趨而出。

集說 其徒，門弟子也。

【竊案】鄭注以「徒」爲「客之旅」者，近是。今作門弟子，則「客」字爲無著矣。然吴氏以下文「吾父死」爲客之言，恐亦未然。

【郝氏通解】此旅次聞喪之禮，曾子爲舍主人，而其客有聞父喪者，不敢哭於主人家，欲出而哭於巷，曾子止之，因弔之。其徒，客之從者也。曰「吾父死」，客對曾子之言也。

按：聞父死而從容議位，然後哭，豈人情乎？不足信也。

【欽定義疏】【正義】鄭氏康成曰：徒，謂客之旅。以爲不可發凶於人之館，故出哭於巷。次，舍也。陳氏澔曰：謂其人所寓之館舍也。禮，館人使專之，若其自有然。

【通論】孔氏穎達曰：此論館客使如其己有之事。禮，喪主西面，今曾子北面弔者，案士喪禮，主人西面，其賓亦在門東北面，此謂同國之賓也。今曾子既許其反哭於次舍之處，故以同國賓禮北面弔焉。

【存疑】陳氏澔曰：徒，門弟子也。

【案】徒，當從注。出哭者，以館舍統於尊者，不敢以己喪驚也。爾次，徒之室。不於客之正室，客非喪主，亦避尊也。

【杭氏集説】陳氏澔曰：徒，門弟子也。

姚氏際恒曰：聞父死，擇地而哭，夫豈人情？且曾子立於門側，赴者適從門入，豈有不知而問其徒者？事情亦不似。

姜氏兆錫曰：其徒，注謂客之旅也。次者，客館也。將出哭者，爲不可發凶于人之館也。令之反哭者，禮，館人使專之，若其自有然也。士喪禮，主人西向，賓在門東北面。曾子既教以禮而因弔之，此成己成物之道也。

【孫氏集解】鄭氏曰：徒，謂客之旅。將出哭於巷者，以爲不可發凶於人之館。次，舍也。禮，館人使專之，若其自有然。

愚謂徒，曾子之徒也。聘禮「聘君若薨於後，入境則遂也。赴者未至，則哭於巷」。時曾子之徒，蓋亦以赴者未至，故欲出哭於巷，曾子令反於其舍者，以其徒在曾子之家，與聘賓在主國之禮異也。士喪禮，弔賓西面於主人，衆主人之南，此乃北面而弔焉，蓋弔於不爲位者之禮也。奔喪禮曰：聞喪不得奔喪，乃爲位。若聞喪即奔，則不爲位矣。哭而不爲位，則哭者南面，弔者北面。

【朱氏訓纂】曾子與客立於門側，其徒趨而出。注：徒，謂客之旅。**曾子曰：「爾將何之？」曰：「吾父死，將出哭於巷。」**注：以爲不可發凶於人之館。**曰：「反，哭於爾次。」曾子北面而弔焉。**注：次，舍也。禮，館人使專之，若其自有然。　正義：案士喪禮，主人西面，其賓亦在門東北面，謂同國之賓。曾子既許其哭於次，故以同國賓禮北面弔焉。

三·七五　○**孔子曰：「之死而致死之，不仁而不可爲也。之死而致生之，不**

知而不可爲也。之，往也。死之、生之，謂無知與有知也。爲，猶行也。○知，音智。是故竹不成用，瓦不成味，木不成斲[一]，成，猶善也。竹不可善用，謂邊無縢。味，當作「沬」，沬，靧也。○味，依注音沬，亡曷反。斲，陟角反。縢，本又作「滕」，徒登反。靧，音悔，洗面。琴瑟張而不平，竽笙備而不和，無宮商之調。○竽笙，音于，下音生。和，胡卧反。調，直弔反。有鐘磬而無簨虡[二]。不縣之也。横曰簨，植曰虡。○簨，息允反。虡，音巨。植，時力反，又音值。其曰明器，神明之也。」言神明死者也。神明者，非人所知，故其器如此。

【疏】「孔子」至「之也」。○正義曰：此一節論生人於死者不可致死致生之事。

○「之死而致死之」者，之，往也，謂生者以物往送葬於死者。而「致死」之意，謂之無復有知，是不仁之事也，而不可爲也。

[一] 木不成斲　閩、監本同，嘉靖本同，衛氏集説同。毛本「斲」作「斵」，釋文同。岳本作「斵」，石經闕。○鍔按：「木不」上，阮校有「孔子曰之死而致死之節」十字。

[二] 有鐘磬而無簨虡　監本同，岳本、嘉靖本同，石經「鐘」字同，「簨虡」字闕。閩本亦作「虡」，「鐘」作「鍾」，衛氏集説同。毛本「鐘」字同，「虡」作「簴」，注放此，疏同。○按：依説文當作「虡」，从虍，異象形其下足，隸省作「虡」，从竹者非。

○「之死而致生之」者，謂以物往送葬者，而雖死猶致生之意，是不知之事[一]而不可爲也。

○注「之往」至「知也」。○正義曰：謂生者以物往送死者，故何胤云「言往死者處，而致此死之者之意[二]，謂死如草木無知，如此用情則不仁，不可行於世也。往死者處，而致此死者於全生之物，則不知，而不可行也。捨此二塗，不仁不知之間，聖人之所難言，付之不測之竟。言『無知與有知』者，即下云：『夏后氏用明器，示民無知。殷人用祭器，示民有知也。』」

○「是故竹不成用」者，聖人爲教，使人子不死於亡者，不便謂無知。不生於死者，不便謂有知。故制明器，以神明求之，不死不生，不可測也。成，善也。故爲器用，並不精善也。竹不善用，謂竹器邊無縢緣也。何胤云：「若全無知，則不應用。若全有知，則亦不應不成。故有器不成，是不死不生也。」

○「瓦不成味」者，味猶黑光也，今世亦呼黑爲沬也。瓦不善沬，謂瓦器無光澤也。

○「木不成斲」者，斲，雕飾也。木不善斲，鄭注云：「味當作『沬』，沬，靧也。」靧謂靧面，證沬爲光澤也。

[一] 是不知之事　閩、監、毛本如此，此本「之事」二字倒。

[二] 而致此死之者之意　閩、監、毛本同，惠棟校宋本「死」下無「之」字。

「琴瑟張而不平」者，亦張弦而不調平也。

○「竽笙備而不和」者，亦備而無宫商之調和也。

「有鐘磬而無簨虡」者，簨虡，縣鐘磬格也。亦有鐘磬，而不用格縣掛之。鄭云「不縣之也」者，案典庸器云：「大喪廞笱虡。」明知有而不縣之也。

云「横曰簨，植曰虡」者，虡，距也，以用力，故曰虡也。

○注「言神」至「所知」。○正義曰：神明，微妙無方，不可測度，故云「非人所知」也[一一]。

【衛氏集説】鄭氏曰：之，往也。死之、生之，謂無知與有知也。不可爲者，爲，猶行也。成，猶善也。竹不可善用，謂邊無縢。味，當作「沬」，沬，靧也。不平、不和，謂無宫商之調。無簨虡，不縣之也。横曰簨，直曰虡。「神明之」者，言神明死者也。神明者，非人所知，故其器如此。

孔氏曰：此一節論生人於死者不可致死致生之事。聖人爲教，使人子不死於亡者，不便謂無知。不生於死者，不便謂有知。故制明器，以神明求之，器用並不精善也。竹不成用，謂竹器邊無縢緣也。瓦不成味，謂瓦器無光澤也。木不成斲，謂木器不雕飾也。

[一一] 非人所知也　惠棟校宋本此下另行標「禮記正義卷第十終」，記云「凡二十一頁」。

琴瑟張絃而不調平，竽笙設備而不調和。簨簴，縣鍾磬格也。亦有鍾磬，而不用格縣掛之。何氏胤曰：「言往死者處，而致此死者如草木無知，如此則不仁，不可行於世也。往死者處而致此死者於全生之物，則不知，而不可行也。舍此二途，不仁不知之間，聖人之所難言，故制明器以神明之。」

廬陵胡氏曰：致死之，謂死其親若無知者。致生之，事之如生。成，猶完備。

長樂陳氏曰：不曰「神明之器」，特曰「明器」者，以神之幽不可不明故也。周官「凡施於神者，皆曰明」，故水曰明水，火曰明火，以至明齍、明燭、明竁者，皆神明之也。蓋其有竹瓦木之所用，琴瑟竽笙鍾磬之所樂者，明之也。所用非所用，所樂非所樂，神之也。宋襄公葬其夫人，醯醢百甕，豈知此哉！

【吴氏纂言】鄭氏曰：之，往也。死之、生之，謂無知與有知也。不可爲者，爲，猶行也。成，猶善也。竹不可善用，謂邊無縢。味，當作「沬」，沬，靧也。不平、不和，謂無宫商之調。無簨簴，不縣之也。横曰簨，植曰簴。「神明之」者，言神明死者也。神明者，非人所知，故其器如此。

孔氏曰：之，謂生者以物往送於死者。何胤云：「言往死者處，而致此死者如草木無知，則不仁。往死者處，而致此死者如全生之物，則不知。皆不可行於世也。」聖人爲教，使人子於死者，不便謂無知，不便謂有知。故制明器以神明求之，器用竝不精善，竹器無縢緣，瓦器無光澤，木器不雕飾，琴瑟不調平，竽笙不調和，有鐘磬而不用格縣掛之。箕簾，縣鐘磬格也。沫，猶黑光也，今世人呼黑爲沫。鄭云「靧也」，靧謂靧面，證沫之爲光澤也。

廬陵胡氏曰：成，猶完備。

【陳氏集說】劉氏曰：之，往也。之死，謂以禮往送於死者也。往於死者而極以死者之禮待之，是無愛親之心，爲不仁，故不可行也。往於死者而極以生者之禮待之，是無燭理之明，爲不知，故亦不可行也。此所以先王爲明器以送死者。竹器則無縢緣而不成其用，瓦器則麤質而不成其黑光之沫，木器則樸而不成其雕斲之文。琴瑟則雖張絃而不平，不可彈也。竽笙雖備具而不和，不可吹也。雖有鐘磬而無懸挂之簨虡，不可擊也。凡此，皆不致死，亦不致生，而以有知、無知之閒待死者，故備物而不可用也。備物則不致死，不可用則亦不致生。其謂之明器者，蓋以神明之道待之也。

【郝氏通解】此明事死之禮。死生不異者，人子不忍忘之情，而幽明有無，不可强同，必以事生爲送死，則近于誕。故知生死之説，然後可用禮也。之，偏向也。致，極至也。以爲死者不復生，而極以死者之禮待之，是忍於亡親而不仁也。以爲死者未嘗死，而極以生者之禮待之，是暗於察理而不知也。二者皆失中，故古人送死，凡器用之屬，亦如生者之具，而不必適死者之用。竹，竹器也。味，作沫，燒土成沫乃熟，不沫不成器也。平，猶和也，不平不可彈也，不和不可吹也。簨虡，所以懸鐘磬。橫者曰簨，直者曰虡，無簨虡不可擊也。凡此皆不致生，亦不致死，蓋死者本幽，而有生人之用，有作樂之具，所以明之也。然用非其所用，樂非其所樂，所以神之也。故曰明器者，神明之也，神明之者，心也，孝子自盡其心而已。

【欽定義疏】 **正義** 鄭氏康成曰：之，往也。死之、生之，謂無知與有知也。爲，猶行也。成，猶善也。胡氏銓曰：謂完備也。竹不可善用，謂邊無縢。孔疏：謂竹器邊無縢緣也。味，當作「沬」，沬，靧也。孔疏：靧，靧面，証沬有光澤。瓦不善沬，瓦器無光澤也。不平、不和，謂無宮商之調。無簨虡，不縣之也。孔疏：不用格縣掛之。橫曰簨，直曰虡。「神明之」者，言神明死者也。神明者非人所知，故其器如此。

何氏胤曰：不仁、不知之間，聖人之所難言。若全無知，則不應用；若全有知，則亦不應不成。故有器不成，付之不測之境也。

孔氏穎達曰：此論生人於死者不可致死致生之事。聖人爲教，使人子不死於亡者，不便謂無知；不生於死者，不便謂有知。故制明器，以神明求之，器用並不精善也。

劉氏曰：之，往也。之死，謂以禮往送於死者也。往於死者而極以死者之禮待之，是無愛親之心，爲不仁，故不可行也。往於死者而極以生者之禮待之，是無燭理之明，爲不知，故亦不可行也。此所以先王爲明器以送死者。竹器則無縢緣而不成其用，瓦器則麤質而不成其黑光之沫，木器則樸而不成其雕斲之文。琴瑟則雖張絃而不平，不可彈也。竽笙雖備具而不和，不可吹也。雖有鐘磬而無縣挂之簨虡，不可擊也。凡此，皆不致死，亦不致生，而以有知、無知之閒待死者，故備物而不可用也。備物則不致死，不可用則亦不致生。其謂之明器者，蓋以神明之道待之也。

通論 陳氏祥道曰：不曰「神明之器」，特曰「明器」者，以神之幽不可不明故也。周官「凡施於神者，皆曰明」，故水曰明水，火曰明火，以至明齍、明燭、明竁者，皆神明之也。蓋其有竹瓦木之所用，琴瑟竽笙鐘磬之所樂者，明之也。所用非所用，所樂非所樂，神之也。宋襄公葬其夫人，醯醢百甕，豈知此哉！

案 事死如事生者，人子之至情也。而神道或異於人道，始死之奠，猶近於人之，及葬則近於神之。故凡所以事死，皆在人與神之閒，又以致敬而不敢褻也。

【杭氏集説】何氏胤曰：不仁、不知之閒，聖人之所難言。若全無知，則不應用；若全有知，則亦不應不成。故有器不成，付之不測之境也。

劉氏曰：之，往也。之死，謂以禮往送於死者也。往於死者而極以死者之禮待之，是無愛親之心，爲不仁，故不可行也。往於死者而極以生者之禮待之，是無燭理之明，爲不知，故亦不可行也。此所以先王爲明器以送死者。竹器則無縢緣而不成其用，瓦器則麤質而不成其黑光之沫，木器則樸而不成其雕斲之文。琴瑟則雖張弦而不平，不可彈也。竽笙雖備具而不和，不可吹也。雖有鐘磬而無縣掛之簨虡，不可擊也。凡此，皆不致死，亦不致生，而以有知、無知之間待死者，故備物而不可用也。備物則不致死，不可用則亦不致生。其謂之明器者，蓋以神明之道待之也。

姚氏際恒曰：此一段言理甚正。

【孫氏集解】鄭氏曰：成，善也。竹不可善用，謂邊無縢。味，當作「沬」。不和，無宫商之調。無簨虡，不縣之也。横曰簨，植曰虡。神明之，言神明死者也。神明者，非人所知，故其器如此。

孔氏曰：沬，黑光也。瓦不成沬，謂瓦器無光澤也。

劉氏曰：之，往也，謂以禮往送於死者也。往於死者而極以死者之禮待之，是無愛親之心，故爲不仁。往於死者而極以生者之禮待之，是無燭理之明，故爲不智。先王爲明器以送死者，竹器則無縢緣而不成其用，瓦器則麤質而不成其黑光之沬，木器則樸而不成其彫斲之文。琴瑟雖張弦而不平，不可彈也。竽笙雖備具而不和，不可吹也。雖有鐘磬而無縣挂之簨虡，不可擊也。所謂備物而不可用也，備物則不致死，不可用則不致生。其謂之明器者，蓋以神明之道待之也。

【王氏述聞】⊙瓦不成味

家大人曰：説文：「沬，洒面也。」漢書律志引顧命曰：「王乃洮沬水。」今本「沬」

沬，從「午未」之末，音呼内反，與「涎沬」之沬異。沬，從「本末」之末，音亡曷反，檀弓「瓦不成沬」，鄭注曰：「沬，當作沬。沬，靧也。」案沬從「午未」之未，與「味」聲相近，故曰「味當作沬」。「沬」與「靧」同，故曰「沬，靧也」。釋文音亡曷反，非。士喪禮下篇注引此文，劉昌宗「音妹」，亦非。

作「頮」，馬融注曰：「頮，頮面也。」内則曰：「面垢燂潘，請靧。」字並與沬同。

【朱氏訓纂】孔子曰：「之死而致死之，不仁而不可爲也。之死而致生之，不知而不可爲也。注：之，往也。死之、生之，謂無知與有知也。爲，猶行也。正義：何胤曰：「言往死者處而致此死之者之意，謂死如草木無知，如此用情則不仁。往死者處而致此死者於全生之物，則不知。不仁、不知之間，聖人之所難言。若全無知，則不應用。若全有知，則不應不成。故有器不成，是不死不生也。」**是故竹不成用，瓦不成味，木不成斲，**注：成，猶善也。竹不可善用，謂邊無縢。味，當作「沬」。沬，靧也。說文：沬，灑面也。正義：斲，雕飾也。段氏玉裁曰：案此沬如瓦器之釉，若洗面之光澤也。王氏念孫曰：沬，從「午未」之末，音呼内反，與「涎沬」之沬異。沬，從「本末」之末，音亡曷反。沬與味聲相近，故曰「味當作沬」。釋文音亡曷反，非。**琴瑟張而不平，竽笙備而不和，**注：無宮商之調。**有鐘磬而無簨虡。**注：不縣之也。横曰簨，植曰虡。**其曰明器，神明之也。」**注：言神明死者也。神明者，非人所知，故其器如此。釋名：送死之器曰明器。神明之器異於人也。

【郭氏質疑】瓦不成味。

鄭注：味當作「沬」，沬，靧也。

孔疏：沬，黑光也。言瓦器無光澤也。

嵩燾案，説文：「沬，洒面也。」字亦作湏。尚書顧命：「王乃洮頮水。」作頮者，省廾耳。内則：「燂潘請靧。」玉藻：「沐稷靧粱。」作靧，竝荒内切。沬，从水，从「午未」之未，疏訓「黑光」，謂浮沫黑者。从本末之末，釋文：「沬，亡曷反。」亡乃輕脣之微母，以切沬字者，重脣借輕脣也。切韻取同等，明母無同等字，故借輕脣之「亡」字以切之。陸氏蓋从孔疏作「沬」，注作與靧同，音悔，固喉音也。李善文選注亦引作「沬」，音悔，與鄭同。瓦不成味，謂瓦器不可以洒濯，盛水則滲漏也。疏恐失之。

檀弓注疏長編卷十三

三・七六　〇有子問於曾子曰[一]：「問喪於夫子乎[二]？」有子，孔子弟子有若也。夫子卒後問此，庶有異聞也。喪，謂仕失位也。魯昭公孫於齊曰：「喪人其何稱。」〇問喪，問或作聞，喪，息浪反，注及下皆同。孫，音遜。曰：「聞之矣：喪欲速貧，死欲速朽。」有子曰：「是非君子之言也。」貧、朽非人所欲。〇朽，許久反。曾子曰：「參也聞諸夫子也。」有子又曰：「是非君子之言也。」曾子曰：「參也與子游聞之。」有子曰：「然。然則夫子有爲言之也。」曾子以斯言告於子游。子游曰：「甚哉！有子之

[一] 有子問於曾子節　惠棟校宋本自此節起至「君於士」節止爲第十一卷，卷首題「禮記正義卷第十一」。

[二] 問喪於夫子乎　閩、監、毛本同，石經同，岳本、嘉靖本同，衛氏集説同。釋文出「問喪」云：「『問』或作『聞』。」考文云：「古本『問』作『聞』。」案：正義云：「冀有所異聞也。」又云：「汝曾聞失位在他國之禮於孔子否乎？」據此則正義經文本作「聞喪」。正義又云：「『問喪』，謂問失本位居他國禮也。」此二「問」字皆當作「聞」，否則歧出。

言似夫子也。昔者夫子居於宋，見桓司馬自爲石椁，三年而不成。桓司馬，宋向戌之孫，名魋。○有爲，于僞反，下「爲桓司馬」「爲敬叔」「則爲之」、注「爲民作」、「爲嫁母」皆同。向，式上反。戌，音恤。魋，大回反。**夫子曰：『若是其靡也，死不如速朽之愈也。』『死之欲速朽』，爲桓司馬言之也。**靡，侈。○侈，昌氏反，又申氏反。**南宮敬叔反，必載寶而朝。**敬叔，魯孟僖子之子仲孫閱，蓋嘗失位去魯，得反，載其寶來朝於君。○朝，直遥反，注同。僖，許宜反。閱，音悦。**夫子曰：『若是其貨也，喪不如速貧之愈也。』『喪之欲速貧』，爲敬叔言之也。」曾子以子游之言告於有子，有子曰：「然。吾固曰非夫子之言也。」曾子曰：「子何以知之？」有子曰：「夫子制於中都，四寸之棺，五寸之椁，以斯知不欲速朽也。**中都，魯邑名也。孔子嘗爲之宰，爲民作制。孔子由中都宰爲司空，由司空爲司寇。**昔者夫子失魯司寇，將之荆，**將應聘於楚。○應，「應對」之應。**蓋先之以子夏，又申之以冉有，以斯知不欲速貧也。」**言汲汲於仕得禄。○伋，音急。

【疏】「有子」至「貧也」[一]。○正義曰：此一節論喪不欲速貧、死不欲速朽之事，各

[一] 有子至貧也　惠棟校宋本無此五字。

隨文解之。

○「有子問於曾子」者，此孔子卒後，弟子相問，冀有所異聞也。「問喪」，謂問失本位居他國禮也。有子問於曾子云：「汝曾聞失位在他國之禮於孔子否乎？」

○注「有子」至「何稱」。正義曰：案仲尼弟子傳：「有若，少孔子四十三歲。」彼注云：「魯人也。曾參，南武城人，字子輿，少孔子四十六歲。」

云「魯昭公孫於齊曰『喪人其何稱』」者，引公羊證失位者稱喪也。昭公孫于齊，次于楊州[一]，齊侯唁公于野井，昭公曰：「喪人其何稱。」

○「有子」至「言也」。○以曾子云「喪欲速貧，死欲速朽」，有子云：「如是之語，非君子之言也。」夫子既是君子，必不爲此言。時有子唯問喪，不問死，曾子以喪、死二事報有子者，以喪、死俱爲惡事，貧、朽又事類相似，既言「喪欲速貧」，遂言「死欲速朽」。

案，此「速貧」在前，「速朽」在後，而下子游之對，先云死欲速朽，後言喪欲速貧，隨孔子所見言之先後也。且孔子爲中都宰之時，制其棺椁，不用速朽，其事在前；夫子失魯司寇，使子夏、冉有先適楚，不欲速貧，其事在後。故子游先言速朽，後言速貧，亦隨夫子之事前前後[二]。

[一] 次于楊州　閩本同，惠棟校宋本，監、毛本「楊」作「陽」。
[二] 亦隨夫子之事前前後　閩、監本如此，此本「前」字重，毛本「前」作「先」。

○注「桓司」至「名魋」。○正義曰：案世本「向戌生東鄰叔子超，超生左師眇」，眇即向巢也。魋是巢之弟，故云向戌孫也。

○注「孔子」至「司寇」。○正義曰：孔子世家：「定公九年，孔子年五十，定公以孔子爲中都宰。一年，四方皆則之。由中都宰爲司空，由司空爲司寇。定公十年，會于夾谷，攝相事。」

此云「司寇」者，崔靈恩云：「諸侯三卿，司徒兼冢宰，司馬兼宗伯，司空兼司寇，三卿之下，則五小卿爲五大夫。故周禮大宰職云『諸侯立三卿、五大夫』也。五大夫者，司徒之下立二人：小宰、小司徒；司馬之下，以其事省，立一人爲小司馬，兼宗伯之事；司空之下立二人：小司寇、小司空。今夫子爲司空者，爲小司空也。從小司空爲小司寇也。」崔所以知然者，魯有孟、叔、季三卿爲政，又有臧氏爲司寇，故知孔子爲小司寇，崔解可依。

○「昔夫」至「之荆」。○案世家，定十四年，齊人歸女樂，孔子去魯適衛，從衛之陳，過匡邑，匡人圍之，又復去，過蒲。又反於衛，又去衛，過曹，適宋。時定公卒，宋桓魋欲殺孔子，伐夫子所過之樹，削夫子所過之跡，去宋適鄭，去鄭適陳。居三歲，又適衛。既不見用，將西見趙簡子，至河而聞殺竇鳴犢與舜華也，又反於衛。復行，如陳。時哀公三年，孔子年六十。明年，孔子自陳遷于蔡。三歲，孔子在陳、蔡之間。楚使人聘孔子，陳、蔡乃圍孔子，絶糧乏食七日，於是使子貢至楚，楚昭王興師迎孔子，將書社七百里封孔子，楚令尹子西諫而止之。是歲，楚昭王卒，孔子自楚反于衛。孔子年六十三，是魯哀公六年。以此言之，失司寇在定十四年，之楚在哀公六年，其間年月甚遠。且失司寇之後，嚮宋不嚮楚[一]，而云「失魯司寇，將之荆」者，謂失魯司寇之後，將往之荆，則哀公六年之荆，亦是失司寇之後，非謂失司寇之年即之荆也。

【衛氏集説】鄭氏曰：有子，孔子弟子有若也。夫子卒後問此，庶有異聞也。喪，謂仕失位也。魯昭公孫于齊曰：「喪人其何稱？」有子以貧、朽非人所欲，故以曾子所答爲非君子之言也。桓司馬，宋向戌之孫，名魋。靡，侈也。敬叔，魯孟僖子之子仲孫閲，蓋嘗失位去魯，得反，載其寶來朝于君。中都，魯邑名也。孔子嘗爲之宰，爲民作制。孔子由中都宰爲司空，由司空爲司寇。將之荆，將應聘於楚。先之以子夏，申之以冉有，言汲汲於仕得禄也。

孔氏曰：此一節論喪不欲速貧、死不欲速朽之事。有子唯問喪不問死，曾子以喪、死俱爲惡事，貧、朽又事類相似，故遂言之。夫子失魯司寇，使子夏、冉有先適楚，是不欲速貧也。案世家，魯定公十四年，齊人歸女樂，孔子去魯適衛，從衛之陳，又反于衛，過曹，

[一] 嚮宋不嚮楚　閩、監、毛本同，孫志祖云：「『宋』應作『衛』。」

適宋，適鄭，適陳，又適衛，不見用，將適趙，至河又反于衛，復行，如陳。時哀公三年，孔子年六十。明年，自陳遷于蔡，被圍絶糧，於是使子貢至楚，楚昭王興師迎孔子，將封之，子西諫而止。是歲，昭王卒，孔子自楚反于衛，時年六十三。以此言之，非謂失司寇之年即之荆，有子但謂失司寇之後將往之荆爾。崔氏曰：「孔子世家，定公九年，孔子年五十，由中都宰爲司空，爲司寇。定公十年，會于夾谷，攝行相事。此云『司寇』者，案諸侯三卿，司徒兼冢宰，司馬兼宗伯，司空兼司寇，三卿之下則五小卿，爲五大夫。故周禮大宰職云『諸侯立三卿、五大夫』也。五大夫者，司徒之下立二人：小宰、小司徒；司馬之下，立一人爲小司馬，兼宗伯之事；司空之下立二人：小司寇、小司空。今夫子爲司空，乃小司空，司寇乃小司寇。」蓋魯有孟、叔、季三卿爲政，又有臧氏爲司寇，是以知之。

横渠張氏曰：曾子既言「參也與子游聞之」，曾子却問於子游，以子游之言告有子。既言「參也與子游聞之」，則因甚子游知之，曾子却不知？當改「與子游聞之」作「於子游聞之」，乃通。

嚴陵方氏曰：肆其侈心而至於傷財，曾不若速朽之爲愈也。肆其利心而至於害義，曾不若速貧之爲愈也。孔子之言，特爲二子而發耳。有子乃能以中都與之荆之事驗之，可謂知意者矣。先之，則所以道之。申之，則所以重之。

廣安游氏曰：夫子羣弟子中，於孔子之意容有不知者，曾子之知孔子不如子游，子路之知孔子不如子貢，類而推之，則羣弟子容有不知，而皆爲篤道之君子。然則君子果不在於多知也，夫子教人蓋有以行與事示之，而不諄諄然命之者，亦使羣弟子即而觀焉而有所得，而所得不專在於言語之間也。宰我欲知上世之事，而夫子以爲躁；子路欲知死與鬼神之事，而夫子拒之不答。故羣弟子之賢者，容有所不知，而其所以爲賢，不專在於知也。若夫忠信、孝弟與夫治心、養氣之大要，則羣弟子舉得之，特有淺深之異。而弒父與君則皆不爲此，則羣弟子所同也。後世揚子雲爲之説曰：「聖人於天下，恥一物不知。」斯言一出，而天下之學者務求多知而不明大道之要，去聖人益遠矣。

廬陵胡氏曰：按春秋傳，定公十二年，孔子爲司寇。至哀公三年在陳，十一年在衛，是年自衛反魯，則失司寇蓋在定公十二年以後。但有在陳、在衛事跡，論語亦即云「適衛，厄陳、蔡」，皆無之荆事，豈禮之妄也？或曰哀公六年，楚昭失國，孔子曰：「楚昭王知大道矣。」是時在荆也。子適衛，冉有僕，故此云「申之以冉有」。

【吴氏纂言】有子問於曾子曰：「問喪於夫子乎？」曰：「聞之矣：喪欲速貧，死欲速朽。」有子曰：「是非君子之言也。」曾子曰：「參也聞諸夫子也。」有子又曰：「是非君子之言也。」曾子曰：「參也與子游聞之。」有子曰：「然。然則夫子有爲言之也。」

鄭氏曰：夫子卒後問此，庶有異聞也。貧、朽，非人所欲。

孔氏曰：有子唯問喪不問死，曾子以喪、死俱爲惡事，貧、朽又事類相似，故遂言之。

有子以夫子必不爲此言，故云「是非君子之言也」。

澄曰：曾子以有子不然其言，乃云此是嘗聞於夫子者。有子又不以爲然，曾子乃云與子游俱嘗聞之，援子游爲證，以明夫子之實有是言也。有子乃謂夫子之言若果如此，必是有爲而言，非正言也。

曾子以斯言告於子游。子游曰：「甚哉！有子之言似夫子也。昔者夫子居於宋，見桓司馬自爲石椁，三年而不成。夫子曰：『若是其靡也，死不如速朽之愈也。』『死之欲速朽』，爲桓司馬言之也。南宮敬叔反，必載寶而朝。夫子曰：『若是其貨也，喪不如速貧之愈也。』『喪之欲速貧』，爲敬叔言之也。」

鄭氏曰：桓司馬，宋向戌之孫，名魋。靡，侈也。敬叔，魯孟僖子之子仲孫閱。蓋嘗失位去國，得反，載其寶來朝於君。

澄曰：夫子速貧、速朽之言，雖曾子與子游俱嘗聞之，然曾子之所聞者略，子游之所聞者詳，曾子不知夫子有爲而言，而子游知之。曾子以有子「有爲而言」之言告子游，而子游歎服有子能得夫子之意，故謂其言之似夫子也。自，猶獨也，天子至於庶人皆是。木椁慮其易朽腐，而獨自爲石椁也。三年而不成者，成之難，費財多也。愈，猶云勝也。反，昔去國，今復還也。必載寶而朝者，蓋前時委棄家財而去，在外無可資用。今再反國，懲艾前事，故常以寶貨隨身。雖每日朝君，車上亦載寶貨，儻被君放逐而出，則有寶貨，不至貧乏也。貨，謂徇貨也。桓魋之獨以石爲椁也，恐身死之後速朽腐爾。夫子以其欲不朽而侈靡費財若是，謂不如不爲彼之靡，而寧死後速朽腐者之勝於彼也。敬叔之常以寶隨身也，恐位喪之後速貧乏爾。夫子以其欲不貧而徇貨繫戀若是，謂不如不爲彼之貨，而寧喪後速貧乏者之勝於彼也。曰「不如」，曰「愈」，與「與其不孫也，寧固」之辭意同。兩皆不許，此差善於彼而已。夫以夫子之所不許，遽執以爲夫子之正言，宜有子之不以爲然也。此二語不同時聞者，聯比前後所言，加以「欲」字，失夫子之意矣。曾子亦隨衆所聞而不審也。

曾子以子游之言告於有子，有子曰：「然。吾固曰非夫子之言也。」曾子曰：「子何以知之？」有子曰：「夫子制於中都，四寸之棺，五寸之椁，以斯知不欲速朽也。昔者夫子失魯司寇，將之荆，蓋先之以子夏，又申之以冉有，以斯知不欲速貧也。」

曾子因子游之言而知夫子二言果皆有爲，還以子游之言告於有子，嘉其所見之是也。又問有子何以能知夫子不欲速貧、速朽之意，有子遂言夫子爲中都宰時，爲民定制庶人棺厚四寸，外椁加厚一寸，使民送死無憾，則非墨氏之薄葬，恝然忍俟朽腐者也。將往應楚昭王聘時，先使子夏往，再使冉有往，意在仕楚得禄，則非隱者之窮居，安然甘受貧困者也。蓋聖人之道，依乎中庸。以石爲椁，唯恐速朽者固非，桐棺三寸而無椁，不恤其朽者亦非。於朝載寶，唯恐速貧者固非，遯世終身而無禄，不恤其貧者亦非也。鄭氏曰：中都，魯邑名。孔子爲之宰，爲民作制。將應聘於楚，汲汲於仕得禄。

孔氏曰：按孔子世家，定公九年，孔子年五十一，爲中都宰，由中都宰爲司空，由司空爲司寇。十四年，齊人歸女樂，孔子去魯適衛，從衛適陳，過匡，匡人圍之，去。過蒲，反于衛，去衛，過曹。適宋，宋桓魋欲殺之。去宋適鄭，去鄭適陳，居三歲，又適衛。不見用，將西見趙簡子，至河聞殺竇鳴犢與舜華，又反于衛，復如陳。時哀公三年，孔子年六十。明年，孔子自陳遷于蔡。三歲，在陳、蔡之間。楚使人聘孔子，使子貢至楚，楚迎孔子，將封之，令尹子西諫而止，是歲，楚昭王卒，孔子之楚反于衛。時哀公六年，孔子年六十三。失司寇在定十四年，之楚在哀六年，其間年月甚遠。而云失魯司寇將之荆者，謂哀六年孔子之荆，是失魯司寇之後，非謂失司寇之年即之荆也。曾子言速貧在前，速朽在後，而子游之答先死後喪，隨孔子所見而言之先後也。宰中都制棺椁，不欲速朽，其事在先；使子貢、冉有適楚，不欲速貧，其事在後。故有子之言亦隨夫子之事而爲前後也。

【陳氏集説】有子問於曾子曰：「問喪於夫子乎？」曰：「聞之矣：喪欲速貧，死欲速朽。」有子曰：「是非君子之言也。」曾子曰：「參也聞諸夫子也。」有子又曰：「是非君子之言也。」曾子曰：「參也與子游聞之。」有子曰：「然。然則夫子有爲言之也。」曾子以斯言告於子游。子游曰：「甚哉！有子之言似夫子也。昔者夫子居於宋，見桓司馬自爲石椁，三年而不成。夫子曰：『若是其靡也，死不如速朽之愈也。』『死之欲速朽』，

爲桓司馬言之也。仕而失位曰喪，桓司馬即桓魋。靡，侈也。**南宫敬叔反，必載寶而朝。夫子曰：『若是其貨也，喪不如速貧之愈也。』『喪之欲速貧』，爲敬叔言之也。」**敬叔，魯大夫孟僖子之子仲孫閱也。嘗失位去魯，後得反，載寶而朝，欲行賂以求復位也。**曾子以子游之言告於有子，有子曰：「然。吾固曰非夫子之言也。」曾子曰：「子何以知之？」有子曰：「夫子制於中都，四寸之棺，五寸之椁，以斯知不欲速朽也。昔者夫子失魯司寇，將之荆，蓋先之以子夏，又申之以冉有，以斯知不欲速貧也。」**定公九年，孔子爲中都宰。制，棺椁之法制也。四寸、五寸，厚薄之度。將適楚而先使二子繼往者，蓋欲觀楚之可仕與否，而謀其可處之位歟？

【納喇補正】南宫敬叔反，必載寶而朝。

集説　敬叔嘗失位去魯，後得反，載寶而朝，欲行賂以求復位也。

竊案　鄭注但言載其寶來朝於君，不言所以載寶之故，集説遂有欲行賂以求復位之説。然上文「死欲速朽」，爲桓魋自爲石椁發，即就死而言，則此載寶而朝，亦當就喪而言。若行賂復位，則隔一層矣。故吴文正曰：「必載寶而朝者，蓋前時委棄家財而去，在外無可資用。今再反國，懲艾前事，故嘗以寶貨隨身。雖每日朝君，車上亦載寶貨，倘被君放逐而出，則有寶貨，不至貧乏也。」家語：「南宫敬叔以富得罪於定公，奔衛，衛侯請復之，載其寶玉以朝。夫子聞之，曰：『若是其貨也，喪不如速貧之愈也。』子游侍，曰：

『敢問何謂？』孔子曰：『富而不好禮，殃也。敬叔以富喪矣，而又弗改，吾懼其有後患也。』敬叔聞之，驟如孔氏而後循禮施散焉。」則載寶之非行賂可知矣。

昔者夫子失魯司寇，將之荆，蓋先之以子夏，又申之以冉有，以斯知不欲速貧也。

【集說】將適楚而先使二子繼往者，盖欲觀楚之可仕與否，而謀其可處之位歟？

【竊案】孔子之出處，進禮退義，故雖欲得君行道，而必不肯自輕。所謂「先之以子夏，又申之以冉有」者，已爲可疑，况考之史記世家，孔子失魯司寇在定十四年，之楚在哀六年，其間年月相去甚遠，又有適衛、適宋、適鄭、適陳、遷蔡等事，何得失魯司寇，將之荆？其事尤可疑也。孔氏謂哀六年，孔子之荆，是失魯司寇之後，非謂失司寇之年即之荆。是亦不得其説，從而爲之辭。惟何氏孟春云：「孔子之欲仕，非爲富也，爲行道也。欲富而瞰，且趨焉以求利於蠻夷之國，非孔子之所爲也。檀弓所載，蓋傳聞之謬者。」得之矣。

【郝氏通解】此明禮本人情，當人情之謂禮。君子之仕，爲道也，不爲憂貧。顧道以不貧而後行，不貧亦非君子所惡也。君子之厚葬其親，爲廣孝也，不爲畏朽。顧葬以不朽而安，不朽亦非君子所惡也。喪，失也，人死曰喪，失位亦曰喪。有子欲聞聖人處喪之禮，曾子舉速貧、速朽以對，皆聖人矯時救弊之言，有爲而發也。桓司馬，宋向魋也，向戌之孫。南宫敬叔，魯大夫仲孫閲也，孟僖子之子。向魋爲石椁而葬，三年不成，無益之費，故曰靡。敬叔失位，去魯，還載其寶而朝，以財自隨，故曰貨。中都，魯邑名。夫子爲宰，立法制教民也。四寸、五寸，皆言厚也。之荆，將適楚也。先之以子夏，申之以冉有，蓋陳、蔡之厄，楚昭王將迎夫子，二子以使事往也。

【江氏擇言】南宫敬叔反，必載寶而朝。

陳氏云：載寶而朝，欲行賂以求復位也。

吴氏云：敬叔懲艾前事，常以寶貨隨身。雖每日朝君，亦載寶貨，倘被放逐，則有寶貨，不至貧乏也。

按，陳氏説是。

【欽定義疏】正義　鄭氏康成曰：有子，孔子弟子有若也。夫子卒後問此，庶有異聞也。喪，謂仕失位。魯昭公孫於齊曰：「喪人其何稱。」孔疏：引公羊，證失位者稱喪也。昭公孫於齊，次於陽州，齊侯唁公於野井，昭公曰：「喪人其何稱。」有子以貧、朽非人所欲，故以曾子所答爲非君子之言。桓司馬，宋向戌之孫，名魋。孔疏：世本：戌生東鄰叔子超，超生左師眇，眇即向巢也。魋是巢之弟，故云向戌孫也。靡，侈也。敬叔，魯孟僖子之子仲孫閱。蓋嘗失位去魯，得反載其寶來朝於君。案：家語敬叔以富得罪於定公，奔衛。衛侯請復之，載其寶以朝。夫子曰：「若是其貨也，喪不如速貧之愈。富而不好禮，殃也。敬叔以富喪矣，而又弗改，吾懼其有後患也。」敬叔聞之，驚懼謝過，循禮施散。中都，魯邑名。案：中都地後入於齊，名平陸。孔子嘗爲之宰，爲民作制。孔子由中都宰爲司空，由司空爲司寇。將之荆，將應聘於楚。先之以子夏，申之以冉有，言汲汲於仕也。

孔氏穎達曰：此論喪不欲速貧，死不欲速朽之事。有子唯問喪，不問死，曾子以喪、死俱爲惡事，貧、朽又事類相似，故遂言之。

陳氏澔曰：將適楚而先使二子繼往者，蓋欲觀楚之可仕與否也。

辨正 孔氏穎達曰：孔子世家定公九年，孔子年五十，爲中都宰。由中都宰爲司空，由司空爲司寇。定公十年，會於夾谷，攝行相事。此云「司寇」者，崔靈恩云：「諸侯三卿，司徒兼冢宰，司馬兼宗伯，司空兼司寇。三卿之下，則五小卿爲五大夫。司徒之下立二人：小宰、小司徒；司馬之下，以其事省，立一人爲小司馬，兼宗伯之事；司空之下立二人：小司寇、小司空。今夫子爲司空，乃小司空，從小司空爲小司寇也。」案魯有孟、叔、季三卿爲政，又有臧氏爲司寇，似崔解可依也。世家魯定公十四年，齊人歸女樂，孔子去魯適衛。從衛之陳，又反於衛，過曹，適宋，適鄭，適陳，又適衛。不見用，將西見趙簡子，至河又反於衛，復行如陳。時哀公三年，孔子年六十。明年，自陳遷於蔡。楚使人聘孔子，陳、蔡圍之，絕糧。於是使子貢至楚，楚昭王興師迎孔子，將封之，子西諫而止。是歲昭王卒，孔子自楚反於衛，年六十三，時哀公六年。以此言之，失司寇距之楚，歲月甚遠，非謂失司寇之年即之荆，謂失司寇之後將往之荆爾。

方氏孝孺曰：仕非欲富，爲行道也。棺椁非欲不朽，爲廣孝也。

何氏孟春曰：孔子欲仕爲行道，若謂欲富而瞰，且趨焉以求利於蠻夷之國，非孔子所爲。檀弓所載，亦傳聞之繆。

案 南宫敬叔載寶，事未必確然。如家語所載，一聞聖言，驚懼謝過，循禮施散，正可見古人改過之勇、從義之力。

【杭氏集説】陳氏澔曰：將適楚而先使二子繼往者，蓋欲觀楚之可仕與否也。

方氏孝孺曰：仕非欲富，爲行道也。棺椁非欲不朽，爲廣孝也。

何氏孟春曰：孔子欲仕爲行道，若謂欲富而瞰，且趨焉以求利於蠻夷之國，非孔子所爲。檀弓所載，亦傳聞之繆。

林氏雲銘曰：有若知足以知聖人，故見之最確。曾子只是篤信，然此篤信便不可及，故曰「參，竟以魯得之」。

姚氏際恒曰：此亦譽子游而毁曾子。曾子既與子游同聞之夫子，何以子游知之而己不知？告于有子，何以有子又知之也？且既聞子游之解釋矣，何以猶不知而又問於有子？曰「子何以知之」，記者一則曰曾子以斯言告於子游，再則曰曾子以子游之言告于有子，總説得曾子如木偶人一般。嗟乎！以詔吾道而即唯之人，乃於此何等事而茫昧若此，宗聖何辜，遭此誣罔？可恨也。觀其亦欲以有子爲先知，愈于曾子。于曾子曰「參也與子游聞之」，而有子即曰「然則夫子有爲言之」，正不知參與子游共聞之言，何以便知夫子有爲言之也？此等處情理舛謬，杜撰之迹尤著，此不惟其事之誣，其理尤悖。棺椁之制，孟子言「無使土親膚」，盡于人心而已，亦非欲不朽也，使存此心，勢必將仍爲向魋之石椁而後可矣。説聖人之仕爲不欲速貧，其妄尤不待辨。又史記，孔子失魯司寇在定十四年，之楚在哀六年，相隔甚遠，焉得有失魯司寇之荆之事？其子夏、冉有之荆，尤莫須有。蓋家語有此二事，作者借之，衍成一篇文字，以行其毁謷之私耳。

陸氏奎勳曰：周禮太宰職「諸侯立三卿、五大夫」，司徒兼冢宰，司馬兼宗伯，司空兼司寇，是謂三卿。司徒之下有小宰、小司徒；司馬之下有小司馬，兼宗伯之事；司空之下有小司寇、小司空，是謂五大夫，蓋少卿也。孔子爲魯小司寇，而史記以爲大司寇，夾谷之相，以小司馬而攝宗伯之事。家語乃云：「孔子爲魯司寇，攝行相事，有喜色。」則竟爲魯相，意欲尊聖也，而失其實矣。

任氏啟運曰：或問：「南容君子，當無載寶而朝事。」愚謂事之有無，雖不可必然，家語載容以富得罪定公，出奔衞，衞侯請復之，反，載寶以朝，子曰：「不如速貧。」容聞之，驟見孔子，謝過，循禮施散。于此可見古人改過之勇、徙義之力。今人于己過必諱，并欲爲古人諱過，此正是大受病處。

【孫氏集解】鄭氏曰：有子，孔子弟子有若也。夫子卒後問此，庶有異聞也。喪，謂仕失位也。魯昭公孫于齊曰：「喪人其何稱。」是非君子之言者，貧、朽非人之所欲也。桓司馬，宋向戌之孫，名魋。靡，侈也。敬叔，孟僖子之子仲孫閲，蓋嘗失位去魯，得反，載其寳來朝於君。中都，魯邑名也，孔子嘗爲之宰，爲民作制。孔子由中都宰爲司空，由司空爲司寇。將之荆，將應聘於楚。先之以子夏，申之以冉有，言汲汲於仕得禄也。

孔氏曰：崔靈恩云：「夫子爲司空，爲小司空也。從小司空爲小司寇。」崔所以知然者，魯有孟、叔、季三卿爲司徒、司馬、司空，又有臧氏爲司寇，故知孔子爲小司寇也。孔子失司寇在定公十四年，之楚在哀六年，其間年月甚遠。且失司寇之後，嚮宋不嚮楚，而云「失魯司寇，將之荆」者，則哀公六年之荆，亦是失司寇之後，非謂失司寇之年即之荆也。

陳氏澔曰：將適楚而使二子繼往者，將以觀楚之可仕與否。

愚謂問喪，問失位而所以處之之道也。孔子之將仕於楚，爲道也，非爲禄也，而以此爲「喪不欲速貧」，何也？蓋聖人雖不爲禄而仕，而仕者未嘗不得禄。孟子曰「惟士無田，則亦不祭」，「士之失位也，猶諸侯之失國家也」，是故「三月無君則弔」。君子雖不徇利而苟禄，而亦豈以矯語貧賤爲高乎？

【朱氏訓纂】有子問於曾子曰：「問喪於夫子乎？」注：有子，孔子弟子有若也。夫子卒後問此，庶有異聞也。喪，謂仕失位也。魯昭公孫於齊曰：「喪人其何稱。」　正義：案仲尼弟子傳「有若少孔子四十三歲」，注：「魯人也。」曾參，南武城人，字子輿，少孔子四十六歲。**曰：「聞之矣：喪欲速貧，死欲速朽。」有子曰：「是非君子之言也。」**

注：貧、朽非人所欲。曾子曰：「參也聞諸夫子也。」有子又曰：「是非君子之言也。」曾子曰：「參也與子游聞之。」有子曰：「然。然則夫子有爲言之也。」曾子以斯言告於子游。子游曰：「甚哉！有子之言似夫子也。昔者夫子居於宋，見桓司馬自爲石椁，三年而不成。注：桓司馬，宋向戌之孫，名魋。正義：案世本「向戌生東鄰叔子超，超生左師眇」，眇即向巢也，魋是巢之弟。夫子曰：『若是其靡也，死不如速朽之愈也。』『死之欲速朽』，爲桓司馬言之也。注：靡，侈。南宮敬叔反，必載寶而朝。注：敬叔，魯孟僖子之子仲孫閲，蓋嘗失位去魯，得反，載其寶來朝於君。陳可大曰：載寶，欲行賂，以求復位也。夫子曰：『若是其貨也，喪不如速貧之愈也。』『喪之欲速貧』，爲敬叔言之也。」曾子以子游之言告於有子，有子曰：「然。吾固曰非夫子之言也。」曾子曰：「子何以知之？」有子曰：「夫子制於中都，四寸之棺，五寸之椁，以斯知不欲速朽也。注：中都，魯邑名也。孔子嘗爲之宰，爲民作制，孔子由中都宰爲司空，由司空爲司寇。正義：崔靈恩云：「夫子爲小司空、小司寇也。」崔知然者，魯有孟、叔、季三卿爲政，又有臧氏爲司寇，故知孔子爲小司寇。昔者夫子失魯司寇，將之荆，注：將應聘於楚。正義：定十四年，齊人歸女樂，孔子去魯適衛，從衛之陳，過匡，匡人圍之，又反於衛。又去衛過曹，適宋，宋桓魋欲殺孔子，去宋適鄭，去鄭適陳。居三歲，又適衛，將西見趙簡子，至河反於衛，復如陳。時哀公三年，孔子年六十。明年，自陳遷于蔡。三歲，楚使人聘孔

子，陳、蔡乃圍孔子，於是使子貢至楚，楚昭王興師迎孔子。是歲孔子自楚反于衛，孔子年六十三。以此言之，失司寇在定十四年，之楚在哀公六年，其間年月甚遠。而云「失魯司寇，將之荆」者，謂失司寇之後，非謂失司寇之年即之荆也。**蓋先之以子夏，又申之以冉有，以斯知不欲速貧也。**」注：言汲汲於仕得禄。

【郭氏質疑】昔者夫子失魯司寇，將之荆，蓋先之以子夏，又申之以冉有。

鄭注：言汲汲於仕得禄。

嵩燾案，史記世家，定公九年，孔子爲司寇，十四年適衛，適陳反衛；十五年去衛，過曹，去曹適宋，遂至陳，居陳三歲；哀公二年適衛，將西見趙簡子，臨河而還，反衛；哀公三年如陳，季康子召冉求；哀公四年，自陳遷於蔡；哀公六年，自蔡如葉，自葉反於蔡，楚使人聘孔子，於是使子貢適楚，昭王興師迎孔子，孔子自楚反乎衛。哀公十一年，季康子問於冉有，召孔子。是孔子去魯八年始一至楚，其時冉有方仕於魯，使適楚者，子貢也。檀弓之文多不足據，而速貧、速朽，矯時而失之激，已非曾子之言。又轉而爲喪不欲貧、死不欲朽，至援聖人制禮之精心，一出於計較之私，其弊尤有不勝言者。孔子受楚聘，方困於陳，猶先使子貢適楚，以審進退之宜，未逾時而復反衛。鄭注「汲汲於仕得禄」，亦失之誣矣。

三·七七　○陳莊子死，赴於魯。魯人欲勿哭。君無哭鄰國大夫之禮。陳莊子，齊大夫，陳恒之孫，名伯。繆公召縣子而問焉[一]。縣子曰：「古之大夫，束脩之問不出竟[二]，雖欲哭之，安得而哭之？以其不外交。○繆，音木。竟，音境。今之大夫，交政於中國，雖欲勿哭，焉得而弗哭[三]？言時君弱臣强，政在大夫，專盟會以交接。○焉，於虔反。且臣聞之，哭有二道：有愛而哭之，有畏而哭之。」以權微勸之。公曰：「然。然則如之何而可？」縣子曰：「請哭諸異姓之廟。」明不當哭。於是與哭諸縣氏。

【疏】「陳莊」至「縣氏」。○正義曰：此一節論哭鄰國臣之法[四]。

○注「陳莊」至「名伯」。○正義曰：案世本：「成子當生襄子班[五]，班生莊子伯。」

[一] 繆公召縣子而問焉　閩、監、毛本同，石經同，岳本、嘉靖本同，衛氏集説同。考文引古本「縣」作「懸」，下同。○鍔按：「繆公」上，阮校有「陳莊子死節」五字。

[二] 束脩之問不出竟　閩、監、毛本同，石經同，岳本同，衛氏集説同。釋文「竟，音境」，考文引古本「竟」作「境」。○按：「竟」正字，「境」俗字。

[三] 焉得而弗哭　閩、監本同，石經同，岳本、嘉靖本同，衛氏集説同，足利本同。考文引古本無「而」字，毛本同，「弗」作「勿」，並非。

[四] 論哭鄰國臣之法　閩、監、毛本同，衛氏集説同，惠棟校宋本「論」作「記」。

[五] 成子當生襄子班　閩、監、毛本同，惠棟校宋本「當」作「常」。

鄭依世本知也。

【衛氏集説】鄭氏曰：君無哭鄰國大夫之禮。陳莊子，齊大夫，陳恒之孫，名伯。安得哭之？以大夫無外交也。時君弱臣强，政在大夫，專盟會以交接，不得不哭。言哭有二道，以權微勸之也。哭之異姓，明不當哭。

孔氏曰：此一節論哭鄰國臣之法。

嚴陵方氏曰：君弱臣强，有至交政於中國者，豈特束脩之問而已？生既畏之而不敢不與之交，則死亦畏之而不敢不爲之哭矣。若魯人之哭陳莊子，所謂畏而哭之者也。然縣子謂哭諸異姓之廟者，以哭其非所當哭之人，故哭於非所當哭之廟也。異姓之廟，必哭諸縣氏，以其禮之所由起故耳，則與哭伯高於賜氏同義。古之大夫，束脩之問不出竟，郊特牲所謂「爲人臣者無外交」是也。所謂束脩之問者，以一束之脩爲通問之禮也，猶莊子所謂「苞苴竿牘」歟？

廣安游氏曰：縣子所言，亦禮之變也。所謂畏而哭之也。春秋之時，先王之禮顛倒錯亂甚矣，魯悼公之喪，孟敬子食食，此人臣而禮損於君者也。穆公之於莊子，此人君而加禮於臣者也。雖然，是二事者，皆其情勢之當然也，亦非當時君臣之所强而行也。蓋古之行道者，先以政正人之情，因人之情以制所當行之禮，苟爲不然，政亂而時弊，時弊而情佚，情佚而禮變矣。且禮之未變也，其禮亦情勢之所當然；禮之既變也，亦其情勢之所當然也，雖聖人亦無如之何。今夫春秋書諸侯會而略其大夫，禮之正也，至趙盾、郤缺、士會、范鞅之徒，列乎會盟侵伐之中，而春秋亦列之矣。在夷狄曰荆，曰於越，曰赤狄，曰白狄，禮之正也，而春秋之時，先荆而後楚，吴、楚、秦、越，先無大夫而後有大夫，其禮有加於禮之正，春秋亦從而加焉。諸侯非元侯不得有師，禮之正也，而春秋之時國無大小，其相侵伐皆以師行，春秋亦從而稱之。此皆時勢之當然，聖人變文以從之也。然聖人非從之也，亦以著天子之失道，中國之失政，使後人之觀者即是有考焉。聖人固將泝其流而復其源，後世則循其流而下也。馬氏曰：「孟子曰：『哭死而哀，非爲生者也。』以有畏而哭之，能無爲乎？古之人引君以當道，志於仁而已。縣子語君，非志於仁者也。」

【吴氏纂言】鄭氏曰：陳莊子，齊大夫，陳恒之孫，名伯。君無哭鄰國大夫之禮，安得而哭之？以古之大夫無外交也。時君弱臣强，政在大夫，專盟會以交接焉。得而弗哭，言哭有二道，以權微勸之也。哭諸異姓，明不當哭。

方氏曰：爲人臣者無外交。束脩之問，謂以一束之脩爲通問之禮也。交政於中國，則豈特束脩之問而已？生既畏之而不敢不與之交，則死亦畏之而不敢不爲之哭，若魯人之哭陳莊子是也。縣子請哭諸異姓之廟者，以哭其非所當哭之人，故哭於非所當哭之廟也。必哭諸縣氏者，以其禮之所由起故爾，與哭伯高於賜氏同義。

廣安游氏曰：縣子所謂畏而哭之，禮之變也。春秋之時，先王之禮錯亂甚矣。魯悼公之喪，孟敬子食食，此人臣而損禮於其君者也。魯穆公之哭陳莊子，此人君而加禮於外臣者也。

馬氏曰：孟子云：「哭死而哀，非爲生者也。」以有畏而哭之，能無爲乎？縣子語君，非引君以當道，志於仁者也。

澄曰：愛而哭之，謂哀死而哭，哭其所當哭者也。畏而哭之，則哭死而非其情，哭所不當哭者也。此衰世之事，古豈有是禮哉？

【陳氏集説】陳莊子死，赴於魯。魯人欲勿哭。繆公召縣子而問焉。縣子曰：「古之大夫，束脩之問不出竟，雖欲哭之，安得而哭之？大夫訃於他國之君，曰：「君之外臣寡大夫某死。」莊子，齊大夫，名伯。齊强魯弱，不容略其赴。縣子名知禮，故召問之。脩，脯也，十脡爲束。問，遺也。爲人臣者無外交，不敢貳君也，故雖束脩微禮，亦不以出竟。**今之大夫，交政於中國，雖欲勿哭，焉得而弗哭？且臣聞之，哭有二道：有愛而哭之，有畏而哭之。」公曰：「然。然則如之何而可？」縣子曰：「請哭諸異姓之廟。」於是與哭諸縣氏。**交政於中國，言當時君弱臣强，大夫專盟會之事，以與國君相交接也，此變禮之由也。愛之哭，出於不能已；畏之哭，出於不得已。哭伯高於賜氏，義之所在也；哭莊子於縣氏，勢之所迫也。

【郝氏通解】陳莊子，齊大夫，陳恒之孫，名伯。赴，告喪也。齊强，魯畏之，故繆公欲爲哭，以重其赴也。脩，脯也，十脡爲束。天下有道，政出於一，大夫無私交，死不相赴，故曰「安得而哭」。天下無道，政自大夫出，故曰「安得弗哭」。此所謂畏之而哭，非愛之而哭也。陳莊子，異姓，故哭諸異姓之廟。

按此章之言，則是哭泣之哀，虚文無實，豈行禮之意？孟子曰：「哭死而哀，非爲生者。」畏生者而哭泣以市交，則所謂忠信之薄矣。今之大夫交政於中國，此春秋以來大夫主盟之事，豈先王之舊典與！

【欽定義疏】**正義** 鄭氏康成曰：君無哭鄰國大夫之禮。陳莊子，齊大夫，陳恒之孫，名伯。孔疏：世本：「成子當生襄子班，班生莊子伯。」安得哭之，以其不外交也。時君弱臣强，政在大夫，專盟會以交接。不得不哭，言哭有二道，以權微勸之也。哭諸異姓之廟，明不當哭。

孔氏穎達曰：此論哭鄰國臣之法。

陳氏澔曰：大夫訃於他國之君，曰「君之外臣寡大夫某死」。齊强魯弱，不容略其赴。縣子名知禮，故召問之。脩，脯也。十脡爲束。問，遺也。爲人臣者無外交，不敢貳君也。故雖束脩微禮，亦不以出竟。交政於中國，言當時大夫專盟會之事，以與國君相交接也，此變禮之由也。愛之哭，出於不能已；畏之哭，出於不得已。

方氏慤曰：哭諸異姓之廟者，以哭其非所當哭之人，故哭於非所當哭之廟也。必哭諸縣氏，以其禮之所由起故耳。

通論 陳氏澔曰：哭伯高於賜氏，義之所在也；哭莊子於縣氏，勢之所迫也。

【杭氏集説】陳氏澔曰：大夫訃於他國之君，曰「君之外臣寡大夫某死」。齊强魯弱，不容畧其訃。縣子名知禮，故召問之。脩，脯也，十脡爲束。問，遺也。爲人臣者無外交，不敢貳君也。故雖束脩微禮，亦不以出竟。交政於中國，言當時大夫專盟會之事，以與國君相交接也，此變禮之由也。愛之哭，出於不能已；畏之哭，出於不得已。哭伯高於賜氏，義之所在也；哭莊子於縣氏，勢之所迫也。

【孫氏集解】鄭氏曰：君無哭鄰國大夫之禮。陳莊子，齊大夫，陳恒之孫，名伯。

愚謂雜記有大夫、士赴於他國君之禮，而莊子之赴，魯人欲勿哭，蓋諸侯於他國臣之赴，但遣使弔之而不親哭，爲其分卑而恩疏也。縣子，名瑣，縣子知禮，故繆公召而問之。脩，脯也，十脡爲束。束脩微禮，尚不出境，言其無外交也。交政於中國者，言政在大夫，專盟會征伐之事，以交接於諸侯也。愛而哭之者，出於情；畏而哭之者，迫於勢。齊强魯弱，而陳氏專政於齊，則其喪固不容於不哭矣。左傳「魯爲異姓諸侯，臨於外」，杜預謂「於城外向其國」。此哭於異姓之廟者，别於哭諸侯之禮也。哭諸縣氏者，因其禮之所自起也，與孔子哭伯高於賜氏之義同。

【朱氏訓纂】**陳莊子死，赴於魯。魯人欲勿哭。**注：君無哭鄰國大夫之禮。陳莊子，齊大夫，陳恒之孫，名伯。正義：案世本「成子常生襄子班，班生莊子伯。」**繆公召縣**

子而問焉。縣子曰：「古之大夫，束脩之問不出竟，雖欲哭之，安得而哭之？注：以其不外交。今之大夫，交政於中國，雖欲勿哭，焉得而弗哭？注：言時君弱臣强，政在大夫，專盟會以交接。且臣聞之，哭有二道：有愛而哭之，有畏而哭之。」注：以權微勸之。公曰：「然。然則如之何而可？」縣子曰：「請哭諸異姓之廟。」注：明不當哭。於是與哭諸縣氏。陳可大曰：脩，脯也，十脡爲束。問，遺也。爲人臣者無外交，不敢貳君也。愛之哭，出於不能已；畏之哭，出於不得已。哭伯高於賜氏，義之所在也；哭莊子於縣氏，勢之所迫也。

三·七八　○**仲憲言於曾子曰：「夏后氏用明器，示民無知也。**所謂「致死之」。仲憲，孔子弟子原憲。**殷人用祭器，示民有知也。**所謂「致生之」。**周人兼用之，示民疑也。」**言使民疑於無知與有知。**曾子曰：「其不然乎，其不然乎！**非其説之非也。**夫明器，鬼器也；祭器，人器也。夫古之人胡爲而死其親乎？」**言仲憲之言，三者皆非。此或用鬼器，或用人器[一]。

[一] 或用人器　閩、監、毛本作「或」，岳本、嘉靖本同，衛氏集説同。此本「或」誤「成」。○鍔按：「或用」上，阮校有「仲憲言於曾子節」七字。

【疏】「仲憲」至「親乎」[一]。○正義曰：此一節論不可致意於死人爲死爲生之事，各隨文解之。

○注「仲憲，孔子弟子原憲」。○正義曰：案仲尼弟子傳云：「原憲，字子思。」彼注云「魯人」也。其時與曾子評論三代送終器具之義也。

○「曰夏后」至「親乎」。○此以下是原憲所説[二]，並非也。其言夏后氏所以別作明器送亡人者，言亡人無知，故以不堪用之器送之，表示其無知也。

○「殷人用祭器，示民有知也」者，憲又言殷家不別作明器，而即用祭祀之器送亡人者，祭器堪爲人用，以言亡者有知，與人同，故以有用之器送之，表示其有知也。

○「周人兼用之，示民疑也」者，憲又言周世并用夏、殷二代之器送亡者，不知定無知如夏，爲當定有知如殷，周人爲之致惑[三]，不可定者，故并用送之，是示於民疑惑不定也。

○「曾子曰：『其不然乎，其不然乎！』」者，曾子聞憲所説不是，故重稱「不然」，深鄙之也。

[一] 仲憲至親乎　惠棟校宋本無此五字。
[二] 此以下是原憲所説　閩、監、毛本同，惠棟校宋本無「原」字。
[三] 周人爲之致惑　閩、監、毛本作「惑」，此本誤「感」。

○「夫明器，鬼器也；祭器，人器也」者，曾子鄙憲言，畢而自更説其義也。言二代用此器送亡者，非是爲有知與無知也，正是質文異耳。夏代文，言鬼與人異，故純用鬼器送之，非言爲無知也。殷世質，言雖復鬼與人有異，亦應恭敬是同，故用恭敬之器，仍貯食送之[一]，非言爲有知也。説二代既了[二]，則周兼用之，非爲疑可知，故不重説。尋周家極文[三]，言亡者亦宜鬼事，亦宜敬事，故并用鬼、敬二器，非爲示民言疑惑也。然周唯大夫以上兼用耳，士唯用鬼器，不用人器。崔靈恩云：「此王者質文相變耳。」

○「夫古之人，胡爲而死其親乎」者，曾子説義既竟，又更鄙於仲憲所言也。「古」謂夏時也。言古人雖質，何容死其親乎？若是無知[四]，則是死之義也。然憲子言三事皆非，而曾子此獨譏「無知」者，以夏后氏尤古故也[五]，譏一則餘從可知也。

【衛氏集説】鄭氏曰：仲憲，孔子弟子原憲。示民無知，所謂「致死之」。有知，所謂「致生之」。兼用，言使民疑於無知與有知。曾子連言「其不然乎」，非其説之非也。蓋

[一] 故用恭敬之器仍貯食送之　惠棟校宋本作「仍貯食」，此本「仍貯食」三字闕，閩、監、毛本同。

[二] 説二代既了　閩、監、毛本作「了」，此本誤「子」。

[三] 尋周家極文　惠棟校宋本作「尋」，此本「尋」字闕，閩、監、毛本同。

[四] 若是無知　閩、監、毛本同，衛氏集説「是」作「示」。

[五] 以夏后氏尤古故也　監、毛本作「古」，此本「古」誤「苦」，閩本同。

仲憲之言，三者皆非。此或用鬼器，或用人器。

孔氏曰：此一節論不可致意於死人爲死爲生之事。重稱「不然」，蓋深鄙之，又自更説其義，謂夏以鬼與人異，故純用鬼器，非爲無知也。殷言鬼雖與人異，亦應恭敬，故用祭器，貯食送之，非爲有知也。周兼用之，非爲疑可知。古人雖質，何容死其親乎？「古」謂夏時也。若示無知，則是死之義。

横渠張氏曰：明器而兼用祭器，周之末禮也。周禮唯言「廞」。

嚴陵方氏曰：明器、祭器，三代之所兼用，蓋處以死生之間而已，豈特周而然哉！而原憲必以夏用鬼器、殷用人器，則是夏有致死之不仁，殷有致生之不知矣，宜乎曾子不然其説也。然曾子之言止及於夏而不及於殷者，以死其親尤君子之所不忍故也。

石梁王氏曰：三代送葬之具，質文相異，故所用不同，其意不在於無知、有知及示民疑也。仲憲之言皆非，故曾子非之，末獨譏其説。夏后明器者，蓋舉其失之甚者也。

李氏曰：明有象，幽無形，以有象之器事無形之鬼，故曰明器。以其對於祭器，故亦曰凶器。以人道而事鬼神，故曰祭器。以其對於凶器，故亦曰生器。生器則文而不功，明器則見而不用。有生器具之以適墓，象死道也；有明器具之而不用，明不復用也。由死道以思其生，由不用以念其死，皆所以重孝子之哀也。

【吴氏纂言】鄭氏曰：仲憲，孔子弟子原憲。示民無知，所謂「致死之」。示民有知，所謂「致生之」。兼用，則使民疑於無知與有知。曾子連言「其不然乎」，非其説之非也。蓋仲憲之言三者皆非，此或用鬼器，或用人器爾。

孔氏曰：夏以鬼與人異，故純用鬼器，非爲無知也。殷言鬼雖與人異，亦應恭敬，故用祭器貯食送之，非爲有知也。周家極文，言亡者亦宜鬼事，亦宜敬事，故并用鬼、敬二器，非爲示民疑也。然周唯大夫以上兼用爾，士唯用鬼器不用人器。古人雖質，何容死其親乎？「古」謂夏時也。若示無知，則是死之矣。憲言三事皆非，而曾子獨譏此無知者，譏一則餘從可知也。

方氏曰：明器、祭器，三代之所兼用。蓋處以死生之間，豈特周而然哉？原憲必以夏用鬼器、殷用人器，則是夏有致死之不仁，殷有致生之不知，宜乎曾子不然其説也。然曾子之言止及於夏而不及於殷者，以死其親，尤君子之所不忍也。

李氏曰：明有象，幽無形，以有象之器事無形之鬼，故曰明器；以其對於祭器，故亦曰凶器。以人道而事鬼神，故曰祭器；以其對於凶器，故亦曰生器。生器則文而不功，明器則具而不用。有生器具之以適墓，象死道也；有明器具之而不用，明不復用也。由死道以思其親，由不用以念其死，皆所以重孝子之哀也。

張子曰：明器而兼用祭器，周之末禮也，周禮惟言「廞」。

澄按，原憲名憲，字思，今「憲」上加「仲」，而鄭注指爲原憲，未詳。

【陳氏集説】仲憲，孔子弟子原憲也。示民無知者，使民知死者之無知也。爲其無知，故以不堪用之器送之；爲其有知，故以祭器之可用者送之。疑者不以爲有知，亦不以爲無知也。然周禮惟大夫以上得兼用二器，士惟用鬼器也。曾子以其言非，乃曰「其不然乎」。再言之者，甚不然之也。蓋明器、祭器，固是人鬼之不同，夏、殷所用不同者，各是時王之制，文質之變耳，非謂有知、無知也。若如憲言，則夏后氏何爲而忍以無知待其親乎？　石梁王氏曰：三代送葬之具，質文相異，故所用不同。其意不在於無知、有知及示民疑也，仲憲之言皆非，曾子非之，未獨譏其説夏后明器，蓋舉其失之甚者也。

【納喇補正】仲憲言於曾子。

集説　仲憲，孔子弟子原憲也。

竊按　此鄭注説也。然原憲名憲，字思，今加仲爲憲，是以名爲字矣。此必當時之人有字爲仲憲者，或姓仲名憲，爲子路之族，亦未可知。而鄭注誤指爲原憲也。

【郝氏通解】此明孝子不忍死親之心。仲憲，即原憲，孔子弟子也。示民無知，謂使民知死者之無知也。爲其無知，故以不堪用之器送之。爲其有知，故以祭祀可用之器送之。疑者不以爲有知，亦不以爲無知也。用，用以從葬也。周禮，大夫以上兼用祭器。曾子以示民無知之説爲非，故重言其不然。蓋死者雖不必有知，而孝子終不忍以無知死其親。人器，謂人有知；鬼器，謂鬼亦有知也。用明器之心，亦猶用祭器之心。古之人皆不忍死其親而已矣。

【欽定義疏】**正義** 鄭氏康成曰：仲憲，孔子弟子原憲。案：原憲，名憲，字思。古無加「仲」於名者，或仲氏而名憲與？示民無知，所謂「致死之」。有知，所謂「致生之」。兼用，言使民疑於無知與有知。曾子連言「其不然乎」，非其説之非也，蓋仲憲之言，三者皆非。此或用鬼器，或用人器。

孔氏穎達曰：此論不可致意於死人爲死爲生之事。殷不別作明器，而即用祭祀之器。曾子謂夏代文，以鬼與人異，故純用鬼器，非爲無知。殷世質，以鬼雖與人異，亦應恭敬，故用祭器貯食送之，非爲有知。周家極文，故兼用之。然周惟大夫以上兼用，士惟用鬼器，不用人器也。又言古人雖質，何容死其親乎？若示無知，則是死之義也。憲言三事皆非，而曾子獨譏無知者，以夏代尤古，譏其一則餘從可知也。

陳氏澔曰：爲其無知，故以不堪用之器送之。爲其有知，故以祭器之可用者送之。疑者，不以爲有知，亦不以爲無知也。然周禮惟大夫以上得兼用二器，士惟用鬼器也。曾子以明器、祭器，固是人鬼之不同。夏、殷所用不同者，各是時王之制，文質之變耳，非謂有知無知也。若如憲言，則夏后氏何爲而忍以無知待其親乎？

王氏曰：仲憲之言皆非，曾子非之，末獨譏其説夏后明器，蓋舉其失之甚者也。

存疑 張子曰：明器而兼用祭器，周之末禮也。周禮惟言「廞」。

方氏慤曰：明器、祭器，三代之所兼用，蓋處以死生之間而已。

案 周禮惟言「廞」。先鄭訓「陳」，後鄭訓「藏」。夫器，必先陳之，後藏之。張子據以爲周初不用祭器，何也？至三代皆兼二器，方説更無據。

【杭氏集説】孔氏穎達曰：此論不可致意於死人爲死爲生之事。殷不别作明器，而即用祭祀之器。曾子謂夏代文，以鬼與人異，故純用鬼器，非爲無知。殷世質，以鬼雖與人異，亦應恭敬，故用祭器貯食送之，非爲有知。周家極文，故兼用之。然周惟大夫以上兼用，士惟用鬼器，不用人器也。又言古人雖質，何容死其親乎？若示無知，則是死之義也。憲言三事皆非，而曾子獨譏無知者，以夏后氏尤古，譏其一則餘從可知也。

陳氏澔曰：爲其無知，故以不堪用之器送之。爲其有知，故以祭器可用者送之。疑者，不以爲有知，亦不以爲無知也。然周禮惟大夫以上得兼用二器，士惟用鬼器也。曾子以明器、祭器固是人鬼之不同，夏、殷所用不同者，各是時王之制，文質之變耳，非謂有知無知也。若如憲言，則夏后氏何爲而忍以無知待其親乎？

姚氏際恒曰：自古用明器，其後漸有用祭器者，下章孔子所歎爲死者而用生者之器，殆於用殉是也。仲憲見時人有用明器者，有用祭器者，遂謂夏用明器，殷用祭器，周人兼用之，此無稽之説，故曾子重言「其不然」。謂明器，鬼器也，可用；祭器，人器也，不可用。謂若殷用人器，爲不死其親，則古人何爲用鬼器而死其親乎？甚言祭器之不可用也。周人兼用，其非自見，故曾子不復辨。自注、疏以來，皆誤認仲憲三代所用之言以爲實，然謂此是夏、殷質文異尚，曾子但辨其無知、有知諸説之非，而不辨其三代所用之説之非，豈不誤乎？觀其文，但舉明器、祭器爲言，不以無知、有知爲言，自可見，蓋辨明器、祭器之説明，而無知、有知諸説可不攻而自破矣。此與上「孔子曰『之死而致死之』」章，下「宋襄公葬其夫人」章、「孔子謂爲明器」章，皆通。不然如舊解，謂曾子未嘗非祭器，則與前後章皆爲不通矣。餘説見下兩章。

姜氏兆錫曰：石梁王氏曰：「考疏及崔氏，三代質文異用，其意不在于有知、無知，及示民疑也。憲言皆非，曾子獨譏其示民無知之説者，蓋舉其失之甚者也。」愚按家語，此節合前後章孔子之論明器者爲一章，蓋原思言此，而子游以問于孔子，故孔子獨發明用明器之義，而又言用生器之近殉以譏之，而記者離而爲三，則失其舊矣。夫以明器爲鬼器，亦其曰「明器，神明之也」之意。故下文獨言「胡爲死其親乎」，以破其示民無知之説，但語意稍未融耳。孔子釋爲神明，故不嫌于死親，而自無譏于用殉，此所以仁知兼盡，而曾子之意亦顯也。如憲言，豈但示民無知者失之乎？考士喪禮，周大夫以上用二器，士惟用明器，此其義有等差而亦非所謂示民疑也。學者幸彙而求之。

任氏啟運曰：死者有知，將有舍生以殉死者，而民之情又易薄。謂死者無知，又將有亡而不祀者。此三代時所以隨時補救，而示民異道也。曾子則謂人之于親，愛則以人道事之，敬則以神道事之，古之用明器，亦以神道敬之耳。若以爲無知，是直死其親也，古之人豈有是乎？

【孫氏集解】鄭氏曰：仲憲，孔子弟子原憲。示民無知，所謂「致死之」。示民有知，所謂「致生之」。示民疑，言使民疑於無知與有知。仲憲之言，三者皆非。

孔氏曰：原憲言夏后氏用明器送亡者，以不堪用之器送之，表示其無知也。殷人用祭祀之器送亡者，以有用之器送之，表示其有知也。周世兼用夏、殷之器，示民疑惑於有知無知之間也。曾子言三代送死之器不同者，非爲有知與無知，質文異也。夏代文，言鬼與人異，故純用鬼器送之。殷代質，言鬼雖與人異，恭敬應同，故用恭敬之器送之。周家極文，言亡者亦應鬼事，亦應敬事，故兼用二器。然周惟大夫以上兼用耳，士惟用鬼器，不用人器也。「古」謂夏時也。言古人雖質，何容死其親乎？若是無知，則是死之義也。憲言三事皆非，而曾子獨譏無知者，譏一則餘從可知也。

【朱氏訓纂】**仲憲言於曾子曰：「夏后氏用明器，示民無知也。**注：所謂「致死之」。仲憲，孔子弟子原憲。　正義：案仲尼弟子傳云「原憲，字子思」，注：「魯人也。」**殷人用祭器，示民有知也。**注：所謂「致生之」。**周人兼用之，示民疑也。」**注：言使民疑於無知與有知。**曾子曰：「其不然乎，其不然乎！**注：非其説之非也。**夫明器，鬼器也；祭器，人器也。夫古之人胡爲而死其親乎？」**注：言仲憲之言，三者皆非。此或用鬼器，或用人器。　正義：言二代用此器送亡者，非是爲有知與無知也，正是質文異耳。然周唯大夫以上兼用，士唯用鬼器，不用人器。崔靈恩云：「此王者質文相變耳。」

三·七九　○**公叔木有同母異父之昆弟死，問於子游。**木當爲「朱」，春秋作「戌」[一]，衛公叔文子之子，定公十四年奔魯。○木，音式樹反，又音朱，徐之樹反。**子游曰：「其大功乎？」**疑所服也，親者屬大功是。**狄儀有同母異父之昆弟死，問於子夏。子夏曰：「我未之前聞也。魯人則爲之齊衰。」狄儀行齊衰。今之齊衰，狄儀之問也。**

【疏】「公叔木有同母異父之昆弟死問於子游」至「狄儀之問也」[二]。○正義曰：此一節論爲同母異父昆弟死著服得失之事，各依文解之。

○注「木當爲朱」至「十四年奔魯」[三]。○正義曰：案世本：「衛獻公生成子當，當生文子拔，拔生朱。」故知「木」當爲「朱」也。言「春秋作戌」者，定十四年「衛公叔戌來

[一] 春秋作戌　閩本同，岳本同，衛氏集説同。監、毛本「戌」誤「戍」，疏同。考文引古本春秋下有「傳」字，非也。正義引春秋經不引傳，可知無「傳」字。○鍔按：「春秋」上，阮校有「公叔木節」四字。

[二] 公叔木有同母異父之昆弟死問於子游至狄儀之問也　閩、監、毛本同，惠棟校宋本無此廿二字。

[三] 注木當爲朱至十四年奔魯　閩、監、毛本同，惠棟校宋本無「爲朱」「十四年」五字。

奔」是也。

○注「疑所服也，親者屬大功是」[一]。正義曰：同母異父昆弟之服[二]，喪服無文，故子游疑之。

「其大功乎」，「乎」是疑辭也。云「親者屬大功是」者，鄭意以爲同母兄弟，母之親屬服大功是也。所以是者，以同父同母則服期，今但同母，而以母是我親，生其兄弟，是親者血屬，故降一等而服大功。案聖證論王肅難鄭：「禮，稱親者血屬，謂出母之身，不謂出母之子服也。若出母之子服大功，則出母之父母服應更重，何以爲出母之父母無服？」王肅云：「同母異父兄弟服大功者，謂繼父服齊衰，其子降一等，故服大功。」馬昭難王肅云：「異父昆弟，恩繼於母，不繼於父。肅以爲從繼父而服，非也。」張融以爲繼父同居有子，正服齊衰三月，乃爲其子大功，非服之差，互説是也[三]。

○「今之齊衰，狄儀之問也」。○不云「自狄儀始」者，庾蔚云：「狄儀之前，魯人先已行之，故不云自狄儀始也。」

【衛氏集説】鄭氏曰：木當爲「朱」，春秋作「戍」，衛公叔文子之子，定公十四年奔

[一] 注疑所服也親者屬大功是　閩、監、毛本同，惠棟校宋本作「注疑所至功是」。
[二] 同母異父昆弟之服　閩、監、毛本同。惠棟校宋本「同」上有「爲」字，衛氏集説同。
[三] 互説是也　閩、監、毛本同，惠棟校宋本「互」作「元」。

魯。子游曰「其大功乎」，疑所服也，親者屬大功是。爲同母異父昆弟之服，喪服無文。乎，疑辭也。同父同母既服期，今但同母，則宜降一等而服大功也。不云自狄儀始者，魯人先已行之。

孔氏曰：此一節論爲同母異父昆弟死者著服得失之事。

橫渠張氏曰：同母異父之昆弟，狄儀服之齊衰，是與親兄弟之服同，如此則無分別。無分別，禽獸之道也。是知母而不知父。或以爲大功者，亦似太過，以小功服之可也。問此而答云「我未之前聞」，當古之時，又安有此事？

嚴陵方氏曰：禮，異父亦謂之繼父，繼父同居則服期焉，服其父以期，則其子相爲服以大功，乃其稱也。而子夏遂以魯人之事告狄儀，使之行齊衰，不亦甚乎？

廣安游氏曰：後世所承傳之禮，有出於三代之末，沿禮之失而爲之者。不喪出母，古禮之正也。今之禮家，喪服「齊衰杖期」，以爲出母服，此後世之爲也。孔氏之先君子喪出母，惟孔子行之，而非以爲法也，此所謂非禮之正也。同母異父之昆弟，子游爲之大功，魯人爲之齊衰，亦非禮之正也。昔聖人制禮，教以人倫，使父子有親，男女有別，然後一家之尊知統乎父，而厭降其母。同姓之親厚於異姓，父在則爲母服齊衰一年，出母則不爲服，此禮之正。後世不明乎父母之辨，不別乎同姓、異姓之親，既爲出母制爲服限，則雖異父之子，以母之故，亦當爲之服矣。此其失在乎不明一統之尊，不別同姓、異姓之親而致然也。及至後世，父在而升其母三年之服，而異姓之服若堂舅、堂姨之類，亦相緣而升矣。夫禮者，以情義言之，情義者，要有所限止，不可偏給也。母統于父，則不得不厭降其母。厚於同姓，則不得不降殺於異姓。夫是以父尊而母卑，夫尊而婦卑，天尊而地卑，君尊而臣卑，皆順是而爲之也。今子游欲以意爲之大功，此皆承世俗之失，而失之之原，其來寖遠而不可復。後世不由其原考之，禮節之失，未見其能正也。

【吴氏纂言】鄭氏曰：木當爲「朱」，春秋作「戍」，衛公叔文子之子。子游曰「其大功乎」，疑所服也，親者屬大功是。

孔氏曰：按世本「衛獻公生成子當，當生文子拔，拔生朱」，故知「木」當爲「朱」，春秋定十四年「衛公叔戍來奔」是也。爲同母異父昆弟之服，喪服無文。乎，疑辭也。同父同母則服期，今但同母，則宜降一等而服大功也。今之齊衰，狄儀之問，不云自狄儀始者，魯人先已行之。鄭云親者，屬以同母兄弟，爲母之親屬。王肅難鄭云：「禮稱親者屬，謂出母之身，不謂出母之子，以親者屬而服。若出母之子，則出母之父母服應更重，何以無服？同母異父兄弟服大功者，繼父服齊衰，其子降一等也。」馬昭云：「異父昆弟，恩繼於母，不繼於父，肅以爲從繼父而服，非也。」張融云：「繼父同居有子，止服齊衰三月，乃爲其子大功，非服之差，鄭玄説是。」

張子曰：同母異父之昆弟服齊衰，則與親兄弟之服同，是知母而不知父，如此無分別，禽獸之道也。或謂大功亦大過，以小功服之可也。問此而答云「未之前聞」，當古之時，安有此事？

廣安游氏曰：後世所承傳之禮，有出於三代之末，沿禮之失而爲之者。不喪出母，古禮之正也。孔氏喪出母，惟孔子行之，而非以爲法。今禮家爲出母服齊衰杖期，此後世之爲，非禮之正也。同母異父之昆弟，子游爲之大功，魯人爲之齊衰，亦非禮之正也。昔聖人制禮，教以人倫，使父子有親，男女有別，然後一家之尊知統乎父，而厭降其母。同姓之親厚於異姓，父在則爲母服齊衰一年，出母則不爲服。後世既爲出母制爲服限，則雖異父之子，以母之故，亦爲之服矣。此其失在乎不明父母之辨，一統之尊，不別同姓、異姓之親而致然也。及後世父在而升其母三年之服，至異姓之服，若堂舅、堂姨之類，亦相緣而升。夫禮者，以情義言也，情義者，有所限止，不可遍給也。母統於父，則不得不厭降於其母。厚於同姓，則不得不降殺於異姓。夫是以父尊而母卑，夫尊而婦卑，君尊而臣卑，皆順是而爲之也。今子游欲以意爲之大功，此皆承世俗之失。失之之原，其來寖遠，後世不考其原而不能正其失也。

方氏曰：禮，繼父同居服朞，則其子以大功相爲服，乃其稱也。而子夏以魯人之事告狄儀，使行齊衰，不亦甚乎？

澄曰：子夏固失矣，子游亦未爲得也。張子酌今人情，以爲可服小功。游氏準古禮制，以爲不當有服。後之知禮者詳焉。按禮，繼父同居有子者，服齊衰三月。王肅乃云「其子降繼父齊衰一等，故服大功」，是以繼父齊衰之服爲期服也。張融既駁其非矣，方氏又襲其誤，以爲繼父服期，何哉？

【陳氏集説】公叔木，衛公叔文子之子。同父母之兄弟期，則此同母而異父者當降而爲大功也。禮經無文，故子游以疑辭答之。魯人齊衰三月之服行之久矣，故子夏舉以答狄儀，而記者云因狄儀此問而今皆行之也。此記二子言禮之不同。鄭氏曰：大功是。

【納喇補正】公叔木。

集説　公孫木，衛公叔文子之子。

竊案　春秋定十四年「衛公叔戌來奔」。又案世本，衛獻公生成子當，當生文子拔，拔生朱。是文子之子名戌，亦名朱，而記獨作「木」者，蓋「戌」與「朱」聲相近，故世本誤「戌」爲「朱」。「朱」與「木」形相近，故檀弓又誤「朱」爲「木」也。鄭氏云：「『木』當爲『朱』，春秋作『戌』。」詳矣。集説漫不致辨，何歟？

又案　檀弓云：「公叔文子卒，其子戌請謚於君。」則公孫木或别是一人，不應一人，所記又誤「戌」爲「木」也，更詳之。

【郝氏通解】此明服制以義裁也。公叔术，衛公叔文子之子公叔戌也。春秋魯定公十四年「衛公叔戌來奔」是也。禮，同父母兄弟死，爲之服期，則異父同母者當降一等，爲之大功，此子游意也。魯人服齊衰者，從繼父而降也。禮，異父恩如父者，謂之同居繼父，服齊衰期，其父期則其子齊衰三月可也，此子夏述魯人意也。曰「狄儀之問」，不曰自狄儀始者，魯人先已爲之，引此問爲證耳。

按禮，繼父始同居、後異居者齊衰三月，未嘗同居者無服，則其子又安得概從齊衰？故鄭康成以子游之言爲是。愚謂大功九月與齊衰三月，無以甚異，既不可以齊衰，又可以大功乎！近代禮，同居繼父兄弟姊妹相爲小功，此爲得之。

【方氏析疑】同母異父，則途之人也，不宜有兄弟之稱。稱兄弟，俗言之鄙倍也。爲之服，是謂悖德而傷父之志。知禮如子游，不宜有大功之疑。子夏既未之前聞，亦不宜更舉魯人之慝禮，豈魯人亦心知其非，而紿託聖人諸賢之言以自解飾？傳聞既久，記者遂不能辨與？

【江氏擇言】按，異姓之服，生於恩義之不可已。如繼父同居者，恩深，服齊衰期。繼父有子，始同居，後異居者，恩次之，服齊衰三月。若素未嘗同居，則繼父亦如路人，無服矣。繼父且無服，而況同母異父之昆弟乎？此記公叔木與狄儀之事，狄儀則不可知，若公叔木之同母異父昆弟，則有可疑者。公叔木爲公叔文子之子，文子爲衛正卿，文子卒，其内子當不嫁於他人。若曰木之母自他姓而來嫁也，則文子豈娶再嫁之婦以爲内子？意木母賤，或由他姓再嫁也，是以有同母異父之昆弟，其昆弟或從母而來，鞠養於文子之家，則恩出公叔氏，公叔氏之子乃爲之大功，疑已重矣。如不從母鞠養，則直爲路人，又何服之有乎？先王制禮，但制一種繼父之服，而異父之昆弟不著服者，謂其恩義之淺深難定也。如其從母適人，鞠養於繼父，而與繼父之子亦如手足，然則人情宜有所不能已，安得不爲之服？由繼父齊衰三月而差降之，張子小功之説善矣。游氏一斷以古禮，謂不當有服，其論雖正，然未及乎恩義之不可已，而斟酌乎亡於禮者之禮，亦未爲盡善也。

又按，先王制服，固有一定之隆殺，然後世人情日趨於薄，則服制率矯而從於厚，是亦所謂禮以義起也。

【欽定義疏】木，依注作「朱」。案：古本「齊衰」下，有「三月」二字。

正義 鄭氏康成曰：木，當爲「朱」，春秋作「戌」，衛公叔文子之子，定公十四年奔魯。孔疏：世本「衛獻公生成子當，當生文子拔，拔生朱」，故知「木」當爲「朱」也。其大功乎，疑所服也。

孔氏穎達曰：此論爲同母異父昆弟死者著服得失之事。爲同母異父昆弟之服，喪服無文。乎，疑辭也。不云「自狄儀始」者，庾蔚云：「狄儀之前，魯人先已行之。」

存疑 鄭氏康成曰：親者屬大功是。

孔氏穎達曰：同父同母服期，今但同母，宜降一等服大功。王肅乃云：「其子降繼父齊衰一等，故服大功。」是以繼父齊衰爲期服也。

張子曰：同母異父之昆弟，狄儀服之齊衰，是與親兄弟之服同，如此則無分別。無分別，則禽獸之道也。是知母而不知父。齊衰三月，高、曾正服，無緣加之異姓，或以爲大功者，亦似太過，以小功服之可也。

案 家語郕人有同母異父之昆弟死，因顏克問於孔子，子曰：「同居，繼父則從爲之服。不同居，繼父且無服，况其子乎？」是聖人固有定論矣！何游、夏不聞，而各以臆説耶？魏高堂崇曰：「聖人制禮，外親不過緦，殊異内外之明理也。」外祖父母以尊加，從母以名加，皆小功。舅緦而已。同母異父之昆弟，異族無屬，於禮不當有服，即同居亦當從同爨緦之例，無緣大功，乃重於外祖父母也。鄭謂「親者屬」，王肅難之，言親屬謂出母之身，不謂其子，極當。然王肅謂繼父服齊衰，子降一等，故大功又非也。馬昭駁王言繼父昆弟，恩由於母，不由繼父。張融駁王言繼父同居有子，爲齊衰三月，乃爲其子大功，非服之差。合此數説觀之，則以孔子言無服爲正。

【杭氏集説】顧氏炎武曰：子夏曰：「我未之前聞也。」此是正説，而又曰魯人則爲之齊衰，則多此一言矣。狄儀從而行之，後人踵而效之，然則魯人之前固未有行之者矣，是以君子無輕議禮。

姚氏際恒曰：按婦人夫死，攜其子改嫁，故其子有異父，又謂之繼父。今世委巷間有之，若士大夫家自無。此据公叔木、狄儀皆母改嫁所攜之子，故俱曰有同母異父之昆弟死。夫失禮之禮，何足爲問？而聖門諸賢且與之諄諄議禮。觀子夏及記者之言，皆舉魯俗説，則是比比者皆是矣，亦可怪也。又按公叔木，鄭氏謂「木當爲朱，春秋作戍，衛公叔文子之子」，夫公叔文子，衛大夫也，文子卒，其妻豈容改嫁，而且使其子養於異父家，有異父昆弟死之事乎？左傳，史鰌稱戍驕殆亡。文子卒，衛侯始惡之，以其富也，逐之，奔魯。若然，則必無是事也。或曰此出母也，夫文子即出妻，何至使其子隨母而嫁？亦必無是事也。然曰公叔即非戍，亦自是他公族矣。總之，必無此記言，不足信也。

汪氏琬曰：或問：同母異父昆弟之服，子游言大功，子夏言齊衰，而唐開元禮降從小功，三者不同，然則宜何服？曰：律文無服，此宜從律者也。禮，同父母之昆弟期，同父異母之昆弟大功，因母既嫁，則與宗廟絶矣。彼既自絶于宗廟，則其子之爲父後者猶不爲之制服，顧可使同母異父夷於同父異母之服乎？禮，繼母可以如母，繼父不可以如父，故繼父不同居者無服。而獨爲異父者大功，其失禮意明矣。子夏傳曰：「禽獸知母而不知父，埜人曰：『父母何算焉！』」使同母異父而爲之服，此知母而不知父者也，與禽獸何以異焉？然則齊衰亦非子夏之言也，記禮者之臆説也。

姜氏兆錫曰：鄭注曰：「子游曰其大功，疑所服也。親者屬大功是。」横渠張子曰：「異父兄弟服之齊衰，是與親兄弟之服同，如此則無分别。無分别，禽獸之道也。是知母而不知父。或以爲大功者，亦似太過，以小功服之可也。」愚按，異父兄弟，禮經不載其服，非闕也。先王之禮，如是而已。今且以出母言之，母出與廟絶，衆子期而不禫，爲父後者則無服，是出母且不得于其子也。更以繼父而言，其同居繼父齊衰期，昔同居、今異居繼父，齊衰三月，若不同居則無服矣，是繼父更不能得于妻之子也。故異父兄弟禮無其文，蓋亦朱子所謂推不去者，而當以同、異居繼父權之也。考家語，郰人同母異父之昆弟死，因顔克而問禮于孔子，孔子固以此意曉之矣。而聖門諸賢之未聞教者，猶皆慎而不敢質言也，而遂懸斷以「親者屬大功是」，可乎？此鄭氏之汰也。

方氏苞曰：同母異父，則途之人也，不宜有兄弟之稱。稱兄弟，俗言之鄙倍也。爲之服，是謂悖德而傷父之志。知禮如子游，不宜有大功之擬。子夏既未之前聞，亦不宜更舉魯人之慝禮，豈魯人亦心知其非，而造託聖人諸賢之言以自解飾？傳聞既久，記者遂不能辨焉。

任氏啟運曰：按家語，郰人有同母異父之昆弟死，因顔克問于孔子，孔子曰：「同居繼父則從爲之服，不同居繼父且無服，況其子乎？」是聖人固有定論矣，何游、夏之不聞也？魏高堂崇曰：「聖人制禮，外親不過緦麻，殊異内外之明理也。外祖父母以尊加，從母以名加，皆小功。舅緦而已。同母異父兄弟，異族無屬，殊于外家遠矣，于禮不當有服，即同居亦當從『同爨緦』而已，無緣大功，乃重于外祖父母也。」張載曰：「齊衰三月，高、曾正服，無緣加之異姓，即大功亦過，小功可也。游酢曰：『聖人之教，父子有親，男女有別，尊無二上。』故父在而母死則壓而期，母出則不服，何有于異父之子乎？後世不明父母之辨，一統之尊，于是爲出母期，而異父之子亦爲之制服，要非禮也。」愚謂繼父不同居，則繼父且無服，何有于其子？若同財而爲我祭其祖禰，則如高堂氏所云，從「同爨緦」是也。若繼父止此一子而無期功以上親，則義服小功亦可。

【孫氏集解】鄭氏曰：木當爲「朱」，春秋作「戍」，衛公叔文子之子。

愚謂齊衰者，以昆弟之服服之也。大功者，視昆弟降一等而服之也。然昆弟之名，從同父而生，一本之親也。同母異父昆弟，一爲繼父之子，一爲因母前所生之子，此雖名爲昆弟，實非昆弟也。絶族無施服，母嫁而從者爲之杖期，而其父母則不服，則必不從而服其子矣。繼父有子，則爲不同居繼父僅爲之齊衰三月，則必不爲其子服齊衰、大功矣。必不得已，援「同爨緦」之義，服之視齊衰三月者而差降焉，其亦可已。若不從母者，則其所生之子乃路人也，何服之有？狄儀不可考。公叔木，衛之大夫，必不從母而嫁，且爲父後者，出母且不服，又何異父同母兄弟之服乎？魯爲秉禮之國，二子學於聖人，而其繆於禮乃如此，殊不可解也。

【朱氏訓纂】公叔木有同母異父之昆弟死，問於子游。注：木當爲「朱」，春秋傳作戍，衛公叔文子之子，定公十四年奔魯。　正義：案世本「衛獻公生成子當，當生文子拔，拔生朱」，故知「木」當爲「朱」也。子游曰：「其大功乎？」注：疑所服也。親者屬大功是。　盧注：子游爲近是。　王注：母嫁則外祖父母無服，所謂「絶族無施服」

也。唯母之身有服，所謂「親者屬」也。異父同母昆弟不應有施，此謂與繼父周，故其子大功也。禮無明文，是以子游疑而答也。**狄儀有同母異父之昆弟死，問於子夏。子夏曰：「我未之前聞也。魯人則爲之齊衰。」狄儀行齊衰。今之齊衰，狄儀之問也。**正義：案聖證論，王肅難鄭：「禮稱親者血屬，謂出母之身，不謂出母之子也。若出母之子服大功，則出母之父母服應更重，何以爲出母之父母無服？」魏高堂崇曰：「聖人制禮，外親不過緦，殊異内外之明理也。外祖父母以尊加，從母以名加，皆小功，舅緦而已。同母異父之昆弟，異族無屬，於禮不當有服，即同居，亦當「同爨緦」之例，無緣大功，乃重於外祖父母也。」

【郭氏質疑】公叔木。

鄭注：木當爲「朱」，春秋作「戍」，衛公叔文子之子，定公十四年奔魯。

疏引世本「衛獻公生成子當，當生文子拔，拔生朱。」朱、戍聲相近。

嵩燾案，三傳俱作「公叔戍」，此經下云「衛公叔文子卒，其子戍」，竝不作「朱」，疑此公叔木不得爲公叔朱之誤。檀弓連言「仲憲言於曾子」「公叔木問於子游」「狄儀問於子夏」，皆魯人也，記禮者因彙次言之。春秋成十五年「嬰齊卒」，杜注：「襄仲子，公孫歸父弟。宣十八年，逐東門氏，使嬰齊紹其後，曰仲氏。」仲氏亦魯公族也。案史記「仲由，卞人」，卞亦魯地，而仲由自別爲氏。鄭注：「仲憲，孔子弟子原思。」史記：「原憲，宋人，字子思。」仲氏、原氏族别。氏族志有「原仲氏」，陳大夫原仲之後，而原憲不聞稱「仲」，是以仲憲爲原思者，亦誤也。氏族志：「周成王封母弟孝伯於狄城。」襄十年左傳「狄虒彌」，杜注：「魯人。」則狄亦魯舊氏也。疑三者皆魯人，而其名不别見，正不必舉其人以實之。春秋成十一年，穆姜出聲伯之母，嫁於齊管于奚，生二子而寡，以歸聲伯，聲伯以其外弟爲大夫。喪服傳，繼父同居，不杖期；不同居，齊衰三月。如聲伯之外弟爲聲伯制服，宜也。禮記之文，多引申儀禮遺意，以正當時之得失。於此經，似以子游之大功爲允，而於魯人之齊衰有未協焉。鄭注「親者屬大功是」，而王肅難之，蓋亦未知周以前之服制，不可强同於後世也。

三·八〇　**〇子思之母死於衛，**子思，孔子孫，伯魚之子。伯魚卒，其妻嫁於衛。**柳若謂子思曰：「子，聖人之後也。四方於子乎觀禮，子蓋慎諸。」**柳若，衛人也。見子思欲爲嫁母服，恐其失禮，戒之。嫁母齊衰期。**子思曰：「吾何慎哉？吾聞之有其禮，無其財，君子弗行也；**謂時可行，而財不足以備禮。**有其禮有其財，無其時，君子弗行也。**謂財足以備禮，而時不得行者。**吾何慎哉！」**時所止則止，時所行則行，無所疑也。喪之禮如子，贈襚之屬，不踰主人。〇襚，音遂。

【疏】「子思」至「慎哉」[一]。○正義曰：此一節論爲出嫁母之喪[二]行禮之事。○注「子思，孔子孫，伯魚之子」。○正義曰：孔子世家文。鄭言之者，以下云「子，聖人之後」，故具言之。

○注「柳若」至「衰期」。○正義曰：云「嫁母齊衰期」者，嫁母之服，喪服無文。案喪服「杖期」章云：「父卒，繼母嫁，從，爲之服，報。」則親母可知。故鄭約云「齊衰期」也。又鄭止言「齊衰期」，不言嫡庶，故譙周、袁準並云：「父卒，母嫁，非父所絶，嫡子雖主祭，猶宜服期。而喪服『爲出母期』，嫁母與出母俱是絶族，故知與出母同也。」張逸問：「舊儒、世本皆以孔子後數世皆一子。禮，適子爲父後，爲嫁母無服。檀弓説子思從於嫁母服，何？」鄭答云：「子思哭嫂爲位，必非適子。或者兄若早死，無繼，故云數世皆一子。」

○注「謂財」至「行者」。○正義曰：謂若嫁母之家主人貧乏，斂手足形還葬，已雖有財，不得過於主人。故下注「喪之禮如子，贈襚之屬，不踰主人」是也。

【衛氏集説】鄭氏曰：子思，孔子孫，伯魚之子。伯魚卒，其妻嫁於衛。柳若，衛人也。見子思欲爲嫁母服，恐失禮，戒之。嫁母齊衰期。有禮無財，謂時可行而財不足以

[一] 子思至慎哉　惠棟校宋本無此五字。○鍔按：「子思」上，阮校有「子思之母節」五字。

[二] 論爲出嫁母之喪　閩、監、毛本同。惠棟校宋本無「嫁」字，衛氏集説同。

備禮。有禮有財無時，謂財足以備禮而時不得行者。子思謂時所止則止，時所行則行，無所疑也。喪之禮如子，贈襚之屬，不踰主人。

孔氏曰：此一節論爲出母之喪行禮之事。嫁母之服，喪服無文。案喪服「杖期」章云：「父卒，繼母嫁，從，爲之服，報。」則親母可知。故鄭約云：「齊衰期」也。若嫁母之家主人貧乏，已雖有財，不得過於主人。故鄭謂「贈襚不踰主人」也。譙氏曰：「父卒，母嫁，非父所絶，適子雖主祭，猶宜服期。而喪服『爲出母期』，嫁母與出母俱是絶族，故知與出母同也。」

嚴陵方氏曰：無其財，則物不足以行禮。無其時，則勢不可以行禮。禮有常，時有變，財有限，三者不備，君子所不行也。孟子所言「不得不可，以爲悦」者，時與禮也；「無財，不可以爲悦」者，即此所謂財也。

馬氏曰：子思之於出妻，則不使子上致其喪，門人問之，乃以爲道污則從而污。於嫁母哭之失禮，柳若戒之，乃以爲「吾何慎哉」。蓋子思之賢，其文過猶若此也。世無聖人而有賢者，爲聖人之後，則禮義所自出，故四方所以觀其禮。有其禮矣而無其財，行之則非義；有其財無其時而行之，則非命。苟知此矣，而又能慎之，亦不失爲君子。

廬陵胡氏曰：古者嫁母齊衰期，今律亦然。子思習於禮，未嘗不慎，曰「吾何慎哉」，言其慎久矣。

廣安游氏曰：爲嫁母服，此後世之禮，非先王之正也。子思之意，以爲雖有齊衰期之禮，然財不足以備禮，則行之必有所不備。弗行者，弗能備行也。若有其禮、有其財，可以行矣。而非道隆之時，亦弗可以備行也。以此觀之，子思於嫁母之服，蓋有行之而不備者矣。古之君子，嚴於父母、男女之别，以爲禽犢懷母不懷父，君子惡之。故父在爲母期，以厭降於父。母出嫁而其禮之行有所不備，以爲母絶於父，其尊統於父，所以致謹於父之親也。若厚於嫁母而於父不親，此禽犢之道，謹於禮者之所畏也。然後世之君子行不如子思，道又不如子思，未必能親其父而先絶其母，此又君子所難言也。故曰「與其過乎薄，寧過乎厚」。去古既遠，行禮者當以是爲心。

【吴氏纂言】鄭氏曰：柳若，衛人也。見子思欲爲嫁母服，恐其失禮，戒之。嫁母齊衰期。有禮無財，謂可行禮，而財不足以備禮。有禮有財無時，謂財足以備禮，而時不得行。喪之禮如子，贈襚之屬，不踰主人。

孔氏曰：嫁母之家主人貧乏，斂手足形還葬，己雖有財，不得過於主人。故鄭謂「贈襚不踰主人」也。

廣安游氏曰：弗行者，弗能備行也。嫁母雖有齊衰期之禮，然財不足以備。若時弗可以行，則行之必有所不備。以此觀之，子思於嫁母之服，蓋有行之而不備者矣。

澄曰：禮，父在爲嫁母齊衰期，父没爲父後者則不服。其時子思父伯魚久没，祖仲尼亦没，而其已嫁之母死於衛，子思將爲之服。柳若者，衛之賢人也，疑子思不當服此嫁母，故戒之曰：子乃聖人之後，凡所行之禮，四方之人觀之以爲法，則子合謹慎依禮而行，毋或厚於情而踰於禮也。而子思之答以爲有禮而無財，則弗得行其禮；有禮有財而無時，亦弗得行其禮。時嫁母之家蓋貧，子思雖欲備禮，而不可踰喪主，故其心慊然，以爲不得盡禮於其母。柳若所謂慎者，防其或過爾。子思之慊，則恨其有不及也。子思謂吾之於母，禮所得爲，財亦能備，而時弗可行。方此懷恨其不及於禮，何事須慎防其過於禮乎？故曰「吾何慎哉」。子思所以得爲嫁母服者，蓋伯魚有長子，子思爲支子。伯魚没，長子爲父後，及長子亦没而無子，子思自以支子，不敢繼兄主祭，而己子孔白，本是繼禰之宗，故以接續其兄爲繼祖，繼曾祖之宗而承祭祀。白不立爲伯父後，特接續而主祭爾，故子思未嘗主祭，而得爲嫁母服也。若譙周、袁準所云「父卒母嫁，非父所出嫡子，雖主祭猶服期」，此則禮經所無，臆説爾。至若馬氏以「吾何慎哉」爲子思之文過，且謂聖人之後而又能慎之，不失爲君子，則直貶子思之不能慎也。廬陵胡氏又救馬氏之貶，以爲子思習於禮，未嘗不慎。曰「吾何慎哉」，言其慎久矣。皆是不曉柳若與子思所言「慎」字之意。

【陳氏集説】柳若，衛人。伯魚卒，其妻嫁於衛。有其禮，謂禮所得爲者。然無財，則不可爲。禮，時爲大，有禮有財而時不可爲，則亦不得爲之也。

【納喇補正】集説　柳若，衛人。伯魚卒，其妻嫁於衛。有其禮，謂禮所得爲者。然無財，則不可爲。禮，時爲大，有禮有財而時不可爲，則亦不得爲之也。

竊案　集説所云，諸儒相沿舊説也。或以「吾何慎哉」詞氣輕忽，不似子思平日戒慎之學，而集説未解，今以臨川吴氏一説通之。吴氏曰：「禮，父在爲嫁母齊衰期，父没爲父後者則不服。其時子思父伯魚久没，祖仲尼亦没，而其已嫁之母死於衛，子思將爲之服。柳若疑子思不當服此嫁母，故戒之謹慎，依禮而行，毋或厚於情而踰於禮。時子思嫁母之家蓋貧，子思雖欲備禮而不可踰喪主，故其心歉然，以爲不得盡禮於其母。柳若所謂慎者，防其或過耳。子思之歉，則恨其有所不及也。子思謂吾之於母，禮所得爲，財亦能備，而時弗可行，方恨不及於禮，何事須慎防其過於禮乎？故曰『吾何慎哉』。」其言似得禮，惟所云「孔白接續主祭」之説，不免鑿空。姜子西溟已辨之矣。至若馬氏直貶子思爲不慎，且謂聖人之後而能慎之，不失爲君子。廬陵胡氏又以爲子思習於禮，未嘗不慎，曰「吾何慎哉」，言其慎久矣。二説不同，要皆未曉柳若與子思所言「慎」之之意也。

【郝氏通解】此言出母無服之禮。子思母，伯魚妻也，死於衛，或生而見出，或死而再嫁也。柳若，衛人。子思之言，蓋微示以不當爲服之意。

按：孔氏三世出妻，此好事者之言説，見「子上之母死」章。子思之母，伯魚之妻，上事天子，下撫子思。夫死再嫁，有是事乎？親喪，人所自致，縱禮不得行，情亦當自盡，焉得不慎？而曰「吾何慎」「吾何慎」，是視親喪若無有也，豈仁人之言乎？曲禮曰：「貧者不以財貨爲禮。」禮不可斯須去身，豈以貧富爲行止意？謂絶母不當服，妻雖有絶而子自不易，生我而視同路人，豈得爲子乎？或曰先王制禮，重父降母，以別于禽獸。夫降斬而爲齊，降三年而爲期，已甚矣。父絶其妻，而子即絶其母，是無父者爲禽獸，而無母者得爲人？不有其母與不有其父，相去幾何？子思爲是禮乎？吾弗信也。

【方氏析疑】禮，父没，爲父後者於出母無服，則嫁母亦宜同無，所用其慎也。不忍質言其故，故以無其時爲辭。蓋母死於父没之後，而已爲父後，則無禮之可行矣。

【江氏擇言】子思之母死於衛。

按，嫁母異於出母。喪服記但言「爲父後者爲出母無服」，不言爲父後者爲嫁母無服。而禮經父卒，繼母嫁後，猶爲之齊衰杖期，況於所生之母？父卒而嫁，豈可以爲父後而忘其所由生乎？此譙周、袁準之説所本也。吴氏譏其臆説，過矣。又按子思之母嫁於衛，此事似未可臆斷也。伯魚卒，孔子又卒，子思尚幼，其母不能安室而適人，宜亦有之。母欲嫁，雖有賢子，能禦之乎？觀凱風可知矣。

【欽定義疏】正義　鄭氏康成曰：子思，孔子孫，伯魚之子。伯魚卒，其妻嫁於衛。柳若，衛人也。見子思欲爲嫁母服，恐其失禮，戒之。嫁母齊衰期。孔疏：嫁母之服，喪服無文。案：喪服「杖期」章云：「父卒，繼母嫁，從，爲之服，報。」則親母可知。故鄭約云「齊衰期」也。有禮無財，謂時可行而財不足以備禮。有禮有財無時，謂財足以備禮而時不得行者。子思謂時所止則止，時所行則行，無所疑也。喪之禮如子，贈襚之屬，不踰主人。孔疏：若嫁母之家主人貧乏，雖有財，不得過於主人。故鄭謂「贈襚不踰主人」也。

孔氏穎達曰：此論爲出母之喪行禮之事。譙周、袁準並云：「父卒母嫁，非父所絶。適子雖主祭，猶宜服期。而喪服『爲出母期』，嫁母與出母俱是絶族，故知與出母同也。」

【通論】姚氏舜牧曰：喪母有其禮矣，致喪有其財矣。然時乎出嫁，則與從父而終者異矣。此雖有禮與財，而亦有不可行者。他日子上之母死，子思曰：「爲伋也妻者，是爲白也母。不爲伋也妻者，是不爲白也母。」則此之所謂「有其禮有其財，無其時，君子弗行也」，其意斷可識矣。

【存疑】游氏桂曰：爲嫁母服，此後世之禮，非先王之正也。古之君子，嚴於父母、男女之别，以爲禽犢懷母不懷父，君子惡之。故父在爲母期，以厭降於父。母出嫁而其禮之行有所不備，以爲母絶於父，其尊統於父，所以致謹於父之尊也。若厚於嫁母而於父不親，此禽犢之道，謹於禮者之所畏也。案：嫁母亦有出於不得已而再適者，則嫁母之罪不重於出母。爲出母期，禮有明文矣，游氏持論亦似太過。

【辨正】吴氏澄曰：禮，父在爲嫁母齊衰期，父没爲父後者則不服。其時子思父伯魚久没，祖仲尼亦没，而其已嫁之母死於衛，子思將爲之服。柳若戒以慎禮，毋或厚於情而逾於禮。時母嫁之家蓋貧，子思雖欲備禮而不可逾喪主，故其心歉然，謂吾方恨其不及於禮，何事須慎防其過於禮乎？馬氏、胡氏皆不曉柳若與子思所言「慎」字之意。

【杭氏集説】孔氏穎達曰：此論謂出母之喪行禮之事。譙周、袁準竝云：「父卒母嫁，非父所絶，適子雖主祭，猶宜服期。而喪服『爲出母期』，嫁母與出母俱是絶族，故知與出母同也。」

姚氏舜牧曰：喪母有其禮矣，致喪有其財矣。然時乎出嫁，則與從父而終者異矣。此雖有禮與財，而亦有不可行者。他日子上之母死，子思曰：「爲伋也妻者，是爲白也母。不爲伋也妻者，是不爲白也母。」則此之所謂有其禮有其財，無其時，君子弗行也，其意斷可識矣。

吴氏澄曰：禮，父在爲嫁母齊衰期，父没爲父後者則不服。其時子思父伯魚久没，祖仲尼亦没，而其已嫁之母死于衛，子思將爲之服。柳若戒以慎禮，毋或厚於情而踰於禮。時母嫁之家蓋貧，子思雖欲備禮而不可踰喪主，故其心歉然，謂吾方恨其不及於禮，何事須慎防其過於禮乎？馬氏、胡氏皆不曉柳若、子思所言「慎」字之意。

方正學曰：禮者，君子坦履之器也，不可斯須遠于身，豈以家之貧富、時之通塞爲行否？子思賢者，其於道粹矣，信斯言也，烏在其喻于道。

萬氏斯大曰：舊説伯魚死，其妻改適於衛，此妄説也。伯魚之死，年幾五十，其妻亦既衰，況上有聖舅，下有賢子，豈比窮民無告者而至有改適之事乎？故知妄也。謂孔子、子思皆出妻，亦然。

姚氏際恒曰：伯魚之妻未必有他適之事，子思亦必不以親喪而作「吾何慎哉」之語。

陸氏奎勳曰：伯魚亡，年五十，妻非少寡，何復改嫁于衛？既云衛人柳若欲子思慎于居喪，後文又云「子思在魯，聞赴而哭于廟」，自相矛盾，鄭氏不能明辨其誣而曲爲之注，何取于研經耶？

姜氏兆錫曰：疏曰「嫁母之服，儀禮喪服篇無其文」。按，嫁母與出母俱是絶族，喪服爲出母期，故知嫁母與出母同也。游氏曰：「子思之意，以爲雖有齊衰期之禮，然財不足備禮，則行之必有不備，若有其禮、有其財，可以行矣，而非道隆之時，亦弗可以備行也。古之君子，嚴于父母、男女之别，以爲禽犢懷母不懷父，君子惡之。故父在爲母期，以厭降于父。母出嫁而禮有不備，以爲母絶于父，其尊統于父，所以致謹于父之親也。若厚于嫁母而於父不親，此禽犢之道，謹于禮者之所畏也。」愚按：子思之處嫁母，此非大賢以上、見道卓然者，豈足語此哉！然其教子上則不免過當者，此所謂未達一間者也。道無過不及之謂中，子思作中庸而未與道爲體，豈自以未服母爲嫌與？過此以往，則聖人之時而大而化之之謂矣。餘見篇首第四章及下篇第五十章。

方氏苞曰：禮，父没爲父後者於出母無服，則嫁母亦宜同無，所用其慎也。不忍質言其故，故以「無其時」爲辭，蓋母死於父没之後，而已爲父後，則無禮之可行矣。

李氏光坡曰：有其禮者，謂禮所得爲也。時者，注云「喪之禮如子，贈襚之屬，不踰主人」，疏云「謂若嫁母之家主人貧乏，己雖有財，不得過於主人」，此所謂時也。「吾何慎哉」，無所疑也。

【孫氏集解】子思之母，嫁母也，嫁母無服，故柳若戒以不可不慎，而子思自言其時之不得行禮者以答之，蓋禮所不得爲，則雖欲慎之，而無可慎也。故曰「吾何慎哉」。○漢石渠議：問：「父卒母嫁，何服？」蕭太傅曰：「當服周，爲父後則不服。」韋玄成曰：「父没則母無出義，王者不爲無義制服，故不服也。」宣帝詔曰：「婦人不養舅姑，不奉祭祀，不下慈子，是自絶也，故聖人不爲制服。玄成議是也。」

愚謂喪服「杖期」章「父卒，繼母嫁，從，爲之服」，而不言母嫁不從者之服，則不服也。出母服，嫁母不服，何也？蓋出母者，見絶於父，不得已而去者也。命之反，則反矣，猶未自絶於其夫與其子也。嫁母者，父未嘗絶之而彼乃自絶於其夫，且自絶於其子，則其與出母之不得已而去者不同矣。惟其夫死子幼，無大功之親，不得已挾其子以適人，則其情既可原，而又有撫養之恩焉，然後爲之服，然猶止於杖期，不得以父没爲母齊衰三年之服服之也。喪服於母嫁而從者之服，特言「繼母」，蓋但言「母」，則嫌繼母嫁而從者之猶不服耳，非謂因母嫁而從者之服又有加於此也。母嫁而從者爲之杖期，則嫁而不從者必不亦爲之杖期矣。降此，則或爲旁親遞降之服，或爲正尊親遠之服，又皆非所以服其母也。先儒欲以出母之服例諸嫁母，誤矣。

【朱氏訓纂】子思之母死於衛，柳若謂子思曰：「子，聖人之後也。四方於子乎觀禮，子盍慎諸。」注：子思，孔子孫，伯魚之子，伯魚卒，其妻嫁於衛。柳若，衛人也。見子思欲爲嫁母服，恐其失禮，戒之。嫁母齊衰期。**子思曰：「吾何慎哉？吾聞之有其禮，無其財，君子弗行也；**注：謂時可行而財不足以備禮。**有其禮有其財，無其時，君子弗行也。**注：謂財足以備禮而時不得行者。**吾何慎哉！」**注：時所止則止，時所行則行，無所疑也。喪之禮如子，贈襚之屬，不踰主人。　正義：嫁母之服，喪服無文。案喪服「杖期」章云：「父卒，繼母嫁，從，爲之服，報。」則親母可知。譙周、袁準並云：「父卒，母嫁，非父所絕，嫡子雖主祭，猶宜服期。而喪服『爲出母期』，嫁母與出母俱是絕族，故知與出母同也。」張逸問：「舊儒、世本皆以孔子後數世皆一子。禮，適子爲父後，爲嫁母無服。檀弓説子思從於嫁母服，何？」鄭答云：「子思哭嫂爲位，必非適子。或者兄早死，無繼，故云數世皆一子。」

【郭氏質疑】子思之母死於衛，柳若謂子思。

鄭注：伯魚卒，其妻嫁於衛。柳若，衛人也。

嵩燾案，此經下云：「子思之母死於衛，赴於子思，子思哭於廟。門人至，曰：『庶氏之母死。』」鄭注：「嫁母也，姓庶氏。」合兩節文義求之，一在衛，一在魯，聞赴而皆不云「嫁母」。案檀弓於子上之母稱「出母」，於伯魚、子思但著其居喪之節而已。所云「庶氏之母」，猶言諸子以下之母也。鄭以「庶」爲氏，誤。闕里述聞稱子思奉母居衛，又稱子思游於齊、宋，仕於衛。似子思居衛之日爲多，中閒或還魯，或游於齊、宋，而其母常居衛。孔氏之廟，在魯則防叔，在宋則孔父嘉。孔子之父叔梁以叔爲次，當尚有兄，孔子亦有兄孟皮。云「庶氏」者，謂非冢嫡，非冢嫡不得哭諸廟。所謂他室，廟之别室也。使爲嫁母，子思安得哭於廟哉！新唐書「展禽食采於柳下」，其後爲柳氏。柳氏亦魯公族，疑柳若之戒子思，爲在魯聞赴時事。慎者，戒其不以哀毁也。子思言喪不盡禮者多，而哀可自致。「吾何慎哉」，言無所致其慎。時，即禮運所謂「禮，時爲大」，魯所行周禮也，衛所行殷禮也，死於衛，當因衛之俗，不能一準周禮行之。柳若，魯人，故告之如此。鄭注一以「嫁母」釋之，所嫁之族自爲喪主，與子思何與？而何禮之足觀乎？

檀弓注疏長編卷十四

三·八一 ○縣子瑣曰[一]：「吾聞之，古者不降，上下各以其親。古，謂殷時也，上不降遠，下不降卑。○瑣，息果反，依字作「璅」。滕伯文爲孟虎齊衰，其叔父也；爲孟皮齊衰，其叔父也。」伯文，殷時滕君也。爵爲伯，名文。○滕，徒登反。爲，于僞反，下及下注「爲人」同。

【疏】「縣子」至「父也」[二]。○正義曰：此一節論古者著服，上不降遠、下不降卑之事，各依文解之。

[一] 縣子瑣曰　閩本同，嘉靖本同。監本作「瑣」，石經同，岳本同，衛氏集説同。毛本誤「瑣」。釋文出「子璅」云：「息果反，依字作『璅』。」考文云：「古本作『璅』。」○鍔按：「縣子」上，阮校有「縣子瑣曰節」五字。

[二] 縣子至父也　惠棟校宋本無此五字。

○瑣，縣子名，據所聞而言也。

「古者不降」，所聞之事也。古者，殷時也。周禮以貴降賤，以適降庶，唯不降正耳。而殷世以上，雖貴不降賤也。

「上下各以其親」，不降之事也。「上」謂旁親族曾祖、從祖及伯叔之班族，「下」謂從子、從孫之流。彼雖賤，不以己尊降之，猶各隨本屬之親輕重而服之，故云「上下各以其親」。庾蔚云：「上下，猶尊卑也。正尊，周禮猶不降，則知所明者旁尊也。鄭恐尊名亂於正尊，故變文言遠也。」

○「滕伯」至「父也」。○謂滕國之伯，名文，爲叔父孟虎著齊衰之服。其虎，是滕伯文叔父也。

「爲孟皮齊衰，其叔父也」，謂滕伯爲兄弟之子孟皮著齊衰之服，其滕伯是皮之叔父也。言滕伯上爲叔父，下爲兄弟之子，皆著齊衰，是上不降遠，下不降卑也。

【衛氏集説】鄭氏曰：古，謂殷時也，上不降遠，下不降卑。伯文，殷時滕君也。爵爲伯，名文。

孔氏曰：此一節論古者著服，上不降遠、下不降卑之事。瑣，縣子名，據所聞而言也。周禮以貴降賤，以適降庶，唯不降正耳。而殷世以上，雖貴不降賤也。上下各以其親，不降之事也。「上」謂旁親族曾祖、從祖及伯叔之班，「下」謂從子、從孫之流。彼雖賤，不以己尊降之，猶各隨本屬之親重而服之，故云「上下各以其親」。滕伯文爲孟虎著齊衰之服者，孟虎乃滕伯之叔父，而滕伯又孟皮之叔父，言滕伯上爲叔父，下爲兄弟之子，皆著齊衰，是上不降遠，下不降卑也。

庾氏曰：上下，猶尊卑也。正尊，周禮猶不降，則知所明者旁尊也。鄭恐尊名亂於正尊，故變文言遠也。

馬氏曰：唐、虞、夏、殷之時，其禮猶質，故天子、諸侯以少長相及，不降上下。至周則文，致其詳矣。立子以嫡不以長，故使嚴於貴貴之際。一爲之君，則諸父、昆弟皆不得以其戚戚之。若大夫爲世父母、叔父母、昆弟、昆弟之子爲士者，猶降而爲大功也。而況爲天子、諸侯之君？滕伯文乃二孟之叔父也，於其兄弟之子猶且不降，則爲諸父及昆弟可知矣。

臨川王氏曰：親親之敝，君不尊，則命不一，而争奪之禍繁矣，故繼之以尊尊。尊尊，周道也。親親，殷道也。

新安朱氏曰：夏、殷而上，大概只是親親、長長之意。到得周來，則又添得許多貴貴底禮數。如：始封之君不臣諸父昆弟，封君之子不臣諸父而臣昆弟；期之喪，天子、諸侯絕，大夫降，然諸侯、大夫尊同，則亦不絕不降；姊妹嫁諸侯者，則亦不絕不降。此皆貴貴之義也。上世想皆簡略，未有許多降殺貴貴底禮數。凡此皆天下之大經，前世所未備，到得周公搜剔出來，立爲定制，更不可易。

伯，名文。

【吴氏纂言】鄭氏曰：古，謂殷時也。上不降遠，下不降卑。伯文，殷時滕君也，爵

孔氏曰：瑣，縣子名。周禮以貴降賤，以適降庶，唯不降正爾。而殷世以上雖貴不降賤。上下各以其親，不降之事也。「上」謂旁親族曾祖、從祖及伯叔之班，「下」謂從子、從孫之流。彼雖賤，不以己尊降之，各隨本屬之親輕重而服之，故云「上下各以其親」。孟虎乃滕伯之叔父，而滕伯又孟皮之叔父，言滕伯上爲叔父，下爲兄弟之子，皆著齊衰，是上不降遠，下不降卑也。

庾氏蔚云：上下，猶尊卑也。正尊，周禮猶不降，則知所明者旁尊也。鄭恐尊名亂於正尊，故變文言遠也。

澄曰：鄭意蓋以父、祖、曾祖正尊爲尊之近者，伯叔、從祖族、曾祖旁尊爲尊之遠者，謂在己上之親，旁尊者雖遠，非如正尊者之近也，然亦不以其遠而降之。在己下之親，從子等雖卑，非如從父等之尊也，然亦不以其卑而降之。上親雖遠不降，下親雖卑不降，各以其本親之服服之也。「其叔父也」二句文同，不應異義。注、疏以上「其」字爲滕伯，下「其」字爲孟皮，不若馬氏以二「其」爲二孟者，疑是。

馬氏曰：唐、虞、夏、殷之時，其禮猶質，故天子、諸侯以少長相及，不降上下。滕伯

文乃二孟之叔父也，於其兄弟之子且不降，則爲諸父及昆弟可知矣。至周則立子以適不以長，故無嚴於貴貴之際。一爲之君，則諸父、昆弟皆不得以其戚戚之。若大夫爲世父母、叔父母、昆弟、昆弟之子爲士者，猶降而爲大功也，而况天子、諸侯之爲君？

朱子曰：夏、殷而上，大概只是親親、長長之意，周則添得貴貴底禮。如：始封之君不臣諸父昆弟，封君之子不臣諸父而臣昆弟；期之喪，天子、諸侯絶，大夫降，然諸侯、大夫尊同，則不絶不降；姊妹嫁諸侯者，亦不絶不降。皆貴貴之義。上世簡略，未有許多降殺，此天下之大經，前世所未備，周公搜剔出來，立爲定制，更不可易。

【陳氏集説】縣子名瑣。疏曰：古者，殷時也。周禮以貴降賤，以適降庶，惟不降正耳。而殷世以上，雖貴不降賤也。上下各以其親，不降之事也。「上」謂旁親族曾祖、從祖及伯叔之班，「下」謂從子、從孫之流。彼雖賤，不以己尊降之，猶各隨本屬之親輕重而服之。故云「上下各以其親」。滕國之伯名文，爲孟虎著齊衰之服者，虎是文之叔父也。又爲孟皮著齊衰之服者，文是皮之叔父也。言滕伯上爲叔父，下爲兄弟之子，皆著齊衰也。

【納喇補正】古者不降，上下各以其親。滕伯文爲孟虎齊衰，其叔父也；爲孟皮齊衰，其叔父也。

集説 疏曰：滕國之伯名文，爲孟虎著齊衰之服者，虎是文之叔父也。又爲孟皮著齊衰之服者，文是皮之叔父也。言滕伯上爲叔父，下爲兄弟之子，皆著齊衰也。

窃案 周之滕國，其君侯爵，春秋降而爲子，今曰滕伯，必是周以前諸侯，故鄭注云：「伯文，殷時滕君也。爵爲伯，名文。」孔疏不言殷時，以注已明耳。集説引疏而不引注，使讀者不明矣。又案吴氏云：「『其叔父也』二句文同，不應異議。注、疏以上『其』字爲滕伯，下『其』字爲孟皮，不若馬氏以二『其』字爲二孟者，疑是。」馬氏曰：「唐、虞、夏、殷之時，其禮猶質，故天子、諸侯以少長相及，不降上下。滕伯文乃二孟之叔父也，於其兄弟之子且不降，則爲諸父及昆弟可知矣。至周則立子以適不以長，故莫嚴於貴貴之際。一爲之君，則諸父、昆弟皆不得以其戚戚之。若大夫爲世父母、叔父母、昆弟、昆弟之子爲士者，猶降而爲大功也，而況天子、諸侯之爲君？」愚謂馬氏以兩「其」爲一，勝注、疏多矣。然以爲指二孟，則非也。蓋指滕伯耳，當云孟虎、孟皮爲滕伯叔父，而滕伯皆爲之齊衰，不以己諸侯之貴而降其旁尊，則凡上下之親可知矣。或謂周無貴貴之禮，非也。既云「古者不降」，則今降可知矣。

【郝氏通解】此記降服之非古也。瑣，縣子名。古，謂殷、夏以前。降，謂旁尊旁服，以貴殺賤，以適殺庶，自後世始也。上、下，猶尊卑。「上」如從祖、伯叔父之類，「下」如從子、從孫之類。隆古道厚，死者雖賤，不以己貴爲降，各隨其本屬之親輕重爲服。滕伯文，滕國大夫，伯文其字也。孟虎、孟皮皆伯文之叔父，爲士庶人者也。禮，昆弟之子爲叔父齊衰期，如昆弟子爲大夫，叔父爲士，則降爲大功。伯文於二子爲齊衰，是不降也，行古之道也。記者蓋即所見以證所聞，獨舉叔父者，降服惟旁屬多也。伯文，本今人而用古禮，故記舉之以明厚。鄭康成拘泥「古者」之語，以滕伯爲殷諸侯，其揣摩附會類此。

按：愛親敬長，天性也。哀戚之情，緣親愛而生，故喪本哀戚，非以貴賤論厚薄也。故禮，期之喪達乎大夫，絶于諸侯，適則降庶，尊則壓卑，雖品節彬彬而隆古之風遠矣。親親之殺，尊賢之等，世教所趨，不得不然。苟識其本，則敦厚可以崇禮。忘本逐末，則忠信之薄，豈制禮之意？故曰「禮不忘其本」。記者此節於是爲有功矣。

【欽定義疏】 **正義** 鄭氏康成曰：古，謂殷時也。上不降遠，下不降卑。伯文，殷時滕君也。爵爲伯，名文。

孔氏穎達曰：此論古者著服不降之義。瑣，縣子名。據所聞而言也，周禮以貴降賤，以嫡降庶，唯不降正耳。而殷世以上，雖貴不降賤。「上」謂旁親族曾祖、從祖及伯叔之班，「下」謂從子、從孫之流。彼雖賤，不以己尊降之，猶各隨本屬之親輕重而服之。孟虎乃滕伯之叔父，而滕伯又孟皮之叔父。言滕伯上爲叔父，下爲兄弟之子，皆著齊衰，是「上不降遠，下不降卑」也。

庾氏蔚之曰：上下，猶尊卑。正尊，周禮猶不降，則知所明者常尊也。鄭恐尊名亂於正尊，故變文言遠也。

【通論】朱子曰：夏、殷而上，大概只是親親、長長之意，到得周來又添得許多貴貴底禮數。如：始封之君不臣諸父昆弟，封君之子不臣諸父而臣昆弟；期之喪，天子、諸侯絶，大夫降，然諸侯、大夫尊同，則亦不絶不降；姊妹嫁諸侯者，則亦不絶不降。此皆天下之大經，前世所未備，到得周公搜剔出來，立爲定制，更不可易。

【案】略爵而專稱孟虎、孟皮者，明非諸侯、大夫尊同者也。殷道重親，故通遠與卑均服之，記兩舉上下，以盡其義。馬氏晞孟謂滕伯爲二孟叔父，吴氏澄謂二孟爲滕伯叔父，各執一邊。「古者不降」二句，都無著落。

【杭氏集説】姚氏際恒曰：孔氏謂上「其」字指滕伯文，下「其」字指孟皮。二句文同，不應異説。馬彦醇謂二「其」字皆指二孟，郝仲輿謂皆指滕伯文。郝説似長。

陸氏奎勳曰：鄭注以爲「殷之諸侯」，近鑿。縣子謂滕伯厚于叔父，亦違時而復古也。殷禮皆不降，何必援滕伯一人爲證乎？若以滕爲子爵入春秋，而列國之貶爵者多矣。「其叔父也」，兩句文同，不應異訓。二「其」字當俱指滕伯言。

任氏啟運曰：位尊者德隆，德隆者仁厚。大夫降諸侯，絶不幾疑。位愈尊，仁愈薄歟？不知禮以情爲本，文爲末。世子記言「公族罪誅，素服不舉，爲之變。如其倫之喪」，況其無罪？然則伯叔父之二日不食也，居堊室也，貌如枲也，皆所謂如其倫，以親親也。唯不服齊衰，以貴貴耳。且天子爲公卿錫衰，諸侯緦衰，同姓之士疑衰，而世子記明言素服，則固非全不服也。

【孫氏集解】鄭氏曰：古，謂殷時也。上不降遠，下不降卑。伯文，殷時滕君也。爵爲伯，名文。

孔氏曰：周禮以貴降賤，以適降庶，惟不降正耳。殷世以上，雖貴不降賤也。「上」謂旁親族曾祖、從祖及伯叔之班，「下」謂從子、從孫之流。彼雖賤，不以己尊降之，各隨本屬之輕重而服之。虎是滕伯文叔父，孟皮是滕伯兄弟之子，滕伯是皮之叔父，滕伯上爲叔父，下爲兄弟之子，皆著齊衰。是上不降遠，下不降卑也。

朱子曰：夏、殷而上，大概只是親親、長長之意。到周來，又添出許多貴貴底禮數，如：始封之君不臣諸父昆弟，封君之子不臣諸父而臣昆弟；期之喪，天子、諸侯絶，大夫降，然諸侯、大夫尊同，則亦不絶不降；姊妹嫁諸侯者，則亦不絶不降。此皆天下之大經，前世所未備。到周公搜剔出來，立爲定制，更不可易。

【朱氏訓纂】注：古，謂殷時也。上不降遠，下不降卑。伯文，殷時滕君也。爵爲伯，名文。　正義：周禮以貴降賤，以嫡降庶，唯不降正耳。殷世以上，雖貴不降賤也。「上」謂旁親族曾祖、從祖及伯叔之班，「下」謂從子、從孫之流。不以己尊降之。庾蔚云：「上下，猶尊卑也。正尊，周禮猶不降，則知所明者旁尊也。」虎是滕伯文叔父，滕伯是皮之叔父，言滕伯上爲叔父，下爲兄弟之子，皆著齊衰，是上下不降也。　陸氏翼王曰：當是孟虎、孟皮爲滕伯叔父，而滕伯皆爲之齊衰。不以己貴而降其旁親，則凡上下之親可知矣。

三·八二　**○后木曰：「喪，吾聞諸縣子曰：『夫喪，不可不深長思也，**后木，魯孝公子惠伯鞏之後。○鞏，恭勇反。**買棺外内易。』我死則亦然。」**此孝子之事，非所託。○易，以豉反。

【疏】「后木」至「亦然」[一]。○正義曰：此一節論屬子以死事非禮之事，各依文解之。

○后木云：「孝子居喪之禮，吾聞之於縣子云：『夫居喪，不可不深思長慮也。孝子既深思長慮，故買棺之時當令精好，斲削外内，使之平易。』」后木既述縣子之言，以語其子，又云「在後我身若死，則亦當然」。然，猶如是。我死亦當如是縣子之言，買棺外内易也。

○注「后木」至「之後」。○正義曰：案世本：「孝公生惠伯革，其後爲厚氏。」世本云「革」，此云「鞏」；世本云「厚」，此云「后」，其字異耳。則惠伯之子孫無名木者，故

[一] 后木至亦然　惠棟校宋本無此五字。○鍔按：「后木」上，阮校有「后木曰節」四字。

鄭直云其後。

○注「此孝」至「所託」。○正義曰：言買棺外内滑易者，此是孝子所爲之事，非是父母豫所屬託，譏后木也。

【衛氏集説】鄭氏曰：后木，魯孝公子惠伯鞏之後。此孝子之事，非所託。

孔氏曰：此一節論屬子以死事非禮之事。孝子居喪，必深思長慮。買棺之時，當令精好，斲削内外，使之平易。后木述縣子之言以語其子，此是孝子所爲之事，非是父母預所屬託，譏后木也。

嚴陵方氏曰：子思曰：「喪三日而殯。凡附於身者，必誠必信，勿之有悔焉耳矣。三月而葬，凡附於棺者，必誠必信，勿之有悔焉耳矣。」此喪所以不可不深長思也。買棺外内易，亦其一端耳。

廬陵胡氏曰：不可不深長思，言喪之難也。

【吴氏纂言】鄭氏曰：后木，魯孝公子惠伯鞏之後。

孔氏曰：按世本「孝公生惠伯革，其後爲厚氏」。厚，此云「后」；革，鄭云「鞏」，其字異爾。后木聞居喪之禮於縣子，云：孝子居喪，不可不深長思慮，故買棺之時，當外内斲削，令精好。后木既述縣子之言，以語其子。又云在後我身若死，亦當如是。此孝子所爲之事，非父母豫所囑託，記譏后木也。

澄曰：深長思，猶言爲久遠計，謂不可苟切忽略也。易，如「易其田疇」之易，治也。治，即斲削。

方氏曰：附於身、附於棺者，必誠必信，勿之有悔，所以不可不深長思也。買棺外內易，亦其一事爾。

【陳氏集説】后木，魯孝公子惠伯鞏之後。馮氏曰：此條重在「不可不深長思」一句，買棺之時，外內皆要精好，此是孝子當爲之事，非是父母豫所屬託。而曰「我死則亦然」，記禮者譏失言也。

【郝氏通解】后木，魯孝公子惠伯鞏之後。深長思，謂送死大事必誠必信也。獨舉買棺者，親體所藏，莫先於此，故王制「六十歲制，七十時制，八十月制，九十日脩」，亦即所謂深長之思也。苟未制於平日，而買之倉卒，尤不可不慎。外內易，言外內辨治精好，勿鹵莽粗率，貽後悔也。此二句引縣子之言。我死亦然，后木自戒其子也。

【江氏擇言】孔疏云：此孝子所爲之事，非父母豫所屬託，譏后木也。

朱文端公云：慎終者，人子之大節，以教其子，宜也。孔氏以豫屬記爲非，未當。

按，文端公説是。

【欽定義疏】正義　鄭氏康成曰：后木，魯孝公子惠伯鞏之後。孔疏：世本「孝公生惠伯革，其後爲厚氏」。世本云「革」，此云「鞏」；世本云「厚」，此云「后」，其字異耳。但惠伯子孫無名木者，故注直云其後。買棺外内易，此孝子之事，非所託。孔疏：此是孝子所爲之事，非是父母豫所屬託，譏后木也。

孔氏穎達曰：此論屬子以死事非禮之事。孝子居喪，必深長慮。買棺之時，當令精好，斲削内外，使之平易。后木述縣子之言以語其子。

馮氏曰：此條重在「不可不深長思」一句。買棺之時，内外皆要精好，此是孝子當爲之事，非是父母豫所屬託。而曰「我死則亦然」，記禮者譏失言也。

方氏慤曰：子思曰：「喪三日而殯，凡附於身者，必誠必信，勿之有悔焉耳矣。三月而葬，凡附於棺者，必誠必信，勿之有悔焉耳矣。」此喪所以不可不深長思也。買棺外内易，亦其一端耳。

【杭氏集説】馮氏曰：此條重在「不可不深長思」一句。買棺之時，内外皆要精好，此是孝子當爲之事，非是父母豫所屬託。而曰「我死則亦然」，記禮者譏失言也。

朱氏軾曰：慎終者，人子之大節，父以教其子，宜也。孔氏以豫囑托爲非，未當。

【孫氏集解】鄭氏曰：后木，魯孝公子惠伯鞏之後。買棺，孝子之事，非所託。

孔氏曰：案世本「孝公生惠伯革，其後爲厚氏」。世本云「革」，此云「鞏」；世本云「厚」，此云「后」，其字異耳。惠伯之子孫無名木者，故鄭直云其後。縣子言孝子居喪，不可不深思長慮，故買棺之時，當令精好，斲削外内，使之平易。后木述之，以語其子，言我死亦當如縣子之言，買棺外内易也。此是孝子所爲之事，非是父母豫所屬託，譏后木也。

愚謂王制言「六十歲制」，則棺固不俟死而後具矣。據此，則有死而後買棺者，豈謂貧而不能預具者與？

【朱氏訓纂】后木曰：「喪，吾聞諸縣子曰：『夫喪，不可不深長思也，注：后木，魯孝公子惠伯鞏之後。正義：案世本「孝公生惠伯革，其後爲厚氏」。世本云「革」，此云「鞏」；世本云「厚」，此云「后」，其字異耳。買棺外内易。』我死則亦然。」注：此孝子之事，非所託。

三·八三 ○**曾子曰：「尸未設飾，故帷堂，小斂而徹帷。」仲梁子曰：「夫婦方亂，故帷堂，小斂而徹帷。」**斂者動摇尸，帷堂，爲人褻之。言「方亂」，非也。仲梁子，魯人也。○帷，意悲反。

三·八四 ○**小斂之奠，子游曰：「於東方。」曾子曰：「於西方，斂斯席矣。」**曾子以俗説，非。又大斂，奠於堂，乃有席。**小斂之奠在西方，魯禮之末失也。**末世失禮之爲。

【疏】「曾子」至「失也」[一]。○正義曰：此一節論小斂失禮之事，各依文解之。

○注「言方」至「人也」。○正義曰：知「方亂，非」者，以小斂之後豈無夫婦方亂之事，何故徹帷乃云「方亂」？明爲動摇尸柩，故帷堂。案春秋定五年，魯有仲梁懷，是仲梁，魯人之姓，故知仲梁子，魯人也。

○「曾子」至「西方」。○依禮，小斂之奠設於東方[二]，奠又無席。魯之衰末，奠於西方，而又有席，曾子見時如是，謂將爲禮，故云「小斂於西方」。「斯」，此也。其斂之時，於此席上而設奠矣。曾子之言失禮，故記者正之云：小斂奠所以在西方[三]，是魯人行禮，末世失其法也。

○注「曾子」至「有席」。○正義曰：知曾子所言非者，案士喪禮「小斂之奠，設於尸東」。今曾子言西方，故爲非也。

云「大斂奠於堂，乃有席」者，案士喪禮大斂之奠設於室，今云「堂」者，後人轉寫之誤，當云「奠於室」。故鄭答趙商「堂當爲室」也。

【衛氏集説】曾子曰：「尸未設飾，故帷堂，小斂而徹帷。」仲梁子曰：「夫婦方亂，

[一] 曾子至失也　惠棟校宋本無此五字。○鍔按：「曾子」上，阮校有「曾子曰節」四字。

[二] 依禮小斂之奠設於東方　閩、監、毛本同，惠棟校宋本「依」作「用」，盧文弨云：「『用』疑『周』。」

[三] 小斂奠所以在西方　閩、監、毛本、惠棟校宋本「奠」上有「之」字，衛氏集説同。

故帷堂，小斂而徹帷。」

鄭氏曰：斂者動搖尸，帷堂，爲人褻之。言「方亂」，非也。仲梁子，魯人也。

孔氏曰：自此至「末失也」一節，論小斂失禮之事。春秋定公五年，魯有仲梁懷。

嚴陵方氏曰：人死斯惡之矣，以未設飾，故帷堂，蓋以防人之所惡也。小斂則既設飾矣，故徹帷焉。若是，則帷堂之禮爲死者爾，豈爲生者哉！而仲梁子以爲夫婦方亂，故帷堂，則失禮之意遠矣。

廬陵胡氏曰：存二説以傳疑。

小斂之奠，子游曰：「於東方。」曾子曰：「於西方，斂斯席矣。」小斂之奠在西方，魯禮之末失也。

鄭氏曰：曾子以俗説，非。又大斂，奠于堂，乃有席。末失，謂末世失禮之爲也。

孔氏曰：魯之衰末，小斂之奠設于西方，又有席。曾子見時如此，謂將爲禮，故記者正之云：小斂之奠所以在西方，是魯人行禮，末世失其法也。案士喪禮，小斂之奠設于尸東，大斂之奠設于室，乃有席。今鄭云「堂」，轉寫誤耳。

嚴陵方氏曰：萬物生於東，而死於北。小斂之奠于東方，則孝子未忍死其親之意也。

【吴氏纂言】曾子曰：「尸未設飾，故帷堂，小斂而徹帷。」仲梁子曰：「夫婦方亂，故帷堂，小斂而徹帷。」

鄭氏曰：斂者動搖尸，帷堂，爲人褻之。言「方亂」，非也。仲梁子，魯人也。

方氏曰：人死斯惡之矣，以未設飾，故帷堂，防人之惡也。小斂則既設飾矣，故徹帷焉。帷堂之禮爲死者爾，豈爲生者哉！仲梁子謂夫婦方亂，故帷堂，則失禮之意矣。

孔氏曰：小斂之後，豈無夫婦方亂之事，何故徹帷？故知仲梁子之言非也。

廬陵胡氏曰：存二説以傳疑。

小斂之奠，子游曰：「於東方。」曾子曰：「於西方，斂斯席矣。」小斂之奠在西方，魯禮之末失也。

鄭氏曰：曾子以俗説非，又大斂奠乃有席。末失，謂末世失禮之爲。

孔氏曰：按士喪禮，小斂之奠設於尸東，大斂之奠設於室，乃有席。小斂之奠設於東方，奠又無席。魯之衰末，奠於西方，而又有席，曾子見時如是以爲禮，其言非。故記者正之云：「小斂之奠所以在西方，是魯人行禮，末世失其法也。」

【陳氏集説】曾子曰：「尸未設飾，故帷堂，小斂而徹帷。」仲梁子曰：「夫婦方亂，故帷堂，小斂而徹帷。」始死，去死衣，用斂衾覆之，以俟浴。既復之後，楔齒、綴足畢，具脯醢之奠。事雖小定，然尸猶未襲斂也，故曰「未設飾」。於是設帷於堂者，不欲人褻之也。故小斂畢，乃徹帷，仲梁子謂「夫婦方亂」者，以哭位未定也。二子各言禮意，鄭云：「斂者動搖尸，帷堂，爲人褻之。言『方亂』，非也。仲梁子，魯人。」**小斂之奠，子游曰：**

「於東方。」曾子曰：「於西方，斂斯席矣。」小斂之奠在西方，魯禮之末失也。疏曰：儀禮，小斂之奠設於東方，奠又無席。魯之衰末，奠於西方，而又有席，曾子見時如此，將以爲禮，故云「小斂於西方」。斯，此也。其斂之時，於此席上而設奠矣。故記者正之云：「小斂之奠所以在西方，是魯人行禮，末世失其義也。」今按儀禮，「布席于户内」，注云：「有司布斂席也。」在小斂之前。及陳大斂衣、奠，則云「奠席在饌北，斂席在其東」，注云：「大斂奠而有席，彌神之也。」據此，則小斂奠無席。

【郝氏通解】此言始死之禮。始死，尸在室，去褻衣沐浴，是未設飾也。故帷其堂，不使人見室中也。沐浴畢，含、襲、小斂於户内，奉尸出堂，乃徹帷。此曾子釋小斂帷堂之義，爲死者也。仲梁子，魯人，言始死沐浴，男女在户外，哭泣之位未定，故帷堂。小斂畢，尸出户，主人即位，拜賓，乃徹帷。此仲梁子釋帷堂之義爲生者也。二説皆近。小斂之奠設於堂，當尸東，就地不設席，初死不忍以鬼道事親也。鬼事尚右，生事尚左，於東方生事之也。設席而奠於室西，事神之祭也。曾子謂小斂已有席，與事神同奠於西方。不知小斂之席，斂席也，非爲奠也。大斂殯，奠於室西，乃設席。子游得之，曾子誤也。記者因正之曰：「小斂奠於西方，魯禮之末失。」曾子蓋因魯禮而誤耳。

【方氏析疑】小斂之奠，子游曰：「於東方。」曾子曰：「於西方，斂斯席矣。」小斂之奠在西方，魯禮之末失也。

始死，脯醢之奠，就尸牀。小斂有斂席，無奠席。大斂加設奠席，在斂席之西。魯禮末失，小斂即設奠席於西，曾子習而未察，故云「斂斯席矣」，謂始死之奠無席，小斂斯設奠席也。疏義似未晰。

【欽定義疏】曾子曰：「尸未設飾，故帷堂，小斂而徹帷。」仲梁子曰：「夫婦方亂，故帷堂，小斂而徹帷。」

正義 鄭氏康成曰：斂者動搖尸，帷堂，爲人褻之。言「方亂」，非也。仲梁子，魯人。孔疏：左傳定公五年，魯有仲梁懷，故知魯人。

孔氏穎達曰：自此至「末失也」，論小斂失禮之事。

陳氏澔曰：始死，去死衣，用斂衾覆之，以俟浴。既復之後，楔齒、綴足畢，具脯醢之奠事。雖小定，然尸猶未襲斂也，故曰「未設飾」。於是設帷於堂者，不欲人褻之也，故小斂畢，乃徹帷。仲梁子謂「夫婦方亂」者，以哭位未定也。二子各言禮意。言「方亂」，非也。

方氏慤曰：人死，斯惡之矣。以未設飾，故帷堂，蓋以防人之所惡也。小斂則既設飾矣，故徹帷焉。若是，則帷堂之禮爲死者爾，豈爲生者哉！而仲梁子以爲「夫婦方亂，故帷堂」，則失禮之意遠矣。

小斂之奠，子游曰：「於東方。」曾子曰：「於西方，斂斯席矣。」小斂之奠在西方，

魯禮之末失也。

正義　鄭氏康成曰：曾子以俗説非。又大斂奠於堂，孔疏：大斂之奠，設於室，今鄭云「堂」，傳寫誤。乃有席。末失，謂末世失禮之爲也。

孔氏穎達曰：案士喪禮「小斂之奠，設於尸東」，無席。魯之衰末，小斂之奠設於西方，又有席。曾子見時如此，將謂爲禮，故云「小斂於西方」。其斂之時，於此席上而設奠矣，故記者正之云：是魯人行禮，末世失其法也。

方氏慤曰：小斂之奠於東方，則孝子未忍死其親之意也。

案　小斂畢，奉尸俠於堂，乃奠於尸東，當尸右手，如其能食也。將大斂，徹小斂奠，設於序西南，當西榮，如設於堂。不忍使親須臾無所憑，然於西，漸神之也。大斂既殯，乃設席於奥而奠，彌神之也。曾子謂「於西方」，而又言「斂斯席」，謂此小斂即設席於西，皆因末俗之失也。秦繼宗謂「斂斯席矣」是記者語，未然。

故帷堂，小斂而徹帷。」【杭氏集説】曾子曰：「尸未設飾，故帷堂，小斂而徹帷。」仲梁子曰：「夫婦方亂，

陳氏澔曰：始死，去死衣，用斂衾覆之，以俟浴。既復之後，楔齒、綴足畢，具脯醢之奠。事雖小定，然尸猶未襲斂也，故曰「未設飾」。於是設帷於堂者，不欲人褻之也，故小斂畢，乃徹帷。仲梁子謂「夫婦方亂」者，以哭位未定也。二子各言禮意。言「方亂」，非也。

萬氏斯大曰：設飾，以明衣裳衣尸也。始死，身上無衣，唯覆斂衾，至此乃有飾，故曰「設飾」。按士喪禮，始死即復，楔齒，綴足，設奠於尸東，遂帷堂，以未沐浴，尸身未加明衣也。既帷堂，主人命赴，入，席於床東；衆主人在其後，西面；婦人俠床，東面。親者在室；衆婦人户外，北面；衆兄弟堂下，北面。是即始生之位，夫婦未嘗亂也。仲梁之言何據？

姚氏際恒曰：曾子與仲梁子二説，記者兩存之。不置是非解者，以仲梁子之説爲非，恐失其意。觀下曾子、子游二説，記者直斷曾子爲非，可見矣。

姜氏兆錫曰：按二説，一爲死者言，儀禮士喪，小斂、大斂皆斂畢徹帷是也；一自生者言，喪大記，賓出徹帷是也。二者于義皆合，而死者爲重矣。

任氏啟運曰：按帷有别内外者，有别東西者。别東西之帷，君大夫皆有之，男喪帷在尸牀西，女喪帷在尸床東，士室狹隘，乃無帷，而俠牀。别内外之帷，則君、卿、大夫、士皆有之，始死即帷堂，尸未襲斂，不欲使人褻之也。小斂畢，奉尸夷于堂，大斂畢，徹帷，既殯，帷堂。凡有弔祭、禭賵，則徹帷，事畢下之，以鬼神尚幽闇故也。此言帷堂，是以别内外者言，而大夫以上夫婦未嘗亂也。

齊氏召南曰：按毛詩定之方中，疏注：「仲梁子曰『初立楚宮也』。」正義：「鄭志張逸問仲梁子何時人，答曰：『先師魯人，當六國時，在毛公前。』」

小斂之奠，子游曰：「於東方。」曾子曰：「於西方，斂斯席矣。」小斂之奠在西方，魯禮之末失也。

姚氏際恒曰：此亦譽子游而毀曾子。

姜氏兆錫曰：陳注曰：「按儀禮士喪禮小斂『布席于戶内』，注云：『有司布斂席也。』明非奠席也。及大斂，則奠席在饌北，斂席在其東，注云：『大斂奠而有席，彌神之也。』據此，則小斂奠無席明矣。」方氏曰：「萬物生乎東南，而死于西北。斂奠于東方，則孝子未忍死其親之意也。」

方氏苞曰：始死，脯醢之奠，就尸牀。小斂有斂席，無奠席。大斂加設奠席，在斂席之西。魯禮末失，小斂即設奠席于西，曾子習而未察，故云「斂斯席矣」，謂始死之奠無席，小斂斯設奠席也。疏義似未晰。

任氏啟運曰：按士喪禮大斂乃有席，小斂無之。曾子云「斂斯席」，亦誤也。

【孫氏集解】曾子曰：「尸未設飾，故帷堂，小斂而徹帷。」仲梁子曰：「夫婦方亂，故帷堂，小斂而徹帷。」

鄭氏曰：斂者動摇尸，帷堂，恐人褻之。言「方亂」，非也。仲梁子，魯人。

愚謂仲梁子疑即韓非書所謂「仲梁氏之儒」者。帷堂有二時：一則將襲帷堂，既小斂而徹帷；一則將大斂帷堂，既斂而徹帷。此據襲斂時帷堂而言也。設飾，謂襲斂也。

襲斂必動搖尸，恐人褻之，故帷堂。夫婦方亂，謂男女同在尸側，未分堂上、堂下之位也。然男女奉尸，俠於堂，主人、主婦馮尸，在小斂徹帷之後，則帷堂之不爲夫婦方亂，明矣。

小斂之奠，子游曰：「於東方。」曾子曰：「於西方，斂斯席矣。」小斂之奠在西方，魯禮之末失也。

鄭氏曰：曾子以俗説非，又大斂奠於堂。疏云：當云「奠於室」，此後人傳寫之誤。乃有席。

愚謂士喪禮，小斂奠於尸東，尸南首，尸東，尸之右也。凡奠於尸者，必於其右，象生人以右手食也。曾子謂在西方，非也。小斂奠無席，是時尸在牀，牀本有席故也。至大斂，尸已在柩，而設奠在室，然後設席。言小斂有席，亦非也。末，猶後也。魯末禮失，曾子見當時所行，以爲禮本如此，故記者言此以正之。

【朱氏訓纂】曾子曰：「尸未設飾，故帷堂，小斂而徹帷。」仲梁子曰：「夫婦方亂，故帷堂，小斂而徹帷。」注：斂者動搖尸，帷堂，爲人褻之。言「方亂」，非也。仲梁子，魯人也。正義：案春秋定五年，魯有仲梁懷，是仲梁，魯人之姓。**小斂之奠，子游曰：「於東方。」曾子曰：「於西方，斂斯席矣。」**注：曾子以俗説非，又大斂奠於堂，乃有席。**小斂之奠在西方，魯禮之末失也。**注：末世失禮之爲。正義：士喪禮，小斂之奠設於尸東，大斂設於室。今云「堂」者，後人轉寫之誤，故鄭答趙商「堂當爲室」也。

三·八五　○**縣子曰：「綌衰繐裳，非古也。」**非時尚輕涼慢禮。○綌衰，去逆反，麤葛也，下七回反。繐，音歲，布細而疏曰繐。涼，音良。

【疏】「縣子」至「古也」[一]。○正義曰：此以下論縣子非當時人尚輕涼慢禮之事。綌，葛也。繐，布疏者。漢時南陽鄧縣能作之。當記時失禮，多尚輕細[二]，故有喪者，不服麤衰，但疏葛爲衰，繐布爲裳，故云「非古也」。古，謂周初制禮時也。

【衛氏集説】鄭氏曰：非時尚輕涼慢禮。

孔氏曰：此一節論縣子非當時人尚輕涼慢禮之事。綌，葛也。繐，布疏者。時有喪者，不服麤衰，但疏葛爲衰，繐布爲裳，故云「非古」。古，謂周初制禮時也。

唐陸氏曰：綌，麤葛布。細而疏曰繐。

嚴陵方氏曰：古之五服，自斬至緦，一以麻而各有升數焉。若夫以綌爲衰，以繐爲裳，則取其輕涼而已，故曰「非古也」。

【吴氏纂言】鄭氏曰：非時輕涼慢禮。

孔氏曰：綌，葛也。繐，布疏者。時有喪者不服麤衰，但疏葛爲衰，繐布爲裳，故云

[一] 縣子至古也　惠棟校宋本無此五字。○鍔按：「縣子」上，阮校有「縣子曰節」四字。

[二] 當記時失禮多尚輕細　閩、監本同，毛本「當記」作「記當」。

「非古」。古，謂周初制禮時也。

陸氏德明曰：綌，麤葛布。細而疏曰繐。

方氏曰：古之五服，自斬至緦，一以麻而各有升數。若以綌爲衰，以繐爲裳，取其輕涼則非古。

【陳氏集説】方氏曰：葛之麤而郤者，謂之綌。布之細而疎者，謂之繐。五服一以麻，各有升數。若以綌爲衰，以繐爲裳，則取其輕涼而已，非古制也。

【郝氏通解】葛布粗者曰綌，麻布細而疏者曰繐。喪服上曰衰，下曰裳。禮有繐衰而無葛衰，後世有用葛爲衰、繐爲裳者，故縣子非之。

【欽定義疏】正義　鄭氏康成曰：非時尚輕涼慢禮。

孔氏穎達曰：綌，葛也。繐，布疏者。時有喪者不服麤衰，但以疏葛爲衰，繐布爲裳，故云「非古」。古，謂周初制禮時也。

陸氏德明曰：綌，粗葛布。細而疏曰繐。

方氏慤曰：古之五服，自斬至緦，一以麻而各有升數。若以綌爲衰，以繐爲裳，則取其輕涼而已，故曰「非古」也。

案　儀禮喪服：「布衰裳、牡麻絰，即葛五月。」又既葬即除之。服有繐衰裳，繐布細而疏，五服不用。小功雖輕，必待三月變麻始改衰，而就葛絰帶而五月。今概用綌繐，則非禮甚矣。

【孫氏集解】鄭氏曰：非時尚輕涼慢禮。

愚謂綌，麤葛也。繐，縷如小功而成布四升半者，諸侯之大夫爲天子用之爲齊。周末，喪服不依五服升數，但以輕細爲貴，故以綌爲衰，以繐爲裳，非禮也。

【朱氏訓纂】注：非時尚輕涼慢禮。　釋名：繐，細如繐也。疏，疏于繐也。　釋文：綌，麤葛也。布細而疏曰繐。　正義：記當時失禮，多尚輕細，有喪者不服麤衰，故云「非古」也。

【郭氏質疑】綌衰繐裳，非古也。

鄭注：非時尚輕涼慢禮。

嵩燾案，喪服傳：「繐衰者何？以小功之繐也。」鄭注：「治其縷如小功，而成布四升半。」諸侯之大夫爲天子繐衰。蓋喪服庶人爲國君齊衰三月，而家臣無服，爲統於所尊也。故傳曰「諸侯之大夫，以時接見乎天子」，而爲之服繐衰。周尚文，等差之辨，隆於三代，意殷以前無此制。凡衰服皆麻，喪服大功即葛九月，小功即葛五月。葛者，葛帶也。經云「綌衰」，於禮無徵。疑「綌衰」當爲「錫衰」，與緦之麻同。緦者治其縷，錫者治其布，又較緦爲加飾，蓋周之弔服也。案儀禮「冪用綌若錫」。綌之疏者與錫同功，故綌、錫字互混。錫、繐皆以衰爲名而在五服之外。云「非古」者，明周制之以文爲尚也。孔疏「古，謂周初制禮時」，恐誤。

三·八六　**〇子蒲卒，哭者呼滅。**滅，蓋子蒲名。**子皋曰：「若是野哉！」**非之也。唯復呼名。子皋，孔子弟子高柴。〇皋，音高。**哭者改之。**

【疏】「子蒲」至「改之」[一]。〇正義曰：此一節論哭者呼名非禮之事。滅，子蒲名。子蒲卒，哭者呼其名，故子皋曰：「若是野哉！」野，不達禮也。唯復呼名，冀其聞名而反。哭則敬鬼神，不復呼其名。而此家哭獨呼滅，子皋深譏之，故云「野哉」也，非之，乃改也。

【衛氏集説】鄭氏曰：滅，蓋子蒲名。唯復呼名。子皋，孔子弟子高柴。野哉，非之也。

孔氏曰：此一節論哭者呼名非禮之事。唯復呼名，冀其聞名而反。哭則敬鬼神，不復呼名。此家哭呼名，子皋非之，乃改也。

金華應氏曰：滅，疑非名，但以死有滅絶之義，呼而哭之。

【吴氏纂言】鄭氏曰：滅，蓋子蒲名。野哉，非之也。

孔氏曰：野不達禮，唯復呼名，冀其聞名而反。哭則敬鬼神，不呼名，此家哭呼名，子皋非之，乃改也。

[一] 子蒲至改之　惠棟校宋本無此五字。〇鍔按：「子蒲」上，阮校有「子蒲卒節」四字。

應氏曰：滅，疑非名，但以死有滅絶之義，呼而哭之。

【陳氏集説】滅，子蒲之名也。復則呼名，哭豈可呼名也？野哉，言其鄙野而不達於禮也。子皋，孔子弟子高柴。

【納喇補正】子蒲卒，哭者呼滅。

集説　滅，子蒲之名，復則呼名，哭豈可呼名也？

竊案　鄭注云：「滅，蓋子蒲名。」蓋者，疑辭，本無所據，未敢質言也。集説則疑事而質矣。應氏曰：「滅，疑非名，但以死有滅絶之義，呼而哭之。」然不敬甚矣，故子皋曰「野」。

【郝氏通解】子蒲名滅，哭者呼滅，舉其名而哭也。子皋，高柴，字野，謂不知禮。改之，謂改勿呼名，不止其哭也。

【方氏析疑】子蒲名滅，無考。疑「滅」非考終之辭，哭者呼號，以死爲滅，故子皋正之。

【欽定義疏】正義　鄭氏康成曰：滅，蓋子蒲名。惟復呼名。孔疏：冀其聞名而反。子皋，孔子弟子高柴。野哉，非之也。

孔氏穎達曰：此論哭者呼名非禮之事。野，不達禮也。哭則敬鬼神，不復呼名。此家哭呼名，子皋非之，乃改也。

【孫氏集解】鄭氏曰：滅，蓋子蒲名。野哉，非之也。唯復呼名。子皋，孔子弟子高柴。孔氏曰：野，不達禮也，唯復呼名，冀其聞名而反。哭則敬鬼神，不復呼其名。愚謂此哭者，蓋子蒲之尊屬，非子蒲之子哭其父呼滅也。

【朱氏訓纂】注：滅，蓋子蒲名。非之也。唯復呼名。子皋，孔子弟子高柴。

【郭氏質疑】**哭者呼滅。子皋曰：「若是野哉！」**

鄭注：滅，蓋子蒲名。惟復呼名。野哉，非之也。

嵩燾案，曲禮：「卒哭乃諱。」此之哭必非卒哭時，尊者呼名，不爲野也。經云「呼滅」，安見爲子蒲之名哉！周禮九伐，内外亂，鳥獸行，則滅之。「滅」蓋非考終之詞。間傳：「斬衰之哭，若往而不反。齊衰之哭，若往而反。大功之哭，三曲而偯。」所謂哭踊有節也。呼滅，則號呼無次，語索氣粗，有乖哭泣之節，故子皋以爲野。鄭注未協。

三·八七　○**杜橋之母之喪，宫中無相，以爲沽也**[一]。沽，猶略也。○相，息亮反。沽，音古。

[一] 宫中無相以爲沽也　閩、監、毛本同，石經同，岳本、嘉靖本同，衛氏集説同，考文引古本、足利本「相」下有「君子」二字。案：正義云：「故時人謂其於禮爲麤略。」使經文有「君子」二字，正義安得僅以時人申説之，是孔氏所見本亦無「君子」二字也。○鍔按：「宫中」上，阮校有「杜橋之母之喪節」七字。

【疏】「杜橋」至「沽也」[一]。○正義曰：此一節論喪須立相導之事。沽，麤略也。禮，孝子喪親，悲迷不復自知，禮節事儀皆須人相導。而杜橋家母死，宮中不立相侍[二]，故時人謂其於禮爲麤略。

【衛氏集説】鄭氏曰：沽，猶麤也。

孔氏曰：此一節論喪須立相導之事。禮，孝子喪親，悲迷不復自知，禮節事儀皆須人相導。而杜橋家母死，宮中不立相侍，故時人謂其於禮爲麤麤。

【吴氏纂言】鄭氏曰：沽，猶麤也。

孔氏曰：孝子喪親，悲迷不復自知，禮節事儀皆須人相導。而杜橋家母死，宮中不立相侍，故時人謂其於禮麤麤。

【陳氏集説】疏曰：沽，麤略也。孝子喪親，悲迷不復自知，禮節事儀皆須人相導。而杜橋家母死，宮中不立相侍，故時人謂其於禮爲麤略也。

【郝氏通解】此言治喪必用相，相謂贊禮者，孝子昏迷，須人相導，庶免疏麤失禮。沽，疏麤也，與「良苦」之苦同。以爲沽，識禮者以爲沽也。

【欽定義疏】正義 鄭氏康成曰：沽，猶略也。

[一] 杜橋至沽也　惠棟校宋本無此五字。

[二] 宮中不立相侍　閩、監、毛本同，衛氏集説同，浦鏜校「侍」改「導」。

孔氏穎達曰：此論喪須立相導之事。禮，孝子喪親，悲迷不復自知，禮節事儀，皆須人相導。而杜橋家母死，宮中不立相侍，故時人謂其於禮爲粗略。

【杭氏集説】縣子曰：「綌衰繐裳，非古也。」子蒲卒，哭者呼滅。子皋曰：「若是野哉！」哭者改之。杜橋之母之喪，宮中無相，以爲沽也。

姚氏際恒曰：「沽」與士喪禮記云「弓矢之新沽功」同義。

姜氏兆錫曰：本條之義，不一。據陳注謂「滅，子蒲名也。復者呼名，哭豈可呼名？故謂其鄙野而不達于禮也」。據王肅謂「人少以『滅』名者，況哭而呼父名，必無是情。窮以孤窮，自謂亡滅也」。今按王氏之論視舊注似善矣，以禮考之，皆未盡也。禮，哭踊有節。間傳云：「斬衰之哭，若往而不返。齊衰之哭，若往而反。大功之哭，三曲而偯。小功、緦麻哀容可也。」不如是者，謂之野。今玩此條所稱「哭者」二字，當是大功以下旁親之哭，非謂子哭父也。呼謂哭聲，滅謂絶也。夫斬衰之哭，若往而不反者，則哭聲絶而不續者也，反則微續矣。大功以下，其哭聲委曲從容。而今哭者若斬衰之聲絶，是野也，豈呼名與呼亡滅之謂哉！子皋，家語作子游，且其言曰：「若是哭也，野哉，孔子惡野哭者。」義亦較詳，以孔子惡野哭者味之，則其惡哭聲之野而失禮，而非惡呼名、呼亡滅也，益明矣。

方氏苞曰：子蒲名滅，無考。疑「滅」非考終之辭，哭者呼號，以死爲滅，故子皋正之。

【孫氏集解】鄭氏曰：沽，猶粗也。

孔氏曰：禮，孝子喪親悲迷，禮節事儀皆須人相導。杜橋母死，不立相，故時人謂其於禮爲麤略。

【朱氏訓纂】沽，猶略也。

【郭氏質疑】鄭注：沽，猶略也。

嵩燾案，喪服，齊衰冠布纓，傳曰：「冠者，沽功也。」又曰：「齊衰、大功，冠其受也。」沽功即大功，疑即此沽字所本。喪服，公之庶昆弟、大夫之庶子爲母大功，傳曰：「先君餘尊之所厭，不得過大功也。」士喪禮有「擯者」，鄭注周禮大宗伯：「出接賓曰儐，入詔禮曰相。」喪禮之有儐、相，士以上皆然。庶子爲其母大功，則不得於正寢，故不立相。杜橋之母，未知何服，時人因其無相，以爲服大功也，此可推求禮文而知之。案襄十七年左傳：「齊晏桓子卒，晏嬰麤衰斬，苴絰帶，杖，菅屨，其老曰：『非大夫之禮也。』曰：『惟卿爲大夫。』」杜橋或僭用大夫禮爲母喪，故時人以爲譏。

三·八八　○**夫子曰：「始死，羔裘玄冠者，易之而已。」羔裘玄冠，夫子不以弔。**不以吉服弔喪。○易，音亦，徐以豉反。

【疏】「夫子」至「以弔」[一]。○正義曰：此一節論始死易服，小斂後不得吉服弔之事。但養疾者朝服，羔裘玄冠，即朝服也。始死，則易去朝服，著深衣，故云「易之而已」。記時有不易者，又有小斂後羔裘弔者，記人引論語鄉黨孔子身自行事之禮，以譏當時之事，故曰「羔裘玄冠，夫子不以弔」。時多失禮，唯孔子獨能行之，故言之也。

【衛氏集説】鄭氏曰：不以吉服弔喪。

孔氏曰：此一節論始死易服之事。蓋養疾者朝服，羔裘玄冠，即朝服也。始死，則易去朝服，著深衣。記時有不易者，又有小斂後羔裘弔者，記人引鄉黨孔子身行之禮，以譏當時多失禮也。

嚴陵方氏曰：吉服可以養疾，而不可以居喪，故始死則易之。不特喪者易之，弔者亦所不服也。

馬氏曰：弔者在小斂之前猶當服羔裘玄冠，以主人未成服。弔者麻絰，不敢先也。故子游裼裘而弔，既小斂，乃襲裘帶絰而入。若夫子之羔裘玄冠不以弔者，是言小斂之後而已矣。

【吴氏纂言】鄭氏曰：不以吉服弔喪。

[一] 夫子至以弔　惠棟校宋本無此五字。○鍔按：「夫子」上，有「夫子曰節」四字。

孔氏曰：養疾者朝服，羔裘玄冠即朝服也。始死則易去朝服，著深衣。時有不易者，又有小斂後羔裘弔者。記人引鄉黨孔子身行之禮，以譏當時失禮也。

方氏曰：吉服可以養疾，而不可以居喪，故始死則易之。不特喪者易之，弔者亦所不服也。

馬氏曰：弔者在小斂之前猶服羔裘玄冠，以主人未成服。弔者麻絰，不敢先也。故子游裼裘而弔，既小斂，乃襲裘帶絰而入。若夫子羔裘玄冠不以弔，是言小斂之後。

【陳氏集説】疏曰：養疾者朝服，羔裘玄冠，即朝服也。始死，則去朝服，著深衣。時有不易者，又有小斂後羔裘弔者，記者因引孔子行禮之事言之。

【郝氏通解】此言始死弔喪之禮。未小斂，謂之始死。羔裘玄冠，吉服也。易，變也。而已者，主人未變服，賓不麻絰，但少改變其所著之吉服。如曾子襲裘而弔，正合此意。既小斂則弔者皆帶絰，既成服則弔者皆弁絰、錫衰，自有常服矣。何獨夫子不羔裘玄冠而已？當時有謂始死無衰絰，以羔裘玄冠弔者，故記者明之。據此章之義，子游始死裼裘，亦未爲盡禮。鄭注未達。

【欽定義疏】正義　鄭氏康成曰：不以吉服弔喪。

孔氏穎達曰：此論始死易服，小斂後不得吉服弔之事。蓋養疾者朝服，羔裘玄冠，即朝服也。始死，則易去朝服，著深衣。記時有不易者，又有小斂後羔裘弔者，記人引孔子身行之禮，以譏當時多失禮也。

方氏慤曰：吉服可以養疾而不可以居喪，故始死則易之，不特喪者易之，弔者亦不服也。

存疑 馬氏晞孟曰：弔者在小斂之前，猶當服羔裘玄冠，以主人未成服，弔者麻絰不敢先也。故子游裼裘而弔，小斂乃襲裘帶絰而入。若夫子之羔裘玄冠不以弔者，是言小斂之後也。

案 家語季桓子死，魯大夫朝服而弔。子游問而夫子答之，雖始死，主人未成服。而曰「易之」，則必非羔裘玄冠也。

【杭氏集説】 姚氏際恒曰：上言小斂前弔喪之禮，下因引夫子之事以明之。孔氏解「始死」爲親始死，按問喪云「親始死，雞斯徒跣，扱上衽」，則孝子當投冠、扱衽以示凶變，豈但云「易之而已」乎？云「易之而已」者，指弔者之辭也。又上下兩「羔裘玄冠」，亦不應一指孝子，一指弔賓，此與曾子襲裘而弔正合。記者前後摭拾爲説，亦不自知其矛盾耳。孔因其與子游裼裘相妨，故解爲親始死，其實非也。

姜氏兆錫曰：按家語，季桓子死，魯大夫皆朝服而弔，子游以爲問，而夫子答之以此。蓋以明不可弔之意與？後二句，記者因孔子之言而又即其事以明之。

任氏啟運曰：孔謂「養有疾者，先必朝服，羔裘玄冠。始死，乃易深衣」，似未該。

【孫氏集解】喪大記「疾病，男女改服」，謂改其養疾之玄端而深衣也。問喪云「親始死，扱上衽」。但言扱上衽，而不言改衣，則前此已深衣，而至此特扱其衽明矣。此始死乃有羔裘玄冠者，謂疏親不與於養，至死而方以吉服至者也。易之者，改而素冠深衣也。羔裘玄冠，吉服也。弔於未成服之前者，皆吉服，以主人尚未喪服也。主人既成服，則不以吉服弔矣。羔裘不以弔，則弔衰皆襲麑裘也。

【朱氏訓纂】注：不以吉服弔喪。

三·八九　〇**子游問喪具。夫子曰：「稱家之有亡。」子游曰：「有無惡乎齊**[一]**？」**惡乎齊，問豐省之比。〇稱，尺證反。有亡，皇如字，無也，一音無，下同。惡音烏，注同。齊，才細反，又如字，注同。省，所領反。比，必利反。**夫子曰：「有，毋過禮。苟亡矣，斂**

[一] 有無惡乎齊　石經同，岳本同，嘉靖本同，考文引宋板同。閩、監、毛本「無」作「亡」，衛氏集説同。釋文出「有亡」云：「皇如字，無也，一音無，下同。」知此處亦作「亡」字也。石經考文提要曰：「坊本作『有無』。」案：上「稱家之有亡」、下「苟亡矣」，俱作「亡」，此作「無」，歧出。〇鍔按：「有無」上，阮校有「子游問喪具節」六字。

首足形[一]**，**形，體。○毋，音無。**還葬**[二]**，**還之言便也。言已斂即葬，不待三月。○還音旋。斂，力驗反。**縣棺而封，**不設碑繂，不備禮。封，當爲「窆」。窆，下棺也，春秋傳作「堋」。○縣，音玄。封，依注作窆，彼驗反，徐又甫鄧反。碑，彼皮反。繂，音律。堋，比鄧反。**人豈有非之者哉？」**不責於人所不能。

【疏】「子游」至「者哉」[三]。○正義曰：此一節論問送終所須當辦具也。

「夫子曰：『稱家之有亡。』」稱，猶隨也。亡，無也。言各隨其家計豐薄有無也。

「子游曰：『有無惡乎齊？』」惡乎，猶於何也。子游言，若必隨家之有無貧富，於何可齊？故子游疑而問之。

○「夫子曰：『有毋過禮。』」此答是稱富家也。毋，猶不也。禮有節限，設若家富，有正禮可依，而不得過禮。

[一] 斂首足形　閩、監、毛本同，石經同，岳本、嘉靖本同，衛氏集説同。考文引古本「首」作「手」。正義本作「首」。石經考文提要：「宋大字本、余仁仲本、劉叔剛本、至善堂九經本皆作『首』。」

[二] 還葬　閩、監、毛本同，石經同，岳本、嘉靖本同，衛氏集説同。考文引古本、足利本「葬」下有「而無椁」三字。案：正義本無。

[三] 子游至者哉　惠棟校宋本無此五字。

○「苟亡矣，斂首足形」，此答貧家也。亡，無也。家無財也，但使衣衾斂於首足形體，不令露見而已。

「還葬」，還，便也。禮雖衆多，葬日有數。若貧者，斂竟便葬，不須停殯，待其月數足也。還之言便也。言已斂即葬，不待三月也。

○「縣棺而封」，封即窆。窆，下棺内壙中也。貴者則用碑繂，若貧而即葬者，但手縣棺而下之，同於庶人，不待碑繂，不設碑繂。不設碑繂，不備禮[一]。

○注「封當」至「作塴」。○正義曰：「春秋傳作『塴』」者，案左傳昭十二年「鄭簡公卒。將爲葬除，司墓之室，有當道者，毁之，則朝而塴。弗毁，則日中而塴」。杜注云：「司墓之室，鄭之掌公墓大夫徒屬之家。塴，下棺也。」

【衛氏集説】鄭氏曰：惡乎齊，問豐省之比也。形，體也。還葬，還之言便也。言已斂即葬，不待三月。縣棺，謂不設碑繂，不備禮也。封當爲「窆」。窆，下棺也，春秋傳作「塴」。人豈有非之，言不責於人所不能也。

孔氏曰：此一節論送終所須當辦具也。稱，猶隨也。亡，無也。夫子言各隨其家計豐薄有無。惡乎，猶於何也，言於何可齊也。夫子曰「有毋過禮」，此答是稱富家也。毋，猶

[一] 不設碑繂不設碑繂不備禮　閩、監、毛本同，考文引宋板無下「不設碑繂」四字。

不也。禮有節限，設若家富，有正禮可依，不得過之也。「苟亡矣」以下，答貧家也。家既無財，但使衣衾斂於首足形體，不令露見而已。斂竟便葬，但手縣棺而下之，同於庶人也。

臨川王氏曰：凡禮言「封」者，復土以閉瘞之名爾，何用改爲「窆」乎？王制「庶人不封不樹」，易以「不封不樹」爲古，則周有封樹之制，不必下逮庶人。

嚴陵方氏曰：齊，言其多少之齊也。

馬氏曰：孟子曰：「不得，不可以爲悦；無財，不可以爲悦。」古之人所以得用其禮者，爲其有財故也。苟無其財，則斂首足形還葬，雖不足爲孝子之悦，然以其所以葬而葬，亦豈有非之者哉！

【吴氏纂言】鄭氏曰：惡乎齊，問豐省之比也。形，體也。還之言便也。已斂即葬，不待三月。縣棺，不設碑繂，不備禮也。封，當爲「窆」。窆，下棺也。人豈有非之，不責人所不能也。

孔氏曰：稱，猶隨也，言各隨其家計豐薄有無也。有，富家也。設若家富，禮有限節，不得過禮。亡，貧家也。家既無財，但衣衾斂手足形體，不令露見而已。斂竟便葬，不須停殯待月數。貴者用碑繂下棺，貧而即葬者，但手縣棺而下之，同於庶人也。

方氏曰：齊，言其多少之齊也。

澄曰：齊，猶「齊和藥物」之齊，謂品量其或多或少，各不同也。有者毋得過禮，亡者還葬縣窆，此所以齊其有無也。

【陳氏集說】喪具，送終之儀物也。惡乎齊，言何以爲厚薄之劑量也。毋過禮，不可以富而踰禮厚葬也。還葬，謂斂畢即葬，不殯而待月日之期也。縣棺而封，謂以手縣繩而下之，不設碑繂也。人不非之者，以無財則不可備禮也。

【納喇補正】縣棺而封。

集說　封，音窆。縣棺而封，謂以手懸繩而下之，不設碑繂也。

竊案　鄭注云：「封當爲『窆』。窆，下棺也，春秋傳作『塴』。」集說取之。然易傳「古之葬者，不封不樹」。此記亦言孔子葬防，封之，崇四尺；門人葬孔子，三斬板而已封。封皆指築土爲墳而言，則此亦當如字讀，謂以手縣繩下棺，而築土爲墳耳，不必改字而後通也。

【郝氏通解】喪具，送死財用之具。有亡，謂貧富也。行禮以財，子游之問，傷貧者無以爲禮也。夫貧富雖不同，各稱其力自盡，則不同之力以同盡之心而齊，故稱之一字，爲孝子之準，乃所以爲齊也。子游不達，疑稱家有亡，則有者恃其財，至於無以加；無者暴其親，至不能葬。同爲人子而厚薄相懸，惡乎齊而有無焉可稱也。不知所謂稱有無者，非謂有者遂恣情過度，無者遂卻尸廢禮也。有者備禮而止，豈得太奢？無者隨分自盡，不謂不及，但不至露形裸葬，則不必更待日月。還即葬埋，不用碑繂懸棺而下，封之以土，亦力所能也。無財不可爲悦，人豈有議其薄者哉！如此則有者盡禮盡心，無者力雖不足，而心亦盡，其爲孝等，所以謂之稱，謂之齊也。還、旋同，便也。封以土，封其坎也，鄭改爲「窆」字，無謂。

【方氏析疑】有無惡乎齊。

齊，謂分之所際也。周官食醫職「羹齊」「飲齊」，寒熱之分際也。考工記「金有六齊」，多少之分際也。月令「火齊必得」，緩急大小之分際也。此則以貧富之齊爲豐約之齊。凡經傳中言齊者，皆可類推。

【欽定義疏】正義 鄭氏康成曰：惡乎齊，問豐省之比也。形，體也。還葬，還之言便也。言已斂即葬，不待三月。縣棺，謂不設碑繂，不備禮也。封，當爲「窆」。窆，下棺也。春秋傳作「堋」。人豈有非之，不責於人所不能也。

孔氏穎達曰：此論送終所須當辦具也。稱，猶隨也。亡，無也。夫子言各隨其家計豐薄有無。蓋禮有節限，設若富家，有正禮可依，不得過之。貧家既無財，但使衣衾斂於首足形體，不令露見而已。斂竟便葬，但手縣棺而下之，同於庶人也。

陳氏澔曰：喪具，送終之儀物也。惡乎齊，言何以爲厚薄之劑量也。毋過禮，不可以富而踰禮厚葬也。還葬，謂斂畢即葬，不待日月之期。不設碑繂，人不非之者，以無財則不可備禮也。

姚氏舜牧曰：稱便是中，道便是禮。

【存疑】王氏安石曰：凡禮言「封」者，復土以閉瘞之名爾，何用改爲「窆」乎？王制「庶人不封不樹」，易以「不封不樹」爲古，則周有封樹之制，不必下逮庶人。

【案】古篆「封」字，有「㞷」從之「土」，會意，即「窆」字也。有「圭」從「土」「丰」，諧聲，亦作「𢀜」，乃訓「高」也，後混爲一。鄭氏始改讀「窆」以別之。孔子葬於防，封之，崇四尺；門人葬孔子，三斬板而已封。彼封指築墳言，古葬者不封，謂不築土也。周文，故有封樹。此言「縣棺」，則「封」自當作「窆」，指「下棺」言，王說非也。

【杭氏集說】陳氏澔曰：喪具，送終之儀物也。惡乎齊，言何以爲厚薄之劑量也。毋過禮，不可以富而踰禮厚葬也。還葬，謂斂畢即葬，不待日月之期。不設碑綍，人不非之者，以無財則不可備禮也。

姚氏舜牧曰：稱便是中，道便是禮。

姚氏際恒曰：記中「封」字，鄭氏皆改作「窆」，非。

方氏苞曰：齊，謂分之所際也。周官食醫職「羹齊」「飲齊」，寒熱之分際也。考工記「金有六齊」，多少之分際也。月令「火齊必得」，緩急大小之分際也。此則以貧富之齊爲豐約之齊。凡經傳中言齊者，皆可類推。

【孫氏集解】鄭氏曰：惡乎齊，問豐省之比。還之言便也。言已斂即葬，不待三月。

縣棺而封，不設碑繂，不備禮。封，當爲「窆」，下棺也，春秋傳作「塴」。疏云：左傳昭十二年，「鄭簡公卒，將爲葬除。司墓之室有當道者，毀之則朝而塴，弗毀則日中而塴」。杜注云：「塴，下棺也。」

孔氏曰：縣棺而窆，謂但手縣棺而下之，同於庶人。

愚謂稱，隨也。亡，無也。齊，謂厚薄之劑量也。毋過禮者，不可以富而踰禮厚葬也。斂，藏也。斂首足形，謂衣衾足以藏形體而已。襲不必三稱，小斂不必十九稱，大斂不必三十稱也。還葬，斂畢即葬，不待三月也。士葬雖無碑，而用繂以引棺，使人卻行而下之。「縣棺而窆」者，謂不用繂而卻行下棺，但以繩縣棺而下之，庶人之禮也。此所言謂甚亡者之禮然也。其餘則亦各視其禮之所當爲，極其力之所能爲者，具之而已，力之所不能及者，人固不之責也。蓋君子雖不以天下儉其親，然無財不可以爲悦，苟必期於備禮，則將有取之以非義。如粥庶母以葬母者矣，亦豈所以安其親哉！

【朱氏訓纂】子游問喪具。夫子曰：「稱家之有亡。」子游曰：「有無惡乎齊？」注：惡乎齊，問豐省之比。**夫子曰：「有，毋過禮。**正義：毋，猶不也。禮有節限，設若家富有，正禮可依，不得過禮。**苟亡矣，斂首足形，還葬，**注：形，體。還之言便也。言已斂即葬，不待三月。**縣棺而封，**注：不設碑繂，不備禮。封當爲「窆」。窆，下棺也，春秋傳作「塴」。說文：塴，葬下土也。春秋傳曰：「朝而塴。」禮謂之「封」，周官謂之「窆」。**人豈有非之者哉？」**注：不責於人所不能。

三·九〇　〇**司士賁告於子游曰：「請襲於牀。」**時失之也。禮，唯始死廢牀。〇賁，音奔，人名。**子游曰：「諾。」縣子聞之曰：「汏哉叔氏**[一]**！專以禮許人。」**當言「禮」，然言「諾」，非也。叔氏，子游字。〇汏，本又作「大」，音泰，自矜大。

【疏】「司士」至「許人」[二]。〇正義曰：此一節論不可以禮許人之事。案喪大記始死廢牀，至遷尸及襲，皆在於牀。當時失禮，襲在於地，故司士賁告子游。

「子游曰『諾』」者，子游知襲在牀爲是，故以許諾之。

「縣子聞之曰：『汏哉叔氏！專以禮許人。』」汏，自矜大也。叔氏，子游別字也。言凡有來諮禮事，當據禮以答之。今子游不據前禮以答之，專輒許諾，如似禮出於己，是自矜大。故縣子聞而譏之曰「汏哉」。當言「禮也」，言「諾」，非禮也。

【衛氏集説】鄭氏曰：禮，唯始死廢牀。失之，子游當言「禮」，然言「諾」，非也。叔氏，子游字。

孔氏曰：此一節論不可以禮許人之事。喪大記，始死廢牀，至遷尸及襲皆在牀。當

[一] 汏哉叔氏　閩、監、毛本同，岳本、嘉靖本同。石經作「汏」，衛氏集説同。釋文出「汏哉」，此本疏中亦作「汏」。〇鍔按：「汏哉」上，阮校有「司士賁節」四字。

[二] 司士至許人　閩、監本同，毛本作「司士賁至禮許人」，惠棟校宋本無此五字。

時失禮，襲在於地，故司士賁告子游。子游知襲在牀，不據禮答之，專輒許諾，如禮出於己，故縣子譏之。汏，自矜大也。

唐陸氏曰：士賁，人名。

長樂陳氏曰：君子之於言，「必則古昔，稱先王」，則古昔所以本其時，稱先王所以本其人，如此則有所受無所專也。司士賁問襲牀之禮，而子游諾之，以其不知有所受無所專也。

馬氏曰：魂氣歸于天，體魄降于地，人之所以死也。故始死廢牀，欲其近於地，不復，然後襲於牀。

【吴氏纂言】司士，姓；賁，名也。

鄭氏曰：禮，唯始死廢牀，時失之。子游當言「禮」，然言「諾」，非也。叔氏，子游字。

孔氏曰：按喪大記始死廢牀，至遷尸及襲皆在於牀。當時失禮，襲在於地，故司士賁告子游，子游知襲在牀爲是，故許諾之。汏，自矜大也。凡来諮禮事者，當據禮答之。今子游不據前禮，專輒許諾，如禮出於己，是自矜大，故縣子聞而譏之。

長樂陳氏曰：君子之言，「必則古昔，稱先王」，有所受無所專。司士賁聞襲牀之禮，而子游諾之，以其不知有所受無所專也。

【陳氏集説】賁，司士之名也。禮，始死廢牀，而置尸於地，及復而不生，則尸復登牀。

襲者，斂之以衣也，沐浴之後，商祝襲祭服、褖衣，蓋布於牀上也。飯含之後，遷尸於襲上而衣之。襲於牀者，禮也。後世禮失而襲於地，則褻矣。司士知禮，而請於子游，子游不稱禮而答之以「諾」，所以起縣子之譏也。汏，矜大也。言凡有諮問禮事者，當據禮答之，子游專輒許諾，則如禮自己出矣，是自矜大也。叔氏，子游字。

【郝氏通解】司士，官名。賁，人名。以衣斂尸曰襲。禮，始死廢牀，置尸於地，望其如初生下地時也。旋反於牀，沐浴、含飯、襲皆于牀也。當時有就地而襲者，司士賁請如古禮，子游不據禮以告，第應曰「諾」。諾者，以物許人之辭，非所以議禮也。汏，驕恣也。曲禮曰「問禮，對以禮」，又曰「必則古昔，稱先王」。子游對不以禮，不則古昔，不稱先王，若禮由己出而許以予人者，故曰汏。

【欽定義疏】正義 鄭氏康成曰：時失之也。子游當言「禮」，然言「諾」，非也。叔氏，子游氏。

孔氏穎達曰：此論不可以禮許人之事。襲皆在牀。當時失禮，襲在於地，故司士賁告子游。子游不據禮答之，專輒許諾，如禮出於己，故縣子譏之。汏，自矜大也。

陳氏祥道曰：君子之於言，「必則古昔，稱先王」，則古昔所以本其時，稱先王所以本其人。如此則有所受無所專也。司士問襲牀之禮而子游諾之，以其不知有所受無所專也。

陳氏澔曰：禮，始死廢牀，而置尸於地，及復而不生，則尸復登牀。襲者，斂之以衣也。沐浴之後，商祝襲祭服、褖衣，蓋布於牀上也。飯含之後，遷尸於襲上而衣之。襲於牀者，禮也。後世禮失而襲於地，則褻矣。司士知禮，而請於子游，子游不稱禮而答之以「諾」，所以起縣子之譏也。汏，矜大也。言凡有咨問禮事者，當據禮答之，子游專輒許諾，則如禮自己出矣，是自矜大也。

馬氏晞孟曰：魂氣歸於天，體魄歸於地，人之所以死也。故始死廢牀，欲其近於地，不復，然後襲於牀。

案 楊復儀禮圖云：「喪大記有疾病廢牀之文，儀禮則無，然本記云：『乃卒，主人啼，兄弟哭，設牀第，當牖。』夫既設牀第於乃卒之後，則知疾病時廢牀，與喪大記合。」然據檀弓，曾子易簀，反席而歿，則不廢牀也。記所謂「設牀」，即喪大記所謂「含一牀」「襲一牀」，與小斂牀第等皆非常寢之牀也。古謂「廢牀寢地」，冀其受氣以生。夫人將死，斷無藉地氣復生之理，且地氣沁侵，速之斃耳。喪大記所云，古即有之，亦不可用。

【杭氏集説】陳氏澔曰：禮，始死廢牀，而置尸於地，及復而不生，則尸復登牀。襲者，斂之以衣也，沐浴之後，商祝襲祭服、褖衣，蓋布於床上也。飯含之後，遷尸於襲上而衣之。襲於牀者，禮也。後世禮失而襲於地，則褻矣。司士知禮，而請於子游，子游不稱禮而答之以「諾」，所以起縣子之譏也。汏，矜大也。言凡有咨問禮事者，當據禮答之，子游專輒許諾，則如禮自己出矣，是自矜大也。

姚氏際恒曰：此亦譽子游。此語雖似嘲諷，寔以見子游之知禮也。

【孫氏集解】鄭氏曰：請襲於牀，時失之也。禮，唯始死廢牀。當言「禮」，然言「諾」，非也。叔氏，子游字。

孔氏曰：案喪大記，始死廢牀，至遷尸及襲皆在於牀。當時失禮，襲在於地，故司士賁告子游。汰，自矜大也。叔氏，子游別字也。凡諮禮事，當據禮以答之。子游不據禮以答，而專輒許諾之，如似禮出於己然，是自矜大，故縣子聞而譏之。

愚謂司士，夏官之屬，賁蓋以官爲氏者。

【朱氏訓纂】司士賁告於子游曰：「請襲於牀。」注：時失之也。禮，唯始死廢牀。　釋名：衣尸曰襲。襲，帀也，以衣周帀覆衣之也。**子游曰：「諾。」縣子聞之曰：「汰哉叔氏！專以禮許人。」**注：當言「禮」，然言「諾」，非也。叔氏，子游字。　釋文：汰，自矜大。　正義：當時失禮，襲在於地，當據禮答之。今子游專輒許諾，如似禮出於己，故縣子譏之。

【郭氏質疑】鄭注：時失之也。禮，唯始死廢牀，子游當言禮，然言「諾」，非也。叔氏，子游字。

嵩燾案，王氏章句云：「此蓋治魯侯之喪也。襲於牀者，士禮，諸侯必別有廞次。賁欲以士禮加之諸侯，而子游許之，故縣子譏焉。此子游蓋魯君之叔，與言子游同字。」據周禮司士「大喪，作士掌事」，鄭注：「事，謂奠斂之屬。」司士賁告於子游，請襲於牀爲治魯君之喪，王氏之言極允，而謂諸侯之斂別有廞次，似於禮無徵。喪大記：「含一牀，襲一牀，遷尸於堂又一牀，君、大夫、士一也。」士喪禮：「死於適室。主人入，坐於牀東，婦人俠牀，東面。」無廢牀之文。喪大記：「寢東首於北墉下，廢牀。」「始死，遷尸於牀。」此鄭注所本。然遷尸後有浴、有含，乃襲，安得有襲於地之事？當時失禮亦不至此。而自浴而含而襲，亦不別言設牀，惟小斂設席於户内，設牀第兩楹之閒，所謂遷尸於牀，一牀也。以事例求之，喪大記云：「設牀襢第。」當爲浴牀，即始死之牀，而含、襲、斂別爲一牀。士喪禮「設席於户内」即此，以浴無席，含、襲、斂皆當有席故也。經文彙舉見義，當通觀之，此云「請襲於牀」，或不別設席以從簡略，而子游許之。史記「言偃，吴人，字子游」，從無叔氏之稱。鄭以爲子游字，是子游又字叔氏也，疑當别爲一人。説文：「泰，滑也。」汏、泰同字，汏者滑利，猶謂語言輕率也。以禮許人，言禮之所在而許人以簡便行之，其瀆禮亦甚矣。情事顯然，鄭意恐失之迂回。

三·九一 ○宋襄公葬其夫人，醯醢百甕。曾子曰：「既曰明器矣，而又實

之！」言名之爲明器，而與祭器皆實之，是亂鬼器與人器。○醯，呼兮反。醢，音海。甕，烏弄反。

【疏】「宋襄」至「實之」[一]。○正義曰：此一節論宋襄公失禮之事。案春秋，宋襄公卒在僖二十三年。案文十六年傳云，宋昭公將田孟諸，未至，襄夫人，周襄王之姊，使甸師攻而殺之。則宋襄公夫人卒在襄公後，其年極多。此得云「宋襄公葬其夫人」者，蓋襄公初取夫人，死在襄公之時，故得葬之。其後取夫人，是襄王之姊，死在襄公之後，義不相妨。

○「曾子曰：既曰明器，而又實之」者，曾子不譏器之多，但譏其實爲非也。言既曰神明之器，當虛也，故譏云「而又實之」也。「言名之爲明器，而與祭器皆實之，是亂鬼器與人器也」，案既夕禮「陳明器」後云「無祭器」，鄭云：「士禮略也，大夫以上兼用鬼器與人器。」若此，大夫諸侯並得人鬼兼用，則空鬼而實人。故鄭云「與祭器皆實之，是亂鬼器與人器」也。士既無人器，則亦實明器。故既夕禮云「甕三：醯、醢、屑」，又云「甒二：醴、酒」也。若夏后氏專用明器[二]，則分半以實之。殷人全用祭器，則亦分半以虛

[一] 宋襄至實之 惠棟校宋本無此五字。○鍔按：「宋襄」上，阮校有「宋襄公節」四字。

[二] 若夏后氏專用明器 惠棟校宋本作「若」，衛氏集説同。此本「若」誤「則」，閩、監、毛本同。

之。周人兼用明器、人器[一]，人器實之，明器虚之。

【衛氏集説】鄭氏曰：言名之爲明器，而與祭器皆實之，是亂鬼器與人器。

孔氏曰：此一節論宋襄公失禮之事。案春秋，宋襄公卒在僖公二十三年，至文公十六年，猶有襄夫人在。今得云「宋襄公葬其夫人」者，蓋襄公初取夫人，死在襄公前，而其後取夫人，死在襄公後爾。既曰神明之器，則當虚也。案既夕禮「陳明器」後云「無祭器」，鄭云：「士禮畧，大夫以上兼用鬼器與人器。」人鬼兼用，則空鬼而實人。士既無人器，則亦實明器。故既夕禮云「甕三：醯、醢、屑」，又云「甒二：醴、酒」也。若夏后氏專用明器，則分半以實之。殷人全用祭器，則亦分半以虚之。周人兼用，則亦實人而空鬼也。

馬氏曰：既夕禮言陳明器，亦有黍、稷、醯、醢、酒、醴以實之。宋襄公之葬夫人醯醢百甕，蓋譏其多，於禮可也。以爲明器而不當實之，則非矣。由是觀之，豈曾子言殷人之禮有祭器而不必實明器歟？若曾子見學於聖人者也，而猶失其傳如此，是故襲裘而弔，則不知在小斂之後。喪欲速貧，死欲速朽，則不知爲聖人有爲之言。弔於負夏，主人爲之反柩，乃以爲可。小斂之奠在東方，反以爲西，則曾子亦可謂魯矣，不然則記者之謬歟？

[一] 周人兼用明器人器　閩、監、毛本作「明」，此本「明」誤「閔」。

【吴氏纂言】鄭氏曰：名之爲明器，而與祭器皆實之，是亂鬼器與人器。孔氏曰：按春秋，宋襄公卒在僖二十三年，至文公十六年，猶有襄夫人在，蓋襄公初取夫人，死在襄公前，故云「宋襄公葬其夫人」。後又取夫人，是周襄王之姊，死在襄公後。言既曰神明之器，則當虚也。士喪無祭器，則實明器，故既夕云「甕三：醯、醢、屑」，「甒二：醴、酒」也。大夫、諸侯兼用鬼器、人器，則空鬼實人。若夏后氏專用明器，則分半以實之。殷人全用祭器，則亦分半以虚之。周人兼用，則人器實之，明器虚之。馬氏曰：既夕禮言陳明器，亦有黍、稷、醯、醢、酒、醴以實之，宋襄公之葬夫人，醯醢百甕，譏其多，於禮可也。以爲明器而不當實之，則非矣。豈曾子言殷人之禮有祭器而不必實明器與？

【陳氏集説】夏禮專用明器，而實其半虚其半。殷人全用祭器，亦實其半。周人兼用二器，則實人器而虚鬼器。

【郝氏通解】此言送死致生之非禮也。醯醢百甕，皆納之壙中者。明器，從葬之器，神明之而已。今皆實之以醯醢，所謂之死而致生，不智也，故曾子譏之。

按士喪禮，陳明器，「甕三：醯、醢、屑」，諸侯雖多，何至于百？鄭兼祭器解，以周人殉葬，兼用祭器也。祭器可實，明器不必實，然儀禮明器如苞、筲、甕、甒之屬，皆實以牲體、黍、稷、醯、醢、醴、酒之屬，豈曾子於禮未甚悉與？疏義半虚半實之説，强鑿附合耳。

【欽定義疏】正義 鄭氏康成曰：言名之爲明器，而與祭器皆實之，是亂鬼器與人器。陳氏澔曰：夏專用明器，而實其半虛其半。殷人全用祭器，亦實其半。周人兼用二器，則實人器而虛鬼器。

通論 孔氏穎達曰：此論宋襄公失禮之事。案春秋，宋襄公卒在僖公二十三年。至文公十六年，猶有襄夫人在，今得云「宋襄葬其夫人」者，蓋襄公初取夫人爾。既曰神明之器，則當虛也。案既夕禮「陳明器」後云「無祭器」，鄭云：「士禮略，大夫以上兼用鬼器與人器。」人鬼兼用，則空鬼而實人。士既無人器，則亦實明器，故既夕禮云「罋三：醯、醢、屑」，又云「甒二：醴、酒」也。若夏后氏專用明器，則分半以實之。殷人全用祭器，則亦分半以虛之。周人兼用，則亦實人而空鬼也。

存疑 馬氏睎孟曰：此譏其多，於禮可也。以爲明器而不當實之，則非矣。豈曾子言殷人之禮有祭器而不必實明器與？

案 既夕士禮，此爲諸侯禮，有祭器又有明器。孔氏實人空鬼之説自不可易。襄公百甕，當是既實祭器，并明器俱實，故曾子譏之。馬氏非之，過矣。且殷人全用祭器，何明器之可言？

【杭氏集説】陳氏澔曰：夏專用明器，而實其半虛其半。殷人全用祭器，亦實其半。周人兼用二器，則實人器而虛鬼器。

之其侈不合禮，即此可見。

萬氏斯大曰：夏后氏用明器，殷人用祭器。明器，祭鬼器也，當虛。祭器，人器也，當實。宋，殷之後，當用祭器。此醯醢百甕，曾子謂爲明器，要知襄公不用祭器，必其侈張過制，於祭器常數之外，又用明器而實以醯醢，是不知明器、祭器之有別也。故曾子譏之其侈不合禮，即此可見。

姚氏際恒曰：按春秋，宋襄公卒在僖二十三年，至文十六年，襄公夫人猶在，安得有此事？其誣可知。孔氏謂襄公初取夫人，死在前，後取夫人，死在後，此曲説無稽。且襄公夫人爲襄王姊，必不爲襄公後取夫人也。曾子此言援古之但用明器，以證不當實之之義也。若既夕禮，陳明器有麥、稷、醯、醢、酒、醴，此自春秋以來之禮。鄭、孔見士禮實明器，與此説相妨，遂以大夫以上人鬼兼用，宜空鬼實人。今明器、祭器皆實，故譏之，此臆説也。又謂夏專用明器，半實之；殷專用祭器，半虛之；周兼用明器、人器，人器實之，明器虛之，故誤認前章仲憲之言爲實然，而又据臆妄分虛寔，此鄭、孔之禮耳。

朱氏軾曰：醯醢百甕，則不獨實祭器矣，曾子譏之，謂祭器實可也，何爲并明器實之？

任氏啟運曰：大夫以上具二器，士無祭器，半實明器。宋用殷禮，本無明器而分半虛之，即明器虛意也。今盡實之，則致生之而不知，故曾子譏之。

【孫氏集解】鄭氏曰：言名之爲明器，而與祭器皆實之，是亂鬼器與人器。

孔氏曰：案春秋，宋襄公卒在僖公二十三年，至文公十六年，猶有襄夫人在。此云

「宋襄公葬其夫人」者，蓋初取夫人。曾子不譏其器之多，但譏其實爲非，蓋明器當虛，而與祭器皆實，是亂鬼器與人器也。士無祭器，則亦實明器，故既夕禮云「甕三：醯、醢、屑」，又云「甒二：醴、酒」也。若大夫、諸侯兼用鬼器、人器，則空鬼而實人。夏后氏專用鬼器，則分半以實之。殷人專用人器，則分半以虛之。

【朱氏訓纂】注：言名之爲明器，而與祭器皆實之，是亂鬼器與人器。　正義：案既夕禮「陳明器」後云「無祭器」，鄭云：「士禮略也。大夫以上，兼用鬼器與人器。」夏后氏專用明器，則分半以實之。殷人全用祭器，則亦分半以虛之。周人兼用明器、人器，人器實之，明器虛之。

【郭氏質疑】鄭注：名之爲明器，而與祭器皆實之，是亂鬼器與人器。

孔疏：無人器則亦實明器。夏后氏用明器，分半以實之。殷人用祭器，亦分半以虛之。周人兼用，則空鬼而實人。

嵩燾案，既夕禮，陳明器「茵。苞二。筲三：黍、稷、麥。甕三：醯、醢、屑。甒二：醴、酒」。苞、筲、甕、甒，四者皆實之，此外有用器，有役器，有燕器，而無祭器，其燕樂器有亦可也，士禮蓋如此。祭器若簠、簋、豆、鉶之屬，所謂禮器也，皆用實器，不專似明器之效形。而苞牲及筲、甕、甒仍稱明器，竝不以實之祭器，安得如孔疏所云「空鬼而實人」乎？苞牲用遣車，即遣奠之牲體。雜記引「大饗，卷三牲之俎，歸於賓館」爲證，此又別一義也。前云「竹不成用，瓦不成味」，竹者筲也，瓦者甕、甒，疑所謂黍、稷、醯、醢，皆不必實有其物。儀禮云「甕三：醯、醢、屑」，但以屑爲備物而已。案雜記：「遣車視牢具，置於四隅，載粻，有子曰：『非禮也。』」置牢具四隅而以載粻爲非禮，足爲明器不實之顯證。故曰「明器，鬼器也。祭器，人器也」。鬼無形與聲，而有用器，可以意擬之。祭器者，以人之精氣上接乎鬼神而如或饗之，故謂之人器。鄭釋鬼器、人器字太泥，因謂醯醢諸物當實之人器，則亦未知祭器者，人與鬼相交接之器，而不得專屬之人也。曾子言明器不宜實醯醢，足證儀禮之稱「醯、醢、屑」者，必亦明器之類。疏援儀禮之文，擬議以爲之辭，未信三代之禮之果然也。案左傳，宋襄公卒於僖公二十三年，文公十六年襄夫人尚見於傳。史記宋世家「夫人王姬使衛伯攻殺昭公」，服虔云：「襄公夫人，周襄王之姊。」其時距襄公之卒二十七年，或襄公尚有前夫人，曾子從後追論其事。檀弓記載大率類此。

檀弓注疏長編卷十五

三·九二　○孟獻子之喪[一]，獻子，魯大夫仲孫蔑。司徒旅歸四布[二]。旅，下士也[三]。司徒使下士歸四方之賻布[四]。夫子曰：「可也。」時人皆貪，善其能廉。○讀賵，曾

[一] 孟獻子之喪節　案：此本此節「讀賵」上有一「○」，閩本同，是另爲一節。監、毛本去「○」，故渾爲一節。惠棟校云：「『孟獻子』節，宋本分『讀賵』下另爲一節。」齊召南云：「『讀賵』下當自爲一節。注下應有疏而無之，刊本遂接『孟獻子』節而誤録其疏於下。」

[二] 司徒旅歸四布　閩、監、毛本同，石經同，岳本、嘉靖本同，衛氏集説同。考文引古本、足利本作「司徒敬子使旅歸四方布」。案：正義中屢言「敬子」，猶是皇侃、熊安生舊語，設經中無此，則疏豈空言？讀書脞録續編云：「經注並無『敬子』字，正義何爲反覆申辨，向疑經文有脱譌而未能決，今讀古本，爲之釋然。考文如此類，亦所謂披沙揀金也。」

[三] 旅下士也　閩、監、毛本作「下」，岳本、嘉靖本同，衛氏集説同。此本「下」誤「卜」。

[四] 司徒使下士歸四方之賻布　閩、監、毛本同，岳本、嘉靖本同，衛氏集説同。考文引古本「之賻布」作「之賻者布也」，足利本同，但無「也」字。

子曰：「非古也，是再告也。」曾子言非禮。祖而讀賵[一]，賓致命；將行，主人之吏[二]又讀賵，所以存録之。

【疏】「孟獻」至「可也」。○正義曰：此一節論喪不貪利之事[三]。孟獻子之喪，送終既具，賻布有餘，其家臣司徒敬子稟承主人之意，使旅下士歸還四方賻主人之泉布也。謂四方賻者，泉布本助喪用，今既有餘，故歸還之也[四]。時人皆貪，獻子之家獨能如此，故夫子曰「可也」，善其能廉。皇氏以爲獻子有餘布，歸之於君，君令國之司徒歸賻於四方。案春秋魯上卿季氏也，仲孫蔑之卒，季氏無謚曰敬子者，皇氏之言非也。熊氏以爲獻子家臣爲司徒，故左傳「叔孫氏之司馬鬷戾」，是家臣亦有司徒、司馬也。

【衛氏集説】孟獻子之喪，司徒旅歸四布。夫子曰：「可也。」

[一] 曾子言非禮祖而讀賵　惠棟校宋本如此，宋監本同。此本「言非」二字闕，「祖」字同。閩、監、毛本「非」作「喪」，「祖」作「祖」。岳本作「非禮祖」，嘉靖本同。衛氏集説二句倒置，惟「非」字不誤，「祖」亦作「祖」。考文云：「古本作『曾子言非也禮祖而讀賵』，宋板、足利本同，但無『也』字。」案：考文之宋板即惠棟所校之宋本，今惠校作「祖」，考文作「祖」，疑「祖」誤也。

[二] 主人之吏　考文引宋板同，嘉靖本同。岳本、閩本、監、毛本「吏」作「史」，衛氏集説同。

[三] 論喪不貪利之事　閩、監、毛本同。惠棟校宋本「喪」上有「因」字，衛氏集説同。

[四] 故歸還之也　閩、監、毛本同。惠棟校宋本無「也」字，衛氏集説同。

鄭氏曰：獻子，魯大夫仲孫蔑。旅，下士也。司徒使下士歸四方之賻布。時人皆貪，夫子善其能廉。

孔氏曰：此一節論因喪不貪利之事。四方賻泉布，本助喪用，今既有餘，故歸還之。司徒，家臣司徒也。左傳云：「叔孫氏之司馬鬷戾。」是家臣亦有司徒、司馬也。

長樂陳氏曰：知死者贈，知生者賻，贈賻之餘，君子不可利於己，亦不可歸於人。利於己，則啟天下家喪之心；歸於人，則絶天下恤喪之禮。與其利於己，寧歸於人；與其歸於人，寧班諸兄弟之貧者。孟獻子之喪，司徒旅歸四布，孔子可之，以其賢乎利於己者而已，不若班諸貧者爲盡善也。

馬氏曰：司徒歸四布，蓋以爲愈夫家於喪者可也，以爲善於禮則末矣。

山陰陸氏曰：言可而已，則非夫子所善。

讀賵，曾子曰：「非古也，是再告也。」

鄭氏曰：祖而讀賵，賓致命；將行，主人史又讀賵，所以存録之。曾子言非禮。

嚴陵方氏曰：古者奠之而不讀，周則既奠而又讀焉，故曾子以爲再告也。

【吴氏纂言】孟獻子之喪，司徒旅歸四布。夫子曰：「可也。」

鄭氏曰：獻子，魯大夫仲孫蔑。旅，下士也。司徒使下士歸四方之賻布。時人皆貪，夫子善其廉。

孔氏曰：四方賻泉布，本助喪用，今既有餘，故歸還之。皇氏謂獻子有餘布，歸之於君，君令國之司徒歸於四方。熊氏則以司徒爲獻子家臣，左傳「叔孫氏之司馬鬷戾」，是家臣亦有司徒、司馬也。

澄曰：侯國三卿，魯之季孫，上卿，司徒也，其下二大夫，一如王朝之小宰，一如王朝之小司徒。叔孫，亞卿，司馬也，其下一大夫，如王朝之小司馬，左傳所謂「叔孫氏之司馬鬷戾」是也。仲孫，下卿，司空也，其下二大夫，一如王朝之小司寇，一如王朝之小司空。夫子仕魯爲司空、司寇，即仲孫氏之司空、司寇也。家臣之賤，應無稱司徒、司馬者，熊氏説非。皇氏謂歸之君，而君使司徒歸之者，亦非。但如鄭注是矣。按周官「諸大夫之喪，宰夫使其旅帥有司而治之」，宰夫者，冢宰之下大夫也。季孫，魯國上卿，實兼冢宰之職。司徒乃季孫氏之下大夫，故其旅得爲孟獻子之家治喪也。

山陰陸氏曰：言「可」而已，則非夫子所善。

馬氏曰：司徒旅歸四布，蓋以爲愈夫家於喪者可也，以爲善於禮則末矣。

長樂陳氏曰：知死者贈，知生者賻，贈賻之餘，不可利於己，亦不可歸於人。利於己，則啓天下家喪之心；歸於人，則絶天下恤喪之禮。與其利於己，寧歸於人；與其歸於人，寧班諸兄弟之貧者。孟獻子之喪，司徒旅歸四布，孔子可之。以其賢乎利於己者而已，不若班諸貧者爲盡善。

讀賵，曾子曰：「非古也，是再告也。」

鄭氏曰：祖而賵，賓致命，將行，主人之史又讀賵，曾子言非禮。

澄曰：按士喪禮下篇「祖奠畢，公賵、賓賵」，其時賵者已致命於柩。凡所賵之物，書之於方。及次日，遣奠畢，苞牲行器之後，主人之史讀賵，若欲神一一知之。前既致命，今又讀之，是再告於神也。蓋古者但有賵時致命之禮，無後來再讀之禮，故曾子以爲非古。

【陳氏集説】孟獻子之喪，司徒旅歸四布。夫子曰：「可也。」疏曰：送終既畢，賻布有餘，其家臣司徒承主人之意，使旅下士歸還四方賻主人之泉布。時人皆貪，而獻子家獨能如此，故夫子曰「可也」，善其能廉。左傳「叔孫氏之司馬鬷戾」，是家臣亦有司徒、司馬也。**讀賵，曾子曰：「非古也，是再告也。」**車馬曰賵，賵所以助主人之送葬也。既受，則書其人名與其物於方版。葬時柩將行，主人之史請讀此方版所書之賵，蓋於柩東，當前束，西面而讀之。古者奠之而不讀，周則既奠而又讀焉，故曾子以爲再告也。

【納喇補正】司徒旅歸四布。

集説 疏曰：送終既畢，賻布有餘，其家臣司徒承主人之意，使旅下士歸還四方賻主人之泉布。左傳「叔孫氏之司馬鬷戾」，是家臣亦有司徒、司馬也。

竊案 疏所云乃熊氏説也。皇氏又謂獻子有餘布歸之於君，君歸之於四方。吳氏曰：「侯國三卿，魯之季孫，上卿，司徒也，其下二大夫，一如王朝之小宰，一如王朝之小司徒。叔孫，亞卿，司馬也，其下一大夫，如王朝之小司馬，左傳所謂『叔孫之司馬鬷戾』是。仲孫，下卿，司空也，其下二大夫，一如王朝之小司寇，一如王朝之小司空。夫子仕魯爲司空、司寇，即仲孫氏之司空、司寇也。家臣之賤，應無稱司徒、司馬者，熊氏説非。皇氏謂歸之君，而君使司徒歸之者，亦非。但如鄭注云『旅，下士也，司徒使下士歸四方之賻布』是矣。案周官『諸大夫之喪，宰夫使其旅帥有司而治之』，宰夫者，家宰之下大夫也。季孫，魯國上卿，實兼冢宰之職。司徒乃季孫之下大夫，故其旅得爲孟獻子之家治喪也。」

【郝氏通解】孟獻子，魯大夫仲孫蔑也。司徒，大夫家臣司徒也。旅，下士。即司徒歸四布，謂既葬，各以四方之賻布還之。蓋獻子廉而家臣繼其志，視家於喪者爲賢，而違弔者之情，不如子柳以班兄弟之貧者之爲善也。故夫子僅可之。車馬助葬曰賵，主人既受而以方版書其數，遣奠之晨以讀于柩，此後世之禮。蓋賔來賵時，既以告，遣奠又讀，是再告也。古者但有賵時致命之禮，無柩行再告之禮，故曾子非之。

【方氏析疑】司徒旅歸四布。

適公卿之喪，曰「聽役於司徒」。周官州長、黨正、閭師各掌其地之喪紀，乃司徒之屬也。故獻子之喪，得使司徒之下士歸布。

【江氏擇言】讀賵，曾子曰：「非古也，是再告也。」

鄭注：曾子言喪禮祖而讀賵，賓致命，將行，主人之史又讀賵，所以存録之。按，古謂周以前，周尚文，柩將行，有讀賵之禮，所以存録之。其時史坐而釋算，亦爲榮其多也。

【欽定義疏】孟獻子之喪，司徒旅歸四布。夫子曰：「可也。」

正義 鄭氏康成曰：獻子，魯大夫仲孫蔑。旅，下士也。司徒使下士歸四方之賻布。時人皆貪，夫子善其能廉。

孔氏穎達曰：此論喪不貪利之事。孟氏家臣司徒敬子稟承主人之意，使旅下士歸還四方賻布之餘，蓋四方賻泉布本助喪用，今既有餘，故歸還之。熊氏謂此司徒，獻子家臣。左傳「叔孫氏之司馬鬷戾」，是家臣亦有司徒、司馬也。

存疑 吴氏澄曰：家臣之賤，應無稱司徒、司馬者，熊氏説非。皇氏謂歸之君，而君使司徒歸之者，亦非。但如鄭注云「旅，下士也。司徒使下士歸四方之賻布」是矣。

案 周官諸大夫之喪，宰夫使其旅帥有司而治之。宰夫者，冢宰之下大夫也。季孫，魯國上卿，實兼冢宰之職，司徒乃季孫之下大夫，故其旅得爲孟獻子之家治喪也。

案 少牢，大夫禮也，而有「司馬刲羊」之文，則大夫家有司徒、司馬可知。吴氏論官制固允，而謂季孫之下大夫爲孟孫治喪，則未必然。

讀賵，曾子曰：「非古也，是再告也。」

正義　鄭氏康成曰：喪禮，祖而讀賵，賓致命，將行，主人之史又讀賵，所以存録之，曾子言非禮。

吴氏澄曰：案士喪禮下篇「祖奠畢，公賵，賓賵」，其時賵者已致命於柩。凡所賵之物，書之於方。及次日遣奠畢，包牲行器之後，主人之史讀賵，若欲使人一一知之。前既致命，今又讀之，是再告於神也。蓋古者但有賵時致命之禮，無後來再讀之理，故曾子以爲非古。

陳氏澔曰：車馬曰賵，所以助主人之送葬也。既受，則書其人名與其物於方版。葬時柩將行，主人之史請讀此方版所書之賵，蓋於柩東，當前束，西面而讀之。古者，奠之而不讀，周則既奠而又讀焉，故曾子以爲再告也。

【杭氏集説】孟獻子之喪，司徒旅歸四布。夫子曰：「可也。」

吴氏澄曰：家臣之賤，應無稱司徒、司馬者。熊氏説非。皇氏謂歸之君，而君使司徒歸之者，亦非。但如鄭注云「旅，下士也，司徒使下士歸四方之賻布」是矣。按周官諸大夫之喪，宰夫使其旅帥有司而治之。宰夫者，冢宰之下大夫也。季孫，魯國上卿，實兼冢宰之職，司徒乃季孫之下大夫，故其旅得爲孟獻子之家治喪也。

姚氏際恒曰：司徒，魯之上卿。旅歸四布，獻子以賻布上之司徒，司徒使其旅歸之四方也。疏引熊氏曰：「獻子家臣爲司徒，故左傳『叔孫氏之司馬鬷戾』，是家臣亦有司徒、司馬也。」此説非，孟獻子家臣安得稱司徒？傳所云者，叔孫爲司馬，其陪臣亦得稱司馬，故云叔孫氏之司馬也。

方氏苞曰：適公卿之喪，曰「聽役于司徒」。周官州長、黨正、閭師各掌其地之喪紀，乃司徒之屬也。故獻子之喪，得使司徒之下士歸布。

齊氏召南曰：家臣有司馬，無司徒。

讀賵，曾子曰：「非古也，是再告也。」

吴氏澄曰：案士喪禮下篇「祖奠畢，公賵，賓賵」，其時賵者已致命於柩。凡所賵之物，書之於方。及次日，遣奠畢，包牲行器之後，主人之史讀賵，若欲使人一一知之。前既致命，今又讀之，是再告於神也。蓋古者但有賵時致命之禮，無後來再讀之禮，故曾子以爲非古。

陳氏澔曰：車馬曰賵，所以助主人之送葬也。既受，則書其人名與其物於方版，葬時柩先行，主人之史請讀此方版所書之賵，蓋於柩東，當前束，西面而讀之。古者奠之而不讀，周則既奠而又讀焉，故曾子以爲再告也。

【孫氏集解】孟獻子之喪，司徒旅歸四布。夫子曰：「可也。」

鄭氏曰：獻子，魯大夫仲孫蔑。旅，下士也。司徒使下士歸四方之賻布，時人皆貪，善其能廉。

愚謂周禮宰夫「諸大夫之喪，使其旅帥有司而治之」。宰夫在天子爲冢宰之考，諸侯以司徒兼冢宰，則宰夫屬於司徒。其治大夫之喪者，乃司徒之旅也。故主爲孟氏歸四布。四布，謂四方之賻布。歸之者，以喪用之餘還其人也。「可也」者，善其不家於喪。

〇司徒，皇氏以爲國之司徒，熊氏以爲家臣之司徒。左傳昭二十五年「叔孫有司馬鬷戾」。既有司馬，則亦有司徒，但此司徒有旅，則疑國之司徒耳。孔氏以司徒爲家臣司徒敬子，又謂魯司徒爲季氏，季氏無謚敬子者，以此駁皇氏之説。案記但言司徒，初不言司徒敬子，而疏説如此，殊不可解也。

讀賵，曾子曰：「非古也，是再告也。」

鄭氏曰：祖而讀賵，賓致命。將行，主人之史又讀之，所以存録之。

愚謂以車馬送死者曰賵。讀賵，謂書賵物於方，將行，主人之史當柩東前束讀之也。然致賵之賓奉幣繒殯，將命，是已告於死者矣。至將行而又讀之，故曾子以爲再告。古謂殷時也，殷禮不讀賵，至周禮始有之，而曾子譏其禮之繁也。

【朱氏訓纂】孟獻子之喪，司徒旅歸四布。注：獻子，魯大夫仲孫蔑。旅，下士也。司徒使下士歸四方之賻布。　正義：熊氏以爲獻子家臣爲司徒，故左傳「叔孫氏之司馬鬷戾」，是家臣亦有司徒、司馬也。**夫子曰：「可也。」**注：時人皆貪，善其能廉。彬謂足利本作「司徒敬子使旅歸四方布」。案正義亦有「賻布有餘，其家臣司徒敬子稟承主人之意，使旅下士歸還四方賻主人之泉布」，是有「敬子」「使」「方」字。**讀賵，曾子曰：「非古也，是再告也。」**注：曾子言喪禮祖而讀賵，賓致命，將行，主人之史又讀賵，所以存録之。説文新附：賵，贈死者，从貝从冒。冒者，衣衾覆冒之意。吴幼清曰：案士喪禮下篇「祖奠畢，公賵，賓賵」，其時賵者已致命於柩。凡所賵之物，書之於方，及次日，遣奠畢，包牲行器之後，主人之史讀賵，若欲神一一知之。前既致命，今又讀之，是再告於神也。

【郭氏質疑】司徒旅歸四布。

鄭注：旅，下士也。司徒使下士歸四方之賻布。

孔疏：孟氏家臣司徒敬子使旅下士歸還四方賻主人之泉布。而引皇氏云「獻子以餘布歸之君，君令國之司徒歸賻於四方」。熊氏則云「獻子家臣爲司徒，左傳『叔孫氏之司馬鬷戾』，是家臣亦有司徒、司馬」。

嵩燾案，周禮有家宗人、家司馬、家士，而少牢饋食爲大夫禮，兼有宰、宗人、司馬、司士，無司徒名。少儀：「適公卿之喪，曰聽役於司徒。」司徒之職掌「起徒役」「致民」，而於公卿之喪無職司。疑卿、大夫之喪得立司徒，以掌喪事，致徒役。旅，如「旅見諸侯」及「士旅之」之旅，謂既葬，司徒職喪事畢，總會賓之賻而歸之。孟獻子卒在襄公十九年，昭四年杜洩稱季孫爲司徒，叔孫爲司馬，孟孫爲司空，事在襄公二十四年，上距獻子之卒六年。其時爲司徒者，季武子也。三家三分公室已非一日，安能更待魯司徒之下士治其喪哉！案周禮宰夫「公卿之喪，與職喪帥有司治之」。大夫之喪，使其旅帥有司治之」。承上「邦之弔事」爲言。職喪「掌卿大夫、士之喪，以國之喪禮涖其禁令，序其事」，凡爲有司之所供皆掌之。諸所職者，禮而已，豈能兼掌其財賻而爲之歸於賓？鄭意據宰夫之職，使旅帥有司，遂因以釋此旅之爲下士，證以當時情事而知其不然也。案鄉射「作相爲司正」「司正爲司馬」，鄉射兼大夫、士，置官涖事，一如邦國之禮，此其證也。

三·九三 ○**成子高寢疾，**成子高，齊大夫國成伯高父也。**慶遺入請，曰：「子之病革矣，如至乎大病，則如之何？」**觀其意[一]。革，急也。遺，慶封之族[二]。○遺，于季反，又如字。革，紀力反。**子高曰：「吾聞之也：『生有益於人，死不害於人。』吾縱生無益於人，吾可以死害於人乎哉？我死，則擇不食之地而葬我焉。」**不食，謂不墾

[一] 觀其意　閩、監、毛本同，岳本、嘉靖本同。衛氏集説「意」下有「也」字，考文引古本同。○鍔按：「觀其意」上，阮校有「成子高寢疾節」六字。

[二] 遺慶封之族　閩、監、毛本同，岳本、嘉靖本同，衛氏集説同。考文引古本「遺」上有「慶」字，「族」下有「也」字。

耕[一]。○墾，苦很反。

【疏】「成子」至「我焉」[二]。○正義曰：此一節論臨死不忘儉之事。

○注「成子」至「父也」。○正義曰：知者，以其有「慶遺入請」，齊有慶氏，故知是齊大夫。齊有國子高，故知姓國。又見齊世本「懿伯生貞孟，貞孟生成伯高父，國，氏」，以此知也。

【衛氏集說】鄭氏曰：成子高，齊大夫國成伯高父也。慶遺入請，觀其意也。革，急也。遺，慶封之族。不食，謂不墾耕。

孔氏曰：此一節論臨死不忘儉之事。國，氏也。齊有國子高。

嚴陵方氏曰：子高之愛人可知矣。觀公叔文子樂瑕丘而欲葬，則子高之所得不亦多乎！

【吳氏纂言】孔氏曰：齊世本「懿伯生貞孟，貞孟生成伯高父」。

鄭氏曰：遺，慶封之族。不食，謂不墾耕。

澄曰：成子高，即國子高，成，謚也。慶遺，蓋子高家臣。入請，入卧內而請問其遺

[一] 謂不墾耕　閩、監、毛本同，岳本、嘉靖本同，衛氏集說同。考文引古本、足利本「不」下有「可」字。釋文出「不墾」，是陸氏所見本亦無「可」字也。

[二] 成子至我焉　惠棟校宋本無此五字。

命也。大病，謂死。不食之地，謂其地不可種五穀以供民食者。子高自謂生而不能利澤於民，是無益於人也。若死而葬人所墾耕之地，以妨五穀，是有害於人矣。故欲擇不可墾耕之地而葬焉。其意慊然不自足，其言依於謙儉，蓋亦可謂賢已。

【陳氏集説】**成子高寢疾，慶遺入請，曰：「子之病革矣，如至乎大病，則如之何？」**成子高，齊大夫國伯高父，謚成也。遺，慶封之族。革，與亟同，急也。大病，死也，諱之之辭。**子高曰：「吾聞之也：『生有益於人，死不害於人。』吾縱生無益於人，吾可以死害於人乎哉？我死，則擇不食之地而葬我焉。」**不食之地，謂不耕墾之土。

【郝氏通解】成子高，齊大夫，姓國，字伯高，謚曰成。慶遺，慶封之族。不食之地，謂不可耕之地。死而不忘儉，賢於公叔文子遠矣。

【欽定義疏】正義　鄭氏康成曰：成子高，齊大夫國成伯高父也。孔疏：齊有國子，世本：「懿伯生貞孟，貞孟生成伯高父。」慶遺入請，觀其意也。革，急也。遺，慶封之族。不食，謂不墾畊。秦氏繼宗曰：「謂地不可種五穀以供民食也。」

孔氏穎達曰：此論臨死不忘儉之事。國，氏也，齊有國子高。

吴氏澄曰：入請，入卧内請其遺命也。子高自謂生不能利澤於人，是無益於人也。若死而葬人所耕墾之地，以妨五穀，是有害於人矣，故擇不可耕墾之地而葬焉。其意慊然不自足，其言依於謙儉，可謂賢矣。

陳氏澔曰：子高，謚成。革，亟也。大病，死也，諱之之辭。

通論 方氏慤曰：子高之愛人可知矣。觀公叔文子樂瑕丘而欲葬，則子高之所得不亦多乎？

【杭氏集説】 吴氏澄曰：入請，入卧内請其遺命也。子高自謂生不能利澤於人，是無益於人也。若死而葬人所耕墾之地，以妨五穀，是有害於人矣，故擇不可耕墾之地而葬焉。其意慊然不自足，其言依於謹儉，可謂賢矣。

【孫氏集解】 鄭氏曰：成子高，齊大夫國成伯高父也。遺，慶封之族。革，急也。不食，謂不墾耕。

陳氏澔曰：子高謚成。革，亟也。大病，死也，諱之之辭。

愚謂大病謂死也。子高之爲人，薄葬尚儉，蓋近於墨氏之意。然以視夫樂瑕丘而欲葬、爲石槨而三年者，不亦賢乎！

【朱氏訓纂】成子高寢疾，注：成子高，齊大夫國成伯高父也。正義：世本「懿伯生貞孟，貞孟生成伯高父」。國，氏。**慶遺入請，曰：「子之病革矣，如至乎大病，則如之何？」**注：觀其意。革，急也。遺，慶封之族。陳可大曰：大病，死也，諱之之辭。**子高曰：「吾聞之也：『生有益於人，死不害於人。』吾縱生無益於人，吾可以死害於人乎哉？我死，則擇不食之地而葬我焉。」**注：不食，謂不墾耕。

三·九四 ○**子夏問諸夫子曰**[一]**：「居君之母與妻之喪。」「居處、言語、飲食衎爾。」**衎爾，自得貌。爲小君惻隱不能至。○衎，苦旦反，注同。爲，于僞反，下「爲之殷」「爲其久」「爲君服」同。○**賓客至，無所館，夫子曰：「生於我乎館，死於我乎殯。」**仁者不厄人。

【疏】「子夏」至「衎爾」[二]。○正義曰：此一節論臣服小君儀容之事。上子夏問居君之母與妻之喪，此「居處、言語」是夫子答辭，不云「子曰」者，記人略也。

【衛氏集説】子夏問諸夫子曰：「居君之母與妻之喪。」「居處、言語、飲食衎爾。」

鄭氏曰：衎爾，自得貌。爲小君惻隱不能至。

孔氏曰：此一節論臣服小君儀容之事。「居處」以下，是夫子答辭。不云「子曰」者，記人畧也。

嚴陵方氏曰：夫喪之所哀，固有或發於居處，或發於言語，或發於飲食者。然臣居

[一] 子夏問諸夫子曰節　案：此本此節「賓客至」上有一「○」，閩本同，是另爲一節也。監、毛本去「○」，故渾爲一節。齊召南云：「『賓客至』以下當亦自爲一節，刊本因無疏，誤接上節。」盧文弨云：「『賓客至』一段當另起，在疏後自爲一節。」

[二] 子夏至衎爾　惠棟校宋本無此五字。

君之母與妻之喪，居處、言語、飲食衎爾，則以君尊之所嚴，有所不敢盡其哀故也。山陰陸氏曰：喪雖輕，惻隱不至則有之，未有居之而樂者也。子夏失問，夫子是以不答。

賓客至，無所館，夫子曰：「生於我乎館，死於我乎殯。」

鄭氏曰：仁者不厄人。

橫渠張氏曰：於我乎館，恨無他舍以館客，則於我之館，不可謂以無客館而不館舍賓客也。於吾家館，可也。

嚴陵方氏曰：此言「賓客」，論語言「朋友」，互相備也。

【吴氏纂言】**子夏問諸夫子曰：「居君之母與妻之喪。」「居處、言語、飲食衎爾。」**

鄭氏曰：衎爾，自得貌。爲小君惻隱不能至。

孔氏曰：居處、言語，蓋夫子答辭。不云「子曰」，記者略也。

山陰陸氏曰：喪雖輕，惻隱不至則有之，未有居之而樂者也。子夏失問，是以夫子不答。

澄曰：陸氏不以爲夫子答辭，未詳孰是。

賓客至，無所館，夫子曰：「生於我乎館，死於我乎殯。」

鄭氏曰：仁者不戹人。

澄曰：「賓客至，無所館」，謂有賓客自它國來至魯國，而無所館之家，夫子必令其於我家而館。設若此賓客不幸而死，夫子亦令其於我家而殯。蓋客於外而無容宿之館，死於外而無容殯之地，皆人之戹也。仁者豈忍視人之戹，而不閔恤之乎？故令於我乎館，於我乎殯也。論語言「朋友死，無所歸，曰『於我殯』」，彼同門之朋，合志之友，平日相親密者，死無所歸，義固當然。此賓客乃汎然之交游爾，非若朋友之親密，然亦以其生而館於我也，死則就令殯於我焉，厚之至也。

【陳氏集說】子夏問諸夫子曰：「居君之母與妻之喪。」「居處、言語、飲食衎爾。」君母、君妻，雖皆小君，皆服齊衰不杖期，然恩義則淺矣。故居其喪，則自處如此。衎爾，和適之貌。此章以文勢推之，「喪」下當有「如之何夫子曰」字。舊説謂記者之略，亦或闕文歟？又，否則，「問」當作「聞」。賓客至，無所館，夫子曰：「生於我乎館，死於我乎殯。」生既館之，死則當殯。應氏曰：朋友以義合。謂之賓客者，以其自遠方而來也。

【納喇補正】子夏問諸夫子曰：「居君之母與妻之喪。」「居處、言語、飲食衎爾。」

集説　君母、君妻雖皆小君，皆服齊衰不杖期，然恩義俱淺矣，故居其喪則自處如此。衎爾，和適之貌。此章以文勢推之，「喪」下當有「如之何？夫子曰」字，舊説謂記者之畧，亦或闕文歟？又，否則，「問」當作「聞」。

竊案　玉巖黄氏云：「鄭注爲小君惻隱不能至，此説是也。蓋小君主義重而恩輕也。

惟其義重，故須爲服；惟其恩輕，故容得和適也。陳注謂恩義則淺矣，此大失也。夫先王制服，只有二道，有以恩服者，有以義服者，二者之外更無他道。今曰恩義俱淺，然則何從而爲之服哉？不幾於畏而哭之之謂乎？至陸氏又曰：『喪雖輕，惻隱不至則有之，未有居之樂者。子夏失問，故不答。』此又一義也，學者詳之。」愚謂黄氏駁集説「恩義俱淺」當矣，引陸氏「夫子不答」之説，非也，依集説闕文爲是。

【郝氏通解】子夏問諸夫子曰：「居君之母與妻之喪。」「居處、言語、飲食衎爾。」衎，樂也。君母、君妻，禮皆齊衰不杖期。恩義雖淺，未有居喪而爲樂者。子夏失問，故夫子不答。或云「居處」以下，夫子之答辭。若是，則衰不當物、畏而哭之者耳，豈聖人所以教人乎？記言爲不足信矣。

賓客至，無所館，夫子曰：「生於我乎館，死於我乎殯。」

賓客，謂朋友自遠方來寄寓者，非爲我來，故曰無所館。如爲我來者，我自當館之矣。死於我殯，因館生者併及之。言禮當如是爾，非謂我館者皆擬其死也。

【江氏擇言】子夏問諸夫子曰：「居君之母與妻之喪。」「居處、言語、飲食衎爾。」按，「問」當作「聞」，猶「速貧」章「問喪於夫子」之問也，此章之言記者蓋亦疑之，是以特變文，曰「子夏聞諸夫子」，明其爲傳聞之辭也。若是子夏問辭，當曰子夏問於孔子。「衎爾」之下，亦當有「乎」字。若有問無答，亦當記夫子不答。

賓客至，無所館，夫子曰：「生於我乎館，死於我乎殯。」朱文端公云：此即論語「朋友死，於我殯」之意。

按，賓客方至而遽言及死，似非人情。疑此即論語「於我殯」之言，爲朋友死無所歸者，發記者傳聞，遂異辭耳。

【欽定義疏】子夏問諸夫子曰：「居君之母與妻之喪。」「居處、言語、飲食衎爾。」

存疑　鄭氏康成曰：衎爾，自得貌。爲小君惻隱不能至。

孔氏穎達曰：此論臣服小君儀容之事。「居處」以下是夫子答辭。不云「子曰」者，記人略也。

陳氏澔曰：君母、君妻雖皆小君，皆服齊衰不杖期，然恩義則淺矣，故居其喪，則自處如此。衎爾，和適之貌。

存異　陸氏佃曰：喪雖輕，惻隱不至則有之，未有居之而樂者也。子夏失問，夫子是以不答。

案　家語「居處」上有「如之何子曰」五字。「衎爾」下有「在喪所則稱其服而已」九字。文義甚明，當從之。

賓客至，無所館，夫子曰：「生於我乎館，死於我乎殯。」

正義　鄭氏康成曰：仁者不厄人。

方氏慤曰：此言「賓客」，論語言「朋友」，互相備也。

應氏鏞曰：朋友以義合，謂之「賓客」者，自遠方而至也。

案 家語「至無所館」下有「死無所殯」四字，此亦闕文，記者約計。夫子生平言他國客至，有無所館者，則夫子曰「於我乎館」；有死無所殯者，則夫子曰「於我乎殯」。不忍其無歸，覆載生成之心也。或曰其至爲夫子至也，生既館之，死亦殯之。

【杭氏集説】子夏問諸夫子曰：「居君之母與妻之喪。」「居處、言語、飲食衎爾。」

陳氏澔曰：君母、君妻，雖皆小君，皆服齊衰不杖期，然恩義則淺矣。故居其喪，則自處如此。衎爾，和適之貌。

姚氏際恒曰：此語可不出。

姜氏兆錫曰：此章家語「喪」下當有「如之何夫子曰」字，末尚有「于喪所則稱其服而已」」，此蓋省文也。

賓客至，無所館，夫子曰：「生於我乎館，死於我乎殯。」

應氏鏞曰：朋友以義合，謂之「賓客」者，自遠方而至也。

姚氏際恒曰：此倣論語「朋友死，無所歸，于我殯」爲説。然客方至而儗其死，殊不通。

朱氏軾曰：謂之「賓客」者，以爲之主也。此賓客之至，爲夫子至也，爲子至者，不必皆館於子。無所館，斯館之矣。生館之，死能不殯之乎？此即論語「朋友死，于我殯」之意。

姜氏兆錫曰：此章味文義，恐亦有闕文。

【孫氏集解】子夏問諸夫子曰：「居君之母與妻之喪。」「居處、言語、飲食衎爾。」陳氏曰：「喪」下當有「如之何子曰」字。

鄭氏曰：衎爾，自得貌。爲小君喪，惻隱不能至。

陳氏澔曰：君母、君妻，皆服齊衰不杖期，然恩義則淺矣，故居其喪如此。衎爾，和適之貌。

賓客至，無所館，夫子曰：「生於我乎館，死於我乎殯。」

論語曰：「朋友死，無所歸，於我殯。」蓋生而無所館則館之，死而無所歸則殯之。聘禮：「賓入竟而死，遂焉，主人爲之具而殯。」客死於館而使之就而殯焉，館人之禮然也。

【朱氏訓纂】子夏問諸夫子曰：「居君之母與妻之喪。」「居處、言語、飲食衎爾。」注：衎爾，自得貌。爲小君惻隱不能至。　江氏永曰：「問」，當作「聞」。　賓客至，無所館，夫子曰：「生於我乎館，死於我乎殯。」注：仁者不厄人。　朱氏軾曰：此即論語「朋友死，於我殯」之義。

三·九五　〇**國子高曰：「葬也者，藏也。藏也者，欲人之弗得見也。是故衣**

足以飾身，棺周於衣，椁周於棺，土周於椁。言皆所以爲深邃，難人發見之也。國子高，成子高也。成，謚也。○邃，先遂反。難，乃旦反。見，如字，又賢遍反。**反壤樹之哉！」**反，覆也[一]。怪不如大古也，而反封樹之。意在於儉，非周禮[二]。○壤，而丈反。復，扶又反，舊音服，非。大，音泰。

【疏】「國子」至「之哉」[三]。○正義曰：此一節論重古非今之事。子高之意，人死可惡，故備以衣衾、棺椁，欲其深邃[四]，不使人知。今乃反更封壤爲墳，而種樹以標之哉！言不可封壤種樹也[五]。國子意在於儉，非周禮之法。

○注「怪不」至「周禮」。○正義曰：唐、虞以上謂之「大古」，易繫辭云：「古之葬者，厚衣之以薪，不封不樹。」今既封樹，故云「怪不如大古也」。

【衛氏集説】鄭氏曰：言皆以爲深邃，難人發見之也。國子高，成子高也。成，謚也。

[一] 反覆也　閩、監、毛本同，嘉靖本同，衛氏集説同。惠棟校宋本「覆」作「復」，宋監本、岳本同，考文引古本同。釋文出「反復」。○鍔按：「反覆也」上，阮校有「國子高節」四字。

[二] 非周禮　閩、監、毛本同，岳本、嘉靖本同。衛氏集説「禮」下有「也」字，考文引古本同。

[三] 國子至之哉　惠棟校宋本無此五字。

[四] 欲其深邃　閩、監、毛本作「深」，衛氏集説同。此本「深」誤「經」。

[五] 言不可封壤種樹也　惠棟校宋本作「可」，衛氏集説同。此本「可」字闕，閩、監、毛本作「當」，非。

反壤樹之，反，覆也。怪不如大古也，而反封樹之。意在於儉，非周禮也。

孔氏曰：此一節論重古非今之事。子高之意，人死可惡，故備以衣衾、棺椁，欲其深邃，不使人知。今乃反更封壤爲墳，而種樹以標之哉！言不可也。

嚴陵方氏曰：壤，言封土以爲墳。樹，言種木以爲表。

馬氏曰：古之人尤畧於死者，衣之以薪，葬諸中野。而後世聖人特嚴慎終之禮，故瓦棺堲周爲不足，易之以棺椁。棺椁爲不足，被之以柳翣。易之以棺椁者，言無使土侵膚；被之以柳翣者，言無使人惡於死。凡此皆藏之，弗得見者也。周官冢人：「以爵等爲之丘封之度與其樹數。」故觀其封則知位秩之高下，觀其樹則知命數之多寡，所以遺後世子孫之識，非以爲觀美者也。封之崇四尺，孔子之所不廢，而國子高非之，亦異於禮矣。

【吴氏纂言】國，齊大夫國氏。子者，大夫之尊。稱高者，蓋其字。古初人與禽獸一，死者不葬，後因人子不忍暴露其親，故掩之以土。又不忍土侵其膚，故衣之以薪。後以瓦棺易薪，又以木棺易瓦棺，外又加以椁，情彌厚，禮彌備矣。斂而以衣裹尸，使人不見其尸也。斂而納之於棺，使人不見其衣也。葬而下棺於椁，使人不見其棺也。既下棺而實之以土，則并使人不見其椁也。子高以爲人子之葬其親，如此藏之者，欲人之不得而見也。實土畢而封樹於外，以表識之，則人雖不見其棺椁，然知其所藏之處矣。意欲如古之不封不樹也。

鄭氏曰：反，復也。怪不如太古，意在於儉，非周禮也。

孔氏曰：子高之意，以人死可惡，故備衣衾、棺椁，欲其深邃，不使人知。今乃反更封壤爲墳，而種樹以標之哉！

方氏曰：壤，言封土以爲墳；樹，言種木以爲表。

馬氏曰：古之人畧於死者，衣之以薪，葬之中野。後世聖人嚴慎終之禮，以瓦棺堲周爲不足，易之以棺椁。凡此皆藏之，弗得見者也。周官冢人：「用爵等爲封土之度與其樹數。」觀其封則知位秩之高卑，觀其樹則知命數之多寡，所以遺後世子孫之識，非以爲觀美也。而國子高非之，亦異於禮矣。

【陳氏集説】國子高，即成子高也。疏曰：子高之意，人死可惡，故備飾以衣衾、棺椁，欲其深邃，不使人知。今乃反更封壤爲墳，而種樹以標之哉！國子意在於儉，非周禮。

【郝氏通解】國子高，即成子高也。子高之意，以爲人生則見，死則藏，藏則宜不見，故衣以包形，棺以包衣，椁以包棺，土以包椁，惟恐其藏之不密，人之發見也。反封之壤，樹之木，而使人識之哉！

按此所謂之死而致死之，不仁而不可爲也。在死者自爲計，則可。子孫於祖考，封之惟恐不高，樹之惟恐不茂，豈忍泯然不識而已？故凡送死之禮，皆生者之事，非死者之任。聖人制禮，使生者自盡焉耳。

【江氏擇言】按，國子高，其即楊朱所稱「伯成子高不以一毫利物，舍國而耕於野」者乎。見列子。擇不食之地以葬，而不欲其封樹，蓋恬淡寡欲而達於生死者也。

【欽定義疏】正義　鄭氏康成曰：言皆所以爲深邃，人難發見之也。國子高，成子高也。成，謚也。反，覆也。怪不如太古，孔疏：唐、虞以上謂之「太古」。易繫辭曰：「古之葬者，厚衣之以薪，不封不樹。」今既封樹，故曰「怪不如太古」。而反封樹之意在於儉，非周禮也。

孔氏穎達曰：此論重古非今之事。子高之意，人死可惡，故備以衣衾、棺椁，欲其深邃，不使人知。今乃反更封壤爲墳，而種樹以標之哉？言不當封壤種樹也。

方氏慤曰：壤，言封土以爲墳；樹，言種樹以爲表。

通論　馬氏晞孟曰：古於死者，衣之以薪，葬諸中野。而後世聖人特嚴慎終之禮，故瓦棺塈周爲不足，易之以棺椁，無使土侵膚；被之以柳翣，無使人惡於死。凡此，皆藏之，弗得見者也。周官冢人「以爵等爲之丘封之度與其樹數」，使知位秩之高下，命數之多寡，所以遺後世子孫之識，非以爲觀美者也。封之崇四尺，孔子之所不廢，而國子高非之，亦異於禮矣。

案　子高自葬不食之地，而其言「葬」也，又第以「藏」爲説，視周末文勝之習遠矣。或子高懲當時有石椁三年、醯醢百甕，大害於禮者，故作此語，與死欲速朽同意與？

【杭氏集説】姚氏際恒曰：孟子稱墨之治喪，以薄爲其道，此是其一種議論。姜氏兆錫曰：疏曰：「子高以人死可惡，故備飾以衣衾、棺椁，欲其深邃，不使人知。今乃反更封壤爲墳，而種樹以標之哉！」合前章以觀，子高蓋愿慤之士，故多貶損謙抑之意，然非禮也。周官冢人「用爵等爲之丘封之度與其樹數」。封之崇四尺，孔子所不廢，而國子非之，何耶？學者以禮爲權而無過不及焉，可矣。

【孫氏集解】鄭氏曰：國子高，成子高也。成，謚也。意在於儉，非周禮。

孔氏曰：子高之意，以人死可惡，故備衣衾、棺椁，欲其深邃，不使人知。不當更封壤、種樹以標之。意在於儉，非周禮之法。

愚謂衣足以飾身，言僅足以飾身，使勿露而已，不必多也。棺周於衣，椁周於棺，言僅足以周其外而已，不必大也。周禮典瑞斂尸用圭、璋、璧、琮之屬，朱子謂「周公要是未思量耳」。蓋椎埋發冢之事，周公時尚未有之，宜其慮未及此也。莊子言「儒以詩禮發冢」，而子高之言如此，亦若有預防及此者，豈陵冢發掘之禍，當時已有其端與？

【朱氏訓纂】國子高曰：「**葬也者，藏也。藏也者，欲人之弗得見也。是故衣足以飾身，棺周於衣，椁周於棺，土周於椁。**注：言皆所以爲深邃，難人發見之也。國子高，成子高也。成，謚也。**反壤樹之哉！**」注：反，復也。怪不如太古也。而反封樹之，意在於儉，非周禮。正義：子高之意，人死可惡，故備以衣衾、棺椁，欲其深邃，不使人知。今乃反更封壤爲墳，而種樹以標之哉！江氏永曰：國子高，其即楊朱所稱「伯成子高不以一豪利物，舍國而耕於野」者乎？擇不食之地以葬，而不欲其封樹，蓋恬澹寡欲而達於生死者也。

三·九六　○**孔子之喪，有自燕來觀者，舍於子夏氏。子夏曰：「聖人之葬人，與人之葬聖人也，子何觀焉？**與，及也。○燕，烏田反。**昔者夫子言之曰：『吾見封之若堂者矣，**封，築土爲壟[一]。堂形四方而高。○壟，力勇反。**見若坊者矣，**坊形旁殺，平上而長[二]。○坊，音防。殺，色戒反，下同。**見若覆夏屋者矣，**覆，謂茨瓦也。夏屋，今之門廡也，其形旁廣而卑[三]。○茨，徐在私反，茅覆屋。廡，音武。卑，如字，又音婢。**見若斧者矣，**斧形旁殺，刃上而長。**從若斧者焉。』**孔子以爲刃上難登，狹又易爲功。○狹，户甲反。易，以豉反。**馬鬣封之謂也。**俗間名。○鬣，力輒反。**今一日而三斬板，而已封，**板，蓋廣二尺，

[一]　封築土爲壟　閩、監、毛本作「封」，岳本、嘉靖本同。此本「封」誤「北」。○鍔按：「封築」上，阮校有「孔子之喪節」五字。

[二]　坊形旁殺平上而長　閩、監、毛本作「上」，岳本、嘉靖本同，衛氏集説同。此本「上」字闕。

[三]　其形旁廣而卑　閩、監、毛本同，岳本、嘉靖本同，衛氏集説同，考文引古本、足利本「旁」下有「殺」字。

長六尺。斬板，謂斷其縮也[一]。三斷止之，旁殺[二]。蓋高四尺，其廣袤未聞也。詩云：「縮板以載。」○斷，音短，下同。上，時掌反，下「以上」同。廣袤，古曠反，下音茂，徐又亡侯反。**尚行夫子之志乎哉？」**尚，庶幾也。

【疏】「孔子」至「乎哉」[三]。○正義曰：此一節論葬夫子封墳之法。○燕國人聞葬聖人，恐有異禮，故從燕來魯觀之。

「舍於子夏氏」，舍，住也。燕人來住子夏家也。

「子夏曰：『聖人之葬人，與人之葬聖人也，子何觀焉？』」與，及也。子夏謂燕人云：「若聖人葬人，及人葬聖人，皆用一禮，而子遠來，何所觀乎？」王肅云：「『聖人葬人與』屬上句，以言若聖人葬人與？則人庶有異聞，得來觀者。若人之葬聖人，與凡人何

[一] 斬板謂斷其縮也　惠棟校宋本作「其」，宋監本、岳本、嘉靖本同，衛氏集説同，考文引古本、足利本同。釋文出「斷其」。此本「其」誤「莫」，閩、監、毛本同。

[二] 三斷止之旁殺　閩、監、毛本同，岳本同，衛氏集説同。嘉靖本「止」誤「正」。惠棟校宋本「止」作「上」，考文引古本、足利本同。釋文出「上之」云：「時掌反，下『以上』同。」

[三] 孔子至乎哉　惠棟校宋本無此五字。

異，而子何觀之？然公西赤爲志，徧用三王禮，子夏謂葬聖人[一]與凡人不異者，今謂聖凡相葬，禮儀不殊，而孔子葬異，此是賢葬聖師，別自表義，不施世爲法。而子夏恐燕人學斆此禮，故懸而拒之，云其禮本應如一也。而下又述昔聞夫子見四封之異者[二]，此處可共，是許燕人學之，故備陳其教，以赴遠觀之意[三]。」

○「昔者夫子言之曰：吾見封之若堂者矣」，既已語燕人無觀，又此歷述孔子之言者，欲以此語與燕人爲法。封，謂墳之也，若如堂基，四方而高。

○「見若坊者矣」，坊，堤也，堤坊水，上平而兩旁殺，其南北長也。言又見有築墳形如坊者也。

「見若覆夏屋者矣」，殷人以來，始屋四阿。夏家之屋，唯兩下而已，無四阿，如漢之門廡。又言見其封墳如覆夏屋，唯兩下而殺，卑而寬廣。又見封如斧之形，其刃嚮上，長而高也。既言四墳之異，夫子之意，從若斧者焉，以爲刃上難登，狹又易爲功力。子夏既

[一] 徧用三王禮子夏謂葬聖人　閩、監、毛本同，惠棟校宋本「禮」下有「而」字，考文引宋本「禮」作「而」，下屬，與惠棟校不同。

[二] 而下又述昔聞夫子見四封之異者　閩、監、毛本作「異」，此本「異」誤「其」。

[三] 以赴遠觀之意　閩、監、毛本同，許宗彦校「赴」作「副」。

道從若斧形，恐燕人不識，故舉俗稱「馬鬣封之謂也」，以語燕人。馬鬷鬣之上[一]，其肉薄，封形似之。

○「今一日而三斬板」，子夏前述明夫子語，又引今會古竟，更述其今葬孔子。既是從斧之墳。「今一日」者，謂今作孔子墳正用一日之功[二]，儉約不假多時，於一日之中而三斬板者，謂作墳法也。築墳之法，所安板側於兩邊，而用繩約板，令立後，復内土於板之上中央，築之，令土與板平，則斬所約板繩，斷而更置於見築土上，又載土其中，三徧如此，其墳乃成，故云「今一日而三斬板」也。

「而已封」者，爲三徧設板築土而止已其封也。故鄭注「板，蓋廣二尺，長六尺」。板廣二尺，疊側三板，應高六尺，而云「四尺」者，但形旁表漸斂[三]，上狹下舒，如斧刃之形，使三板取高四尺，以合周制也。

○「尚行夫子之志乎哉」者，尚，庶幾也。言今一日三斬板，是庶幾慕行於孔子平生所志也，以示燕人。

[一] 馬鬷鬣之上　閩、監、毛本同。惠棟校宋本「鬷」作「騣」，衛氏集説同。盧文弨云：「『騣』是説文新附字，疑本借『鬷』字，不當改。」

[二] 正用一日之功　按：「正」疑「止」字之譌。

[三] 但形旁表漸斂　閩、監、毛本同。惠棟校宋本「表」作「衺」，是也，續通解同。

〇注「板蓋」至「以載」。〇正義曰：知「板，蓋廣二尺」，案祭義曰「築宮仞有三尺」，是牆高一丈。公羊傳云「五板爲堵」，則板廣二尺，故五板高一丈也。知板長六尺者，以春秋左氏説雉長三丈，高一丈，公羊傳云「五板爲堵，五堵爲雉」，按五堵而爲雉，則堵長六尺。故詩箋云：「雉長三丈，則板六尺。」知「蓋高四尺」者，以上合葬於防，崇四尺。今葬夫子，不可過之。又板廣二尺，三板斜殺，唯高四尺耳。其東西之廣，南北之袤，則未聞也。引詩「縮板以載」，是大雅緜之篇也。引之者，證「縮」爲約板之繩。孫毓難云：「孔子墓，魯城北門外西，墳四方，前高後下，形似卧斧，高八九尺。今無馬鬣封之形，不止于三板。」記似誤者，孫毓云據當時所見，其墳或後人增益，不與元葬墳同，無足怪也[一]。

【衛氏集説】孔子之喪，有自燕來觀者，舍於子夏氏。子夏曰：「聖人之葬人，與人之葬聖人也，子何觀焉？

鄭氏曰：與，及也。

孔氏曰：自此至「志乎哉」一節，論葬夫子封墳之法。舍，住也，燕國人來住子夏家也。子夏謂燕人云：「若聖人葬人，及人葬聖人，皆用一禮，而子遠來，何所觀乎？」

[一] 不與元葬墳同無足怪也　惠棟校宋本如此，此本「元」誤「示」、「也」誤「同」，閩、監、毛本「元」作「原」、「也」作「者」。

王氏肅曰：「聖人葬人與」屬上句，以言若聖人葬人與？則人庶有異聞，得來觀者。若人之葬聖人，與凡人何異，而子何觀之有？故下備述夫子所言四封之異，以慰燕人遠觀之心，使以爲法也。

長樂陳氏曰：君子之於喪禮，尤衆人之所欲觀者也。故子思之喪母，滕世子之葬定公，四方猶且觀之，況聖人之門人葬聖人乎？此燕人所以來觀之。

昔者夫子言之曰：『吾見封之若堂者矣，見若坊者矣，見若覆夏屋者矣，見若斧者矣，從若斧者焉。』馬鬣封之謂也。今一日而三斬板，而已封，尚行夫子之志乎哉？」

鄭氏曰：若堂，謂封土爲壟也，堂形四方而高。坊形旁殺，平上而長也。覆，謂茨瓦也。夏屋，今之門廡也，其形旁廣而卑。斧形旁殺，刃上而長。孔子以爲刃上難登，狹又易爲功，故從若斧者焉。馬鬣，俗間名。板，蓋廣二尺，長六尺。斬板，謂斷其縮也。三斷止之，旁殺。蓋高四尺，其廣袤未聞也。詩云：「縮板以載。」尚，庶幾也。

孔氏曰：此子夏歷述孔子之言。封，謂墳之也。若，如也。坊，堤也，堤以坊水，上平而兩旁殺，其南北長也。殷人以來，始屋四阿。夏家之屋，兩下而已，故夏屋如漢之門廡。斧者，子夏恐燕人不識，故舉俗稱以語之。馬鬉鬣之上，其肉薄，封形似之也。子夏既述夫子之語，又引今會古。言今孔子墳正用一日之功，儉約如此者，是庶幾慕行於孔子平生所志也。三斬板，作墳法也。築墳之法，所安板側於兩邊，而用繩約板，令直立，而後納土於板之中築之，令土與板平，則斬所約板繩，斷而更置於見築土上，又載土其中，三遍如此，其墳乃成。已，止也。

馬氏曰：馬鬣封，則從於儉，而後世可傳矣。蓋古之人封之若堂者，四方而高，難爲功而易爲虧，故變之爲若坊。若坊，則平上而長，比之若堂者，則易爲功。然以其上平，猶不免於虧，故變之爲若覆夏屋。若覆夏屋者，旁廣而卑，則難虧矣。然必從若斧者，刃向上則功愈易而虧愈難，此所貴於儉者也。且丘封雖以爵等爲度，而形稍廣狹平殺。如此異者，不失高下之制而已矣。

長樂陳氏曰：孔子以時人之封過泰也，故欲從其殺者而已。門人以夫子之志於儉也，故一日三斬板，以行夫子之志而已。門人於封則儉，於披崇練旐則不儉者，儉則行夫子之志，不儉則行門人之志。行夫子之志所以救時，行門人之志所以尊師也。

【吴氏纂言】孔子之喪，有自燕來觀者，舍於子夏氏。子夏曰：「聖人之葬人，與人之葬聖人也，子何觀焉？

孔氏曰：燕國人聞葬聖人，恐有異禮，故從燕來魯觀之。舍，住也，來住子夏家也。

王肅云：「『聖人葬人與』屬上句，言聖人葬人則來觀者，庶有異聞。若人之葬聖人，與凡人何異，而子之遠來何所觀乎？子夏既語燕人，而下又歷述夫子所言四封之異，以慰其來觀之意。」

長樂陳氏曰：君子之喪禮尤衆，人之所欲觀者，滕世子之葬定公，四方猶且觀之，况聖人之門人葬聖人乎？此燕人所以來觀。

昔者夫子言之曰：『吾見封之若堂者矣，見若坊者矣，見若覆夏屋者矣，見若斧者矣，從若斧者焉。』馬鬣封之謂也。今一日而三斬板，而已封，尚行夫子之志乎哉？」

鄭氏曰：封，築土爲壟也。堂形四方而高。坊形旁殺，平上而長。覆，謂茨瓦也。夏屋，今之門廡也，其形旁廣而卑。斧形旁殺，刃上而長。孔子以爲刃上難登，狹又易爲功，故從古斧者焉。馬鬣封，俗間名。板，蓋廣二尺，長六尺。斬板，謂斷其縮也。三斬上之，旁殺。蓋高四尺，其廣袤未聞。尚，庶幾也。

孔氏曰：封，謂墳之也。堂基四方。坊，堤也，堤防水，上平而兩旁殺，其南北長。殷人以來，始屋四阿。夏家之屋，唯兩下而已，無四阿，如漢之門廡。夫子從若斧者，恐燕人不識，故舉俗稱「馬鬣封」以語之。馬騣鬣之上，其肉薄，斧形似之也。子夏既述夫子之語，又謂今作孔子墳，正用一日之功，儉約不假多時者，庶幾遵行孔子平生之志也。三斬板，作墳法也。築墳之法，於所安板側，用繩約板，令直立，然後納土於板之中，築之，令土與板平，則斬所約板繩，斷而更置於見築土上，又載土其中，三遍如此，其墳乃成。已封，止已其封也。板廣二尺，疊側三版，應高六尺，而云「四尺」者，旁衺漸斂，上狹下舒，如斧刃之形，使三版但高四尺也。孫毓云：「孔子墓，魯城北門外西，墳四方，前高後下，形似卧斧，高八九尺，無馬鬣封之形，不止於三版。」或後人增益，不與元葬墳同。記者據當時所見墳也。

馬氏曰：古之人封之若堂者，四方而高，難爲功而易虧，故變之爲若坊。若坊，則平上而長，比之若堂者，易爲功。然以其上平，猶不免於虧，故變之爲若覆夏屋。若覆夏屋者，旁廣而卑，則難虧矣。然比之若斧者，刃向上則功愈易而虧愈難也。且封丘雖以爵等爲度，而形之廣狹平殺。如此異者，不失高下之制而已。馬鬣封則從儉，而後世可傳矣。

長樂陳氏曰：孔子以時人之封過泰也，故欲從其殺者。門人以夫子之志於儉也，故一日三斬板以行夫子之志。門人於封則儉，於披崇練旐則不儉者，儉則行夫子之志以救時也，不儉則行門人之志以尊師也。

【陳氏集説】孔子之喪，有自燕來觀者，舍於子夏氏。子夏曰：「聖人之葬人與？人之葬聖人也，子何觀焉？延陵季子之葬其子，夫子尚往觀之。今孔子之葬，燕人來觀，亦其宜也。然子夏之意以爲聖人葬人，則事皆合禮。人之葬聖人，則未必皆合於禮也。故語之曰：子以爲聖人之葬人乎？乃人之葬聖人也。又何觀焉？蓋謙辭也。**昔者夫子言之曰：『吾見封之若堂者矣，見若坊者矣，見若覆夏屋者矣，見若斧者矣，從若斧者焉。』馬鬣封之謂也。今一日而三斬板，而已封，尚行夫子之志乎哉？」**此言封土有此四者之形。封，築土爲墳也。若堂者，如堂之基，四方而高也。坊，堤也，若坊者，上平旁殺而南北長也。若覆夏屋者，旁廣而卑也。若斧者，上狹如刃。較之上三者，皆用功力多而難成，此則儉而易就，故俗謂之馬鬣封。馬鬃鬣之上其肉薄，封形似之也。今一日者，謂今封築孔子之墳不假多時，一日之間三次斬板即封畢，而已止矣。其法：側板於坎之兩旁，而用繩以約板，乃内土於内而築之，土與板平，則斬斷約板之繩，而升此板於所築土之上，又實土於其中而築之，如此者三而墳成矣。故云「三斬板而已封也」。尚，庶幾也。乎哉，疑辭，亦謙不敢質言也。

【郝氏通解】燕，國名。聖人葬人，則禮自聖人出，故可觀。人葬聖人，則禮自衆人出，其何觀焉？「昔者」以下，述夫子之言，見今之葬無可觀者。封，謂築墳。若堂，形方而其上平也。若坊，形如隄防，旁殺而長也。若覆夏屋，東西壁立，南北陵遲，形如夏世之屋，周屋始有四注，夏屋惟前後霤耳。若斧，上狹如刃也，功省易就，故從之。此以上皆引夫子之言。馬鬣封，子夏即所見，以明「若斧」之制，馬領肉薄，墳狀似之。今將以此葬夫子，功不過一日，三次斬繩移版，其封已成，事簡禮儉，尚行夫子之志而已，何觀焉？

按前章記夫子之葬，公西華爲志，備三代之禮，披崇練旐，何其豐也。今云以若斧封，又何儉也。版可築垣牆，不可爲丘隴。馬鬣而上，則朝築而莫陊矣。三板之高，不過六尺，何以垂之奕世如山陵乎？燕人觀禮，以此告之，甚無謂。

【方氏析疑】今一日而三斬板。

「斬板」與詩「削屢」之削同義，蓋脱下版而疊於上，砉然開解，有似於斬削。注、疏謂「斬束版之繩」，未當事理。

【江氏擇言】子夏曰：「聖人之葬人與？人之葬聖人也，子何觀焉？」

鄭注：與，及也。

孔疏云：王肅云：「『聖人葬人與』屬上句，以言若聖人葬人與？則人庶有異聞。若人之葬聖人，與凡人何異，而子何觀之？」

按，王肅説是。

今一日而三斬板，而已封，尚行夫子之志乎哉？

長樂陳氏云：孔子以時人之封過泰也，故欲從其殺者。門人以夫子之志於儉也，故一日三斬板，以行夫子之志。門人於封則儉，於披崇練旐則不儉者，儉則行夫子之志以救時也，不儉則行門人之志以尊師也。

按，陳氏説亦善。

【欽定義疏】正義 鄭氏康成曰：封，築土爲壟。堂形四方而高。坊形旁殺，平上而長。覆，謂茨瓦也。夏屋，今之門廡，孔疏：夏家之屋唯兩下而已，無四阿，如漢之門廡。其形旁廣而卑。斧形旁殺，刃上而長。孔子以爲刃上難登，狹又易爲功，故從若斧者焉。馬鬣，俗間名。孔疏：恐燕人不識，故舉俗稱以語之。馬騣鬣之上，其肉薄，封形似之。板，蓋廣二尺，長六尺。斬板，謂斷其縮也。三斷止之。孔疏：築墳之法，安板側於兩邊，用繩約板，令立，納土板中，築之，令土與板平，斬所約繩，更置於見築土上，又載土其中，三徧如此，其墳乃成。旁殺，蓋高四尺，其廣袤未聞也。詩云：「縮板以載。」尚，庶幾也。

王氏肅曰：言若聖人葬人與？則人庶有異聞，得來觀者。若人之葬聖人，與凡人何異，而子何觀之有？故下備述夫子所言四封之異，以慰燕人遠觀之心，使以爲法也。

孔氏潁達曰：此一節論葬夫子封墳之法。舍，住也，燕國人來，住子夏家也。子夏歷述孔子之言，又引今會古，言今孔子墳止用一日之功，儉約如此者，是庶幾慕行於孔子平生所志也。孫毓云：「孔子墓，魯城北門外西，墳四方，前高後下，形似卧斧，高八九尺，記似誤者。」孫所見，或後人增益，不與原葬同與？

陳氏澔曰：延陵季子之葬其子，夫子尚往觀之。今孔子之葬，燕人來觀，亦其宜也。然子夏之意，以爲聖人葬人則事皆合禮，人之葬聖人則未必皆合禮也，故語之曰：子以爲聖人之葬人乎？乃人之葬聖人也，又何觀焉？蓋謙辭也。

馬氏晞孟曰：古之人封之若堂者，四方而高，難爲功而易爲虧，故變之爲若坊，易爲功矣。然上平，猶不免於虧，故變之爲若覆夏屋，旁廣而卑，則難虧矣。然必從若斧者，功愈易而虧愈難，此所貴於儉者也。丘封以爵等爲度，而如此異者，不失高下之制而已矣。

通論　陳氏祥道曰：孔子以時人之封過泰也，故欲從其殺者而已。門人以夫子之志行夫子之志，不儉則行門人之志。行夫子之志所以救時，行門人之志所以尊師也。

於儉也，故一日三斬板，以行夫子之志而已。門人於封則儉，於披崇練旐則不儉者，儉則

存疑 鄭氏康成曰：與，及也。

孔氏穎達曰：子夏謂燕人云，若聖人葬人及人葬聖人皆用一禮，而子遠來，何所觀乎？

案 與，當如王説作平聲，鄭注不合語意。

【杭氏集説】 陳氏澔曰：延陵季子之葬其子，夫子尚往觀之，今孔子之葬，燕人來觀，亦其宜也。然子夏之意，以爲聖人葬人，則事皆合禮，人之葬聖人，則未必皆合禮也，故語之曰：子以爲聖人之葬人乎？乃人之葬聖人也，又何觀焉？蓋謙辭也。

孫毓云：孔墓前高後卑，形如卧斧，高八九尺。與此不合，孔云：或後人所增加。

萬氏斯大曰：注、疏云「封高四尺」，此因防墓。封崇四尺，謂葬孔子亦高四尺也。竊恐未然，板廣二尺，三板凡六尺，周禮大夫制也。孔子爲大夫，正當六尺。若斧者，南北壁立，東西陵遲，上狹下舒。若斧形，板施於南北。

姚氏際恒曰：王子雍以「聖人之葬人與」句絶，是也。鄭釋「與」字爲「及」字，以「聖人之葬人」句絶。孔氏曰：「聖人之葬人與人之葬聖人，皆用一禮。而子遠來，何所爲觀乎？」殊非語氣。鄭、孔所以爲此解者，恐謂人之葬聖人無足觀，則與前章「公西赤爲志」偏用三代之禮相矛盾耳。不知此明言「一日三板，以若斧封」，與前翣披崇旐豐儉

正自矛盾，安能爲之掩乎？

陸氏奎勳曰：封之若堂者，四方也。若坊者，上平而狹長也。若覆屋者，上圓也。若斧者，上鋭也。惟其上鋭，故有似乎馬鬣。舊注尚未清晰。

方氏苞曰：「斬板」與詩「削屢」之削同義，蓋脱下版而疊於上，砉然開解，有似於斬削。注、疏謂「斬束版之繩」，未當事理。

【孫氏集解】孔子之喪，有自燕來觀者，舍於子夏氏。子夏曰：「聖人之葬人，與人之葬聖人也，子何觀焉？

王氏肅曰：若聖人之葬人與？則人庶有異聞。若人之葬聖人，與凡人何異，而子何觀之？

陳氏澔曰：延陵季子葬其子，夫子尚往觀之，孔子之葬，燕人來觀，亦其宜也。子夏以爲聖人葬人，則事皆合禮，人葬聖人，則未必皆合於禮也。蓋謙辭。

昔者夫子言之曰：『吾見封之若堂者矣，見若坊者矣，見若覆夏屋者矣，見若斧者矣，從若斧者焉。』馬鬣封之謂也。今一日而三斬板，而已封，尚行夫子之志乎哉？」

鄭氏曰：封，築土爲壟。堂形四方而高。坊形旁殺，平上而長。覆，謂茨瓦也。夏屋，今之門廡也，其形旁廣而卑。斧形旁殺，刃上而長。孔子以爲刃上難登，狹又易爲功，故從若斧者。馬鬣封，俗間名。板，蓋廣二尺，長六尺。斬板，謂斬其縮也，三斬止之。

旁殺，蓋高四尺，其廣袤未聞也。

賈氏公彦曰：案匠人「夏后氏世室，殷人重屋四阿」，鄭云：「四阿，四注。」殷人始爲四注，則夏后氏屋但兩下爲之，故兩下屋名爲夏屋。漢時門廡爲兩下之形，故鄭舉漢法爲況。

孔氏曰：子夏言夫子欲從若斧者，恐燕人不識，故舉俗稱馬鬣封以語之。馬駿鬣之上，其肉薄，封形似之。三斬板者，築墳之法。側板於兩邊，用繩約板，令立，内土板中築之，土與板平，則斬斷所約板繩而更置，三徧如此，則墳成，而已止其封也。板廣二尺，三板斜殺，惟高四尺耳。其東西之廣，南北之袤，則未聞也。孫毓云：「孔子墓，魯城北門外西，墳四方，前高後下，形似卧斧，高八九尺，全無馬鬣封之形，不止於三板。」孫據當時所見，其墳或後人增益，不與原葬墳同。

【王氏述聞】⊙從若斧者焉　見若斧者矣。從若斧者焉。

家大人曰：「從」上有「吾」字，而今本脱之。「吾從若斧者焉」，乃夫子之言。鄭注云：「孔子以爲刃上難登，狹又易爲功。」此正釋夫子所以從若斧者之故，非以此爲子夏之言也。下句「馬鬣封之謂也」，方是子夏之言。而正義云「子夏既道從若斧形，恐燕人不識，故舉俗稱馬鬣封以語燕人」。則孔所見本已脱「吾」字，故以「從若斧者焉」爲子夏之言，而唐石經以下皆沿其誤。案夫子言「吾從若斧者焉」，故子夏曰：「今一日而三斬板，而已封，尚行夫子之志乎哉？」若夫子不言所從，則子夏何由意揣而知之？是「從若斧」句爲夫子之言，而從上當有「吾」字也。本篇云「三年之喪，吾從其至者」，又云「殷已愨，吾從周」，竝與此「吾從」文同一例。初學記禮部下、白帖六十六引此竝作「吾從若斧者焉」，則唐時別本尚有「吾」字，家語「公西赤問」篇亦有「吾」字。

【朱氏訓纂】孔子之喪，有自燕來觀者，舍於子夏氏。子夏曰：「聖人之葬人與？人之葬聖人也，子何觀焉？正義：王肅云：「『聖人葬人與』屬上句，以言若聖人葬人與？則人庶有異聞，得來觀者。若人之葬聖人，與凡人何異，子何觀之？」**昔者夫子言之曰：『吾見封之若堂者矣，見若坊者矣，見若覆夏屋者矣，見若斧者矣，**注：封，築土爲壟。堂形四方而高，坊形旁殺平上而長。覆，謂茨瓦也。夏屋，今之門廡也，其形旁廣而卑。斧形旁殺，刃上而長。釋文：茨，茅覆屋。**從若斧者焉。』**注：孔子以爲刃上難登，狹又易爲功。王氏念孫曰：「從若斧者焉」，「從」上有「吾」字，今本脫。「吾從若斧者焉」，乃夫子之言。鄭注正釋夫子所以從若斧者之故。下文「馬鬣封之謂也」，方是子夏之言。正義所見本已脫「吾」字，唐石經以下皆沿其誤。初學記禮部下、白帖六十六引此，並作「吾從若斧者焉」，則唐時別本尚有「吾」字。家語「公西赤問」篇亦有「吾」字。**馬鬣封之謂也。**注：俗間名。**今一日而三斬板，而已封，尚行夫子之志乎哉？」**注：板，蓋廣二尺，長六尺。斬板，謂斷其縮也。三斷止之。旁殺，蓋高四尺，其廣袤未聞也。詩曰：「縮板以載。」尚，庶幾也。正義：坊，堤也。堤防水，上平而兩旁殺。殷人以來，始屋四阿。夏家之屋，唯兩下而已，無四阿。斧之形，其刃嚮上，長而高也。築墳之法，安板側於兩邊，而用繩約板令立，復内土于板之上，中央築之，令土與板平，則斬所約板繩，斷而更置於見築土上，又載土其中。三徧如此，其墳乃成。

三·九七　○**婦人不葛帶。**婦人質，不變重者，至期除之，卒哭變絰而已。

【疏】「婦人不葛帶」[一]。○正義曰：此論齊斬婦人帶要絰也。葬後卒哭，變麻易葛，而婦人重要而質，不變所重[二]，故不葛帶，至期除之。卒哭直變絰而已。大功以下輕，至卒哭並變爲葛，與男子同。經，首絰也。婦人輕首重要故也。

【衛氏集説】鄭氏曰：婦人質，不變重者，至期除之。卒哭，變絰而已。

孔氏曰：此論齊斬婦人帶要絰也。葬後卒哭，變麻易葛，婦人重要而質，不變所重，故不葛帶，至期除之。卒哭直變絰而已。大功以下至卒哭並變爲葛，與男子同。絰，首

[一] 婦人不葛帶　惠棟校宋本無此五字。○鍔按：「婦人」上，阮校有「婦人不葛帶節」六字。

[二] 不變所重　閩、監、毛本作「重」，衛氏集説同。此本「重」字闕。

絰也。婦人輕首重要故也。

【吴氏纂言】鄭氏曰：婦人質，不變重者，至期除之，卒哭變絰而已。孔氏曰：帶，腰絰也。齊斬卒哭，變麻爲葛，婦人重要，不變所重，故不葛帶。卒哭變首絰爲葛，與男子同，輕首重要故也。

【陳氏集説】禮，婦人之帶，牡麻結本。卒哭，丈夫去麻帶，服葛帶，而首絰不變。婦人以葛爲首絰，以易去首之麻絰，而麻帶不變，所謂「不葛帶」也。既練，則男子除絰，婦人除帶。婦人輕首重要故也。然此謂婦人居齊、斬之服者如此，若大功以下輕者，至卒哭則並變爲葛，與男子同。

【郝氏通解】禮，大喪，婦人與男子首絰、要帶皆用麻，男子重首，婦人重要。既葬卒哭，男子以葛易麻帶，婦人以葛易麻絰。及期而練，則男子去首絰而存葛帶，婦人去要帶而存葛絰，故婦人無葛帶，此以齊斬言也。若大功以下服輕，卒哭，婦人亦并變爲葛帶，與男子同矣。

【欽定義疏】正義 鄭氏康成曰：婦人質，不變重者，至期除之，卒哭變絰而已。孔

疏：絰，首絰也。婦人輕首重要故也。

孔氏穎達曰：此論齊斬婦人帶要絰也。葬後卒哭，變麻易葛，婦人重要，不變所重，故不葛帶，至期除之。卒哭直變絰而已。大功以下輕，至卒哭並變爲葛，與男子同。

陳氏澔曰：禮，婦人之帶，牡麻結本。卒哭，丈夫去麻帶，服葛帶，而首絰不變。婦人以葛爲首絰，易去首之麻絰，而麻帶不變，所謂「不葛帶」也。既練，則男子除絰，婦人除帶。

【杭氏集説】陳氏澔曰：禮，婦人之帶，牡麻結本。卒哭，丈夫去麻帶，服葛帶，而首絰不變。婦人以葛爲首絰，易去首之麻絰，而麻帶不變，所謂「不葛帶」也。既練，則男子除絰，婦人除帶。

【孫氏集解】敖氏繼公曰：婦人，指五服之親言也。間傳云「男子重首，婦人重帶」。婦人質，故於其所重者有除無變。其三年者，至小祥而除之。齊衰期以至小功，則皆終喪而除之。其緦麻者，卒哭既退而除之。

愚謂帶，要絰也。凡絰，男子重首，婦人重要。喪至卒哭，而變麻服葛，男子首絰、要絰皆變之，婦人則變首絰而要絰不變。蓋婦人質，於所重者有除無變也。五服皆然。注、疏惟據齊斬婦人言之，非也。此言「婦人不葛帶」，少儀云「葛絰而麻帶」，士虞記「婦人説首絰，不説帶」，皆非專爲齊斬婦人言也。婦人雖不葛帶，而其受服之絰，大小與初喪之帶同。卒哭之帶必去其故帶五分之一，乃得與其絰爲大小之差也。

【朱氏訓纂】注：婦人質，不變重者，至期除之，卒哭變絰而已。正義：此論齊斬婦人帶要絰也。葬後卒哭，變麻易葛，婦人重要而質，不變所重，故不葛帶。大功以下輕，至卒哭並變爲葛，與男子同。絰，首絰也。婦人輕首重要故也。

三・九八 ○**有薦新，如朔奠。** 重新物，爲之殷奠。

【疏】「有薦新，如朔奠」[一]。○正義曰：「薦新」，謂未葬中間得新味而薦亡者。「如朔奠」者，謂未葬前月朔大奠於殯宫者。大奠則牲饌豐也。朔禮視大斂，士則特豚三鼎。今若有新物及五穀始熟薦於亡者，則其禮牲物如朔之奠也。大夫以上則朔望大奠，若士，但朔而不望[二]。

【衛氏集説】鄭氏曰：重新物，爲之殷奠。

孔氏曰：薦新，謂未葬中間得新味而薦亡者。「如朔奠」者，謂未葬前月朔大奠於殯宫。大奠則牲饌豐也。朔禮視大斂，士則特豚三鼎。今若有新物及五穀始熟薦於亡者，則其禮牲物如朔之奠也。大夫以上則朔望大奠，士但朔而不望。

金華應氏曰：薦新，重時物也。薦新於廟，死者已遠，則感傷或淺。薦新於殯，其痛尚新，則感傷必重。朔祭，謂之大奠，其禮視大斂，故薦新亦如之，謂男女各即位，内外各從事，而奠哭之儀如一也。是禮之同，非其物之同。注謂「殷奠」，恐未然。蓋經曰「如朔奠」，非爲之也。

[一] 有薦新如朔奠 惠棟校宋本無此六字。○鍔按：「有薦」上，阮校有「有薦新節」四字。

[二] 若士但朔而不望 閩、監、毛本作「士」，此本誤「王」，衛氏集説亦作「士」。

【吴氏纂言】鄭氏曰：重新物，爲之殷奠。孔氏曰：薦新，謂未葬中間得新味而薦亡者。如朔奠，謂未葬前月朔大奠於殯宫。大奠則牲饌豐也。朔禮視大斂，士則特豚三鼎。今若有新物及五穀始熟薦於亡者，則其禮牲物如朔之奠也。大夫以上則朔望大奠，士但朔而不望。應氏曰：薦新，重時物也。薦新於廟，死者已遠，則感傷或淺。薦新於殯，其痛尚新，則感傷必重。朔祭，謂之大奠，其禮視大斂，故薦新亦如之，謂男女各即位，内外各從事，而奠哭之儀如一也。是禮之同，非其物之同。注謂「殷奠」，恐未然。

【陳氏集説】朔奠者，月朔之奠也。未葬之時，大夫以上朔望皆有奠，士則朔而已。如得時新之味或五穀新熟而薦之，則其禮亦如朔奠之儀也。

【郝氏通解】柩在殯，未葬，遇月朔則殷奠。殷，盛也。視常奠爲盛，男女各即位，内外各從事，故謂盛奠。薦新，亦謂在殯遇新穀，既升薦于柩也，其禮亦如朔奠，蓋薦新于葬後，死者已遠而感傷淺。薦新于初喪，其痛方新而感傷重，故禮如朔奠也。

【欽定義疏】正義　鄭氏康成曰：重新物，爲之殷奠。

孔氏穎達曰：薦新，謂未葬中間得新味而薦亡者。「如朔奠」者，謂未葬前月朔大奠於殯宫。大奠則牲饌豐也。朔禮視大斂，士則特豚三鼎。今若有新物及五穀始熟薦於亡者，則其禮牲物如朔之奠也。大夫以上則朔望大奠，士但朔而不望。

應氏鏞曰：薦新於廟，死者已遠，則感傷或淺。薦新於殯，其痛尚新，則感傷必重。朔祭，謂之大奠，其禮視大斂，薦新亦如之。

存疑 應氏鏞曰：「如」者，謂男女各即位，内外各從事，而奠哭之儀如一也。是禮之同，非其物之同。注謂「殷奠」，恐未然。蓋經曰「如朔奠」，非爲之也。

案 士喪禮既殯，有朝夕奠，有朔奠及月半奠。朝夕奠脯醢，朔奠用特豚三鼎。視朝夕奠爲盛，故曰「殷」。朔望有定期，薦新無定期。薦新事若微，然月令按候載之，蓋孝子因時怵愴之懷恃此以申，故重其禮。如此，注説未可輕議也。况據士喪朝夕奠，叙主賓男女之位甚詳。朔奠不及哭位，其如朝夕哭位可知。若第以如朔奠，爲男女之位等，則朝夕奠亦然，何必曰「如朔奠」。

【孫氏集解】 鄭氏曰：重新物，爲之盛饌。

又士喪禮注曰：薦新，薦五穀若時果物新出者。

孔氏曰：大夫以上，朔望大奠。若士，但朔而不望。

敖氏繼公曰：新，謂穀之新熟者也。春秋傳云「不食新矣」，少儀云「未嘗不食新」，皆指五穀而言。

愚謂薦新，以五穀爲主，而兼及他物。若月令「以雛嘗黍，羞以含桃」是也。殯後朝夕奠，醴酒、脯醢而已。朔奠視大斂，士則特牲三鼎，其禮盛，象生人朔食則盛饌也。若薦新穀於殯宮，其禮與朔奠同也。

【朱氏訓纂】注：重新物，爲之殷奠。　釋名：喪祭曰奠，奠，停也，言停久也。朔望祭曰殷奠，所用殷衆也。　正義：未葬前月朔大奠於殯宮，大奠則牲饌豐也。朔禮視大斂，士則特豚三鼎。大夫以上則朔望大奠，若士但朔而不望。　彬謂「有薦新，如朔奠」，此士喪禮文。賈疏：「月令『開冰，先薦寢廟』『孟夏以彘嘗麥』『仲夏羞以含桃，先薦寢廟』，皆是。」

三·九九　○**既葬，各以其服除。**　卒哭，當變衰麻者變之。或有除者，不視主人。

【疏】「既葬」至「服除」[一]。○正義曰：「既葬」，謂三月葬竟後至卒哭，重親各隨所受而變服。若三月之親，至三月數滿應除者，葬竟各自除，不待主人卒哭之變，故云「各以其服除」也。

【衛氏集説】鄭氏曰：卒哭，當變衰麻者變之。或有除者，不視主人。

孔氏曰：既葬，謂三月葬竟後至卒哭，重親各隨所受而變服。若三月之親，至三月數滿應除者，葬竟各自除，不待主人卒哭之變也。

[一] 既葬至服除　惠棟校宋本無此五字。○鍔按：「既葬」上，阮校有「既葬各以節」五字。

橫渠張氏曰：今人多歷年所而葬者，亦當以改葬之服除。蓋古者未葬則主人不除，今既除之矣，則猶當從改葬服。禮，改葬服緦。久不葬者，似難爲虞祭，以其無几筵也。三日而省墓，可也。

【吴氏纂言】鄭氏曰：卒哭，當變衰麻者變之。或有除者，不視主人。

孔氏曰：既葬，謂三月葬竟後至卒哭，重親各隨所受而變服。若三月之親，至三月數滿應除者，葬竟各自除，不待主人卒哭之變也。

【陳氏集説】三月而葬，葬而虞，虞而卒哭。親重而當變麻衰者變之，其當除者即自除之，不俟主人卒哭之變也。

【郝氏通解】三月而葬，葬而虞，虞而卒哭。親重者各隨所受而變服，輕者應除，各自除之，不俟主人也。

【欽定義疏】正義 鄭氏康成曰：卒哭，當變衰麻者變之。孔疏：重親各隨所受而變服。或有除者，不視主人。孔疏：若三月之親，至三月數滿應除者，葬竟各自除，不待主人卒哭之變也。陳氏澔曰：葬而虞，虞而卒哭。

孔氏穎達曰：既葬，謂三月葬竟後至卒哭。

案 此「既葬」，統天子、諸侯、大夫、士、庶，非必大夫三月而葬也。除，謂變除之節，蓋受服亦必去前服，故統曰「除」也。鄭注本該，孔疏特舉其一耳。

餘論 張子曰：今人多歷年所而葬者，亦當以改葬之服除。蓋古者未葬則主人不除，今既除之矣，則猶當從改葬服。禮，改葬服緦。久不葬者，似難爲虞祭，以其無几筵也。三日而省墓，可也。

【孫氏集解】 鄭氏曰：卒哭，當變衰麻者變之。或有除者，不視主人。

愚謂「既葬，各以其服除」者，謂既葬卒哭，則緦麻除服，小功以上亦皆除其重服而受以輕服也。

【朱氏訓纂】 注：卒哭，當變衰麻者變之。或有除者，不視主人。　正義：三月卒哭，重親各隨所受而變服。若三月之親應除者，葬竟各自除，不待主人卒哭之變。

三·一〇〇　○**池視重霤。** 如堂之有承霤也[一]。承霤，以木爲之，用行水，亦宮之飾也。柳，宮象也。以竹爲池，衣以青布，縣銅魚焉。今宮中有承霤，云以銅爲之。○重，直容反。衣，于既反。

【疏】「池視重霤」[二]。○正義曰：「池」者，柳車之池也。「重霤」者，屋承霤也，以木

[一] 如堂之有承霤也　惠棟校宋本同，岳本、嘉靖本同，考文引古本、足利本同，閩、監、毛本「堂」作「屋」。○鍔按：「如堂」上，阮校有「池視重霤節」五字。

[二] 池視重霤　惠棟校宋本無此四字。

爲之，承於屋霤，入此木中，又從木中而霤於地，故謂此木爲重霤也。

天子則四注，四面爲重霤。諸侯四注，重霤則差降，去後餘三。大夫唯餘前後二。士則唯一在前。而生時既屋有重霤以行水[一]，死時柳車亦象宮室，而在車覆鼈甲之下[二]，牆帷之上，織竹爲之，形如籠，衣以青布，以承鼈甲，名之爲池，以象重霤。方面之數，各視生時重霤。

【衛氏集説】鄭氏曰：柳，宮象也。以竹爲池，衣以青布，縣銅魚焉。今宮中有承霤，云以銅爲之。

孔氏曰：「池」者，柳車之池也。「重霤」者，屋承霤也，以木爲之，承於屋霤，入此木中，又從木中而霤於地，故謂此木爲重霤也。天子則四注，四面皆有重霤。諸侯四注，而重霤則差降，去後餘三。大夫唯餘前後二。士則唯一在前。生時既屋有重霤以行水，死時柳車亦象宮室，而於車覆鼈甲之下，牆帷之上，織竹爲之，形如籠，衣以青布，以承鼈甲，名之爲池，以象重霤。方面之數，各視生時重霤。

【吴氏纂言】鄭氏曰：柳，宮象也。以竹爲池，衣以青布，縣銅魚焉。今宮中有承霤，云以銅爲之。

［一］而生時既屋有重霤以行水　閩、監、毛本同，衛氏集説無「而」字，浦鏜校云：「『而』衍字。」

［二］而在車覆鼈甲之下　閩、監、毛本同。惠棟校宋本「在」作「於」，衛氏集説同。

孔氏曰：「池」者，柳車之池也。「重霤」者，屋承霤也，以木爲之，承於屋霤，入此木中，又從木中而霤於地，故謂此木爲重霤也。天子則四注，四面爲重霤。諸侯四注，重霤則差降，去後餘三。大夫唯餘前後二。士則唯一在前。生時既屋有重霤以行水，死時柳車亦象宫室，而於車覆鼈甲之下，牆帷之上，織竹爲之，形如籠，衣以青布，以承鼈甲，名之爲池，以象重霤。方面之數，各視生時重霤。

【陳氏集説】疏曰：「池」者，柳車之池也。「重霤」者，屋之承霤也，以木爲之，承於屋簷水霤，入此木中，又從木中而霤於地，故云「重霤」也。天子之屋四注，四面皆有重霤。諸侯四注，而重霤去後，大夫惟前後二，士惟一在前。生時屋有重霤，故死時柳車亦象宫室，而設池於車覆鼈甲之下，牆帷之上。蓋織竹爲之，形如籠，衣以青布，以承鼈甲，名之曰池，以象重霤也。方面之數，各視生時重霤。

【郝氏通解】池，謂柳車之池。柳車，即今棺罩，形如屋。池，謂棺罩四簷，織竹衣布爲池，狀如重霤也。霤、溜同。重霤，即今屋檐上木溝，檐水入此，復溜于地，故曰「重霤」。天子屋四注，四面設重霤，諸侯缺後，大夫惟前後，士惟前。其送死池數，各視生時所居屋重霤爲等，故曰視。

【欽定義疏】**正義**　鄭氏康成曰：如屋之有承霤也。承霤，以木爲之，用行水，孔疏：屋霤入此木中，又從木中而霤於地，故此木爲重霤。亦宫之飾也。柳，宫象也。孔疏：生時既屋有重霤以行水，死時柳車亦象宮室。以竹爲池，衣以青布，孔疏：於車覆鼈甲之下，牆帷之上，織竹爲之，形如籠，衣以青布，以承鼈甲。縣銅魚焉。今宮中有承霤，以銅爲之。

孔氏穎達曰：「池」者，柳車之池也。重霤，屋承霤也。天子則四注，四面皆有重霤。諸侯去後餘三。大夫唯餘前後二。士則唯一在前。名之爲池，以象重霤。方面之數，各視生時重霤。

案 孝子不忍死其親，故喪器以生時之具奉之。帷荒既象屋，故必設池以象重霤。

【孫氏集解】鄭氏曰：池，如屋之有承霤也。承霤，以木爲之，用行水，亦宮之飾也。柳，宮象也，以竹爲池，衣以青布，縣銅魚焉。今宮中有承霤，云以銅爲之。

孔氏曰：池，柳車之池也。在車覆鼈甲之下，織竹爲之，形如籠，衣以青布，以承鼈甲，名之爲池。重霤者，屋承霤也，以木爲之，屋霤入此木中，又從木中而霤於地，故謂爲重霤。天子四注，四面爲重霤。諸侯四注，去後餘三。大夫惟前後二。士惟一在前。柳車象宮室，池象重霤。方面之數，各視生時重霤。

【朱氏訓纂】注：如堂之有承霤也。承霤以木爲之，用行水，亦宮之飾也。柳，宮象也。以竹爲池，衣以青布，縣銅魚焉。 正義：天子則四注，四面爲重霤。諸侯四注，重霤則差降，去後餘三。大夫唯餘前後二。士則唯一在前。生時屋有重霤以行水，死時柳車亦象宮室，而於車覆鼈甲之下，牆帷之上，織竹爲之，形如籠，衣以青布，以承鼈甲，名之爲池，以象重霤。方面之數，各視生時重霤。

三·一〇一 〇**君即位而爲椑，**椑，謂杝棺親尸者。椑，堅著之言也。言天子椑内又有水、兕革棺。〇椑，蒲曆反，徐戻益反，欟尸棺。杝，音移。著，直略反。兕，徐里反。**歲壹漆之**[一]**，**若未成然。〇漆，音七。**藏焉。**虚之不合[二]。〇令，力政反，本又作「合」。

【疏】「君即」至「藏焉」[三]。〇正義曰：此一節論人君尊，即位得爲棺之事。「君」，諸侯也。言諸侯，則王可知也。「椑」，杝棺也。漆之堅强，甓甓然也。人君無論少長，而

[一] 歲壹漆之　惠棟校宋本同，石經同，宋監本、岳本同，嘉靖本同，衛氏集説同，儀禮經傳通解同，考文引古本、足利本同。閩、監、毛本「壹」作「一」。石經考文提要：「宋大字本、余仁仲本、劉叔剛本、至善堂九經本皆作『壹』。」〇按：經傳因「壹」與「一」同音，假借爲「一」字，學者遂分别「一二」字作「一」，書「專壹」字作「壹」。説文从壺吉聲，「壹」乃俗作字也。〇鍔按：「歲壹」上，阮校有「君即位節」四字。

[二] 虚之不合　閩、監本同，岳本、嘉靖本同。毛本「合」作「令」，衛氏集説同，考文引古本同。釋文出「不令」云：「力政反，本又作『合』。」正義云：「虚之不令也。令，善也。一本爲『虚之不合』者，謂不以蓋合覆其上。」然則正義本當亦作「令」，與釋文同。今作「合」，注與疏不相謀，當由附合注、疏時所據注本不同。毛本改從「令」，是也。衛氏集説「令」下有「也」字，考文引古本同。案正義則「也」字亦當有。

[三] 君即至藏焉　惠棟校宋本無此五字。

體尊備物，故亦即位而造爲此棺也。椑，謂杝棺親尸者也。古者天子椑内有水、兕，而諸侯無，但用杝在内以親尸也。

○「歲一漆之」者，雖爲尊得造，交未供用，故不欲即成，但每年一漆，示如未成也。唯云漆杝，則知不漆杝棺外屬等。

「藏焉」者，棺中不欲空虚如急有待也，虚之不令也。令，善也。言若虚空，便爲不善，故藏物於其中。一本爲「虚之不合」者，謂不以蓋合覆其上。既不合覆，不欲令人見，故藏焉。

【衛氏集説】鄭氏曰：椑，謂杝棺親尸者。椑，堅著之言也。天子椑内又有水、兕革棺。歲一漆之，若未成然。「藏焉」者，虚之不令也。

孔氏曰：此一節論人君尊，即位得爲棺之事。君，諸侯也。言諸侯，則王可知也。「椑」者，漆之堅强，甓甓然也。人君無論少長，體尊備物，故即位而造棺。但每年一漆，示如未成也。「藏焉」者，棺中不欲空虚。鄭注「不令」，令，善也。言虚之則不善，故藏物於其中。一本云「虚之不合」，謂不以蓋合覆其上。

唐陸氏曰：椑，櫬尸棺。

嚴陵方氏曰：椑，即所謂櫬也。君尊，雖凶禮之具，亦豫備。藏焉，則惡人之見也。

山陰陸氏曰：言歲一出而漆之，於是又藏焉。歲一出而漆之，若將有用也，示使其君不敢有恃以惰。

【吴氏纂言】鄭氏曰：椑，謂杝棺親尸者。天子椑内又有水、兕革棺。歲一漆之，若未成。然藏焉，虚之不合。

孔氏曰：君，諸侯也。言諸侯，則王可知。人君無論少長，體尊備物，故即位而造棺。雖爲尊得造，未供用，故每年一漆，示如未成也。唯云漆杝，則知不漆杝棺外屬等。棺中不欲虚空如急有待，故藏物於其中。一云不欲令人見，故藏焉。

山陰陸氏曰：歲一出而漆之，於是又藏焉。

方氏曰：藏焉，惡人之見也。

【陳氏集説】疏曰：君，諸侯也。人君無論少長，體尊物備，即位即造爲親尸之棺，蓋杝棺也。漆之堅强，甓甓然，故名「椑」。每年一漆，示如未成也。「藏焉」者，其中不欲空虚如急有待，故藏物於中。一説不欲令人見，故藏之。

【郝氏通解】椑，襯也，即後章所謂「杝棺在内，親尸之棺也」。天子椑内有水、兕革棺，諸侯惟椑。名「椑」者，漆之堅强，甓甓然也。人君體尊備物，無少長，即位則造椑。每歲一漆，示不即成也。藏焉者，未即用也。

【欽定義疏】正義　鄭氏康成曰：椑，謂杝棺親尸者。椑，堅著之言也。孔疏：謂漆之堅强，甓甓然也。天子椑内又有水、兕革棺。歲一漆之，若未成然。藏焉，虚之不令。陸氏德明曰：令，本又作「合」。

孔氏穎達曰：此論人君尊，即位得爲棺之事。君，諸侯也。言諸侯，則王可知。人君無少長，體尊備物，故即位而造棺，每年一漆，示如未成也。不欲令人見，故藏焉。

【存疑】孔氏穎達曰：鄭注「不令」，一作「不合」。令，善也，言虚之則不善，故藏物於其中。一作「不合」，謂不以蓋合覆其上。案：言棺之藏，但虚之不合，不以蓋合覆其上，非謂必藏物棺中也。作「令」字，非。

【杭氏集説】姚氏際恒曰：按下云「天子之棺四重，以水、兕革棺親身」，則此椑非親身矣。諸侯無兕革親身，乃以椑耳。

【孫氏集解】鄭氏曰：歲一漆之，若未成然。藏焉，虚之不合。

孔氏曰：君，諸侯也。言諸侯，則王可知。椑，杝棺親尸者。漆之堅强，甓甓然也。人君無論少長，體尊備物，故即位而造此棺。每年一漆，示如未成也。惟云漆杝，則知不漆他棺外屬等。藏焉，棺中不欲空虚如急有待也，故藏物於其中。

【朱氏訓纂】君即位而爲椑，注：椑，謂杝棺親尸者。椑，堅著之言也。言天子椑内又有水、兕革棺。正義：君，諸侯也。人君無論少長，體尊備物，故即位而造棺也。**歲壹漆之，**注：若未成然。**藏焉。**注：虚之不合。